T0304647

الأزمة المالية العالمية
وآثارها على الاقتصاد العالمي والقومي
والحلول الإسلامية لها

دراسة تحليلية لماهية الأزمة وتطورها وأسبابها وآثارها الحالية والمستقبلية على الاقتصاد المصري والعالمي ودور السياسات الحكومية والنقدية منها، وموقف الاقتصاد الإسلامي من هذه الأزمة

دكتور

كمال طلبة المتولي سلامة

كلية الحقوق – جامعة الزقازيق

دكتور

محمد إبراهيم خيري الوكيل

أستاذ مساعد كلية الحقوق – جامعة دار العلوم المملكة العربية السعودية سابقًا

الطبعة الأولى

٢٠١٠

الناشر

دار النهضة العربية

بسم الله الرحمن الرحيم

﴿ وَلَوْ أَنَّ أَهْلَ ٱلْقُرَىٰٓ ءَامَنُوا۟ وَٱتَّقَوْا۟ لَفَتَحْنَا عَلَيْهِم بَرَكَٰتٍ مِّنَ ٱلسَّمَآءِ وَٱلْأَرْضِ وَلَٰكِن كَذَّبُوا۟ فَأَخَذْنَٰهُم بِمَا كَانُوا۟ يَكْسِبُونَ ﴾[1]

صدق الله العظيم

قال رسول اللـه **صلى اللـه عليه وسلم**

«لو أنكم تتوكلون على اللـه حق توكله لرزقكم كما يرزق الطير تغدو خماصا وتروح بطانا»

وقال أيضًا **صلى اللـه عليه وسلم**

«لا تزول قدما عبد يوم القيامة حتى يسأل عن أربع عن عمره فيما أفناه؟ وعن شبابه فيما أبلاه وعن علمه فيما عمل به وعن ماله من أين اكتسبه؟ وفيما أنفقه؟»

صدق رسول اللـه صلى اللـه عليه وسلم

(١) سورة الأعراف آية ٩٦.

الإهـــــداء

إلى أغلى ما عندي بعد إيماني بالله عز وجل
إلى أبي وأمي ...جزاهما الله خيرا...
إلى زوجتي الغالية......   بارك الله فيها ....
إلى أولادي محمد، منة الله، عبد الرحمن
أسأل الله أن يمتعني بهم في الحياة الدنيا والآخرة ....

د. كمال طلبة

إلى جدتي......   رحمها الله
إلى من أوصاني بهما الله أبي وأمي برا وحنانا
إلى خير متاع الدنيا ....   زوجتي
إلى من ملأت حياتي بهجة وسرورا ابنتي كنزي إلى أخواتي ......
بارك الله فيهما

د. محمد خيري الوكيل

مقدمة

يطغى الحديث هذه الأيام عن الأزمة المالية العالمية عما سواه من أحداث اقتصادية، حيث ظهرت مصطلحات عديدة سيطرت على التحاليل مما زاد من إشاعة الهلع بـين النـاس، والغريب حقا أن الكثيرين من هؤلاء، ولاسيما في الدول العربية لا يتوانـون عـن التأكيـد بـأنهم لا يعرفون التفاصيل وأسباب الأزمة وكيف حدثت.

وما زاد من الحيرة عودة النقاشات الإيديولوجية مثل الأزمة الهيكليـة للنظـام الرأسمالي، أو الأزمة الدورية للرأسمالية، أو سقوط النموذج الليبرالي وعودة التأميم والاشتراكية، وهـذا مـا أدى إلى إيجاد نوع من الذعر والهلع لدى السواد الأعظم من سكان العالم.

فالاقتصاد العالمي يمر منذ سبتمبر ٢٠٠٨ بأزمـة ماليـة تعـد مـن أسوأ الأزمـات التـي عرفهـا التاريخ الاقتصادي، نتجت عن مشكلة الرهن العقاري في الولايات المتحدة الأمريكية التي تسببت فيها القروض العقارية الرديئة، ومنذ ذلك التـاريخ والأزمـة تتمـدد وتتفـاقم في صـورة انهيـارات متتالية لعدة مؤسسات مالية كبرى من بنوك وشركات تأمين وشركات التمويل العقاري وصناديق الاستثمار، وشملت تداعياتها أسواق المال والبورصات العالمية في صورة انخفاضات حادة ومتتاليـة للمؤشرات بها وامتدت تأثيراتها إلى جميع أنحاء العالم وإلى جوانب الاقتصاد في صـورة ركـود بـدأ يخيم على حركة الأسواق وانخفاضات في معدل النمو، حتـى أصبحت الأزمـة الماليـة عنوانـا في مختلف الصحف والمجلات ووسائل الإعلام[١].

---

(١) د/ الجوزي جميلة – أسباب الأزمة المالية جذورها – في إطار مؤتمر: الأزمة=

ومن ثم فإن الاقتصاد الرأسمالي العالمي شهد ويشهد عددا من الأزمات الاقتصادية والمالية خلال العقدين الماضيين وحتى الآن، حيث يعيش العالم بأسره وفي كل القطاعات أزمة القطاعات شاملة وحادة وسريعة الانتشار وواسعة النطاق - مثل أنفلونزا الخنازير - اشتعلت في قطاع الرهونات العقارية الأمريكية رغم أنها كانت تتفاعل في جسم الاقتصاد الأمريكي منذ سنوات ليست بالقصيرة وكأن الاقتصاد الرأسمالي هو اقتصاد أزمات بطبيعته.

والواقع أن الأزمة الاقتصادية المالية يشبهها البعض في مداها وما يتوقع أن تسفر عنه من تداعيات اقتصادية واجتماعية بأزمة الكساد العظيم في نهاية عشرينات القرن الماضي وإن كان البعض الآخر يتوقع أن تصل في مداها إلى أبعد من ذلك فما زال زلزالها تتسع دوائر توابعه لتضم دولا جديدة، وقطاعات عديدة كل يوم.

لذا يتباري الكثيرون في إطلاق المسميات عليها بأنها "أزمة طاحنة" و "تسونا من السوق العقارية" ويطلقون على المشتقات المالية "أسهم الدمار الشامل" و "الرأسمالي المتوحشة والمفرطة"، و"رأسمالية الكازينو".....إلخ.

وهذه المسميات وغيرها تشير إلى أمر واحد مشترك ألا وهو الأزمة المالية العالمية التي تعصف باقتصاديات عديدة وتشبه في تضخم تأثيراتها كرة الثلج التي تكبر في حجمها مع مرور الوقت[1].

= المالية العالمية وكيفية علاجها من منظور النظام الاقتصادي الغربي والإسلامي - جامعة الجنان - طرابلس (لبنان) - ١٣، ١٤ مارس ٢٠٠٩ - ص ١

(١) د/ السيد أحمد عبد الخالق - دور الدولة في الأزمة المالية العالمية بين =

ولم تكن هذه الأزمة مفاجأة لذوي الاختصاص المراقبين الذين حذروا من وقوعها قبل سنوات، فقد تعددت أسباب هذه الأزمة، بدءًا من أسعار الفائدة المركبة، وتشابكه مع الرهن العقاري مرورا بالاقتراض الفاحش لمؤسسات وهمية، وانتهاء بمصيبة جعلت الأزمة أكثر ضراوة، وتوجيه نحو الانهيار، ألا وهي مسألة فقدان الثقة في الأسواق قاطبة.

وبالتالي فقد عصفت الأزمة هذه المرة بالنظام الرأسمالي بقيادة الولايات المتحدة، أقوى الاقتصاديات في العالم، إذ تمثل اقتصادها أكثر من ٣٠% من اقتصاد العالم،انتهاء باقتصاديات دول نامية كدول أفريقيا والشرق الأوسط وأمريكا الجنوبية[1].

وقد شكلت تكرار الأزمات المالية في الدول النامية - والتي من بينها مصر - خلال التسعينيات ظاهرة مثيرة للقلق والاهتمام، وترجع أسباب ذلك إلى أن آثارها السلبية كانت حادة وخطيرة، هددت الاستمرار الاقتصادي والسياسي للدول المعنية، إضافة إلى انتشار هذه الآثار وعدوى الأزمات المالية لتشمل دولا أخرى نامية ومتقدمة كنتيجة للانفتاح الاقتصادي والمالي الذي تشهده هذه الدول وكنتيجة للاندماج في منظمة التجارة العالمية.

حيث تشير تقارير صندوق النقد الدولي إلى أنه خلال الفترة ١٩٨٠ - ١٩٩٩ تعرض أكثر من ثلثي الدول الأعضاء في الصندوق لأزمات مالية

= الأيديولوجيات ومتطلبات الواقع العملي.

(١) د/ وائل إبراهيم الراشد - رؤية تحليلية لانعكاسات الأزمة المالية على اقتصاديات دول مجلس التعاون(واقع دولة الكويت) - في إطار مؤتمر الأزمة المالية العالمية.....- المرجع السابق ص ١.

واضطرابات مصرفية حادة، كما أن وتيرة تلك الأزمات تكررت وتلاحقت عالميا، فشملت دول شرق آسيا وروسيا والبرازيل والأرجنتين والمكسيك وبقية دول أمريكا اللاتينية، وزادت حدة الأضرار الناجمة عنها حيث قدرت خسائر اليابان مثلا في الأزمة الأسيوية الأخيرة بحوالي ١٠% من ناتجها المحلي الإجمالي، في حين قدرت خسائر الولايات المتحدة الأمريكية بحوالي ٠٣%.

كما أكدت تقارير مختلفة لصندوق النقد الدولي أن أكثر من ٥٠% من تلك الأزمات حدثت في الدول النامية وفي الدول ذات الأسواق الناشئة على وجه الخصوص، مما يؤكد الحاجة إلى تحسين مستوى الرقابة المصرفية في تلك الدول.

ويواجه الاقتصاد العالمي في الوقت الراهن أزمة مالية حقيقية، عصفت باقتصاديات الدول المتقدمة والنامية على حد سواء، حيث بدأت بوادرها في ٢٠٠٧ وبرزت أكثر سنة ٢٠٠٨، ومن المتوقع أن تمتد ثلاث سنوات أو أكثر، وقد كشفت عن هشاشة النظام الأمريكي القائم على الرأسمالية الليبرالية تمثلت مظاهرها في أزمة سيولة نقدية أدت إلى انهيار العديد من المصارف وإعلان إفلاسها، وانتهاء تدني أسعار الأسهم وانخفاض مؤشرات البورصة وانهيار العديد منها، وتأثيرها امتد ليشمل اقتصاديات الدول العربية والاقتصاد المصري كجزء من المنظومة العالمية وأثرها متفاوت على حسب حالة التشابك والاندماج في الاقتصاد العالمي[1].

(١) د/ فريد كورتل - الأزمة المالية العالمية وأثرها على الاقتصاديات العربية - في إطار مؤتمر الأزمة المالية العالمية......- المرجع السابق - ص١

وتعتبر هذه الأزمة الأخطر في تاريخ الأزمات المالية، وخاصة بعدما ثبت عجز النظام الاقتصادي العالمي عن احتوائها والتخفيف من آثارها بشكل سريع وفعال، وتأتي خطورة هذه الأزمة من كون انطلاقها كان من اقتصاد الولايات المتحدة الذي يشكل قاطرة النمو في الاقتصاد العالمي، فاقتصادها هو الأكبر في العالم بحجم يبلغ حوالي ١٤ تريليون دولار، وتشكل التجارة الخارجية لها أكثر من ١٠% من إجمالي التجارة العالمية، ومن ناحية أخرى تحتل السوق المالية الأمريكية موقع القيادة للأسواق المالية العالمية، لذا فإن أية مخاطر تتعرض لها السوق تنتشر آثارها إلى باقي الأسواق المالية الأخرى بسرعة كبيرة(١).

ومن المؤكد أن الدول العربية، ومن ضمنها مصر قد تأثرت بالأزمة المالية العالمية التي لحقت بالاقتصاد الأمريكي وانتقلت إلى أوروبا خاصة بعد أن تحولت إلى أزمة مالية، ولأن الاقتصاد المصري جزء من الاقتصاد العالمي ومتشابك مع الاقتصاد الأمريكي بصورة أو بأخر، فلقد تأثر بالأزمة بشكل مباشر وسوف يؤثر تراجع معدلات نمو الاقتصاد المصري على قطاعات اقتصادية كثيرة مثل قطاع السياحة والقطاع الصناعي وقناة السويس.....الخ.

ولتوضيح هذه الأزمة نسوق مثال توضيحي بسيط يوضح هذه الأزمة ويبلورها في صورة بسيطة ولكن مفيدة؛ لقد كان الرجل السعيد happy man كما أطلق عليه البعض(٢) في أمريكا عليه، يعيش حياة هانئة مستقرة،

---

(١) د/ فريد كورتل، المرجع السابق، ص ٢

(٢) د/ علي لطفي المؤتمر السنوي الرابع عشر، كلية التجارة عين شمس، وحدة =

ولما أرادت حكومة بوش الأخيرة تحقيق حلم المـواطن الأمـريكي ومضـمونه أن يتملـك كـل مواطن أمريكي بيتا، وكان الدخل لا يتناسب مع شراء البيت، وأرادت المصـارف والبنوك تحقيـق أرباح كثيرة من وراء هذا المشروع، ففتحت البنوك أبوابها لكي تتقبل happy man وتقبل على قرض بفائدة البنوك أن تتدخل أكثر وبقوة ي عرضها على الرجل السعيد أن يشـتري أيضا سيارة وهكذا، وإذ زادت الديون والقروض فاضطرت البنوك في مرحلة أولية برفع سعر الفائدة، فعجز المواطنون عن دفع الأقساط مما اضطرت البنوك معها إلى بيع هذه العقـارات مـرة ثانيـة وثالثة بسعر فائدة أعلى....والمبيع واحد ولا توجد زيادة حقيقية في الإنتاج مما أدى إلى توقف المقترضين عن السداد، فقامت البنوك والمصارف بعرض هـذه القـروض في صـورة أسـهم وطرحتها علـى الجمهور للاكتتاب فيها.

وعلى أثر ذلك حدثت أو وقعت أزمة الرهن العقاري في أمريكا، ممـا حـدا ببعض البنوك العملاقة أن تعلن عن إفلاسها مثل بنك ليمان تـورز، مؤسسة التـأمين العملاقـة A.I.G أكبر مؤسسة تأمين في أمريكا...وغيرها الكثير والكثير، وهكذا صـارت أزمـة اقتصـادية، ولأن أمريكا ليست دولة عادية، بل تعد أكبر قوة اقتصادية وعسكرية في العالم، ولأن الاقتصاد الأمريكي مرتبط بالاقتصاد العالمي فقد عرف أن (إذا عطس الاقتصاد الأمريكي أصيب الاقتصاد العالمي بالتهاب رئوي)، وأن معظم دول العالم يرتبطون بها ارتباطا وثيقا فقد دحرجت الكـرة أو بـالمعنى الـذي أطلقه رجال

_____

= الأزمات بقاعة دار الضيافة ١٣/١٢ ديسمبر سنة ٢٠٠٩م في الجلسـة الافتتاحيـة عـن الأزمة المالية العالميـة التداعيات، الأسباب والنتائج.

الاقتصاد انتشرت عدوى الأزمة المالية إلى دول أوروبا وبقية دول العالم، وتأثرت القطاعات المختلفة في الدول بالأزمة، فأثرت الأزمة على أداء الجهاز المصرفي والبنوك وعلى الصناعات الأساسية والتحويلية وعلى حجم التجارة داخليا وخارجيا وكذلك تأثرت قناة السويس بالأزمة وكان ذلك واضحًا من تذبذب الأرقام من الأعلى إلى الأقل، كما أثرت الأزمة على السياحة وعدد السائحين وعلى الفنادق مما اضطر أصحاب الفنادق إلى تسريح عدد من العمال أو عدم إعطائهم أجورهم الإضافية أو نقلهم إلى وظائف أقل أو إلى وظائف بعيدة لإجبارهم على الاستقالة، وزيادة عدد ساعات العمل الإضافية، كما أثرت الأزمة على الصناعات الاستخراجية وأسعار البترول الخام والنفط، وتدنت أسعار هذه السلع الرئيسية، كما ظهر أثر الأزمة في البورصة واضطر المضاربون إلى سحب أموالهم خوفا عليها من الضياع لأن معظم المتعاملين في البورصة يسيرون بسياسة القطيع ومضمونها أن معظمهم ليس لديه قدرة على التعامل مباشرة في البورصة وإنما من خلال الاستعانة بمكتب له باع أو الاستعانة بخبير، ومعظم المكاتب المتعاملة في هذا المجال ليس لديها الشفافية الواضحة والصراحة، فمجرد أن زيد يسمع أن أسهم كذا قد يحدث لها انخفاض، فيسير الجميع وراء زيد كأنها حقيقة لا تقبل النقاش أو المساومة، ولهذا تأثرت البورصة من جراء هذه الأزمة العالمية وأعلنت شركات الطيران العربية أنها تأثرت بالأزمة كثيرا، وحققت هذه الشركات خسائر فادحة كما سنوضحها فيما بعد.

وأثرت الأزمة في تحرك أصحاب رؤوس الأموال الذين آثروا سحب أموالهم خوفا عليها من الضياع حتى ولو لم تستثمر وبالتالي أثرت الأزمة

في مشروعات البنية الأساسية والاقتصادية للدول.

أما أسباب الأزمة فكثيرة ومتنوعة ولعل أهما هو أزمة الرهن العقاري في أمريكا وبجوار هذا السبب فهناك أسباب منها، وعجز الميزانية واختلال الميزان التجاري وتفاقم المديونية العامة والخاصة والارتفاع المستمر لمؤشرات البطالة والتضخم والفقر، ولقد تأثرت العولمة في انتشار الأزمات المالية في العالم حيث شهد العالم كثير من التحولات والتغيرات الخطيرة مثل سيادة وسيطرة التضخم والحروب وصراع الحضارات والاستعمار الجديد وغزو الأسواق والسيطرة على ثروات الدول والشعوب وانتشار الشركات متعددة الجنسيات والخصخصة وتقليص دور الدول في الحياة الاقتصادية والاجتماعية وهجرة العقول والكفاءات العلمية من الدول النامية إلى الدول الصناعية الكبرى وانتشار الفساد الاقتصادي والاجتماعي وتدهور اللغة والدين والقيم والعادات والتقاليد، أضف إلى ذلك مشكلة الفجوة العلمية والمتزايدة بين الدول الصناعية الكبرى والدول النامية نظرا لزيادة الاعتماد المتبادل بين الدول المختلفة وارتباطها بمعاملات تجارية ومالية مكثفة، والتدهور الجاد في معدلات التبادل التجاري للدول النامية وكذلك انفراد الولايات المتحدة الأمريكية بالهيمنة على العالم وفرضها النموذج الرأسمالي على جميع الدول، ومع السرعة في تكنولوجيا الاتصالات والمعلومات أصبح العالم كله مجرد قرية الكترونية.[1]

---

(١) د/ نعايم سعد زغلول تكنولوجيا المعلومات في إدارة الأزمات. رسالة ماجستير مقدمة لكلية الاقتصاد والعلوم السياسية جامعة القاهرة سنة ١٩٩٩، ص ٢٢ وراجع د/ إبراهيم عبد العزيز النجار. الأزمة المالية وإصلاح النظام المالي العالمي. الدار الجامعية الإسكندرية سنة ٢٠٠٩ ص ١٤.

وعن حقيقة الأزمة المالية العالمية يثور التساؤل عن حقيقة الأزمة، هل هي أزمـة فعليـة أم أنها أزمة مقصودة ومستهدفة، حيث يرى البعض أن هذه الأزمة مفتعلة بغـرض السـيطرة عـلى الودائع العربية في البنوك الأمريكية وعائد الدولارات البترولية[١].

ولقد تنبأ بعض من الخبراء بوقوع الأزمة المالية والاقتصادية العالميـة الحاليـة منـذ سـنوات واسـتندت تنبـؤاتهم إلى نظريـة العـالم الـروس نيكـولاي كونـدراتيفNiko Lai Ratief في العشرينيات في القرن العشرين حيث يتصور هذا العالم أن النظام الرأسمالي يتأرجح بـين الصـعود والهبوط في كل مرحلة تدور خمسين عاما وكتب في عام ١٩٢٦ أن العالم يسـير إلى هبـوط جديـد، وسرعـان مـا واجـه العـالم حالـة مـن الكسـاد الاقتصـادي انطلـق مـن الأمـريكي، وطبقـا لنظريـة كوندراتيف المتوفي سنة ١٩٣٨، وأن العالم قد يشهد بداية للنهوض الجديدة في عام ٢٠١٥[٢].

وعلى أثر هبوط قيمة الأسـهم في بورصـة (وول سـتريت) بأمريكـا وهبـوط المـؤشر انتقلـت العدوى إلى بورصـة فرانكفـورت ثـم في بـاريس ولنـدن ومدريـد وطوكيـو وشـنغهاي وسـاوباولو والرياض ودبي وبيروت والقاهرة

(١) د/ فريد راغب النجـار. إدارة التغيـير الاسـتراتيجي العـربي لمواجهـة الأزمـة الماليـة العالميـة. الـدار الجامعيـة. الإسكندرية سنة ٢٠٠٩ – ٢٠١٠ ص ٧٥.

ومن أنصار هذا الاتجاه د/ علي لطفي انظر المؤتمر السنوي الرابع عشر- كليـة التجـارة. جامعـة عـين شـمس بقاعة دار الضـيافة ١٣/١٢ ديسـمبر سـنة ٢٠٠٩ الجلسـة الافتتاحيـة وبحثـه المقـدم الأزمـة الماليـة العالميـة، الأسباب، التداعيات – المواجهة.

(٢) د/ صباح نفوش www. algazeera.net

إلى جميع أنحاء العالم[1].

كثيرا، بل يمكن الاستفادة منها هذا برغم تعارض التصريح مع واقع انهيار البورصة وانخفاض قيمة الجنية مما حدا بالبعض إلى القول عن احتمال انخفاض معدل النمو المزعوم وأثر ذلك على الاستثمار الأجنبي والسياحة وقناة السويس والتصدير والطفرة في سوق العقارات وما حدث للبورصة من تأثر ملحوظ.

وإزاء هذه الأزمة تدخل رجال الاقتصاد بوضع السياسات النقدية لمواجهة هذه الأزمة والتي تتمثل في زيادة الدعم القومي عن طريق ترشيد الإنفاق العام وتدخل الدولة بفرض الضرائب وخاصة على الدخول والأرباح السريعة حتى ولو نسبة قليلة أو بفرض ضريبة عقارية، وبالتالي فإن الضرائب بأنواعها لها دور هام في إنهاء الأزمة العالمية والحد منها، وكذلك تحديد الرسوم ودورها الهام في زيادة الحصيلة للدولة بالإضافة إلى أنها تحد من آثار الأزمة المالية العالمية.

ولمقابلة الأزمة اتخذت الحكومات عدة إجراءات لمواجهة الأزمة منها ضخ أموال كثيرة في السوق لإنعاش الميزانية والحد من التضخم، ولمواجهة الأزمة كما قامت الحكومات بمساعدة الجهات والهيئات التي أعلنت إفلاسها لمواجهة الأزمة، وعلى أثر الأزمة كانت هناك قمم طارئة، ومؤتمرات للدول السبع الكبرى ومؤتمر العشرين دولة، مؤتمر الدول العربية، وكذلك الدول الإفريقية ومؤتمر دول الإسكوا، حيث ناقشت هذه

(1) د/ إبراهيم عبد العزيز النجار، الأزمة المالية وإصلاح النظام المالي العربي، الدار الجامعية، الاسكندرية ٢٠٠٩، ص١٠٤.

المؤتمرات الأزمة وبينت أسبابها وكيفية الخروج منها، وانتهى كل مؤتمر بعدة توصيات مؤثرة، وكان آخر هذه المؤتمرات هو مؤتمر كلية التجارة بجامعة عين شمس عن الأزمة المالية العالمية بقاعة دار الضيافة في الفترة ١٢ / ١٣ ديسمبر ٢٠٠٩م، والذي أوصى في مائدته المستديرة عن دور الضرائب في مواجهة الأزمة المالية العالمية، وقد سبق مؤتمر كلية الحقوق جامعة المنصورة في الفترة من ١ / ٢ أبريل ٢٠٠٩م، وكذلك كلية السياسة والاقتصاد بجامعة القاهرة.

ونادت المؤتمرات بحلول عدة يجب أن تحرص عليها الدول وتأخذها في الاعتبار لكي نخرج من هذه الأزمة بسلامة، وتقف دول العالم مرة أخرى على قدميها بعد اجتياز الأزمة.

وكان أساتذة الاقتصاد الإسلامي سباقه في هذا المجال حيث أوضحوا عدة أمور هي في غاية الأهمية ويجب النظر إليها بعين الاعتبار، حيث أوضحوا أن الفكر الإسلامي حول المال وكيفية تحصينه من الأزمات فأوضحت أن رأس المال من جهة الشريعة له عدة ضوابط من حيث اكتسابه أو من حيث إنفاقه فيجب أن يكون مصدر الكسب حلال وأن يكون وجه الإنفاق حلال لأن النبي **صلى الله عليه وسلم** أخبر في حديثه " لا تزول قدما عبد يوم القيامة حتى يسأل عن أربع منها وعن ماله من أين اكتسبه وفيما ينفقه" فالمال من وجهة نظرهم يجب أن يكون المصدر حلال وطيب مثل العمل أو الميراث أو الوصية، أو الزكاة أو الوقف، فهذه المصادر مشروعة طبقا للشريعة الإسلامية، وبالتالي حرمت الشريعة اكتساب المال عن طريق النصب، الاستغلال، الاحتكار، القمار، والخمر،.....وجميع ما حرمته

الشريعة، وكذلك أوجه الإنفاق المال من حيث الزكاة أو النفقة فمصادرها كما ذكر القرآن "إنما الصدقات للفقراء والمساكين والعاملين عليها والمؤلفة قلوبهم وفي الرقاب والغارمين وفي سبيل الله وابن السبيل فريضة من الله".

وبالتالي فتداول المال بهذه الطريقة يؤدي إلى انتقال المال عبر الأجيال حتى لا تحتكر فئة دون الأخرى، ويعاد جدولته وانتقاله من يد لأخرى لإعادة استثماره، كما أحلت الشريعة الصيد البري والبحري واستغلال الأراضي الزراعية والاهتمام بالصناعة وبكافة الأعمال الأخرى، وإتقان العمل كما في قوله النبي صلى الله عليه وسلم: "إن الله يحب إذا عمل أحدكم عملا أن يتقنه".

وأجازت الشريعة البيع الآجل بشروط وعقد الإجارة والاستصناع والمضاربة الإسلامية ووضعت ضوابط وشروط حتى تكون في النهاية يطابقه للشريعة، كما وجدت صورة بيع المرابحة للآمر بالشراء بضوابط حتى تكون متوافقة مع الشريعة، كذلك صيغة التمويل بالمشاركة والذي مفادها قيام البنك بتقديم التمويل عن طريق أن يدخل شريكا مع العميل في ملكية العملية محل التمويل، وفي الربح المتوقع وفقا لأسس تم الاتفاق عليهما، على أن يتحمل كل شريك نصيبه في الخسارة وذلك على قدر حصته، وتتعدد أشكال المشاركة طبقا للغرض الذي ننظر إليه سواء وفقا لطبيعة الأصول المملوكة أو وفقا للاستمرار أو وفقا للأغراض أو وفقا للمدة، كما أن المشاركة لها ثلاثة صور رئيسية، ومن صيغ التمويل الإسلامية المضاربة وهي عقد شركة في الربح بمال من جانب وعمل من جانب آخر، وهي نوعان مضاربة مطلقة وأخرى مقيدة ويمكن تطبيقها في القطاع التجاري والعقاري والزراعي، وصيغة التمويل بالاستصناع والذي

يعني أنه عقد على المبيع في الذمة شرط فيه العمل ويمكن الاستفادة منـه في قطـاع الأفـراد والحرفي والمهني والصناعي وأخيرا قطاع الخدمات العقارية، وكذلك صيغة التمويل بالسـلم وهـو شراء آجل بعاجل وله شروط، ويجوز لعقـد السـهم تمويـل النشـاط الزراعـي والصـناعي وخاصـة المراحل السابقة على الإنتاج وذلك بشرائها سـلما وإعـادة تسـويقها بأسـعار مجزيـة، أمـا صـيغة التمويل بالإجارة عقد معارضة على تمليك منفعة بعوض وتطبق في قطاع الأفراد والقطـاع الحـرفي والقطاع الصناعي وقطاع الخدمات العقارية.

ومن صيغ التمويل بالتورق ومعناه أن يشتري سلعة نسيئة ثم بيعها نقدا لغـير البـائع بأقـل مما اشتراها به ليحصل بذلك على النقد، وأخيرا صيغة التمويل بالبيع الآجـل ومضـمونه أنـه بيـع يكون دفع الثمن فيه مؤجلا وأضيف دفـع الـثمن فيـه إلى آجـل (وهـي مـدة مسـتقبلية)، فهـو وصف للبيع صورة لكن للثمن معنى وهو ضع البيع نقدا أو حـالا وهـي البـديل لعمليـة الشراء بتسهيلات في الدفع أو في المعاملات التي يكون فيها المبلغ كبير والأجل طويل.

ترجع أهمية هذا الموضوع إلى حداثة الأزمة المالية العالميـة ونـدرة المصـادر والمراجـع حـول هذا الموضوع برغم أن هذه الأزمة عصفت باقتصاد هيئات ومؤسسات كانت لها بـاع في السـوق أكثر من مائة سنة.

كما تظهر أهمية البحث في التعرف على أسباب هـذه الأزمـة والتـي تكمـن في أزمـة الـرهن العقاري بأمريكا وبيع الدين بالدين.

ولذلك فمعرفة الأسباب تؤثر في التوصـل إلى عـلاج هـذه الأسـباب، ولقـد وجـدنا أن الأزمـة انتشرت في معظم قطاعات الدولة، وانتشرت من أمريكا

إلى أوروبا إلى كافة أنحاء العالم، وتعرضت لها الدول المتقدمة والدول الكافية على حد سواء، وبالتالي فعرض هذه التجارب يجب الاستفادة منها وتعظيم الفائدة من وراء هذه التجارب.

كما أن السياسات الاقتصادية المالية قدمت حلولا لهذه الأزمة وكذلك فإن الحكومات اتخذت إجراءات كثيرة للحد من آثار هذه الأزمة.

كما يجب الاستفادة من المؤتمرات والندوات حول الأزمة لأن معظم المقررين في هذه المؤتمرات أساتذة اقتصاد دولهم ولهم باع طويل في هذا المجال، وبما أن الاقتصاد المصري جزء من هذا الاقتصاد العالمي وليس خارجا عنه فالتعرف على أسباب الأزمة ومعرفة القطاعات الاقتصادية التي تأثرت بهذه الأزمة فواجب علينا تجاه وطننا الغالي أن تشارك في تقديم بعض الحلول للخروج من الأزمة إيمانا بأن التخطيط السليم المبني على أسس علمية وتجارب متميزة والقرارات الجيدة والمتقنة تساهم بشكل كبير في حل الأزمة.

ومعرفة آراء علماء الاقتصاد الإسلامي حول الفكر المقاصدي لرأس المال وكيفية تحصينه ضد الزلزلة والأزمات من أكبر المكاسب لأن الشريعة وضعت إطارات ونظم لجمع المال وتحصينه واكتسابه وإنفاقه وتداوله، وذلك للمحافظة عليه وإعادة استثماره مرة ثانية بالصيغ الإسلامية المضاربة والاستصناع والبيع بالآجل والإجارة، وصور المشاركة بالضوابط والشروط التي وضعتها الشريعة الإسلامية، وذلك لأن الشريعة حرمت الفائدة، والسياسة النقدية لمواجهة الأزمة نزلت بالفائدة إلى صفر، وبالتالي فقد تقابلا الإثنين في نقطة البداية.

كما يركز البحث على دور رؤساء الدول والحكومات تجاه الأزمة وذلك لمحاولة الخروج منها.

وأدعو اللـه أن يكون هذا المرجع نافعا لطلاب العلم، ومرجعا وافيا للجميع خاصة في ظـل ندرة المراجع في هذا الشأن إنه سميع قريب. مجيب الدعاء.

المؤلفان

خطة البحث

الفصل التمهيدي	:	حول نشأة الأزمة المالية العالمية وتطورها
الفصل الأول	:	ماهية الأزمة المالية العالمية
الفصل الثاني	:	أثر الأزمة على الاقتصاد المصري والدولي
الفصل الثالث	:	كيفية الخروج من الأزمة المالية العالمي
الفصل الرابع	:	الحلول الإسلامية لمواجهة الأزمات المالية

- الخاتمة والتوصيات

الفصل التمهيدي

حول نشأة الأزمة المالية العالمية وتطورها

سنتناول هذا الفصل التمهيدي في المباحث التالية:

المبحث الأول : أقوال مأثورة عن الأزمة المالية العالمية

المبحث الثالث : نشأة الأزمة المالية العالمية في أمريكا

المبحث الرابع : تطورات الأزمة المالية العالمية

المبحث الأول

أقوال مأثورة عن الأزمة المالية العالمية

تعد الأزمة العالمية الحالية من الأزمات التي هزت بل زلزت جميع أركان المعمورة، ومن ثم فلم تسلم دولة من دول العالم من تداعياتها على اقتصادها، لذلك كانت هذه الأزمة محل أقوال وتعليقات من قبل زعماء ومسئولي دول العالم سواء السياسيين منهم أو الاقتصاديين، ومن أهم هذه الأقوال:

- **الرئيس مبارك في كلمته أمام القمة الثانية للدول الإفريقية والأمريكية بفنزويلا والتي ألقتها نيابة عنه السيدة/ فايزة أبوالنجا وزيرة التعاون الدولي حيث قالت على لسانه بأنه:**

على الرغم من الاعتقاد السائد بأن الأزمة الاقتصادية العالمية الحالية قد أوشكت على الانتهاء، فإن الأزمة كشفت أنه لا لأي دولة أن تتجنب عواقبها وتتجاوز تداعياتها بمفردها وبمعزل عن الآخرين، وأن الأزمة الأخيرة أظهرت أن الارتقاء بمستوى الاعتماد المتبادل بين دول الجنوب، هو خيار حتمي لمواجهة تحديات العولمة، وتحسين اقتصادياتها من الهزات المماثلة[1].

- **الرئيس الأمريكي السابق جورج دبليو بوش:**

" يقول إن الاقتصاد الأمريكي في خطر وقطاعات رئيسية في النظام المالي الأمريكي مهددة بالخطر والإغلاق".

(١) موقع وزارة الخارجية المصرية: www.mfa.gov.eg / MFA -Portal / ar - EG

وقد قال وهو يهنئ الشعب الأمريكي للمرحلة القادمة ويقول إن خطة الإنقاذ ستستغرق وقتا وإن الاقتصاد الأمريكي في خطر!!

- **الرئيس الأمريكي الحالي باراك أوباما:**

يطالب بالإفراج عن الأموال لاستخدامها ووضع خطة لإنعاش الاقتصاد الأمريكي، كما قال على لسان واحدة من كبار مستشاريه وهي فاليري جاريت مساعدة أوباما للعلاقات الحكومية خلال مؤتمر دافوس الأخير بأن "اقتصادنا عالمي، وأزمتنا عالمية، ومن ثم يجب أن تكون حلولنا عالمية" مؤكدة أن " الولايات المتحدة لا تستطيع أن تتولى بمفردها بذل الجهود من أجل إعادة بناء الثقة بالاقتصاد والأسواق المالية".

- وقالت جاريت أن إدارة أوباما ستكون شريكا مع باقي العالم في "إقامة إطار دولي عملي يمكن أن يساعد في استقرار الاقتصاد العالمي ولكن هذا التعاون والتنسيق ربما لا يكونان أمرا يسيرا في ضوء اختلاف الأنظمة والمصالح، وكذا مدى تأثيرا الأزمة".

- كما صرح رئيس الوزراء البريطاني جوردون براون في نفس المؤتمر بأن هذه الأزمة " ليست أزمة اقتصادية في دولة واحدة، وإنما هي أزمة عالمية، ونحن بحاجة إلى تعاون عالمي وإجراءات عالمية للتغلب عليها".

- واستطرد براون بأنه سوف يدفع من أجل وضع "معايير دولية تتمتع بالشفافية والوضوح (للمؤسسات المالية) مضيفًا بأننا بحاجة إلى إصلاح وتقوية المؤسسات الدولية بمنحها السلطة والموارد من أجل

الاستثمار على المستوى العالمي".[1]

كما حدد براون عودته أثناء عقد اجتماع مع الرئيس الفرنسي ساركوزي بشأن رفع مساهمة الاتحاد الأوروبي في صندوق النقد الدولي إلى التخلي عن ممارسات الماضي وإصلاح النظام المالي العالمي حيث قال "هناك دروس تم استخلاصها مما حدث في سوق الرهن العقاري وانعكاساته على العالم أجمع....يجب علينا أن نتعلم تلك الدروس ونستحدث سريعا لتعود الثقة مجددا في النظام المالي العالمي".

وأرجع براون هذه الأزمة إلى الاستهتار داخل الولايات المتحدة بالنظام المالي والذي أدى بدوره إلى أزمة الائتمان المالي الذي يعاني منها العالم.

- **الرئيس الروسي ديمتري مدفيدين**

إن أغلب واجهت أخطاء عميقة....أخطاء ارتكبت من قبل مجموعة من الدول وخصوصا أمريكا وأدت إلى مشاكل جدية.

وقال إن عصر الاقتصاد الأمريكي قد ولى!!

وأكد مدفيديف أن روسيا تنوي تقديم مقترحاتها للخروج من الأزمة المالية العالمية بشكل نشيط في لقاء الرائد الذي سيعقد في واشنطن.

وحذر الرئيس الروسي من أن الأزمة الاقتصادية العالمية لم تبلغ ذروتها بعد، معتبرا أن سنة ٢٠١٠ ستكون"صعبة جدا"، وأنه لا يوجد خبير يستطيع أن يتوقع استئناف نمو الاقتصاد العالمي قبل ٢٠١٠.

(١) أ/ زينب مكي - زعماء العالم في مواجهة الأزمة الاقتصادية في دافوس - موقع محيط على شبكة الإنترنت www.moheet.com/Show-files aspx

لذا طالب بضرورة محافظة روسيا على طاقتها الصناعة وعلى الأيدي العاملة الرئيسية لمواصلة النمو الذي سيلي مرحلة الأزمة مشيرا إلى ضرورة الخروج من الأزمة بأقل الخسائر للمحافظة على القطاع الفعلي للاقتصاد الوطني.

- **رئيس الوزراء الروسي فلاديمير بوتين:**

قال إن هذا لم يعد انعداما للإحساس بالمسئولية من جانب بعض الأفراد، بل عدم الإحساس بالمسئولية لدى النظام الحالي الذي يتباهي بالزعامة العالمية.

وأضاف بوتين بأن روسيا لن تختار سياسة العزلة في ظروف الأزمة العالمية المالية الراهنة قائلا أن خيارنا هو اندماج البلاد في الاقتصاد العالمي.

وأن بلاده لا ترفض الخطط الرامية إلى انضمامها إلى منظمة التجارة العالمية وأنهم على استعداد للتحاور مع الاتحاد الأوروبي حول إجراء المفاوضات الخاصة بتوقيع اتفاقية شراكة جديدة بين البلدين.

- **الرئيس الفرنسي نيكولا ساركوزي:**

يجب علينا أن نجد طرقا لضمان حصول صندوق النقد الدولي دائما على الوسائل والإمكانيات التي تجعله قادرا على القيام بمهامه ومساعدة الاقتصاديات الناشئة.

- **رئيس الوزراء الفرنسي فرانسوفيون:**

إن العالم يقف على حافة الهاوية الاقتصادية الآن!!

- **الرئيس الصيني هوجينتاو:**

أن جميع الأطراف الدولية معنية بتلك الأزمة العالمية المالية وعليها تنسيق الجهود لمواجهتها.

- **الرئيس البرازيلي لويزإناسيو لولا داسيلفا:**

أنها أزمة عالمية وتتطلب حلولا عالمية، وهذه هي اللحظة المناسبة لطرح مقترحات تهدف إلى إحداث تغييرات كبيرة في بنية النظام المالي العالمي.

وأنه لا يمكن بعد أن تبقى مجموعة السبع مسيطرة على العالم وقف نظامها المالي الخاص، ولابد من مساهمة الدول ذات الاقتصادات الناشئة.

- **المستشارة الألمانية أنجيلا ميركل:**

يجب إنشاء مجلس اقتصادي تابع للأمم المتحدة يعتمد على ميثاق جديد يضم مبادئ اقتصادية عالمية لمراقبة الاقتصاد العالمي، ولكنه من غير الواضح كيف ستنظر الاقتصاديات العالمية الكبرى الأخرى إلى أفكارهم هذه، وبشكل خاص الولايات المتحدة تحت قيادة أوباما.

- **وزير الخارجية الألماني هانزديتريش جينتشر:**

إن الولايات المتحدة فقدت مكانتها كقوة منفردة على الساحة الدولية، سواء في الاقتصاد أو السياسة، مؤكدا أن التعددية القطبية في العالم واقع لا يمكن تجاهله، وأن هذه الأزمة المالية الراهنة يجب حلها أن يكون جماعيا وبقواعد ويحترمها الجميع تتمتع بالشفافية، وإذا رفض الأميركيون تلك القواعد فليدركوا أنهم بذلك يعززون روح العداء لبلادهم.

يجب أن تكون مراقبة الدولة للنظام المالي والاقتصادي أشبه بحكم مباراة قدم يراقب اللاعبين ويشير إلى الأخطاء ويجب احترام قراره، ولذا يتمكن هذا الحكم من اكتشاف الأخطاء إذا أصر بعض اللاعبين على اللعب في الخفاء.

● **رئيس الوزراء الإيطالي سيلفيو برلسكوني:**

إيطاليا ستعيد إطلاق مناشدتها بإنشاء صندوق أوربي للإنقاذ في اجتماع وزراء الخارجية الأوربية.

● **وزير المالية الألماني بيرشتا ينبروك:**

إن الولايات المتحدة تتحمل مسئولية الأزمة المالية العالمية الراهنة، وأنها ستخلف آثارا عميقة وستحدث تحولات في النظام المالي العالمي.

وإن العالم بعد الأزمة لن يكون كما كان قبلها، وأن الولايات المتحدة فقدت صفتها كقوة خارقة في النظا م المالي العالمي.

● **وزيرة المالية الفرنسية كريستين لاجارد:**

هذه معالجة قصيرة الأمد، وهي حلول عاجلة، ونحن نعتقد أننا بحاجة إلى التحرك قدمًا إلى أبعد من ذلك، والاستفادة من الزخم المالي للوصول إلى حلول طويلة الأمد لتحقيق الاستقرار الدائم.

● **رئيسة مجلس النواب الأمريكي نانسي بيلوسي:**

قالت عن الأسواق الأمريكية أن الحفلة قد انتهت!!

● **مؤسس والمدير التنفيذي لمنتدى دافوس كلاوس شواب!**

على المجتمع بأسره وليست الحكومات وحدها يجب أن يشاركوا في حل الأزمة الحالية.

● **رئيس مجلس الدولة الصيني ون جيا باو:**

إن الثقة هي مصدر القوة والتعاون العملي هـو الطريقـة الفعالـة وتقبل المسئوليـات هـو الشرط المسبق معربا عن ثقته بأن الاقتصاد الصيني سيواصل نموه السريع والمطرد رغـم تـأثير الأزمة العالمية.

● **وزير الاقتصاد السويسرية دوريس ليوتار:**

إن التجارة جزء من الحل للأزمة العالمية، وفي الحقيقة إن التجارة الحرة يمكن أن تصبح أكبر حزمة تحفيز اقتصادية لإنعاش الاقتصاد العالمي ومحاربة الفقر!

● **الأمين العام للأمم المتحدة بان كي مون!**

أنه في حال لم يتم اتخاذ تلك التدابير، فقد تتعرض الدول الفقيرة لضربة قد لا تستحملها.

● **رئيس البنك الدولي روبرت زوليك:**

الأزمة ستؤثر سلبيا على الدول النامية التي تواجه بالفعل ضغوطا على ميزانيات المـدفوعات لأن ارتفاع الأسعار تؤدي لتضخيم فواتير الواردات.

● **رئيس صندوق النقد الدولي دومينيك شتراوس:**

الاضطرابات في أسواق الائتمان والمال العالمية من المرجح أن تستثمر مـع قلـق المستثمرين من حدوث خسائر مالية وأن الأشهر المقبلة ستشهد تحديات في أسواق المـال والمؤسسـات وعـلى الحكومات زيادة الإنفاق من أجل تحفيز النمو.

- **نائب رئيس البنك الدولي المكلف بشرق آسيا والمحيط الهادي جيم آدمسز:**

إن النظم البنكية في المنطقة كانت قادرة على التعامل مع الأزمة، وأن خطط التحفيـز التـي طرحتها عدة دول بالمنطقة كانت في محلها.

- **كبير الخبراء الاقتصاديين بالبنك الدولي جوستن ليناون:**

من المتوقع أن ينجم عن الأزمة المالية أسوأ حالة ركود يشهدها العـالم منـذ الكسـاد الكبـير الذي حدث خلال ثلاثينيات القرن العشرين.

- **رئيس البنك المركزي الأوروبي جان كلود تريشيه:**

إن هذه أعظم أزمة تمر بنا، وأنه يرفض أي خطة إنقاذ لأن الأزمة أكبر منها.

- **مدير البرامج الاقتصادية روبرت سكوت:**

إن الاقتصاد الأمريكي يزداد عجزه المالي وهو في خطر.

- **أكبر أثرياء العالم وارن بوفيت:**

إن الأمة ستواجه أكبر انهيار مالي في تاريخ أمريكا.

- **نائب وزير الخزانة الأمريكية روبرت كيميت:**

إن دولة الإمارات ليست بمنأى عن الأزمة المالية العالمية، وعلـى دول المنطقـة أن تسـتمر في متابعة الاستثمار في الأسواق الأمريكية لإعادة الاستقرار المالي.

- **العاهل السعودي الملك عبد الـلـه بن عبد العزيز:**

أعتقد أن العالم الآن في حرب خفية، حرب اقتصادية، ولابد أن تراعوا

هذا الشئ، ومصلحة الدين والوطن، لا مصلحة الأشخاص لن الاقتصاد أساس كل شئ.

- **ملك المغرب الملك محمد الخامس:**

يدعو المصارف العربية إلى اليقظة الشديدة بمراقبة الأسواق المالية.

- **الأمين العام لاتحاد المصارف العربية الدكتور فؤاد شاكر:**

علينا ألا نخش كثيرا من عدوى انتقال الأزمة لاختلاف أسباب المشكلة بين هنا وهناك.

- **رئيس وزراء ماليزيا السابق مهاتير محمد:**

دعا إلى تبني فكرته بشأن استخدام عملة موحدة تسمى "الدينار الإسلامي"، وقال حول عوامل نجاح التنمية الصناعية....إن الدولار لن يبقى طويلا....وينبغي على الدول الإسلامية أن تنظر بجدية إلى مقترح استخدام الدينار الإسلامي كعملة بديلة في التداولات فيما بينها لتكون بديلة للاعتماد الحالي على الدولار.

- **وزير المالية الأردني حمد كساسبة:**

إن الجهاز المصرفي الأردني بعيد عما يحدث في العالم، بسبب قلة التشابكات بينه وبين نظيره العالمي، وبالتحديد في الولايات المتحدة وأوروبا.

- **وزير مالية قطر يوسف كمال:**

التأثيرات المحتملة للأزمة العالمية نستطيع التعامل معها من خلال الإجراءات التي اتخذناها بالفعل، والأزمة تثبت مدى حاجتنا إلى عملة

موحدة وأن يكون بنك مركزي موحد هو الهيئة المشرفة.

- **وزير السياحة المصري زهير جرانة:**

السياحة المصرية تعيش أوقات صعبة بين مطرقة الأزمة الاقتصادية وسندان انفلونزا الخنازير الأزمة الاقتصادية العالمية هي الكارثة الحقيقية على صناعة السياحة المصرية.

- **وزير البترول المصري سامح فهمي:**

تم الاستعداد لمواجهة الأزمة المالية العالمية في قطاع البترول من خلال تعديل الأسعار تصدير الغاز وزيادة عدد الاتفاقيات الدولية فضلا عن التوسع في المشروعات وعدم بيع أي من شركات القطاع.

- **أمين عام مساعد وأمين السياسات بالحزب الوطني الديمقراطي جمال مبارك:**

أكد جمال مبارك خلال حديثه أمام ندوة " عالم جديد، ورأسمالية جديدة" المقامة في باريس يناير ٢٠١٠، على أنه قبل الأزمة كانت هناك أخطاء تسببت في الأزمة، وبالتالي يتعين معالجة هذه الأخطاء وتحويل الأزمة إلى فرصة من أجل تجنب وقوع أزمات أخرى في المستقبل، وأشار إلى أن الاقتصاد العالمي يجب أن يتغير ليقوم على أرض مستقرة وسليمة وإلا سيكون من الصعب على حكومات العالم إيجاد حلول للمشكلات وإدخال مزيد من الإصلاحات، مضيفا إلى أن العولمة لها آثارها الإيجابية ورغم ذلك مات الملايين من العالم من الجوع، كما ضاعت ثروات طائلة نتيجة تداخل البعض بصورة سلبية في دور الطبيعة والبيئة.

ولفت إلى أن الأزمة المالية العالمية كانت معقدة جدا ومع ذلك فقد كانت

هناك قطاعات محمية من الأزمة نتيجة وضع قواعد تراعي الأبعاد الاجتماعية التـي يتعيـن احترامها حتى يستفيد من مكاسب العولمة كما يتعين تجنب وضع حواجز حمائية والعمـل مـن أجل أن يكون للبلدان النامية مكانها في أية مفاوضات ترى على المستوى العالمي مشددا على أنه لا يتعين العودة إلى الوضع السابق لما قبل وقوع الأزمـة، وإنمـا يتعيـن الوصـول إلى معاييـر تتيح للحكومات إدارة الاقتصاد العالمي بذكاء، وإرساء المزيد من قواعد التعاون على المستوى العالمي.

وأشار إلى أنه بفضل الأزمة على العالم أن يناقش بجدية أوضاع الاقتصاد العالمي بما يدفع إلى العمل من أجل وضع قواعد سليمة للتنمية المستدامة. [1]

● **وزير التجارة والصناعة رشيد محمد رشيد:**

إن الحكومة تدرس تثبيت أسعار الطاقة لبعض الصناعات مؤقتا من أجل مساعدة الاقتصـاد المصري على مواجهة الأزمة المالية العالمية.

● **مدير مركز دراسات الشرق الأوسط جواد الحمد:**

إن العالم يعيش كابوس الكارثة المالية الدولية في وول سـتريت وأن الكـرة لا زالـت تتـدحرج وأن الأزمة سببت تراجع المؤشرات الاقتصادية الدولية وتراجعت أعمال البورصات العالميـة وسـاد الارتباك أسواق المال ودخل العالم في أزمة لن تترك أحدا إلا ويناله منها نصيب.

● **رئيس الأكاديمية العربية للعلوم المالية والمصرفية محمد الحلايقة:**

(١) جريدة اليوم السابع – الجمعة ٨ يناير ٢٠١٠م.

لقد لحق بالولايات المتحدة الأمريكية ثلاثة نكسات وهزات اقتصادية، وما هذه الأزمة الجديدة إلا حصيلة تراكم الكثير من الأخطاء في السياسات المالية وقواعد النظام الرأسمالي الذي تطبقه طوال قرن من الزمان.

- **عضو هيئة مكافحة الفساد (د/ محمد عدينات):**

إن الأزمة المالية ليست فقاعة بل هي إعصار كبير مؤلم وتداعياتها ولم تنته بعد ومعالجة آثارها المالية والاقتصادية قد تحتاج لوقت طويل.

- **النائب البرلماني وأستاذ الاقتصاد بجامعة محمد الخامس بالرباط د/ حسن الداودي:**

إن الأزمة الحالية هي أزمة في صلب الرأسمالية، نتجت عن الإفراط في الخصخصة وترك السوق بين أيدي الشركات العملاقة العابرة للقارات.

- **رئيس جمعية اقتصادي العالم الثالث (يعقوب سليمان):**

هل ساهمت العائدات النفطية العربية وغير العربية في توفير السيولة للمؤسسات المصرفية والمالية الأمريكية والأوروبية إلى الحد الذي ساهم فيه تخفيض أسعار الفائدة إلى المعدلات التي وصلت إليها ١% أو أقل وتساهم بالتالي في الأزمة.

- **رئيس المجلس العام للبنوك والمؤسسات المالية الإسلامية (صالح كامل):**

أن الدول العربية مطالبة بأن تختط لنفسها منهجا اقتصاديا وسطا يقوم على أساس حرية الأفراد في امتلاك وإدارة عوامل الإنتاج وتغليب مصلحة الجماعة على الفرد ومنع الأنشطة الضارة بالمجتمع والاستغلال الأمثل للموارد وحماية الفقراء وتحقيق العدالة الاجتماعية ووضع الضوابط والقيود

التي تحقق المصلحة العامة.

- **مفتي عام المملكة العربية السعودية الشيخ/ عبد العزيز آل الشيخ:**

قال في برنامجه على قناة المجد في تعليقه حول الأزمة المالية العالمية وطرق الحل الصحيحة لها أن: " فيما شرع الله وأنزل حل للمشاكل، الآن الاشتراكية سقطت وانتهى دورها في الحياة، وجاء دور الرأسمالية وها هو الآن يتداعى وينكشف عوارها، ويظهر شرها ويبدو لكل ذي لب ما فيه من المفاسد والأضرار، فلم يبق إلا الاقتصاد الإسلامي الذي يعطي الحرية المقيدة في المال ويبيح التصرف فيه بمشروعية وينهي عن الغش والظلم والربا ويرشد لتعاون رأس المال مع الأيدي والعقول النيرة ليتعاون الجميع وتكون نهضة للجميع تعاونًا وتفاهمًا وتنهض الزراعة والصناعة ويكثر الخير ويعم، وأما أن تكون الأمة تتبع الربا وتنساق وراءه فالربا محق للبركة و الله قد حكم على الربا بمحق البركة (يمحق الله الربا ويربي الصدقات) صدق الله العظيم.

والمحق إما أن يكون عقوبة فيجعل الله المرابي فقيرا بعد غناه وذليلا بعد عزه وضعيفا بعد قوته أو يمحق الله بركته فلا يوفق فيه للعمل الصالح.

- **إمام وخطيب المسجد الحرام بمكة المكرمة الشيخ الدكتور/ عبد الرحمن السديسي:**

تساءل فضيلته قائلا: هل تعي الأمة وهي تعاني الأزمات العالمية وتكابد التحديات الدولية هذه القضية المهمة في كل مجال من مجالاتها فتعرضها وهي المؤهلة بلا منازع لمواكبة الأحداث الراهنة المعاصرة ببحث مشوق وطرح متزن وخطاب معتدل لعلاج ما تتعرض له الأمة بل العالم من

أزمات تهدد أمنه واستقراره وقيمه واقتصاده، فليست إلا الشريعة التي قصدت إلى إحقاق الحق وإقامة العدل ونشر الأمن وتحريم الظلم والغش والغرور والربا والابتزاز والمكاسب المحرمة.

وشدد فضيلته على أنه لابد من استنهاض همم العلماء وأرباب الفكر والإصلاح واستنفار جهودهم لإبراز الأنموذج الإسلامي المقاصدي الأقوم في إيجابية فعالة حيال متطلبات العصر وتحولاته وتموجاته واستحثاثهم لعلاج قضايا العصر ومستجداته ليتحقق للأمة مكانتها على خريطة العالم، كيف لا؟ وهي أمة الشهادة على الناس والرحمة للعالمين.

وأكد أن ما يعيشه العالم من تخبطات وكوارث هي علة العلل الذي لا حل له ولا مخرج منه إلا الفهم الصحيح لمقاصد شريعتنا الغراء وأهدافها السامية لتحقيق سعادة البشرية وصلاح لأحوال الإنسانية، حتى أن عقلاء العالم تنادوا والمنصفون الشرفاء بضرورة تطبيق أحكام الشريعة الإسلامية لانتشال البشرية من تحقق الهلاك وقال فهل يعي بجد مقاصد الشريعة في حفظ الدين من استخف بالعقيدة ونال من الثوابت وشكك في المسلمات وأخضعها للمزايدات وثلم رموزها وسعى في إسقاطها وبث الشائعات المغرضة، عنهم وقلل من مكانة العلماء الربانيين وهز هبتهم، وأضعف ثقة العامة بهم واستهان بشعيرة الأمر بالمعروف والنهي عن المنكر وشط عن منهج الوسطية والاعتدال وتفحم فلول الغلو والإرهاب أو ارتضى التميع في ركاب الانهزامية والتبعية.

- **المشرف العام على مؤسسة (الإسلام اليوم) الشيخ الدكتور/ سلمان العودة:**

نحن نعيش الآن أزمة اقتصادية، وهذه الأزمة قد تمتد لشهور أو لسنوات، أو لعشرات السنوات، وعلى الأقل ركودا في بعض اقتصادات العالم، هذه الأزمة الاقتصادية ربما تؤثر في مفاصل المستقبل، بمعنى أنها قد تأتي بعالم جديد كما يتنبأ الكثيرون.

وعلى الرغم من ذلك فإن الأزمة الاقتصادية ليست نهاية الكون أو تغيرًا هائلًا تاريخيًا، ولابد أن تأخذ حجمها الطبيعي، وهو حجم قوي بكل تأكيد.

وأن الأزمة الاقتصادية الحالية ممثلة فيما اعترى الاقتصاد الأمريكي بما يسمى بأزمة الرهن العقاري والائتمان وما يتعلق بهما، وإفلاس عدد من البنوك الكبرى كبنك ليمان براذروز.....هذه الأزمة كان لها انعكاس على العالم كله بسبب العولمة، وبسبب قيادة الاقتصاد الأمريكي الذي يمثل ٢٥% من اقتصاد العالم، إن هذه الأزمة الاقتصادية خانقة وضاربة، لكن الواقع يؤكد أن هناك أيضا أزمات اجتماعية وعسكرية، وأزمات تتعلق بالغذاء والفقر والمجاعة، وهناك أزمات من كافة الأشكال والألوان، وهذه موجودة في نسيج الحياة البشرية، وإن الله سبحانه وتعالى لما خلق الأرض وخلق الإنسان، جعل هذا جزءًا من كينونتها، وهذا الفرق بين الدنيا والآخرة.

- **رئيس تحرير مجلة تشالينجز (بوفيس فانسون):**

أظن أننا بحاجة أكثر في هذه الأزمة إلى قراءة القرآن بدلا من الإنجيل لفهم ما يحدث بنا وبمصارفنا لأنه لو حاول القائمون على مصارفنا احترام ما ورد في القرآن من تعاليم وأحكام وطبقوها ما حل بنا ما حل من

كوارث وأزمات، وما وصل بنا الحال إلى هذا الوضع المزري لأن النقود لا تلد النقود.[١]

● **رئيس تحرير صحيفة لوجورنال (د/فينانس):**

هل تأملت وول ستريت لاعتناق مبادئ الشريعة الإسلامية.

ونادى بضرورة تطبيق الشريعة الإسلامية في المجال المالي والاقتصادي لوضع حد لهذه الأزمة التي تهز أسواق العالم من جراء التلاعب بقواعد التعامل والإفراط في المضاربات الوهمية غير المشروعة.[٢]

● **صحيفة الواشنطن بوست الأمريكية:**

في الوقت الذي بدأت فيه المؤسسات الغربية المالية الكبيرة تترنح واحدة تلو الأخرى في الأسابيع الأخيرة تحت وطأة الأزمة المالية العالمية، فإن النظام المصرفي الإسلامي كسب مزيدا من الثقة، وإن أنصار الممارسة القديمة التي تسترشد بقوانين الشريعة الإسلامية وتحظر الفائدة والاتجار في الديون، يروجون الآن للنظام المالي الإسلامي بوصفه علاجًا للانهيار المالي العالمي الحالي.

ومن هذه الأقوال المأثورة في شأن الأزمة نستخلص أمرين هامين هما:

---

(١) منتديات كنوز الحروف: حول الأزمة الاقتصادية الراهنة أسبابها وآثارها وخطط الإنقاذ.
(٢) منتديات كنوز الحروف: حول الأزمة الاقتصادية الراهنة أسبابها وآثارها وخطط الإنقاذ.

الأول: أن هذه الأزمة قد اهتم بها الجميع على مستوى العـالم مـن سياسـيين واقتصـاديين، وعلى رأسهم زعماء هذا العالم على المستويين السياسي والاقتصادي، وهذا إن دل فإنمـا يـدل عـلى أنها قد طالت جميع أرجاء المعمورة، ويمكننا أن نسـميها "طوفـان نـوح" لأنهـا لم تـترك مكـان أو قبعة في العالم إلا وأثرت بها.

الثاني: أن الكثير من الآراء وبصفة خاصة في الغرب قـد طالبت بتطبيـق أحكـام الشريـعة الإسلامية، والأخذ بالنظام الاقتصادي والإسلامي بصفة عامة، والمصرفي بصفة خاصة، وهـذا إن دل فإنما يدل على أنه النظام الأسلم لكي يسود هذا العالم.

المبحث الثاني

نبذة تاريخية عن الأزمات المالية

شهد الاقتصاد العالمي العديد من الأزمات المالية، لذا لـن نتعـرض لجميـع هـذه الأزمات لاختلاف أسبابها ومداها، وإنما سوف نستعرض أوائل هـذه الأزمـات وأهمهـا تاريخيـا، وسـنعرض هذه الأزمات – التي تتميز بكونها دورية، ملخصة بالاعتماد على عنصرين، أولهما عنصر الأسـواق المالية المعنية بالأزمة، بينما يتضمن العنصر الثاني الميكانيزمـات العاكسـة للأزمـة، ثـم بعـد ذلـك نتناول تحليل لأهم هذه الأزمات وبصفة خاصة بعـض الأزمـات التـي تلـت سـنة ١٩٧٣ بمـا أنهـا السنة التي تم فيها تغيير النظام المالي العالمي بعـد تغيير نظام الصـرف في الولايـات المتحـدة الأمريكية، وذلك على النحو التالي: (١)

---

(١) د/ الداوي الشيخ – المرجع السابق – ص ٣

أولا: عرض للأزمات المالية والنقدية:[1]

١- عرض أولي الأزمات (١٦٣٧ - ١٧٢٠ - ١٩٩٧):		
الأزمة	الأسواق المالية المعنية	الميكانيزمات
أزمة ١٦٣٧	السندات لأجل	فبراير ١٦٣٧، بعد عدة سنوات من المضاربة في أوربا، انخفضت الأسعار فجأة مسببة إفلاس المضاربين، واعتبرها المؤرخون أولي الأزمات الناتجة عن المضاربة.
انهيار ١٧٢٠	الأسهم	أزمتين متتاليتين تفرق بينهما بضعة أشهر بفرنسا وانجلترا بخصوص أسهم الشركات التي تستغل موارد العالم الجديد.
الأزمة النقدية ١٧٩٧	البنوك	٢٦ فبراير ١٧٩٧، بنك انجلترا يعرف انحصارا في الاحتياطي ويقرر تعليق التخليص نقدا مما خلق الذعر بين المواطنين والشركات الذين سارعوا إلى سحب مدخراتهم

(١) Le groupe wikipedia, Crise Financiere, on line, dans: wikipedia, the free encyclopedia , disponible sur:
http:// fr. Wikipedia. org/wiki/Crise – financiare.

		وأرباحهم من البنوك والتسبب بإفلاس جماعي وهي أول أزمة ناتجة عن الذعر الجماعي.
٢- عرض أزمات القرن التاسع عشر (١٨١٠ - ١٨١٩ - ١٨٢٥ - ١٨٣٦)		
الأزمة	**الأسواق المالية المعنية**	**الميكانيزمات**
أزمة ١٨١٠	البنوك	بعد حصار إنجلترا من طرف نابليون، سقط نظام الائتمان بها خاصة وأنها لم تستطع تحصيل حقوقها على شركات جنوب أمريكا مما سبب أزمة سيولة وموجة بطالة تبعتها ميلاد حركات نبذ التأليه في المصانع.
أزمة ١٨١٩	البنوك	هي أول أزمة مالية بالولايات المتحدة الأمريكية، نتجت عن صرف الأموال في حرب ١٨١٢، وسياسة التقشف التي فرضها البنك المركزي الأمريكي.
أزمة ١٨٢٥	الأسهم	بعد المضاربة الشديدة على الاستثمارات المتواجدة بأمريكا

		اللاتينية (البنوك، التأمينات، تسليح السفن، بناء القنوات..الخ)، وانحدرت قيم أسهمها انحدارًا شديدًا في بورصة لندن فأفلست بنوك عديدة وأكثر من ٣٣٠٠ مؤسسة، رغم أن هذه الأزمة تركزت في بريطانيا العظمى إلا أنها تعتبر أولى الأزمات التي مست البورصة.
انهيار ١٨٦٦	الأسهم والبنوك	شهدت انجلترا انهيارا آخر للبورصة بعد قرار الرئيس الأمريكي "آندروجاكسون" اشتراط بيع الأراضي مقابل معادن ثمينة، وهو ما شكل ضربة قاضية للمضاربة في سوق العقار بأمريكا، وبما أن البنوك الأمريكية كانت تقترض من بريطانيا فقد تلقت هذه الأخيرة الجزء الأصعب من الصدمة قبل أن تنتقل الأزمة إلى أمريكا في حد ذاتها سنة ١٨٣٧.
انهيار ١٨٧٣	الأسهم	٩ مايو ١٨٧٣ بورصتي فيينا والنمسا بدأتا ما يسمى بفترة الكساد

		الكبير للاقتصاد العالمي بسبب المضاربات الضخمة التي لم تقابلها سوى ضمانات متدنية بالإضافة إلى أنها لم تكن مغطاة بإنتاج اقتصادي حقيقي مما سبب انهيارا كليا انتشر على ألمانيا وأوروبا والولايات المتحدة الأمريكية.
٣- عرض أزمات القرن العشرين (١٩٢٩ - ١٩٧٤ - ١٩٨٧)		
الأزمة	**الأسواق المالية المعنية**	**الميكانيزمات**
انهيار ١٩٢٩	الأسهم	أقوى أزمة اقتصادية عالمية في القرن الماضي.
أزمة ١٩٧٤	البنوك	إفلاس البنك الألماني "هيرستات" بسبب التفاوت في التوقيت بين ألمانيا والولايات المتحدة الأمريكية وهي أول مرة يتم فيها التعرف على مفهوم الخطر النظامي.
١٩٧٩	البنك الفيدرالي الأمريكي	قام محافظ البنك برفع أسعار الفائدة تدريجيا وكل يوم حسب الحاجة من أجل امتصاص التضخم وهي سياسة نقدية أثبتت نجاحها آنذاك.

٤- عرض أزمات ثمانينات القرن العشرين (١٩٨٢ - ١٩٨٥- ١٩٨٧)		
الأزمة	الأسواق المالية المعنية	الميكانيزمات
أزمة الديون	البنوك	بعد أحداث ١٩٧٣ في قطاع المحروقات تراكمت ديون الدول النامية، بالإضافة إلى ذلك لم تستعمل القروض في الاستثمار، وإنما في تغطية العجز في موازين المدفوعات مما زاد من حدة وقع أزمة البترول الثاني في ١٩٧٨ حيث أجبرت هذه الدول على الاستدانة بأسعار فائدة عالية وعلى المدى القصير مما أثقل كاهلها وجاءت أزمة المكسيك كأول رد فعل وسببت الديون المعلقة حالة ذعر عالمية.
١٩٨٥	بنك نيويورك	توقف نظام التشغيل ببنك نيويورك لمدة ٢٨ ساعة مما سبب التوقف الكلي لعمليات السحب والدفع للقروض الحكومية مما استدعى التدخل المستعجل للبنك المركزي بـ

		٢٠ مليار دولار الذي يعتبر سابقة تاريخه
انهيار ١٩٨٧	ســوق الســندات الحكومية ثم ســوق الأسهم خط نظامي	بســبب انخفــاض قيمــة الــدولار كســعر صرف ارتفعت أسعار الفائدة المتعلقة بالمدى الطويل، ومع ذلك واصلت أسواق الأسهم النمو وكن عند بلوغ الارتفـاع في أسعار الفائدة ٤٠٠ نقطة جـاء الانهيار مسجلا أكبر انهيار تاريخي في يوم واحد في بورصة الأسهم وانتهت كذلك بتدخل البنك المركزي الأمريكي.

٥- عرض أزمات تسعينيات القرن العشرين (١٩٩٠-١٩٩٢-١٩٩٤-١٩٩٧-١٩٩٨)

الأزمة	الأسواق المالية المعنية	الميكانيزمات
١٩٩٠	المحروقات	مع حرب الكويت.
١٩٩٢	النظــام النقــدي الأوروبي إعــــادة الهيكلة الفرنسية	٢٠ سبتمبر ١٩٩٢
الأزمـــــة الاقتصادية	أسعار الفائدة خطر نظامي	ارتباط العملة المكسيكية بالدولار الأمريكي شكل ضمانة وهمية شجعت

الأسيوية 1994		الاستدانة الأجنبية مما سبب عجزا في ميزان المدفوعات استدعى التدخل الأمريكي العاجل لكونه أقرب جيران المكسيك.
الأزمة الاقتصادية الأسيوية1997	البنوك	نفس ما حصل للمكسيك تكرر في تايلاند وانتقل إلى دول شرق آسيا.
أزمة 1998	أسعار الفائدة خطر نظامي	أطول أزمة اقتصادية في تاريخ روسيا ودول الاتحاد السوفييتي سابقا وهددت النظام المالي العالمي.
6- عرض أزمات الألفية الثالثة (2000 - 2001 - 2007)		
الأزمة	**الأسواق المالية المعنية**	**الميكانيزمات**
2000	الانترنيت الأسهم	تهافت المؤسسات على البيع عن طريق الأنترنيت دون وضع اللوجستيك التوزيع بعين الاعتبار سبب أزمة في مارس 2000.
2001	خطر نظامي	نتج عن أحداث 11 سبتمبر 2001، تدمير العديد من فروع الأسواق العالمية الدولية بالإضافة إلى تضرر شبكات اتصال حيوية كأنظمة

		المقاصة وتدخل أيضا البنك المركزي الأمريكي من خلال توفير السيول اللازمة للبنوك المتضررة ولمدة أسبوع كامل خوفا من الخطر النظامي وبدوره البنك المركزي الأوروبي قدم أكثر من ١٣٠ مليار يورو للبنوك الأوروبية لتفادي الانهيار.
الأزمة المالية	سوق العقار	الأسباب والتحليل موضوع هذا المؤلف
	البنوك والأسهم خطر نظامي	

ثانيا: تحليل للأزمات المالية والنقدية:

يخضع الاقتصاد الرأسمالي لما يعرف بالدورة الاقتصادي، وهي الشكل العادي لوجوده، فهو ينتقل من الانتعاش إلى الركود عبر الأزمة ثم يعود فينهض من الركود إلى الانتعاش، وقد عرف الاقتصاد الرأسمالي العديد من الأزمات[1]، نقوم بتحليل مبسط لأهمها على النحو التالي:

- **أزمة عام ١٨٦٦م:**

حيث تعرضت كثير من البنوك الإنجليزية للإفلاس، مما أدى إلى أزمة

(١) د/ الجوزي جميلة – المرجع السابق – ص ٢.

مالية عصفت باستمرار النظام المالي البريطاني باعتباره المركز المالي الأساس للعالم آنذاك، وتعد هذه الأزمة من أقدم الأزمات التي شهدها الاقتصاد الرأسمالي(١).

- **أزمة الركود الكبير ١٩٢٩:**

وهي تعد من أشهر الأزمات المالية التي شهدها الاقتصاد العالمي وأقواها أثرًا، إذ هبطت أسعار الأسهم في سوق المال الأمريكية بنسبة ١٣%، ثم توالت الانهيارات في أسواق المال، ثم ما لبثت أن امتدت بشراسة إلى الاقتصاد الحقيقي، فحدث انخفاض شديد في الاستهلاك الكلي وانخفاض الاستثمارات من جانب القطاع الإنتاجي كما ارتفعت معدلات البطالة لتصل تقريبا إلى $\frac{1}{3}$ قوة العمل الأمريكية عام ١٩٣٢.

وقد ترتب على ذلك ما يلي:

- امتدت آثار هذه الأزمة إلى خارج الولايات المتحدة الأمريكية لتضرب دول أوروبا الغربية على نحو هدم كيان النظام الرأسمالي، وفقدان شرعية القروض الأساسية للنظام الاقتصادي المعروف " دعه يعمل، دعه يمر ".
- وعلى أثر ذلك قام الاقتصاديون في الغرب بالبحث عن حلول لمشكلات الاقتصاد الحر وظهرت النظرية الكنزية لتؤكد على

---

(١) د/ عبد اللـه شحاته – الأزمة المالية العالمية: المفهوم والأسباب

www. Pidegypt. org/Arabic/azma.doc.

ضرورة تدخل الدولة في الحياة الاقتصادية[1].

● **أزمة الديون البولندية:**

وقعت عدة أزمات في ستينيات القرن العشرين منها أزمة الـديون البولنديـة، وتلتهـا أزمـات أخرى متعددة ومتشابهة.

● **أزمة الديون العالمية مع بداية الثمانينات من القرن العشرين:**

على أثر تحرير القطاع المالي والمصرفي وحرية حركة رؤوس الأموال، توسعت البنوك التجاريـة العالمية في الإقراض لحكومات دول العالم الثالث.

وقد اقترنت حركة التوسع في الإقراض تبعـثر تلـك الحكومـات وإعـلان الـدول المدنيـة عـدم قدرتها على الوفاء بأعباء الديون، كما فعلت المكسيك وتبعتها عدد من الدول.[2]

حيث ارتبطت أزمة المديونية الخارجية في أمريكا اللاتينيـة بالتوسـع في الاقتراض والقروض الخاصة من جانب دول المكسيك والأرجنتين وشيلي في عـام ١٩٨٢، وانصب الاعتماد بكثرة علـى الأسواق المالية والبنوك التجارية العالمية، فكان هناك أكثر من ٥٠٠ بنك دائن للمكسيك وأكثر من ٨٠٠ بنك دائن للبرازيل، كما نشأت الأزمة نتيجـة ارتفـاع معـدلات الفوائـد الوليـة مـن ٦,٥% في عام١٩٧٢ إلى ٤٤% عام ١٩٨٣، وتوقفت هذه الدول عن سداد ديونهم في هذا العام مـما حـدثت إفلاسات كثيرة لعدد من البنوك.

---

(١) د/ نصر أبو الفتوح فريد – الرهون العقارية والأزمة المالية العالمية – مؤتمر كلية الحقوق جامعة المنصورة – ٢/١ أبريل ٢٠٠٩ – ص ١٥.

(٢) د/ عبد الله شحاته – المرجع السابق.

ومما زاد الطين بلة أن كثيرا من هذه القروض تم إعادة توجيهها إلى البنوك الأمريكية في ظل غياب رقابة الدولة وذلك من أصل ١٠٠ مليار دولار اقترضتها المكسيك وتشكل ديونها، فقد تم إخراج من ٤٠ إلى ٥٠ مليار دولار إلى الولايات المتحدة ولقد قامت بتوظيفها هناك الأفراد والمشاريع المكسيكية.[1]

- **الأزمة المالية الأمريكية الخاصة ببنوك الادخار والقروض:**

في عام ١٩٨٥ حدثت هذه الأزمة وذلك بسبب التوسع في الاقتراض العقاري والدخول في منافسة مع البنوك التجارية لجذب أكبر عدد من العملاء المقترضين بالإضافة إلى ارتفاع أسعار الفائدة المدنية وتعثر السداد من جانب أصحاب القروض العقارية [2]، ولقد أدت القواعد المنظمة لأداء هذه البنوك وضعف الدور الرقابي للحكومة إلى إفلاس وانهيار عدد كبير من البنوك وذلك للمفارقة في المعاملة بين البنوك فبنوك الادخار والإقراض لا تخضع لذات القواعد والإجراءات المنظمة للبنوك التجارية.

- **أزمة البورصات المالية في نيويورك:**

وقعت هذه الأزمة في ١٩ أكتوبر سنة ١٩٨٧، وأطلق عليها يوم الاثنين الأسود، فلقد منيت البورصة في نيويورك بخسائر خيالية، وقد بلغت الخسائر البورصة نيويورك وحدها حوالي تريليون دولار، وأثر ذلك على الشركات الكبرى فقد خسرت نسبة هامة من قيم أسهمها في التداول.

(١) توما كوترو، وميشيل إسون، مصير العالم الثالث تحليل ونتائج وتوقعات ترجمة خليل كلفت. دار العالم الثالث. القاهرة ١٩٩٥ ص ٢٠٢.

(٢) د/ رمزي زكي، الليبرالية المتوحشة مكتبة الأسرة، القاهرة ٢٠٠٧ ص ٨٦.

أما عن الأسباب الحقيقة لهذه الأزمة فهي عن أزمة الثقة التي تولدت عن سوء استغلال المعلومات الداخلية الخاصة بالشركات، والتوسع في عمليات الاقتراض المصرفي وتزايد الاستثمارات في أوعية جديدة، وصناديق ذات عائدات مالية مرتفعة المصرفي وتزايد الاستثمارات في أوعية جديدة وصناديق ذات عائدات مالية مرتفعة، ولقد أدت هذه الممارسات إلى مضاربات ضخمة على الأسهم.[(١)]

- **أزمة النمور الأسيوية:**

بداية هذه الأزمة في دول جنوب شرق آسيا وكوريا الجنوبية وانتشرت إلى بقية الدول الأسيوية عام ١٩٩٧، وكانت بسبب الحركة السريعة لرءوس الأموال عبر الحدود، وخاصة رءوس الأموال قصيرة الأجل، فهذه الأموال بحكم طبيعتها ونمط استثمارها تغير من اتجاه حركتها بسرعة فائقة، فرءوس الأموال التي اتجهت إلى الدول الأسيوية خلال الفترة (١٩٩٠ - ١٩٩٦) غيرت من اتجاهها عام ١٩٩٧.

وتجربة الأزمة الأسيوية أكدت أن تحرير حساب رأس المال قد تم دفعه واحدة دون أن يكون هناك دور للرقابة على هذه التدفقات من قبل الحكومة، فضعف الرقابة المصرفية على البنوك أدى إلى تزايد الاقتراض من الخارج والإقراض الداخلي مما أدى إلى زيادة نسبة الأصول المتعثرة لدى البنوك والتي كانت عاملا مؤثرا في الأزمة.

وإذا ما قارنا ذلك الوضع بتجربة شيلي، حيث قامت حكومتها بفرض ضرائب على تدفقات رأس المال قصيرة الأجل واشترطت ضرورة إيداع

(١) د/ رمزي ذكي. المرجع السابق.

جزء من الأموال في تجنب الأزمة المالية هي الرقابة المفروضة من قبل الدولة على تـدفقات رءوس الأموال.[(١)]

ونجمل أسباب هذه الأزمة فيما يلي:[(٢)]

١) حدوث التحرر السريـع لأسـواق رأس المـال في المنطقـة دون أن يخلـو ذلـك مـن التـدخل الحكومي، وقد ظهر نتيجة ذلك قلة مسيطرة على القطاع الخـاص التـي تسـعى إلى إزالـة القيود المفروضة من قبل الأنظمة الحكومية على حركة رأس المال.

٢) اصطدام هذه الأسواق غير المقيدة بظهور أسواق رأسمالية عالمية جديدة تتميز بمحافظـة أوراق مالية سهلة التحرك والانتقال.

٣) أدى تدفق رءوس الأموال في آسيا إلى حدوث تضخم في الأصـول وإفـراط في الاسـتثمار وفي الإنتاج والوقوع فريسة للقروض التجارية قصيرة الأجل وغير المضمونة.

٤) عندما بدأت الطفرة الاقتصادية تتعثر شنت الشركات الاسـتثمارية المتخصصـة في صـناديق التحوط حملات على العملات في المنطقة، كما حدث هروب سريـع لـرءوس الأمـوال، أدى ذلك إلى انخفاض في أسعار العملات وانهيار حاد في أسعار الأسهم.

---

(١) أ/ عمرو محي الدين، أزمة النمور الأسيوية، دار الشروق، القاهرة ٢٠٠٠ ص ٢٨٤.

(٢) C.J.Dekoning " Indonesian Economy not Reined," The Jakarta post, August ١٠ , ١٩٩٨.

آثار هذه الأزمة:

١) أدت إلى فشل معظم المراقبين في توقع نطاق ومدى الأزمة والتي أدت إلى خفض الناتج المحلي الإجمالي في ٥ دول وهي إندونسيا وكوريا وماليزيا والفلبين وتايلاند.^(١)

٢) ضربت هذه الأزمة جميع أسواق العالم النامي حيث كانت أسواق العملة في حالة تدهور حلزوني، وانهار الطلب في هذه الدول إلى جانب استجابة العرض المتراخية للانتعاش قصيرة الأجل أدى إلى هبوط أسعار السلع كما أن الشرق الأوسط وشمال أفريقيا والاتحاد السوفيتي تضرروا بشدة، وظهر هبوط حاد في أسعار البترول الخام.

٣) التقلب في الأسواق المالية وتدفق رءوس الأموال إلى الخارج وانهيار العملات والبنوك وفقدان المستثمرين للثقة في أسواق الدول النامية ذات الاقتصادات الناشئة.

الدروس المستفادة من الأزمة الأسيوية:

١) إن الزيادة الحادة في تدفقات رؤوس الأموال يمكن أن ينطوي على مزايا وفيما يتعلق بالتدفقات المولدة للديون أو الاقتراض فقد تنشأ ظروف تشجع دخول تدفقات قصيرة الأجل، وهذا يحدث عندما تكون نسبة التضخم المحلي وأسعار الفائدة أعلى بكثير من مثيلاتها بالخارج بأسعار فائدة أدنى من تلك التي تحصل عليها محليا...وفي حالة عدم ضبط العملية فإن سعر الصرف الحقيقي يمكن أن يرتفع إلى أن يحدث

---

(١) World Development indicators. The worl Bnak ١٩٩٩ مشار إليه المستشار د/ محمد حلمي عبد التواب ص ٣٧٢ – ٣٧٣.

خلل في ميزان المدفوعات وفقدان الثقة وبدء تدفق رءوس الأموال للخارج[1].

٢) إن سياسة الاستعمار الأجنبي وفتح الأسواق أمام الاستثمارات الأجنبية وتشجيع بعضها في حيازة بعض أصول القطاع العام لها ميزة، ولكنها لا تخلو من المخاطر، فعائد الاستثمار الأجنبي يعتمد على سعر الصرف للعملة الوطنية، ولذلك عند انخفاض العملة يمكن أن تؤدي إلى هبوط الأسعار نتيجة سرعة خروج رءوس الأموال الأجنبية ومضاعفة آثار الأزمات الاقتصادية.

٣) مخاطر الهرولة العقارية حيث كانوا يسارعون نضج الأموال إلى أي مشروع عقاري وعندما حدثت الأزمة نفذت قوة الدفع مما أحدث صدمة في القطاع العقاري وفي البنوك ودفع بأصحاب العقارات إلى حالة من الإفلاس.

٤) انتهاج السياسات المالية التي تهدف إلى التمييز بين جذب الاستثمار المباشر الذي يحقق مصالح مستقرة وبين الاستثمار في الأسهم والمضاربة على أساس العملات والتي تتميز بالحركة السريعة دخولا وخروجا[٢] وانتهاج أسلوب معالجة الأزمات الذي يهدف إلى الحيلولة دون انتقال الآثار السلعية في الأسواق المالية إلى الاقتصاد الوطني.

٥) أهمية توسيع الأسواق الاقتصادية وتكاملها مع بعضها البعض

---

(١) الأهرام الاقتصادي. مجلة البورصة المصرية العدد ٤٥٨ ٢٧ /١٩٩٧/١١.

(٢) د/ صلاح الدين حسن السيسي قضايا اقتصادية معاصرة، دولة الإمارات العربية المتحدة - المشارقة - دار الآداب ١٩٩٨.

فانضمام المكسيك إلى السوق الأمريكية الشمالية للتجارة الحـرة وانضمـام تايلانـد إلى مجموعـة الدول الأسيوية سهل لها التمويل المناسب عندما دعت الحاجـة إلى ذلك، وهـذا بالنسبة للسوق العربية المشتركة أمـر ضروري درءا للعديـد مـن مخاطر العولمـة ولتشـكيل قـوة اقتصادية واحدة تستطيع منافسة التجمعات الاقتصادية الضخمة. (١)

الأزمة الروسية:

وقعت هذه الأزمة عام ١٩٩٩ وتركزت أسبابها في رءوس الأحـوال السـاخنة (قصيرة الأجل) التي ضاربت في البورصات الناشئة وتوسعت في الإقراض للحكومات الأسيوية والروسية مـما أدى إلى تراكم المديونيات، ومع تحرك أسعار الفائدة وبخاصة الولايات المتحدة الأمريكية، انتقلت كثير من الاستثمارات قصيرة الأجل من السندات والأوراق الحكومية الضعيفة إلى السـندات الأمريكية باعتبارها ملاذا آمنا مع ارتفاع أسعار الفائدة.

وقد شكلت عملية انتقال رءوس الأموال ضغوطا على عملات هـذه الـدول فكانـت البدايـة بالبهات التايلندي والنهاية بالروبل الروسي والتي إنهارت قيم عملاتها. (٢)

---

(١) د/ أحمد سيد مصطفى تحديات العولمة والتخطيط الاستراتيجي، غير منشور الطبعة الثالثة سـنة ٢٠٠١، ود/ رابح رتيب صناديق الاستثمار في ظل سياسة الخصخصة، غير منشور طبعة ١٩٩٤.

(٢) د/ محمد أحمد عبد النعيم، د/ هبة السيد جلال، بحث بعنوان الـدور الرقابي للدولة في ظل الأزمة المالية العالمية، مؤتمر كلية الحقوق ١، ٢ أبريل سنة ٢٠٠٩، ص ٦

أزمة الرهن العقاري في أمريكا لسنة ٢٠٠٨:

منذ أغسطس ٢٠٠٨ تعرض الاقتصاد العالمي لأزمة مالية غير مسبوقة نتجت عن مشكلة الرهن العقاري في الولايات المتحدة الأمريكية، ومنذ ذلك التاريخ والأزمة تتمدد وتتفاقم وأثرت في اقتصادات عديدة من دول العالم.

ويعتبر البعض (١) هذه الأزمة من أسوأ الأزمات التي مر بها الاقتصاد العالمي منذ عقد الثلاثينات، بل وتعتبر الأخطر في تاريخ الأزمات المالية خاصة بعدما ثبت عجز النظام الاقتصادي العالمي عن احتوائها والتخفيف من آثارها بشكل سريع وحاسم يرضى الجميع.

ولقد حددت اتفاقية بازك لسنة ١٩٩٥ للرقابة على البنوك حدود التوسع في الإقراض للبنوك، فلا تتجاوز نسبة رأس المال المملوك لهذه البنوك، فالبنك لا يستطيع أن يقرض أكثر من نسبة محدودة، وذلك بالنظر لما يملكه من رأسمالي واحتياطي وهو ما يعرف بالرافعة المالية، ورغم أن البنوك المركزية تراقب البنوك التجارية وضرورة احترام هذه النسب، فإن ما يعرف باسم بنوك الاستثمار في الولايات المتحدة الأمريكية لا تخضع لرقابة البنك المركزي، ومن هنا توسعت بعض هذه البنوك في الإقراض لأكثر من ستين ضعفا من حجم رءوس أموالها كما في حالة VBS وقد تفاعلت نذر الأزمة من خلال سوق عمليات مقايضة البنوك وتجارة المشتقات المالية (أي إصدار أسهم وسندات وأوراق مالية أخرى مدعومة بالرهونات العقارية كشكل من أشكال الضمان أو التأمين على الديون المتعثرة وغير محققة

(١) Douglas W.Armer Financial stability Economic, Growth and the Roled law. New york , N Y. Cambridge unibersity press ٢٠٠٧

السداد وهو ما أدى إلى أن ابتعدت القيمة الورقية للعقارات عن القيمة الحقيقية لها، وقيمة الأوراق الممثلة للرهون العقارية أخذت أيضا تتباعد عن القدرة الحقيقية للمقترضين وبدأ الانهيار الحقيقي مع إفلاس بنك بيرستيرنز[1].

وفي ظل انعدام الرقابة على هذه المؤسسات المالية أدى ذلك إلى خلق هذه الأزمة المالية، ويزداد الأمر تعقيدا نتيجة للتداخل بين المؤسسات المالية بين مختلف الدول في ظل الأزمة العولمة المالية مما ساعد في ذلك على تفاقم الأزمة وانتشارها لأكبر عدد من دول العالم.

وهذه الأزمة المالية تعتبر أزمة مختلفة عن الأزمات الكثيرة التي مر بها الاقتصاد العالمي، فهي تجاوزت قضية رءوس الأموال الساخنة التي عصفت بدول أمريكا اللاتينية أو انهيار عملات الدول الأسيوية والروبل الروس لتشمل قضية التوسع في الإقراض العقاري من ناحية، والإفراط في استخدام أو استحداث أوعية استثمارية تهدف إلى جمع مزيد من الأموال والتوسع في مخاطر الاستثمار من ناحية أخرى تحقيقا لمزيد من الأرباح سواء محليا أو عالميا.

ومن السرد التاريخي السابق يتضح:[2]

- أن السبب في كل هذه الأزمات واحد، وهو الدين المبالغ فيه والذي لا

(١) د/ حازم الببلاوي، الأزمة المالية العالمية الحالية، محاولة للفهم
www.iid.alriad.com

(٢) د/ عبد الرحيم حمدي - الأزمة المالية العالمية وأثرها على الفكر الاقتصاد الإسلامي
www.isegs.com / forum/login. php

يبرره النشاط الحقيقي وإنما يسنده نشاط مرتبط ويساعد على نمو الدين نفسه.

- عادة ما ينتج عن الأزمة المالية مشاكل اقتصادية في الاقتصاد الحقيقي المتمثلة في الركود وانخفاض الإنتاج وانتشار البطالة.
- أن التدخل الحكومي للحد من الأزمة كان دائما هو رد الفعل الأساس عن طريق ضخ مبالغ مالية كبيرة لإنقاذ النظام المصرفي المتعثر.

خسائر الأزمات المالية في بعض الدول:

يوضح الجدول التالي خسائر الأزمات المالية في بعض الدول.[(١)]

الدولة	الفترة	الخسائر كنسبة من الناتج المحلي %
أسبانيا	١٩٧٧ – ١٩٨٥	%١٧
فنلندا	١٩٩١ – ١٩٩٣	٨ %
السويد	١٩٩١- ١٩٩٢	%٦
النرويج	١٩٨٧ – ١٩٨٩	%٤
الولايات المتحدة	١٩٨٤ – ١٩٩١	%٣
فنزويلا	١٩٨٠-١٩٨٣، ١٩٩٤-١٩٩٥	%١٨
الأرجنتين	١٩٨٠ – ١٩٨٢، ١٩٨٥	١٣ – %٥٥
المكسيك	١٩٩٤- ١٩٩٥	١٢ – %١٥
البرازيل	١٩٩٤ – ١٩٩٦	٤ – %١٠

(١) المصدر: IMF, Would Economic suvvey , ١٩٩٨, p.٧٨.

يتضح من التجارب السابقة ما يلي:[1]

- تكون أزمات العملة والأزمات المصرفية في الاقتصاديات الناشئة على الأقل - ضعف الأزمات في الدول الصناعية.
- يمكن أن يشهد الاقتصاد الكلي كلا النوعين من الأزمات في نفس الوقت، بحيث تغذي كل منها الأخرى.
- عادة ما تسبق الأزمات المصرفية أزمات العملة بعام أو عامين، وعندما يحدث العكس وتسبق أزمة العملة الأزمة المصرفية نجد أيضا أن الفترة هي عام أو عامان.

أعراض الأزمات المالية والأسباب:

١ - أعراض الأزمات المالية:[1]

أجمعت العديد من الدراسات على الأعراض المختلفة للأزمات المالية، ويكفي وجود عدد منها كي يكون النظام المالي والمصرفي معرضًا لأزمة مالية، وفيما يلي أهمها:

- اتجاه رؤوس الأموال الأجنبية للهروب للخارج.
- قيام البنوك بالإفراط في الإقراض بدون ضمانات كافية.
- قيام كل من المستثمرين والمقرضين باتخاذ قرارات خاطئة أسوة بالآخرين (سلوك القطيع) مما يؤدي إلى تعميق الأزمة وزيادة الخسائر.

(١) د/ عبد النبي إسماعيل الطوخي - التنبؤ المبكر بالأزمات باستخدم المؤشرات المالية القائدة - موقع أبحاث فقه المعلامات الإسلامية: http: //www.Kantakji.com

- هيكل تدفقات رأس المال الأجنبي عنصر هام، حيث كلما كانت تلك التدفقات قصيرة الأجل تزايد ميل الاقتصاد لتعرضه لأزمة مصرفية.

- انهيار العملة يؤدي إلى تدهور أوضاع البنوك وتزايد خسائرها وتعرضها للإعسار وتنشأ معها أزمات مصرفية.

٢ - أسباب الأزمات المالية:

رغم أن لكل أزمة خصائصها وأسبابها إلا أن هناك عوامل مشتركة توجد في معظم الأزمات ألا وهي:

نقص الشفافية:

ويقصد بها عدم دقة المعلومات عن أداء الكثير من الشركات والمؤسسات الاقتصادية، خاصة فيما يتعلق بالكشف عن الحجم الحقيقي للاحتياطات الدولية من العملات الأجنبية، مما يؤدي إلى فقدان الثقة وهروب رؤوس الأموال إلى الخارج. [٢]

- تدفق رؤوس أموال ضخمة للداخل والتي يرافقها توسع مفرط وسريع في الإقراض دون التأكد من الملاءمة الائتمانية للمتقاضين، مما يعمل على زيادة حجم القروض المشكوك في تحصيلها لدى البنوك المحلية.

وعندما يحدث انخفاض أسمى في قيمة العملة المحلية إزاء العملات القيادية، وهذا ما يؤدي إلى موجة من التدفقات الرأسمالية نحو الخارج. [٣]

---

(٢) نفس المرجع السابق

(١) د/ عرفات الحسني – الاقتصاد السياسي لأزمة أسواق المال الدولية – مجلة المال والصناعة (بنك الكويت الصناعي) – العدد ٢٥ – سنة ٢٠٠٧ ص ١٥.

(٢) د/ قدي عبد المجيد – الأزمة الاقتصادية الأمريكية وتداعياتها العالمية....مشار =

= إليه في د/ الجوزي جميلة – المرجع السابق – ص٦.

- ضـعف الإشراف والرقابـة الحكوميـة، ممـا يـؤدي إلى تصـاعد الشـكوك السياسـية حـول التزامات الحكومة وقدرتها على القيام بالإصلاحات المناسبة لمواجهة الأزمة[1].

- وجود بعض خلل في تطبيق السياسات النقدية والمالية الكلية الملائمة، خاصـة إذا تـزامن ذلك مع انعدام الشفافية والفساد والتلاعب في البيانـات والقوائم الماليـة في المؤسسـات التي تكون المبعث الأولى للاضطراب[2].

الطبيعة الدورية للاقتصاد الرأسمالي [3]:

يمر الاقتصاد بالمراحل المعروفة للدورة الاقتصادية، فبعد مرور الاقتصاد بمرحلة كساد، تفضل الشركات تمويل أنشطتها بحرص وعدم تحمل مخاطر كبيرة في تعاملها مع القطاع المالي، وهـو مـا يسمى "التمويل المتحوط" وفي إبان مرحلة النمو، تتوقع الشركات ارتفاع الأرباح، ومن ثم تبدأ في الحصول على التمويل والتوسع في الاقتراض بافتراض القدرة المستقبلية على سداد القروض، ويبـدأ المقرضون في التوسع في إقراض الشركات دون تحوط كاف أو التحقق من قابلية استرداد القـروض مجددا، ولكن بناء على قدرة تلك الشركات على الحصول علـى تمويـل مسـتقبلي نظرًا لأرباحهـا المتوقعة.

---

(١) نفس المرجع السابق – نفس الموضع.
(٢) أ/ بلوافي أحمد – أزمة عقار....أم أزمة نظام؟ حوار الأربعاء مركز أبحاث الاقتصاد الإسلامي (جـدة) – أكتـوبر ٢٠٠٨.
(٣) د/ عبد الله شحاته – المرجع السابق.

وفي ذلك الوقت يكون الاقتصاد وقد تحمل مخاطرة بشكل معنوي في نظام الائتمان.

وفي حال حدوث مشكلة مادية أو أزمة مالية لكيان اقتصادي كبير يبدأ القطاع المالي في الإحساس بالخطر مما يؤثر على قابليته للإقراض، الأمر الذي يؤثر بدوره على قدرة معظم الكيانات الاقتصادية على سداد التزاماتها، وتبدأ الأزمة المالية التي قد لا يتمكن ضخ أموال في الاقتصاد من حلها، وتتحول إلى أزمة اقتصادية تؤدي لحدوث كساد ويعود الاقتصاد لنقطة البداية مجددًا.

- الانفصام المتزايد بين الاقتصاد العيني المتمثل في تدفقات السلع والخدمات والاقتصاد المالي والنقدي المتمثل في تدفقات النقود والائتمان، حيث أخذت هذه التدفقات الأخيرة تكتسب استقلالية متزايدة منذ النصف الأول من السبعينات، وقد أصبح هناك انفصام متزايد بين رأس المال المنتج ورأس المال النقدي، أي بين الاقتصاد الحقيقي وما يسمى بالاقتصاد الرمزي.

وأصبحت هناك مفاضلة متصاعدة بين استخدام رأس المال في الديون واستخدامه في الإنتاج، وأيضًا بين المضاربة والاستثمار، وهو تطور خطير يكشف عن ازدياد الطابع الطفيلي للرأسمالية المعاصرة.[(١)]

ما سبق يمثل نبذة تاريخية عن الأزمات المالية التي تعرض لها العالم، والتي سبقت الأزمة الحالية التي نحدد بصددها وتمثل موضوع هذا المؤلف.

---

(١) د/ فؤاد مرسي - الرأسمالية تجدد نفسها - سلسلة كتب عالم المعرفة - العدد رقم ١٤٧ سنة ١٩٩٠ ص ٢٠٦.

المبحث الثالث

نشأة الأزمة المالية العالمية الحالية

بدأت أزمة الرهن العقاري Mortagage في الولايات المتحدة في بداية أغسطس سنة ٢٠٠٧، حيث يواجه الاقتصاد العالمي في الفترة الراهنة أزمة مالية حقيقية عصفت بالأسواق المالية الدولية والوطنية، وأثرت على البنوك والمؤسسات المالية بصفة خاصة وبشكل لم يسبق له مثيل منذ أزمة ١٩٢٩ عبر ما يسمى بـ"أزمة الرهن العقاري" أو "القروض السيئة ذي الفائدة القابلة للتغيير"[١]، حيث الندرة في السيولة في أسواق الائتمان والأجهزة المصرفية العالمية إلى جانب بداية الانكماش في قطاع العقارات في الولايات المتحدة الأمريكية، والممارسات المرتفعة المخاطرة في الإقراض والاقتراض.

وقد ظهرت هذه الأزمة بصورتها الحالية عندما انفجرت فقاعة سوق العقارات والتي نتجت عن تسويق العقارات لمحددي الدخل في الولايات المتحدة بطريقة ملتفة وشروط تبدو سهلة للوهلة الأولى، ولكن الصياغة في العقود كانت بمثابة فخ لمحدودي الدخل، فلقد تضمنت العقود نصوص تجعل القسط يرتفع مع طول المدة وعند عدم السداد لمرة واحدة تحصل فوائد القسط ثلاث مرات عن الشهر الذي لم يتم سداده.

بالإضافة إلى وجود بنود في العقود كرفع الفائدة عند تغييرها من البنك الفيدرالي الأمريكي فيما يسمى بأزمة الرهن العقاري.Adjustable Rate

(١) د/ فريد كورتل – الأزمة المالية العالمية وأثرها على الاقتصاديات العربية- مؤتمر جيان....المرجع السابق ص٨

Mortgages arm

ويلاحظ أن البداية التمهيدية للأزمة كانت تتكون داخل الاقتصاد الأمريكي منذ عام ٢٠٠٠، حيث انخفضت أسعار الفائدة بشكل كبير لتصل إلى أقل من ١%، كما تزامن ذلك مع انفجار فقاعة شركات الأنترنت، ثم أخذت قيمة العقارات ترتفع، وارتفعت معها أسهم الشركات العقارية المسجلة بالبورصة بشكل مستمر سواء في الولايات المتحدة في غيرها من دول العالم مقابل انخفاض الأسهم في القطاعات الاقتصادية الأخرى بما فيها قطاعات التكنولوجيا والاتصالات الحديثة، الأمر الذي أدى إلى إقبال الأمريكيتين أفرادا وشركات على شراء المساكن والعقارات بهدف الاستثمار طويل الأجل، وزادت وفقا لذلك عمليات الإقراض من قبل البنوك، وازداد التوسع والتساهل في منح القروض العقارية للأفراد من ذوي الدخول المنخفضة وغير القادرين على السداد، والمسماة بالقروض "الرديئة"، وذلك دون التحقق من قدرتهم على السداد.[1]

ومع بداية عام ٢٠٠٦ وحدوث حالة من التشبع التمويلي العقاري ارتفعت أسعار الفائدة لتصل إلى ٢٥,٥%، وأصبح الأفراد المستفيدين من القروض متدنية الجودة غير قادرين على سداد الأقساط المستحقة عليهم، وازداد الأمر سوءا بانتهاء فترة الفائدة المثبتة المنخفضة للقروض، وازدادت الأمر سوءا بانتهاء فترة الفائدة المثبتة المنخفضة للقروض، وازدادت معدلات حجز البنوك لعقارات من لم يستطيعوا السداد، لتصل إلى حوالي ٩٣%، وفقد أكثر من ٢ مليون أمريكي ملكيتهم لهذه العقارات وأصبحوا

(١) د/ الجوزي جميلة - أسباب الأزمة المالية وجذورها..... المرجع السابق - ص٧.

مكبلين بالالتزامات المالية طيلة حياتهم.[1]

ومما ساهم في ازدياد ذلك، وما زاد الطين بلة:

- قيام البنوك وشركات التمويل العقاري بالاتفاق مع مشتري العقارات على التأمين على سداد القروض في شركات التأمين مقابل أقساط وعندما عجز المشترون عن دفع الأقساط كانت شركة التأمين مطالبة بالسداد، وعندما تفاقمت المشكلة عجزت هذه الشركات عن توفير السيولة اللازمة لدفع التعويضات فدخلت دائرة التعثر والإفلاس.

- اتجاه البنوك المقدمة لهذه القروض لخصم الديون العقارية(تم ذلك مـن خـلال تجميـع القروض العقارية المتشابهة في سلة واحدة وإعادة بيعها للمؤسسات، والشركات المالية والعقارية الأخرى، لتقوم الأخيرة بتجميع أقساط القروض من المـدينين، وذلـك في محاولـة للحد من المخاطر المترتبة عليها.

- قام المقترضون أصحاب المنازل بإعادة رهن العقارات بعد تقويمها بمبالغ أكـثر مـن قيمتها الأصلية والحصول على قروض من مؤسسات أخرى التي بدورها باعت هـذه القـروض إلى شركات الخصم (التوريق) التي أصدرت بموجبها سـندات وطرحتهـا في أسـواق المـال والبورصات للتداول.

- تم إصدار أدوات مالية (مشتقات للمضاربة على فروق أسعار هذه السندات وتم طرحهـا في الأسواق هي الأخرى يتم تداولها منفصلة عن

---

(١) إدارة البحوث والدراسات الاقتصادية – الأزمة المالية العالمية وتـداعياتها عـلى الاقتصـاد السعودي – مجلس الغرف السعودية – ١٠ أكتوبر ٢٠٠٨.

السندات.[1]

وهكذا أدى تركز الإقراض في قطاع واحد (العقارات) على زيادة المخاطر، وساعدت الأدوات المالية الجديدة (المشتقات) على تفاقم بزيادة أحجام الإقراض موجة تلو الموجة.

ولا تقتصر المشتقات المالية هذه على "التورق" بإصدار موجات من الأصول المالية بناءً على أصل عيني واحد، بل أنها تأخذ صورا أخرى وخاصة فيما يتعلق بالتعامل مع المستقبل.

فهناك التصرفات الآجلة Forwards فضلا عما يعرف "بالمستقبليات" Futures ، وقد لا يقتصر الأمر على مجرد بيع وشراء حقوق مستقبلية بل وتشمل أيضا على خيارات Options تستخدم أولا تستخدم وفقا لرغبة أحد الطرفين.[2]

ومما ساعد في تكريس هذه الأزمة وتضخمها وجود نوع من التهاون والتساهل الملحوظ في شروط الائتمان واتجاه طويل المدى لارتفاع أسعار العقارات، حيث ارتفعت أسعار العقارات بما يقرب من ١٢٤% خلال الفترة من ١٩٩٧ - ٢٠٠٦.

وهذا من شأنه ما حفز الكثيرون على الاقتراض لتمويل شراء مساكنهم الخاصة حيث ارتفع معدل التمليك السكني في الولايات المتحدة الأمريكية

(١) د/ الجوزي جميلة - المرجع السابق - ص٨.

(٢) د/ وائل إبراهيم الراشد - رؤية تحليلية لانعكاسات المالية العالمية على اقتصاديات دول مجلس التعاون (واقع دولة الكويت) - مؤتمر جيان........ المرجع السابق ص ٦.

من ٦٤% في ١٩٩٦ إلى ٦٩,٢ في ٢٠٠٤، ثم تشجيع هذه العملية من قبل الحكومة الأمريكية، بمقتضى القانون الصادر سنة ١٩٧٧ والذي ينص على إمكانية أن تحصل أي مؤسسة مالية على ضمانات لودائعها المالية من الهيئة الفيدرالية للتأمين على الودائع إذا التزمت بالإقراض إلى أسر أمريكية من ذوي الدخل المتواضع.

مما أدى إلى ارتفاع الأسعار تلك العقارات مع أخذ الكثير منهم في الاقتراض بضمان قيمتها (التي لم تسدد) وكان الاعتماد في هذه القروض بشكل أساسي على قيمة العقار التي تتزايد في السوق كضمان.

ثم بدأت أسعار الفائدة في الارتفاع غير المتوقع مما أدى إلى تزايد التزامات محدودي الدخل حيث ارتفعت أعباء قروض العقارات التي التزموا بها.

بالإضافة إلى القروض التي تشكل قيمة العقارت ضماناتها فامتنع الكثيرون عن السداد بعد أن أرهقتهم الأقساط المتزايدة وبدأت أسعار العقارات تنزل إلى أسفل.

ولاحتواء الوضع قامت البنوك وشركات العقار ببيع ديون المواطنين في شكل سندات المستثمرين عالميين بضمان العقارات الذين لجأوا بدورهم بعد أن تفاقمت المشكلة لشركات التأمين التي أوجدت من الأزمة فرصة للربح بضمانات للعقارات فيما لو امتنع محدودي الدخل عن السواء، فقامت بتصنيف سندات الديون لفئتين (أ) قابلة السداد (ب) لا يمكن سدادها وبدأت شركات التأمين بأخذ أقساط التأمين على السندات من هؤلاء المستثمرين.

ونظرا لما حدث قام البنك الفيدرالي الأمريكي بخفض أسعار الفائدة

حيث قام في يناير ٢٠٠٨م بخفض معدلات فائدته الرئيسية ثلاثة أرباع النقطة إلى ٣,٥% وهو إجراء ذو حجم استثنائي تم تخفيضه تدريجيا إلى ٢% بين يناير وأبريل من ذات العام، ولدى تفاقم الأزمة وتوقف محدودي الدخل عن السداد اضطرت الشكات والبنوك لمحاولة بيع القارات محل النزاع والتي رفض ساكنوها الخروج منها، فعجزت قيمة العقار عن تغطية الالتزامات أي من البنوك أو شركات العقار والتأمين، مما أثر على السندات فطالب المستثمرون بحقوقهم عند شركات التأمين، فأعلنت أكبر شركة تأمين في العالم aig عدم قدرتها على الوفاء بالتزاماتها تجاه ٦٤ مليار دولار مقابل امتلاك ٧٩,٩% من رأسمالها، وامتدت الأزمة إلى عدد كبير من المؤسسات الأمريكية مثل موان ستانلي وجولون ساكس، وفي سبتمبر سنة ٢٠٠٨ أعلن بنك الأخوة ليمان إفلاسه، وقد قدرت خسائر المؤسسات المالية حول العالم في يوليو سنة ٢٠٠٨ بما يقرب من ٤٣٥ مليار دولار أمريكي، وشهدت البورصات في أغسطس ٢٠٠٧ تدهورا شديدا أمام سيولة المخاطر اتساع الأزمة المالية، وتدخلت المصارف المركزية لدعم السوق، وشهد الاقتصاد الأمريكي انكماشا ملحوظا على مدار العام ٢٠٠٨ وظهرت معدلات البطالة حيث قام أصحاب العمل بالاستغناء عن ما يقرب من مليون وظيفة منذ بداية الشهر الأول من هذا العام، وقد انعكست هذه الصورة السلبية على سوق الأوراق المالية في صورة انخفاضات حادة في أسعار الأسهم والسندات.[1]

(١) د/ نبيل حشاد. الأزمة المالية العالمية وتأثيرها في الاقتصاد العربي مشار إليه د/ نصر أبو الفتوح فريد المرجع السابق ص٢٢.

وقد أدت الأزمة المالية إلى حدوث مشكلات واسعة النطاق لمجموعة من المؤسسات المالية الكبيرة في الولايات المتحدة وأوروبا تعاني من نقص حاد في السيولة الأمر الذي دفع صناع القرار إلى التدخل المباشر، ولم تقتصر الأدلة والشواهد التي تبرهن على أن الأزمة المالية الأمريكية تـؤثر سلبا على الاقتصاد الحقيقي فقط ولكن هناك أدلة وشواهد قوية تتمثل في زعزعـة الثقة وحالة الاضطراب التي أصابت المستثمرين والمستهلكين على حد سواء بل إن هنـاك بعض المتخصصين الذين يقولون بأننا لم نشهد الأسوأ بعد. [1]

الأمر الذي أدى في مرحلة تالية إلى ظهور حالات الإفلاس التـي يشـهدها الاقتصاد الأمريكـي والعالمي، حيث بلغ عدد المؤسسات التي أفلست أو قريبة من الإفلاس بحوالي ١٢٠ مؤسسة مالية منها إفلاس مؤسستي "ليمان برذرز"، "ميرل لينش"، ووصلت أكبر مؤسسة تأمين أمريكيـة AIG" American International Group" حافة الإفلاس لولا تدخل الخزانة الأمريكية والاحتياطي الأمريكي الفيدرالي لإنقاذها، ويكفي أن نشير إلى أن الأزمة المالية الحالية كلفت الاقتصاد الأمريكي فقط أكثر من ١٠٠٠ مليار دولار مما استدعى تدخلا مبـاشرا مـن الإدارة الاقتصادية لإيجاد حـل لهذه الأزمة.

كما خصصت مبالغ ضخمة لتجاوزها قدرت بحوالي ٨٠٠ مليـار دولار ويقـدر مجموعـة مـا ضخه الاحتياطي الفيدرالي الأمريكي حتى الآن حوالي

---

(١) Florian coustet, la crise financiere mondiale issue des subprimes et ses consequences economiques et politiques.
www.aboulo.com/ crise / credits/ hypothecaires/ americains- f. htm.

١٨٠ دولار، كما قامت الخزانـة الأمريكيـة بطـرح سـندات خزينـة وشراء القـروض المتعـثرة لإنقاذ المصارف والمؤسسات المالية الأمريكية. [١]

وساهم تحرير أسواق التمويل العقاري بإلغاء الحد الأقصى للإقـراض ولأسعار الفائـدة عـلى الودائع، وإلغاء القيود على الائتمان في فتح المجال لزيادة التنافس بين البنوك والمؤسسات وسرعة نمو الائتمان العقاري، وتتميز أسواق الرهن العقاري بمجموعة من الخصائص تتمثل في [٢]:

- نسبة القـرض إلى القيمـة (أي نسبة القـرض العقـاري إلى قيمـة السـكن) ومـدة القـرض: فارتفاع نسبة القرض إلى القيمة يفسح المجال أمام المقترضين لافتراض المزيد، بينما تسمح فتـرات السـداد الأطـول بالمحافظة على نسبة خدمة الدين(المقصـود بخدمـة الدين سـداد القسط مضافا إليها الفائدة المستحقة) إلى الدخل في حدود يمكن استيعابها).

- إمكانية تكرار الاقتراض بضمان قيمة السكن والسداد المبكر للقرض بدون رسوم: فإمكانية الاقتراض بضمان القيمة المتراكمة للسكن تسمح للجمهور بالاستفادة مباشرة مـن ثرواتهم السكنية والحصول على المزيد من القروض عند ارتفاع أسـعار السـكنات، وتسـبب رسـوم السداد المبكر في تقييد قدرتهم على إعادة تمويل قروضهم العقارية في حالة

---

(١) محمد الحسين – الأزمة المالية المعاصرة – مقال منشور على الإنترنت على الموقع الإلكتروني
www.modon.org/ index.phppact=print&client = wordr ٨.f = ١٣٨ = ٤٥٨٧٧
(٢) نبيل حشاد – الأزمة المالية العالمية وتأثيرها على الاقتصاد العربي – مقال منشور علـى الانترنت علـى الموقع الالكتروني:

thread. php ? t = ٢٣٣٥ www.isegs.com/forum/show

انخفاض أسعار الفائدة.

- إنشاء أسواق ثانوية للقروض العقارية: فكلما زاد تطور أسواق القروض العقارية الثانوية سيجد المقرضون سهولة أكبر في الحصول على التمويل عبر أسواق رأس المال، وتقديم القروض للجمهور إذا ما تساوت للشروط الأخرى.

ومن هنا بدأت الأزمة تكبر مثل كرة الثلج وتمتد لتشمل غالبية الشركات المالية والعقارية، وبالتالي بدأ الحديث عن أزمة مالية عالمية بدأت بالاقتصاد الأمريكي الذي هو مصدرها، وتجاوزت حدود هذا الاقتصاد لتشمل الاقتصاد العالمي ككل.

المبحث الرابع

تطورات الأزمة المالية العالمية

وترجع جـذور الأزمة المالية العالمية إلى التطورات التي حـدثت في الأسواق العقارية في الولايات المتحدة الأمريكية منذ عام ٢٠٠٠ حيث انخفضت أسعار الفائدة لتصل إلى أقل مـن ١% كما توافرت أعداد كبيرة من المساكن نتيجة لانفجار فقاعة شركات الإنترنت، وبدأت ترتفع قيمـة هذه العقارات، وارتفعت معها أسهم الشركات العقارية المسجلة بالبورصة بشكل مستمر سواء في الولايات المتحدة الأمريكية أو غيرهـا مـن دول العـالم مقابل انخفاض الأسهم في القطاعات الاقتصادية الأخرى بما فيها من قطاعات التكنولوجيا والاتصالات الحديثة، الأمـر الـذي أدى إلى إقبال الأمريكيين على شراء العقارات بهدف الاستثمار طويل الأجل.

وكان المعمول به في هذه الفترة أن يدفع الفرد أو الأسرة دفعة أولى لشراء مسكن ثم يقوم المشتري بدفع أقساط شهرية ثابتة مستمرة لمدة ٣٠ عاما تقريبا، وهـي أقسـاط ثابتـة لا تتغـير بطول المدة، وكانت مصادر التمويل محددة ومعروفة، ثم حدثت تطورات هامة بدأت في سـوق العقار ثم امتدت لتشمل بقية الولايات الأخرى ومناطق من أوروبا الغربية.

ومن أهم التطورات قيام سماسرة العقارات بإغراء الأسر والأفراد بشراء المسـاكن مـن دفعـة أولى، وعلى أساس أقساط ثابتة لمدة قصيرة جدا (سنة أو ثلاث سنوات) ثم تخضع هذه الأقسـاط الشهرية بعد مرور الأشهر القليلة التي كانت ثابتة خلالها لتكـاليف القـروض في أسـواق المـال في نيويورك وشيكاغو، وفي حالة تردد المشتري فيقال له أن قيمة المنزل

سترتفع وبالتالي يمكن إعادة وسائل التمويل، وهذا هو التطور السلبي الأول والذي كان من نتيجته زيادة عمليات الإقراض من قبل البنوك لشراء المساكن، ومن ثم التوسع في منح القروض العقارية للأفراد ذوي الدخول المنخفض والمسماة بالقروض ومتدنية الجودة، وذلك دون التحقق من قدرتهم على السواء وحتى الاستعلام عن قدرتهم الائتمانية [١]

والتطور السلبي الثاني: يتمثل في قيام البنوك والشركات المتخصصة في التمويل العقاري وتقوم ببيع سندات الرهن أو القروض التي منحتها لمشتري المساكن إلى مؤسسات أخرى متخصصة بالمضاربة في شراء وبيع سندات التمويل أو تعهدات القروض والتي تعرف (عمليات التوريق) Securitization وهكذا فإن البنوك وشركات التمويل العقاري لم تكتف بالتوسع في منح القروض الأقل جودة بل استخدمت "المشتقات المالية"Financial derivatives لتوليد مصادر جديدة للتمويل وبالتالي التوسع في الإقراض، وبالتالي يتجمع لدى البنك محفظة كبيرة من الرهونات العقارية فإنه يلجأ إلى استخدام هذه المحفظة من الرهونات العقارية لإصدار أوراق مالية جديدة يقترض بموجبها من المؤسسات المالية الأخرى بضمان هذه المحفظة فيما يصرف بالتوريق فكأن البنك لم يكتف بالإقراض الأول بضمان هذه العقارات، بل أصدر موجة ثانية من الأصول المالية بضمان

(١) Oliver Blanchard, Cracks in the system, Repairing the damaged global Economy, Finance & Development, December ٢٠٠٨, p٨.

مشار إليه د/ صفوت عبد السلام عوض الله بحث بعنوان الأزمة المالية العالمية وتداعياتها على اقتصادات دول مجلس التعاون الخليجي، مؤتمر كلية الحقوق ج المنصورة ٢/١ أبريل ٢٠٠٩ ص ٦.

هذه الرهون العقارية كضمان للاقتراض الجديد من السوق عن طريق سندات أو أوراق مالية مضمومة بالمحفظة العقارية، وهكذا فإن العقار الواحد يعطي مالكة الحق في الاقتراض من البنك ولكن البنك يعيد استخدام نفس العقار ضمن محفظة أكبر، والتي يقترض بموجبها من جديد من المؤسسات الأخرى وهكذا أدى تركز الإقراض في قطاع وواحد "سوق العقارات" إلى زيادة المخاطر وساعدت الأدوات المالية الجديدة "المشتقات المالية" على تفاقم هذا الخطر بزيادة أحجام الإقراض مرة ثم ثانية..

وحدث تطور سلبي ثالث تمثل في دخول ما يسمى محافظ تفادي الأخطار وهذه المحافظ لا تشتري ولا تبيع سندات القروض ذاتها، وإنها تبيع أو تشتري ما يسمى بمشتقات السندات، وهذا يعني دفع أو قبض جزء صغير من مبلغ السند أو مستقبلا أملا أن يرتفع ثمن البيع في المستقبل أو أملا أن ينخفض مبلغ الشراء في المستقبل إن كان الشراء مستقبلا حتى يحل أجل الدفع كامل فيكون مبلغ التكلفة أقل بالنسبة لمن وعد بدفع المبلغ في المستقبل.(١)

وقد أدى تناقص السيولة في أسواق المال إلى إحداث حالة من الذعر والهلع حينما اكتشفت بيوت التمويل الضخمة ما لحق بمحافظها من خسائر بسبب مضارباتها في مشتقات الرهون العقارية حينما عجز الأفراد عن الوفاء بالأقساط الشهرية المتصاعدة، وتبع ذلك تراجع أسعار العقار السكني كافة، وهذا بدوره أدى إلى تصاعد الأقساط مرة أخرى بحيث تزايد عدد العاجزين عن الوفاء بتعهداتهم.

(١) د/ نصر أبو الفتوح فريد - المرجع

أما التطور الرابع والأخيرة في هذه الأزمة فهو نقص أو انعدام الرقابة أو الإشراف على المؤسسات المالية الوسيطة فبالرغم من خضوع البنوك التجارية في معظم الدول لرقابة دقيقة من قبل البنك المركزي ولكن الرقابة تضعف أو تختفي بالنسبة لبنوك الاستثمار وسماسرة الرهون العقارية أو الرقابة على المنتجات الجديدة مثل المشتقات المالية أو الرقابة على الهيئات المالية التي تصدر شهادة الجدارة الائتمانية وبالتالي تشجع المستثمرين على الإقبال على الأوراق المالية.

وقد تفاعلت العناصر السابقة في صنع هذه الأزمة ولم يقتصر أثرها على التأثير على القطاع المالي بزيادة حجم المخاطر نتيجة التوسع المحموم في الأصول المالية بل إنه هدد الثقة وهي أهم ركائز هذا القطاع فبرغم أن العناصر الأربعة هي زيادة الإقراض - المشتقات المالية - تركيز المخاطر - نقص الرقابة والإشراف كافية لإحداث أزمة مالية عميقة، فإن الأمور تصبح أكثر خطورة إذا فقدت الثقة أو ضعفت في النظام المالي الذي يقوم على ثقة الأفراد ويزداد الأمر تعقيدا نتيجة للتداخل بين المؤسسات وبلا استثناء تتعامل مع بعضها البعض، وأي مشكلة كبيرة تتعرض لها إحدى هذه المؤسسات لابد وأن تنعكس على بقية النظام المالي العالمي.

وارتفعت أسعار الفائدة لتصل إلى ٥,٢٥% وعليه أصبح الأفراد المستفيدين من القروض متدنية الجودة غير قادرين على سداد الأقساط المستحقة عليهم، وازداد ا لأمر سوءا مع انتهاء فترة الفائدة المثبتة والمنخفضة للقروض ومن ثم ازدادت حجز البنوك على العقارات من عجز

وعن السداد وفقد أكثر من ٢ مليون أمريكي ملكيتهم لهذه العقارات وأصبحوا مكبلين بالالتزامات المالية طول حياتهم[1]، وساهم في تفاقم الأزمة ما قامت به البنوك المقدمة لهذه القروض من عمليات توريق للديون العقارية (وذلك من خلال تجميع القروض العقارية المتشابهة في سلة واحدة وإعادة بيعها للمؤسسات والشركات المالية والعقارية المتشابهة في سلة واحدة وإعادة بيعها للمؤسسات والشركات المالية والعقارية الأخرى لتقوم الأخيرة بتجميع أقساط القروض من المدنيين، وذلك في محاولة للحد من المخاطر المترتبة عليها وهو ما أدى إلى امتداد آثار الأزمة المالية لعدد كبير من البنوك والشركات في الولايات المتحدة وفي سائر بلدان العالم.

وبدأت الأزمة انطلاقها مع إعلان بنك ليمان براذرز وهو مؤسسة مالية عملاقة عن إفلاسه، وهذه كانت البداية لأن هذا البنك كان من البنوك القليلة التي صمدت أمام أزمة الكساد العالمي ١٩٢٩م، ويعتبر من أقدم المؤسسات المالية الأمريكية التي تأسست في القرن التاسع عشر- وبدأت الأزمة تتحرك وتنتشر لتشمل معظم الشركات المالية والعقارية ومن هنا بدأ الحديث عن أزمة مالية مصدرها الاقتصاد الأمريكي ولكنها تجاوزت حدود أمريكا لتمتد آثارها الاقتصادية إلى معظم دول العالم.

وهكذا نجد أن الأزمة المالية الحالية هي نتيجة للتوسع غير المنضبط في القطاع المالي في الولايات المتحدة ومن ورائه في بقية دول العالم المتقدم والسؤال الذي يعرض نفسه: هل يمكن التجاوز عن هذا الاقتصاد المالي

(١) الأزمة المالية العالمية مجلس الفرق السعودية. إدارة البحوث والدراسات الاقتصادية ١٤٢٩ أكتوبر ٢٠٠٨ ص ٣.

بأدواته المتعددة ومؤسساته الكثيرة؟[1]

وفي أغلب الأحوال لا يمكن لأن الأصول المالية أصبحت مثل الدورة الدموية في الجسم، فلا يكفي أن يكون في جسم الإنسان أعضاء رئيسية مثل القلب والمعدة والرئتين، بل بدون دورة دموية تنقل الغذاء وتطلق الحركة في جسم الإنسان، وهكذا أصبح الاقتصاد لا يكتفي بالمصانع والأراضي الزراعية بل إن ما يحركها هو أصول مالية مثل الأسهم والسندات والنقود، وهناك الادخار والاستثمار الذي يتحقق من خلال أدوات مالية، ولذلك فإن علاج الأزمة المالية ضروري وحتمي ولا يمكن تجاهله لأن عواقب الأزمة وخيمة إذا استمرت واستفحلت أكثر من ذلك.

وبدأت إرهاصات ومعالم انهيار النظام المالي العالمي من الظهور، وأصابت أصحاب الأموال وغيرهم بالهلع والذعر والرعب كما ارتكبت المؤسسات المالية والوسطاء معها في التفكير في وضع الخطط للإنقاذ وخافت الحكومات على أنظمتها.

وكان للأزمة مظاهرة عديدة نذكر منها:[2]

- الهرولة في سحب الإيداعات من البنوك لأن رأس المال جبان وهذا ما

(1) د/ جمعة محمود بحث بعنوان الأزمة المالية الاقتصادية العالمية وآثارها الحالية والمتوقعة على جهاز المصرفي الأردني، مؤتمر الأزمة المالية العالمية وكيفية علاجها من منظور النظام الاقتصادي جامعة الجنان - لبنان ٢٠٠٩.

(2) د/ جمعة محمود بحث بعنوان الأزمة المالية الاقتصادية العالمية وآثارها الحالية والمتوقعة على جهاز المصرفي الأردني، مؤتمر الأزمة المالية العالمية وكيفية علاجها من منظور النظام الاقتصادي جامعة الجنان - لبنان ٢٠٠٩.

تناولته وكالات الإعلام المختلفة.

- قيام العديد من المؤسسات المالية بتجميد منح القروض للشركات والأفراد خوفا من صعوبة استردادها.

- نقص السيولة المتداولة لدى الأفراد والشركات والمؤسسات المالية وهذا أدى إلى انكماش حاد في الاقتصاد وفي جميع نواحي الحياة مما أدى إلى توقف المتقرضين عن السداد

- انخفاض مستوى الطاقة المستغلة في الشركات بسبب نقص السيولة وتجميد الحصول على القروض من المؤسسات المالية إلا بأسعار فائدة أعلى وضمانات حقيقية.

- انخفاض المبيعات ولاسيما في قطاع العقارات والسيارات وغيرها بسبب ضعف السيولة.

- ازدياد معدل البطالة بسبب التوقف والإفلاس والتصفية، وأصبح كل موظف وعامل مهددا بالفصل أو الضغط عليه حتى يقدم استقالته وذلك بنقله من وظيفة إلى وظيفة أقل أو عدم إعطائه الأجر الإضافي أو.........

- كثرة معدلات الطلب على الإعانات الاجتماعية من الحكومات.

- انخفاض معدلات الاستهلاك والإنفاق والادخار والاستثمار، وهذا أدى بدوره إلى مزيد من (الكساد، والبطالة، والتعثر، والتوقف، والتصفية، والإفلاس،....الخ).

كما يمكن إضافة مجموعة من المؤشرات الخطرة التي هددت وما زالت تهدد الاقتصاد الأمريكي والعالمي، والتي أبرزت تداعيات الأزمة المالية

العالمية والتي يمكن إبرازها في النقاط التالية[1]:

- إفلاس متواصل لكثير من البنوك، والمؤسسات العقارية، وشركات التأمين، وقد بلغ عدد البنوك المنتهية ١١ بنك وما زال مسلسل الانتهاء مستمرا، من بينها " بنك اندي ماك" الذي يستحوذ على ٣٢ مليار دولار من الأصول، وودائع بقيمة ١٩ مليار دولار، ومن المتوقع مع منتصف عام ٢٠٠٩ غلق ما يقرب من ١١٠ بنك تقدر قيمة أصولها بحوالي ٨٥٠ مليار دولار.
- تدهور حاد في نشاط الأسواق المالية العالمية جراء تأثره بالقطاع المصرفي والمالي، وهو ما يفسر تقلب مستوى التساؤلات ترتب عنها اضطرابا وخللا في مؤشرات البورصة بتراجع القيمة السوقية لـ ٨ مؤسسات مالية عالمية بحوالي ٥٧٤ مليار دولار خلال العام.
- ارتفاع نسبة الديون العقارية على نحو ٦,٦ تريليون دولار، بلغت ديون الشركات نسبة ١٨,٤ تريليون دولار، وبذلك فإن المجموع الكلي للديون يعادل ٣٩ تريليون دولار أي ما يعادل ٣ أضعاف الناتج المحلي الإجمالي، كما بلغت نسبة البطالة ٥% ومعدل التضخم ٤%[2]
- تراجع كبير في نسب نمو الدول الصناعية من ١,٤% سنة ٢٠٠٨ إلى حدود ٣% سنة ٢٠٠٩، مع توقع منظمة التعاون والتنمية الاقتصادية أن تصل نسب النمو عام ٢٠٠٩ في الولايات المتحدة ٠,٩% مقابل ٠,١% لليابان، و٠,٥ % لأوروبا.

---

(١) د/ فريد كورتل – المرجع السابق ص ١١.
(٢) د/ عبد اللـه شاهين – المرجع السابق.

- تراجع أسعار النفط بدول منظمة الدول المصدرة للبترول " أوبك" إلى ما دون ٥٥ دولار للبرميل.
- إعلان رسمي بدخول إيطاليا وألمانيا كأول وثالث اقتصاد أوروبي في مرحلة ركود اقتصادي.
- التعثر والتوقف والتصفية وإفلاس العديد من البنوك.
- انخفاض حاد في مبيعات السيارات وعلى رأسها أكبر المجموعات الأمريكية "فورد"، "جنرال موتورز"، وهذا الأخير على وشك الإفلاس وهو ما يهدد مليوني عامل.

أحداث أبرزت الأزمة:[(١)]

١) بيع مؤسسة واشنطن ميوتشوال للخدمات المالية - أكبر الصناديق الأمريكية العاملة في مجال الادخار والإقراض - لمجموعة جي بي مورغان المصرفية العملاقة بـ ١,٩ مليار دولار.

٢) بنك الاستثمار الأمريكي (ليمان بماذرز) يعلن عن إفلاسه بعد فشل جهود المسئولين الأمريكيين في وزارة الخزانة والاحتياطي الاتحادي الأمريكي لإنقاذ البنك.

٣) بنك ميريل لينش أحد البنوك الاستثمارية الكبرى في الولايات المتحدة يضطر لقبول عرض شراء من " بنك أوف أمريكا " خشية تعرضه للإفلاس.

٤) الحكومة الأمريكية تعمل على تأميم الجزء الأكبر من نشاط شركة " أي آي جي " العملاقة وأكبر شركة تأمين في العالم، وذلك بعد شرائها

(١) د/ وائل إبراهيم الراشد - المرجع السابق ص١٠.

ديون الشركة المتعثرة بمبلغ ٨٥ مليار دولار.

٥) انخفاض حاد في الأسواق المالية العالمية.

٦) الحكومة البريطانية تضطر للتدخل لإنقاذ بنك " أتش بي أو أس " عن طريق قيام بنك لويدز بشرائه بمبلغ ١٢ مليار جنية استرليني.

٧) عشرات الآلاف من موظفي البنوك والمؤسسات المالية في أمريكا وبريطانيا يفقدون وظائفهم.

٨) انهيار سعر المجموعة المصرفية والتأمين البلجيكية الهولندية (فورتيس) في البورصة يسبب شكوك قدرتها على الوفاء بالتزاماتها.

٩) بيع بنك واكوفيا - رابع أكبر مصرف في الولايات المتحدة لمؤسسة سيتي جروب المصرفية الأمريكية ضمن موجة الاندماجات في السوق الأمريكية لمواجهة تبعات الأزمة المالية.

المراحل الكبرى في الأزمة المالية منذ اندلاعها:

الأزمة المالية التي بدأت مع بداية عام ٢٠٠٧ في أمريكا وبدأت تمتد إلى أوروبا وغيرها وتطورت بالمراحل الآتية:

- فبراير ٢٠٠٧ عدم تسديد سلفيات الرهن العقاري (الممنوحة لمدنيين لا يتمتعون بقدرة كافية على التسديد بتكثف في الولايات المتحدة ويسبب أولى عمليات الإفلاس في مؤسسات مصرفية متخصصة.
- أغسطس ٢٠٠٧ البورصات تتدهور أمام مخاطر اتساع الأزمة والمصارف المركزية تتدخل لدعم سوق السيولة.
- من أكتوبر إلى ديسمبر ٢٠٠٧ عدة مصارف كبرى تعلن انخفاضا كبيرا في أسعار أسهمها بسبب أزمة الرهن العقاري.

- ٢٢ يناير ٢٠٠٨ الاحتياطي الاتحادي الأمريكي (البنك المركزي) تخفيض معدل فائدته الرئيسية النقطة إلى ٣,٥% وهو إجراء $\frac{٣}{٤}$ استثنائي ثم جرى التخفيض تدريجيا إلى ٢%.
- ١٧ فبراير ٢٠٠٨ الحكومة البريطانية تؤمم بنك " فورذرن روك ".
- ١١ مارس ٢٠٠٨ تضافر جهود المصارف المركزية مجددا لمعالجة سوق التسليفات.
- ١٠ مارس ٢٠٠٨ جي بي مورغان تشيز يعلن شراء بنك الأعمال الأمريكي بيرستيرنز بسعر متدن ومع المساعدة المالية للاحتياطي الاتحادي.
- ٧ سبتمبر ٢٠٠٨ وزارة الخزانة الأمريكية تصنع المجموعتين العملاقيتين في مجال تسليفات الرهن العقاري "فريدي ماك" و " فاني ماي " تحت الوصاية طيلة الفترة اللازمة لإعادتها إلى ما كانا عليه مع كفالة ديونهما حتى ٢٠٠ مليار دولار.
- ١٥ سبتمبر ٢٠٠٨ اعتراف بنك الأعمال "ليمان براذرز" بإفلاسه بينما يعلن أبرز المصارف الأمريكية وهو " بنك أوف أميركا" شراء بنك آخر للأعمال في وول ستريت هو " ميريل لينشن".
- عشرة مصارف دولة تتفق على إنشاء صندوق للسيولة برأسمال ٧٠ مليار دولار لمواجهة أكثر حاجاتها إلحاحا مع أن المصارف المركزية توافق على التسليف إلا أن ذلك لم يمنع تراجع البورصات العالمية.
- ١٥ سبتمبر ٢٠٠٨ الاحتياطي الاتحادي والحكومة الأمريكية تؤممان بفعل الواقع أكبر مجموعة تأمين في العالم " آي آي جي " المهددة

بالإفلاس عبر منحها مساعدة بقيمة ٨٥ مليار دولار مقابل امتلاك ٧٩,٩ من رأسمالها.

- ١٥ سبتمبر ٢٠٠٨ البورصات العالمية تواصل تدهورها والتسليف يضعف في النظام المال، وتكثف المصارف المركزية إلى تقديم السيولة للمؤسسات المالية.

- ١٥ سبتمبر ٢٠٠٨ البنك البريطاني " لويدتي إس بي " يشتري منافسة اتش بي أو اس " المهددة بالإفلاس.

- السلطات الأمريكية تعلن أنها تعد خطة بقيمة ٧٠٠ مليار دولار لتخليص المصارف من أصولها غير القابلة للبيع.

- ٢٣ سبتمبر ٢٠٠٨ الأزمة المالية تطغى على المناقشات في الجمعية العامة للأمم المتحدة في نيويورك.

- الأسواق المالية تضاعفت قلقها أمام المماطلة حيال الخطة الأمريكية.

- ٢٦ سبتمبر ٢٠٠٨: انهيار سعر سهم المجموعة المصرفية والتأمين البلجيكية الهولندية "فورتيس" في البورصة بسبب شكوك بشأن قدرتها على الوفاء بالتزاماتها وفي أمريكا يشتري بنك جي بي مورغان منافسة واشنطن ميو تشوال بمساعدة السلطات الفيدرالية.

- ٢٨ سبتمبر ٢٠٠٨ خطة الإنقاذ الأمريكية موضع اتفاق في الكونجرس وفي أوروبا يجري تعويم "فورتيس" من قبل سلطات بلجيكا وهولندا ولوكسمبرج وفي بريطانيا جرى تأميم بنك " برادفور دوبتنغلي".

- ٢٩ سبتمبر ٢٠٠٨ مجلس النواب الأمريكي يرفض خطة الإنقاذ.

وول ستريت تنهار بعد ساعات قليلة من تراجع البورصات الأوروبية بشدة. في حين واصلت معدلات الفوائد بين المصارف ارتفاعها مانعة المصارف من المادة تمويل ذاتها.

- أعلن بنك "سيتي جروب" الأمريكي أنه يشتري منافسة " واكوفيا" بمساعدة السلطات الفدرالي.

- أكتوبر ٢٠٠٨ مجلس الشيوخ الأمريكي يقر خطة الإنقاذ المالي المعدلة. [١]

ملخص لفهم الأزمة المالية العالمية:

- أقدمت البنوك وجهات الإقراض بأمريكا على منح قروض عالية المخاطر وشجعها على ذلك ازدهار السوق العقارية في الفترة ما بين ٢٠٠١ – ٢٠٠٦ فقامت بمنح المقترضين قروض بدون ضمانات كافية مقابل سعر فائدة أعلى لتنظيم الربحية.

- بلغت جملة القروض ٧٠٠ مليار لما توسعت كبريات المؤسسات المالية في إقراض شركات العقارات والمقاولات.

- تغيرت السوق الأمريكية نتيجة لارتفاع سعر الفائدة وعجز المدنيين عن سداد قروضهم العقارية في الولايات المتحدة ونجم عن هذا هبوط أسعار المنازل.

- طغت الأزمة على السطح بوضوح مع بداية عام ٢٠٠٧ بتزايد حالات التوقف عن السداد، وزيادة ظاهرة استيلاء المقترضين على العقارات وكثرت المواجهة بين المقترضين والبنوك.

---

(١) www.aljazeera.net/ eBusiness / aspx/Print.htm.

- بلغ حجم القروض المتعثرة للأفراد نحو مائة مليون دولار ثم تفاقم الأمر حتى ارتفعت قيمة الأصول الهالكة المرتبطة بالرهون العقارية إلى ٧٠٠ مليار دولار.
- أسفر هذا الوضع عن اضطرار الأفراد والمؤسسات لبيع العقارات، فهبطت قيمتها وزاد العرض على الطلب وندوات الأزمة في دائرة مفرغة، وتفاقم الأمر بزيادة عدد المنازل المعروضة للبيع بنسبة٧٥% في ٢٠٠٧.
- انخفض الإنفاق الاستثماري والاستهلاكي لضعف قدرة البنوك على تمويل الشركات والأفراد مما يهدد الاقتصاد الأمريكي بكاسد مرير، حيث تهاوت مؤسسات وإنهارت بنوك.
- انتقلت الأزمة لأوروبا وآسيا لارتباط كثير من المؤسسات المالية فيها بالسوق العالمية المالية الأمريكية، ثم تطورت لأزمة كبرى تهدد الاقتصاد العالمي.[1]

المناهج التي يمكن الاعتماد عليها في تحليل الأزمة:

هناك عدة مناهج يمكن الاعتماد عليها في تحليل الأزمة الحالية منها[2]:

١- المنهج التاريخي:

وهو الذي يعتمد على الاستفادة من التجارب السابقة لمواجهة الأزمات حيث أن الأزمة لا تولد ولا تنشأ فجأة ولكنها نتاج عوامل قبل الأزمة ونتاج

(١) انظر إلى الموقع: Islamonline.net,October,٢٠٠٨

(٢) لواء د/ طارق خيرت أهمية الأمن ومراحل إدارة الأزمات الاقتصادية، على ضوء مؤتمرات الدوحة، وحدة الأزمات كلية التجارة عين شمس ص ٦٥٤ / ٦٥٥.

تفاعل أحداث وأسباب، فالتشخيص هنا يعتمد على المعرفة الكاملة بالتاريخ، وما في الأزمـة وكي تطورت وكيف نحلل ونصف كل مرحلة والعوامل المؤثرة فيها.

٢ - المنهج الوصفي:

حيث يتم وصف الأزمة الحالية وصفا شاملا ومتكاملا من حيث ماهيتها وأوضاعها وأطرافها ومراحل هذه الأزمة والتداعيات التي وصلت إليها.

٣- المنهج البيئي:

يتم فيه تحليل البيئة المؤثرة على الأزمة مـن حيـث عناصـر القوة والضعف والمخاطر والتهديدات البيئية التي أفرزت الأزمة، وبالتالي اشتداد قوتها أو استفحال أمرها وذلك من خـلال ثلاثة قوى مؤثرة وهي:

أ)   قوى بيئية يمكن التحكم فيها بالكامل.

ب)   قوى بيئية لا يمكن السيطرة عليها أو التحكم فيها.

ج)   قوى بيئية لا يمكن السيطرة عليهـا أو الـتحكم فيهـا ولكـن يمكـن توجيههـا بشـكل معـين ونسبي، ويختلف بدرجات معينة حسب قوة الأزمة.

٤- منهج النظم:

وينظر للأزمة في هذا المنهج على أنها نظام كامل، ويحتوي على:

أ)   **مدخلات الأزمة:** سواء كانت مدخلات مستمرة أو متقطعة وهي إمـا مـدخلات تسـعى الأزمة للحصول عليها بسبب حاجتها إليها أو مدخلات تفرض على النظام من واقع المنـاخ المحيط وتؤدي هذه المدخلات على توفير الظروف الملائمة لكي تنطلق الأزمة.

ب) **نظام تشغيل الأزمة:** وهو النظام المختص بالأنشطة الهادفة إلى تحويل مـدخلات الأزمـة وتغييرها والإفادة عنها والتخلص منها حتى يتم إفرازها بشكل منظم ومستمر.

٥- مخرجات الأزمة:

وهي سلسلة الإنجازات أو النتائج عن العمليات والأنشطة التي قام بها النظام.

٥- منهج دراسة الحالة:

وهو يعتمد على دراسة كل أزمة عـلى حـدة عـلى اعتبـار أنهـا حالـة مسـتقلة بنفسـها وأن الأزمات لا تتماثل تماثلا تاما، ويتم هنا تشخيص الأزمة بدقة وتتبع خطواتها وما أفرزته من نتائج ولا يتم تجاهل أي عامل من العوامل المؤثرة سواء كان في الماضي أو الحاضر، ومن ثم الوصول إلى رؤية متعمقة عن الأزمة، ومن ثم تساعد متخذ القرار على رسم طرق العلاج بأكثر موضوعية.

المبحث الخامس

أزمة اقتصادية عالمية أم أزمة نظام رأسمالي

يمكننا في هذا السياق، ولضرورة البحث طرح التساؤل التالي؟ هل الأزمة التي يعاني منها الاقتصاد العالمي ومركزها النظام الرأسمالي العالمي هي أزمة دورية أم أنها أزمة بنيوية / هيكلية يمكن أن تتحول في سياق تفاقمها إلى أزمة عامة؟

وفي حقيقة الأمر، تكمن خطورة الأزمة الراهنة أنها تشكلت في قلب النظام الرأسمالي، العالمي ومن وول ستريت تحديدا أي أنها انطلقت من قمة رأس الهرم المالي ومن قطاع الخدمات الذي سينعكس سريعا على باقي القطاعات لتشكل جراء تفاقمها وتوسعها أفقيا على مستوى الاقتصاد الكلي أزمة عامة تنعكس آثارها موضوعيا على أشكال الممارسة السياسية للدول المهيمنة وتحديدا الولايات المتحدة الأمريكية.

وهذا يعني إمكانية تحول مركز صناعة القرار السياسي العالمي من الولايات المتحدة إلى أقطاب سياسية دولية متعددة، كروسيا والدول الحليفة لها في أمريكا اللاتينية، والصين، والاتحاد الأوروبي.

وربما يعزز من هذا الاستنتاج ويؤكده تحول النظام الرأسمالي العالمي من نظام اقتصادي تأسس وتطور بفضل عمق قاعدته الصناعية التي يتم من خلالها تحقيق معدلات ربح مرتفعة إلى رأس مال مالي، ورأس مال خدمي.

وقد تطورت وتعمقت البنية الإنتاجية التحتية أفقيا وعموديا نتيجة لتغير التركيبة العضوية لرأس المال الصناعي لصالح تنامي رأس المال الثابت وتراجع رأس المال المتغير، وكان جوهر هذا التحول هو ما يلي:

١)   تضخم الكتلة النقدية في الدول الرأسمالية المركزية.

٢)   زيادة معدلات توظيف واستثمار وتضخم حجم إيداعات المال النفطي في الدول الرأسمالية الصناعية نتيجة للقوتين النفطيتين في العقدين السابع والثامن من القرن الماضي.

٣)   انخفاض معدل الربح ساهم في انتقال الكثير من التوظيفات والكتل النقدية من الدول الصناعية إلى الدول النامية وتحديدا المندمجة منها النمور ا لأسيوية، وبعض من دول أمريكا اللاتينية.

٤)   تسهيل عمليات الإقراض بشكليها الآجل والقصير إلى معظم الدول الطرفية، مما أسس إلى ربط اقتصاديات الدول الطرفية بالاقتصاد الرأسمالي المركزي وظيفيا وإعادة التقسيم العالمي للعمل.

ونتيجة لفيض الإنتاج الذي أسس لأزمة التضخم الركودي في عام ١٩٢٩، وأيضًا نتيجة لتضخم الكتلة النقدية وانخفاض معدلات الربح في الدول الصناعية، وجشع رأس المال، فإن المضاربات المالية وتسهيل عمليات الإقراض وتحديدا قصير الأجل كانت تمثل أفضل الآليات لتحقيق معدلات ربح مرتفعة ودوران سريع لرأس المال.

وذلك في سياق تحول رأس المال الصناعي إلى رأس مال مالي ورأس مال خدمي.

٥)   إن التحول في أشكال وآليات اشتغال رأس المال يشكل السبب الأساس في تحول الأزمة المالية إلى أزمة بنيوية تهدد القطاعات الصناعية بـ:

ركود وكساد وانكماش اقتصادي مترافق بانخفاض أسعار النفط

وانخفاض معدلات تصديره إلى الدول الصناعية، انخفاض معدلات السيولة النقدية في قطاعات الصناعية نتيجة للأزمة المصرفية وأزمة الائتمان المصرفي وبالتالي حدة تمركز الرساميل.[١]

كما يجب العلم بأنه لا يمكن الفصل بين الأزمة الاقتصادية الحادة التي يشهدها العالم اليوم وبين القيم والمفاهيم الرأسمالية والتي تسببت في الأزمة، وغيرها من الأزمات الأخلاقية والاقتصادية.

فالنظام الرأسمالي يقوم على جملة من القيم والمفاهيم التي تطلق العنان للفرد في الكسب الفاحش والسريع بغض النظر عن سلامة ونزاهة السبل والوسائل التي يتبعها في تحقيق هذا الثراء، ما لم تتعارض هذه السبل مع قوانين الرأسمالية ذاتها، حيث أنها جعلت المال غاية عظمى تبرر الوسائل وترخص في سبيلها الغايات والوسائل، فرسبت في أعماق الفرد روح الجشع والطمع والصراع من أجل المال والجري وراء التحصيل السريع، فأوقعت الفرد في النهاية في مطبات ومزالق اقتصادية وأخلاقية واجتماعية ونفسية خطيرة لا تحمد عقباها وآثارها...كان آخرها هذه الأزمة الاقتصادية الحادة التي يشهدها العالم اليوم وهي أشبه بانهيار النظام الرأسمالي منها إلى الأزمة.

تقوم على أن الإنسان هو المالك الحقيقي للمال وبالتالي يكون له الحق في أن يتصرف بماله (كسبا وإنفاقا) كيفما يشاء، وفي الطرق التي يشاء دون أن يسأل عما يفعل من أي جهة كانت[٢].

[٢].

(١) د/ وائل إبراهيم الراشد - المرجع السابق ص ١٠: ١١.

(٢) أ/ عبد المنعم مصطفى حليمة، بحث في أزمة اقتصادية أم أزمة في القيم والمفاهيم=

وبالتالي فالطرق التي تبيحها الرأسمالية من أجل التوصل إلى الغنى الفاحش والسريع (الربا - الميسر - البغاء والاتجار به - الخمور - والسحت والغش والاحتكار والكذب والاحتيال.......) وغيرها من الوسائل التي تحدث رفاهية سريعة للفرد أو للدولة، لكنها مع مرور الزمن تورث كوارث اقتصادية وأخلاقية مدمرة للفرد والمجتمع.

وبالتحري في هذه الأزمة العالمية سببها الرئيس الربا - الكذب والغش والاحتيال، فالسماسرة وشركاتهم وقعوا في الغش والكذب والاحتيال عندما ربطوا زبائن غير مؤهلين ولا معروفين بالبنوك بقروض ضخمة، وظروفهم لا تؤهلهم للاقتراض، فالسمسار همه الحصول على العمولة الذي يستفيدها من الصفقة وليحدث بعدها ما يكون، وبالتالي عجز هؤلاء وعن السداد، وقامت البنوك بإحصاء هذه المبالغ التي لا يمكن تحصيلها من الزبائن، لأن الناس في هذا الوضع إما إنه مقترض من البنك إما مدين لها أو أنه مستثمر فيها وحولتهم إلى صكوك وأسهم على الورق ليس لها رصيد في الواقع، ثم عرضتها للبيع على المستثمرين مرة أخرى، فباعوا ما ليس عندهم وما لا يملكون، وهذا من وكذب واحتيال.....وقام المستثمرون بشراء هذه الأسهم طمعا في تحصيل الفوائد الكبيرة التي سيقوم البنك بتحصيلها لهم (من الزبائن الذين عجزوا عن السداد) وعجزت البنوك عن تسديد مستحقات المساهمين الذين اشتروا تلك الأسهم الوهمية.

= الرأسمالية ص٤، وما بعدها ٢٠٠٨/١٠/١٩. www.abubaseer.bizland.com

فحدث نتيجة هذه الفوضى الأزمة الشديدة للاقتصاد الرأسمالي العالمي، وفقد الجميع الثقة بالجميع خشية أن تكون عروض وهمية.

ولم تعاقب الأنظمة الرأسمالية الحاكمة في بلاد الغرب وأمريكا المفسدين والكذابين لأن الأفعال التي مارسوها لم تخرج عما تسمح به قوانين الرأسمالية، وإذا أراد محاسبة المسئولين لزمهم أن يحاسبوا منظومة ضخمة تعدادهم بالآلاف، فعوضوهم وكافئوهم بضخ مليارات من الدولارات إلى المؤسسات والبنوك ليقفوا على أرجلهم من جديد.

ويرى البعض [1] ان هذه مسكنات مؤقتة وعلاج لا ينفع على المدى البعيد وستعود المشكلة من جديد.....وذلك لأن أسباب المشكلة ما زالت قائمة فإن قيل ما هو الحل وأين البديل؟ فبعد أن انهارت الاشتراكية وانهار معها القيم والمثل التي تدعو إليها، وهذه هي الرأسمالية المتسلطة بمفاهيمها ومبادئها التي تتيح لسلطان المال فعل كل شئ، لم يعد بديل سوى الإسلام وتطبيق نظامه الاقتصادي الإسلامي، لأن الإسلام هو دين الله تعالى الذي يتصف بالكمال المطلق في جميع جوانبه وشرائعه مستمدا من كمال الله تعالى الذي شرع هذا الدين لعباده وفرضه عليهم.

وعلمنا قاصر ﴿ وَمَآ أُوتِيتُم مِّنَ ٱلْعِلْمِ إِلَّا قَلِيلًا ﴾، كما قال تعالى: ﴿ وَٱللَّهُ يَعْلَمُ وَأَنتُمْ لَا تَعْلَمُونَ ﴾، فالله خلقنا ورزقنا بالمال وعلمنا من أين نكتسبه وفيما ننفقه فلابد أن يكون الكسب حلال والإنفاق في وجه من وجوه الخير.

فقد أحل الله الطيبات وهي الأصل وحرم الخبائث، والظلم وأكل أموال الناس بالباطل والربا، حيث قال الله تعالى ﴿ ٱلَّذِينَ يَأْكُلُونَ ٱلرِّبَوٰا۟ ﴾

[٢٧٥ سورة البقرة]

(١) د/ عبد المنعم مصطفى مرجع سابق ص ٣.

ولقد توعد اللـه سبحانه وتعالى الربا والذين يصرون على أكل الربا بالحرب إن لم ينتهوا عن أكلهم الربا (البقرة ٢٧٨- ٢٧٩).

ولقد حرم الإسلام الميسر وكل كسب يأتي من حرام (المائدة ٩٠ - ٩١)، ونهـي النبي × عـن الغش:" من غشنا فليس منا"، كما نهى عن الاحتكار: " من احتكر حكرة يريـد أن يغـلي بـه عـلى المسلمين فهو خاطئ".

وهـذه الأشياء التـي عالجها الاقتصـاد الإسـلامي، مـن تحـريم الربـا، والغـش، والاحتكـار، والتدليس، وكسب المال وإنفاقه و.......... وكانت هذه من أسباب الأزمة الماليـة العالميـة الحاليـة والمستقبلية.

الفصل الأول

ماهية الأزمة المالية العالمية

ويشمل المباحث الآتية:

المبحث الأول : مفهوم الأزمة المالية العالمية وأنواعها

المبحث الثاني : أسباب الأزمة المالية العالمية

المبحث الأول

مفهوم الأزمة المالية العالمية وأنواعها

الأزمة في اللغة تعني الشدة والقحط، يقال تأزم الأمر أي اشتد وضاق، وتأزم أي أصابته أزمة، والأزمة أي الضيق والشدة.

والمعنى الاصطلاحي يدور حول هذا المعنى أو يمكن تعريفها "بأنها مرحلة حرجة توجه المنظومة الاجتماعية وينتج عنها خلل أو توقف في بعض الوظائف الحيوية لهذه المنظومة أو كلها، ويصحبها تطور سريع في الأحداث ينجم عنه.

عدم استقرار في النظام الأساس لهذه المنظومة ويدفع سلطة اتخاذ القرار إلي ضرورة التدخل السريع لنجدتها وإعادة التوازن لهذا النظام[(١)].

- لا يوجد تعريف أو مفهوم محدد للأزمة المالية لكن من المفاهيم المبسطة لمصطلح الأزمة المالية أنها اضطراب حادة ومفاجئ في بعض التوازنات الاقتصادية يتبعه انهيار في المؤسسات المالية تمتد آثاره إلي القطاعات الآخري[(٢)].
- وفي تعريف آخر لها "بأنها تلك الذبذبات التي تؤثر كليا علي مجمل المتغيرات المالية وعلي حجم إصدار أسعار الأسهم والسندات وكذلك

---

(١) أ.د/ عبد المطلب عبد الحميد :الديون المصرفية المتعثرة والأزمة المالية المصرفية العالمية (أزمة الرهن العقاري الأمريكية) الدار الجامعية، الإسكندرية ٢٠٠٩ صـ١٨٩

(٢) م/ محمد أحمد يونس، تقرير عن الأزمة المالية وأثرها علي خطط المتدرب، مقدم إلي الطرق المؤدية إلي التعليم العالي، ص ٥.

اعتمادات الودائع المصرفية ومعدل الصرف ولعل هذا الاختلاف في التقدير في الظواهر الخاصة بالارتفاع والانخفاض يستلزم فترة طويلة لتفسيرها"[1].

ويعرفها د/ السيد عليوة بصفة عامة من الناحية الاجتماعية علي أنها توقف الأحداث المنظمة والمتوقعة واضطراب العادات والعرف مما يستلزم التغيير السريع لإعادة التوازن لتكوين عادات جديدة أكثر ملائمة[2].

ويعرفها د/ محسن أحمد الخضيري علي أنها "لحظة حرجة وحاسمة تتعلق بمصـ بالكيان الإداري الذي أصيب بها، مشكلة بذلك صعوبة حادة أمام متخذ القرار تجعله في حيرة بالغة، وبذلك فهي تتعلق ببعدين هما[3].

- التهديد الخطر للمصالح والأهداف الحالية والمستقبلية.

- الوقت المحدد والمتاح لاتخاذ القرار المناسب لكل أزمة.

أما من الناحية الاقتصادية فقد عرفت الأزمة بأنها: "ظاهرة تعرف نتائجها، ومن مظاهرها انهيار البورصة، وحدوث مضاربات نقدية كبيرة

---

(١) د/ منير إبراهيم هندي، الأوراق المالية وأسواق رأس المال، منشأة المعارف بالإسكندرية، مصر ١٩٩٧ ص ٥، د/ رمضان محمد أبو السعود، د/ همام محمود زهران "التأمينات الشخصية والعينية دار المطبوعات الجامعية، الإسكندرية ١٩٩٨، ص ٧".
(٢) د/ السيد عليوه – إدارة الأزمات والكوارث (مخاطر العولمة والإرهاب الدولي) – مركز القرار للاستشارات الطبعة الثالثة – القاهرة سنة ٢٠٤ – ص١٣.
(٣) د/ محسن أحمد الخضيري- إدارة الأزمات – مكتبة الدبولي – الإسكندرية- بدون سنة طبع – ص٥٤.

ومتقاربة، وبطالة دائمة[1]".

كما تعرف الأزمة المالية بشكل خاص بأنها:"انهيار النظام المالي برمتـه مصحوبا بفشـل عـدد كبير من المؤسسات المالية وغير المالية مع انكماش حاد في النشاط الاقتصادي الكلي[2]".

فالأزمـة الماليـة هـي: "انهيـار مفـاجئ في سـوق الأزمـة، أو في عملـة دولـة مـا، أو في سـوق العقارات، أو مجموعة من المؤسسات المالية، لتتمدد بعد ذلك إلي باقي الاقتصـاد، ويحـدث مثـل هذا الانهيار المفاجئ في أسعار الأصـول نتيجـة انفجـار"فقاعـة سـعرية" مـثلا، الفقاعـة الماليـة أو السعرية أو فقاعة المضاربة كما تسمي أحيانا في بيع وشراء كميات ضخمة من نـوع أو أكـثر مـن الأصول المالية أو المادية كالأسهم أو المنازل بأسعار تفوق أسعارها الطبيعية أو الحقيقية[3]"

وأخيرا يقصد بها " زيارة مخاطر عدم السداد لتعدد إصدار وتداول الأصول الماليـة المتعـددة دون ارتباط بينها وبين الاقتصاد الحقيقي أو

(١) دانيال أرنولد – ترجمة عبـد الأمـير شـمس الـدين- تحليـل الأزمـات الاقتصـادية للأمـس واليـوم – المؤسسـة الجامعية للنشر والتوزيع- بيروت – ١٩٩٢ص:١١: ١٢، مشار إليه في، د/ فريد كورتل- المرجع السابق ص٢.

(٢) د/ السيد البدوي عبد الحافظ – إدارة الأسواق المالية (نظرة معاصرة)- دار الفكـر العـربي – القـاهرة- ١٩٩٩- صـ٢.

(٣) إبراهيم علوش – نحو فهم منهجي للأزمة المالية العالمية- مقال منشور علي الموقع الالكتروني:
www.Aljazeera.net.NR/exeres.

العيني [1]".

وتبرز الخصائص الأساسية للأزمة المالية في النقاط التالية [2]:

- حدوثها بشكل عنيف ومفاجئ، واستقطابها اهتمام الجميع.

- التعقيد، والتشابك، والتداخل في عواملها وأسبابها.

- نقص المعلومات الكافية عنها.

- تصاعدها المتواصل يؤدي إلى درجات عالية من الشك في البدائل المطروحة لمجابهة الأحداث المتسارعة.

- سيادة حالة من الخوف من آثار الأزمة وتداعياتها.

- أن مواجهة الأزمة يستوجب درجة عالية من التحكم في الطاقات والإمكانيات، وحسن توظيفها في إطار تنظيمي يتسم بدرجة عالية من الاتصالات الفعالة التي تؤمن التنسيق والفهم الموحد بين الأطراف ذات العلاقة.

ونخلص إلى أن الأزمة المالية بأنها تمثل تدهور حاد في الأسواق المالية لدولة ما أو مجموعة من الدول والتي من أبرز سماتها فشل النظام المصرفي المحلي في أداء مهامه الرئيسية والذي ينعكس سلبا في تدهور كبير في قيمة العملة وفي أسعار الأسهم مما ينجم عنه آثار سلبية على قطاع الإنتاج والعمالة وما ينجم عنها من إعادة توزيع الدخول والثروات فيها بين

---

(١) د/ رمضان محمد أحمد الروبي- بحث بعنوان الأزمة المالية العالمية (خصائصها وسبل الخروج منها مع رؤية الاقتصاد الإسلامي - مؤتمر حقوق المنصورة - المرجع السابق - ص٣.
(٢) د/ فريد كورتل - المرجع السابق - ص٣.

الأسواق المالية والدولية(1).

النظريات المفسرة لظهور الأزمات المالية:

فهذه النظريات تختلف نوع الأزمات،وكما تختلف في حدتها وتأثيرها ومداها الزمني فمنها ما قد ينتج عن زعر مصرفيBanking panic، والذي يترتب عليه انكماش قي النشاط الاقتصادي بينما في أحيان أخري قد يكون السبب انهيار حاد في أسواق الأسهم خاصة بعدد وجود فقاعه Bubble في أسعار بعض الأصول أو بسبب أزمة عمله وانهيار سعر الصرف مما ينتج عنه عددا من الآثار السلبية علي المسار التنموي للاقتصاد القومي.

وهناك جدل بإلقاء ظلال المسئولية علي النظام الرأسمالي فهناك من يرفض النظام الرأسمالي برمته وفقا لنظريه منيسكي Minsky's theory فإن القطاع المالي في الاقتصاد الرأسمالي عامة يتسم بالهشاشة وما أسماه Financial fragilito، وتختلف درجة هشاشة القطاع المالي باختلاف المرحلة التي يمر بها الاقتصاد من مراحل الدورات الاقتصادية، ومن ثم تزيد خطورة حدوث أزمة في ذلك القطاع على الاقتصاد ككل، وتدور نظرية منيسكي في تفسير الأزمات في النظام الرأسمالي على أن أي اقتصاد يمر بالمراحل المعروفة للدورة الاقتصادية فبعد مرور الاقتصاد بمرحلة

---

(1) د/ عرفات تقي الحسيني - التمويل الدولي - دار مجلاوي للنشر سنة ١٩٩٩ ص ٢٠٠، مشار إليه م/ إبراهيم عبد الله عبد الرءوف محمد. مقدم إلى مؤتمر كلية الحقوق - جامعة الإسكندرية ورقة عمل، انعكاسات الأزمة المالية العالمية على الاقتصاد المصري، نظرة عامة، ص٦.

الكساد، وتفضل الشركات تمويل أنشطتها بحرص وعدم تحمل مخاطر كبيرة في تعاملها مع القطاع المالي، وهو ما يسمى بالتمويل المتحوط، وفي إبان مرحلة النمو تبدأ التوقعات المتفائلة في الطفو على السطح، وتتوقع الشركات ارتفاع الأرباح، ومن ثم تبدأ في الحصول على التمويل والتوسع في الاقتراض بافتراض القدرة المستقبلية على سداد بدون حدوث مشاكل.

وتنتقل عدوى التفاؤل بدورها بعد ذلك إلى القطاع المالي، ويبدأ المقرضون في التوسع في إقراض الشركات دون تحوط كاف أو التحقق من قابلية استرداد القروض مجددا، ولكن بناء على قدرة تلك الشركات على الحصول على تمويل مستقبلي نظرا لأرباحهم المتوقعة، وفي ذلك الوقت يكون الاقتصاد قد تحمل مخاطرة بشكل معنوي في نظام الائتمان، وفي حال حدوث مشكلة مادية أو أزمة مالية لكيان اقتصادي كبير يبدأ بالقطاع المالي في الإحساس بالخطر مما يؤثر على قابليته للإقراض، الأمر الذي يؤثر بدوره على قدرة معظم الكيانات الاقتصادية على سداد التزاماتها، وتبدأ الأزمة المالية التي قد لا يتمكن ضخ أموال في الاقتصاد من حلها، وتتحول إلى أزمة اقتصادية تؤدي لحدوث كساد ويعود الاقتصاد لنقطة البداية مجددا.

ومن بين التفسيرات الحديثة للأزمة المالية وأطرحته نظرية المباريات Game theory وتعرف بمباريات التنسيق بين اللاعبين في الأسواق المالية coorkination Games . حيث تؤكد أدوات التحليل الاقتصادي وجود علاقات موجبة بين القرارات التي يتخذها لاعبوا الحلبة الاقتصادية(المضاربون والمستثمرون) قد يكون قرار المستثمر في كثير من الأحيان باتخاذ الاتجاه الذي يتوقع هذا المستثمر الآخرين أن يتخذوه.

بمعنى آخر قد يكون شراء أصل ما بناء على التوقع بأن قيمة ذلك الأصل ستزداد وأن له القدرة على توليد دخل مرتفع بينما في أحيان أخرى قد يتخذ المستثمر لقرار ذاته نظرا لتوقعه قيام المستثمرين الآخرين بأخذ ذات القرار حينئذ لتبدو الصورة مختلفة(١).

غير أن البعض يرى أن الأزمة المالية الحالية ليست فقط مجرد نتيجة لتحرير القطاع المالي وفقا لسياسات الليبرالية الجديدة، بل إن الأزمة المالية الحالية تعكس أساسا أزمة في الآليات الأكثر عمقا للرأسمالية كنظام اقتصادي ويجدر الإشارة هنا لمفاهيم الصدمات shocks والاختلاف بينها وبين الأزمات المالية(٢).

تعريف الصدمة: هي تغير غير متوقع إما لفشل النماذج أو لأن النماذج تخفق في أن تتوقع به لوجود تعقيدات وتغيرات خارجية في أغلب الأحيان، وهي تحدث بسبب نتيجة مختلفة تماما عما كان يتوقع في العموم.

أما الصدمة الخارجية هي التي تكون خارجة عن إرادة النظام الاقتصادي أو السياسي لدولة ما.... أو بمعنى آخر هي حادث مفاجئ خارج عن سيطرة السلطات وتؤثر تأثيرا سلبيا كبيرا على الاقتصاد مثل هذه الصدمات يمكن أن تشتمل على صدمات معدلات التبادل التجاري والكوارث

(١) وأكدت بعض النماذج الرياضية التي استخدمت لتحليل أزمات العملة مثل نموذج بول كروجمان paul Krugman ذلك السلوك على سبيل المثال أن نظام سعر الصرف الثابت قد يحتفظ باستقراره لفترة طويلة ولكن قد يحدث له انهيار سريع لمجرد وجود عوامل قد تسبب أن يتوقع الآخرون انخفاض سعر الصرف ومن ثم يبدأ السعر في الانخفاض وربما الانهيار فعليا.

(٢) راجع أ/ محمد عباس أحمد عبد الباري. المرجع السابق ص ٤٠٣ وما بعدها.

الطبيعية والصدمات المرتبطة بتوريد السلع للاستهلاك المحلي أو التصدير والصدمات المرتبطة بالطلب على الصادرات، وصدمات التمويل والصدمات التي تسببها النزاعات والاضطرابات المدنية.

أنواع الصدمات الخارجية:

١) **الحروب:** حيث تعتبر الحروب سواء كان الاقتصاد طرفا فيها أو متأثرا بها بصورة غير مباشرة لوجوده مجاور لمنطقة الحرب، وهو من العوامل التي تؤثر على أداء الاقتصاد من خلال إحداثها تغيير على هيكل الإنتاج لصالح احتياجات الحرب في حالة دخول الحرب كطرف، أما في حالة حدوث الحرب في منطقة مجاورة فعادة ما يتمثل التأثير السلبي في نقص قدرة الاقتصاد على التصدير للدول التجارية.

٣) **العمليات الإرهابية:** والتي تعتبر مصدر جديد من مصادر الصدمات الاقتصادية والعالمية.

٣) **الصدمات الناجمة عن انهيار أو ارتفاع الأسعار المفاجئ للمواد الخام والسلع والوسيطة** أو الرأسمالية أو السلع النهائية وقد تعرف باسم صدمات أسواق السلع الدولية.

٤) **الكوارث الطبيعية:** مثل الزلازل والسيول أو الأعاصير...ويلاحظ أن تأثيرها مختلف ولكنه يتزايد بحسب مدى جسامة الكارثة.

٥) **الصدمات الناجمة عن أزمات مالية ودولية:** وتعتبر أكثر انتشارا وسلبية عن ذي قبل بسبب العولمة، وسهولة انتقال رؤوس الأموال عبر القارات وما بين الدول، وقد تعرف باسم صدمات أسواق رأس

المال الدولة، فالدولة قد تستدين وبكثافة من الأسواق الدولية مما يعرضها للتأثير بالصدمات الخارجية من خلال ارتفاع سعر الفائدة.

٦) **الصدمات الناجمة عن تعرض الاقتصاد العالمي:** لحالة من الركود أو الكساد العام خاصة في الدول الصناعية المتقدمة وعادة ما ترتبط هذه الصدمات بتراجع معدل نمو التجارة الدولية[1].

إيجابيات الأزمات:

فالأزمات تولد دروسا مستفادة منها والخبرة التي تكتسب منها للتعامل مع غيرها من الأزمات في المستقبل، وتتمثل الإيجابيات فيما يلي:

١) ظهور مصدر جديد لحدوث الصدمات الاقتصادية والعالمية وهو العمليات الإرهابية.

٢) ضرورة عدم الإسراف في التفاؤل أو الشعور بالأمان والاستقرار الاقتصادي لأن الصدمات قد تحدث بين لحظة وأخرى دون مقدمات وأن الأزمات الاقتصادية لم تعد ترتبط بالدورات الاقتصادية كما كان الحال سابقا.

٣) كشفت عن أهمية الإنذار المبكر في المجال الأدنى لضمان الاستقرار الاقتصادي إلي جانب الإنذار المبكر في المجال الأمني لضمان الاستقرار الاقتصادي لتوقع الأزمات وعدم فاعلية وجدوى النظر الموضوعة في هذا المجال الآن.

٤) ضعف الالتزام الدولي بقواعد العولمة في ظل الأزمات الاقتصادية واسعة الانتشار. حيث أنه في ظل الأزمات نأخذ كل دولة بزمام هذه

(١) فؤاد مرسي. الرأسمالية تجدد نفسها. عالم المعرفة. الكويت سنة ١٩٩٠ ص ٣٥١.

القواعد وتجعل القوانين بيدها لتنفيذها أو تكسرها حسب ما تمليه عليها مصالحها الاقتصادية فقد دون مراعاة لما يعرف بالنظام أمر يفتقر كثيرا إلي الواقعية.

٥) سرعة انتقال الأزمات الاقتصادية لكل دول العالم في ظل النظام الرأسمالي والمالي العالمي الراهن أن ما يقال عن الاستقرار الاقتصادي في ظل هذا النظام أمر يفتقر كثيرا إلي الواقعية.

٦) صعوبة توافق المصالح الاقتصادية لكل دول العالم في ظل العولمة الخاصة في ظل الأزمات الاقتصادية بل وأكدت علي أن الأزمات الاقتصادية قد تخلق تناقضا في مصالح الأصدقاء والحلفاء وقد تخلق توافقا وتناغما في مصالح المتنافسين والأعداء أيضا.

٧) كشفت الأزمة عن أن برامج الإصلاح الاقتصادي لا يتم اختراقها بضغوط داخلية فقط ولكن هذه البرامج عرضه للاختراق بل وانفراد عقدها وإرباك مسيرتها بسب العوامل خارجية هذه البرامج تحتاج إلي إعادة نظر.

٨) ظهور أهمية دور الدولة في الحياة الاقتصادية وأن هذه الدور ليس للعودة مرة أخري، لأهمية في إدارة الأزمات الاقتصادية وأن هذا الدور ليس مرشحا للتراجع أو الزوال، كما يعتقد أنصار الرأسمالية ولكنه مرشح للعودة مرة أخري، لأهمية في إدارة الأزمات الاقتصادية ولحماية الأسواق الداخلية من استغلال القطاع الخاص الأزمة عن طريق رفع الأسعار أو الاحتكار أو غيرها من الأساليب المشروعة.

٩) أكدت هذه الأزمات أن العالم في حاجة إلي برنامج اصطلاحي دولي

وشامل للنظام الاقتصادي والقواعد التي تحكمه سواء في مجال التجارة أو الاستثمار أو حركة رؤوس الأموال وغيرها حتى يكون هذا النظام أكثر عدالة وموضوعية ويخطي برضا دول العالم المتقدمة والنامية علي حد سواء[1].

أنواع الأزمات المالية:

هناك أنواع معينة الأزمات المالية، حيث توجد أزمات العملة وأسعار الصرف والأزمات والمصرفية وأزمات أسواق المال.

١ - أزمات العملة وأسعار الصرف.

فهذا النوع من الأزمات يظهر عندما تتغير أسعار الصرف بسرعة بالغة بشكل يؤثر علي قدرة العملة علي أدائها مهمتها كوسيط للتبادل أو مخزن للقيمة لذلك تسمي هذه الأزمة أيضا ميزان المدفوعاتBalance de paie ments..

وتحدث هذه الأزمات عندما تتخذ السلطات النقدية قرار بخفض سعر العملة نتيجة عمليات المضاربة وبالتالي تحدث أزمة قد تؤدي إلي انهيار سعر تلك العملة وهو شبيه بما حدث في تايلاند اندلاع الأزمة المالية في شرق آسيا ١٩٩٧.

وبالرغم من أن قرار التعويم أو خفض سعر صرف العملة الوطنية قد

---

(١) مراجع في هذا الشأن دانييل أرنولد تحليل الأزمات الاقتصادية للأمس واليوم ترجمة عبد الأمير شمس الدين، المؤسسة الجامعية مصر ١٩٩٢ ص ٢٥، د/ حازم الببلاوي، النظام الاقتصادي الدولي المعاصر، عالم المعرفة في الكويت طبعة ٢٠٠٠، ص ٧١، ٧٢.

يبدو قرار تطوعيا من السلطة النقدية، إلا أنه في أغلب الحالات يكون قرار ضروريا تتخذه في حال وجود قصور تدفقات، رأس المال الأجنبي أو زيادة التدفقات الخارجية وبعض تلك الأزمات لها أثر محدود علي القطاع غير المالي أما البعض الآخر فيلعب دورا أساسيا في تباطؤ النمو الاقتصادي وحدوث الانكماش بل قد تصل إلي درجة الكساد[١].

٢- الأزمات المصرفية:

تظهر الأزمات المصرفية عندما يواجه بنك ولزيادة كبيرة ومفاجئه في طلب سحب الودائع، فبما أن البنك يقوم بإقراض أو تشغيل معظم الودائع لديه ويحتفظ بنسبه بسيطة لمواجهة الطلبات السحب اليومي، فلن يستطيع بطبيعة الحال، الاستجابة لطلبات المودعين إذا ما تخطت تلك النسبة وبالتالي يحدث ما يسمي بأزمة سيولة لدي البنك وإذا حدثت مشكلة من هذا النوع وامتدت إلي بنوك أخري فتسمي في تلك الحالة أزمة مصرفية، وعندما يحدث العكس أي تتوافر الودائع لدي البنوك وترفض تلك البنوك منح القروض خوفا من عدم قدرتها علي الوفاء بطلبات السحب تحدث أزمة الإقراض المتحدة[٢].

ويري البعض أنها تتخذ شكلان[٣]:

- الشكل الأول: أزمة سيولة؛

---

(١) Lievin TERRIER, les crisies jinancieres asiatiques www.oboulo-com.

(٢) د/ عبد اللـه شحاته المفهوم والأساليب، المرجع السابق صـ٨.

(٣) د/ الجوزي جملية- المرجع السابق.

- الشكل الثاني: أزمة الائتمان.

وهما معا يمثلان الأزمات المصرفية.

٣- أزمات سوق المال:

تحدث أزمات سوق المال نتيجة ما يعرف بظاهرة الفقاعة bubble حيث تتكون الفقاع عندما يرتفع سعر الأصول بصورة تتجاوز قيمتها العادلة وبارتفاع غير مبرر، ويحدث عندما يكون الهدف من شراء الأصل (كالأسهم علي سبيل المثال) هو الربح الناتج عن ارتفاع سعره وليس بسبب قدره علي هذا الأصل مسألة وقت عندما يكون هناك اتجاه قوي لبيع ذلك الأصل فيبدأ سعره في الهبوط، وبالتالي تبدأ حالات الذعر في الظهور فتنهار الأسعار ويمتد هذا الأثر نحو أسعار الأسهم الأخرى سواء في نفس القطاع أم في القطاعات الأخرى[(١)].

٤- أزمة التوسع في الإقراض العقاري:

والرهن العقاري عقد به يكسب الدائن علي عقار مخصص لوفاء دينه حقا عينيا ويكون له بمقتضاه أن يتقدم علي الدائنين العاديين والدائنين التاليين له في المرتبة في استيفاء حقه من ثمن ذلك العقار أو بصفة عامة من المقابل النقدي للعقار المرهون كالتعويض ومبلغ التأمين في أن يد يكون[(٢)].

---

(١) د/ بشير محمد الأزمات المالية الدولية علي الموقع.

www.demirihcab.١٨.com

(٢) د/ حسن عبد اللطيف حمدان، التأمينات العينية دراسة تحليلية شاملة لأحكام الرهن والتأمين والامتياز منشورات الحلبي الحقوقين بيروت - لبنان ٢٠٠٢ ص ٦٠ مشار إليه دالرهون العقارية والأزمة العالمية ص ٢٤.

والرهن العقاري هو حق عيني أن يخول صاحبه سلطة مباشرة علي الشيء موضوع الحق يستعملها دون وساطة أحد، كما أنه حق يتبعني لأنه لا يقوم إلا تبعا لحق أصلي لكي يضمن الوفاء به وبالتالي فإن الرهن يتبع الحق المضمون في صحته وانقضائه عالم ينص القانون علي غير ذلك[1]. بالإضافة إلي أن العقار للراهن، بالإضافة إلي أن الرهن العقاري حق غير قابل للتجزئة بمعني أن جزء من العقار أو العقارات المرهونة كلها.

وتم بيع السندات المالية الصافية للديون العقارية وتبعه انهيار أسعار المنازل وتبع هذا الانهيار عدم القدرة علي سداد الديون المتعثرة من قبل أن تشتري العقار بالتقسيط ونتيجة لذلك تم إفلاس عديد من المصارف والمؤسسات المالية الكبيرة.

---

(١) د/ عبد المنعم البدراوي حق الملكية ص١٢.

المبحث الثاني

أسباب الأزمة المالية العالمية

انفق الخبراء علي أن جذور هذه الأزمة قد ارتبطت بشكل أساسي بقطاع العقارات Real Estate في الولايات المتحدة الأمريكية، وأعلاها تمثلت ابتداء بإفراط السياسة الحكومية في تقدير الحوافز التشجيعية للمقرضين والمقترضين علي حد سواء، مرورا بالركود الاقتصادي الذي عاني منه الاقتصاد الأمريكي خلال العقد الحالي[1].

علاوة علي أن السياسة الجريئة Aggressive التي اعتمدها المصارف الأمريكية في تمويل هذا القطاع، ومن ثم قيامها ببيع الديون العقارية، إضافة إلي الارتفاع الحاد في أسعار العقارات.

ويمكننا في هذا الصدد أن نميز بين نوعين من الأسباب المالية العالمية، أولاها الأسباب الظرفية وبالأخص أسباب أزمة القروض الرهن العقاري عالية المخاطر في الولايات المتحدة الأمريكية باعتبارها المنطلق لهذه الأزمة. أما ثانيهما: فهي الأسباب العميقة لها.

أولاً: الأسباب الظرفية:

بداية الأسباب الظرفية هي الأسباب التي قد ارتبطت بظرف معين، ومما لا شك فيه ووفقا لما انفق عليه الخبراء من أزمة الرهن العقاري هي

(1) د/ سفيان عيسي حرير- الإجراءات الوقائية والعلاجية للأزمات المالية؛ رؤية إسلامية - بحوث وأوراق عمل مؤتمر "تداعيات الأزمة المالية العالمية وأثرها علي اقتصاديات الدول العربية - شرم الشيخ - جمهورية مصر العربية- إبريل ٢٠٠٩ - المنظمة العربية للتنمية الإدارية - صـ١١٨".

السبب الرئيسي والمباشر للأزمة، حيث شجع الإزهار الكبير لسوق العقارات الأمريكية ما بين عامي ٢٠٠١/ ٢٠٠٦ البنوك وشركات الإقراض علي اللجوء إلي الإقراض العقاري المرتفع المخاطر، ويتم بموجبه التعاقد بين ثلاث أطراف: ما بين مالك لعقار ومشتري وممول (بنك أو شركة تمويل عقاري) علي أن يقوم المالك ببيع العقار للمشتري بمبلغ معين ويدفع المشتري جزءا من الثمن (١٠%) مثلا، ويقوم الممول في ذات العقد بدفع باقي الثمن للبائع مباشرة واعتباره قرضا في ذمة المشتري مقابل رهن العقار للممول ويسرد القرض علي أقساط طويلة الأجل (ما بين ١٥- ٣٠ سنة) بفائدة تبدأ إعادة بسيطة في السنتين الأوليتين ثم تتزايد بعد ويسجل العقار باسم المشتري ويصبح مالكة له حق التصرف فيه بالبيع أو الرهن[١].

وفيما يلي تفاصيل لهذه الأسباب الظرفية:

١ - إفراط السياسيات الحكومية في منع الحوافز لقطاع العقارات[٢]:

في هذا الصدد يمكن القول أن السياسة التي اعتمدتها الحكومات الأمريكية المتعاقبة لتشجيع المواطنين علي تملك منازلهم الخاصة بهم، قد رافقه العديد من حلقات الضعف التي أسهمت في تعميق حدة الأزمات.

لاسيما معاملات المؤسسة الاتحادية للرهن العقاري Federal

(١) د/ الجوزي جميلة- المرجع السابق صـ٨.

(٢) د/ سعيد أزهرى – تأثير الأزمة المالية العالمية علي اقتصاديات الدول العربية – اتحاد المصارف العربية- تشرين أول (أكتوبر)- ٢٠٠٨، صـ١٦.

Noel sacaca, "Preventing future crises: Prioities for Regulatory Reform after the Meltdown" Journal of finance and Devlopment.Dec, ٢٠٠٨, p.١١.

National Mortgage Association والتي تعرف أيضا "دفني ماي Fannie Mae".

والتي تخصصت بأعمال ضمان القروض العقارية حيث تمت خصخصتها لاحقا من أجل تفعيل دورها المنشود، فتم السماح لها بشراء القروض العقارية من المصاريف الدائنة ومن خلال ما لا يعرف بالتسنيد securitization، لتوفير السيولة لها لتكون قادرة علي الإقراض من جديد[١].

ثم أجيز لها بعد ذلك استخدام ما اشترته من عقود التمويل العقاري لتغطية إصدارتها من سندات الرهن العقاري Backed secadvitics، والتي لاقت رواجا كبيرا بين مدراء المحافظ لاسيما وأنها تتمتع بعوائد مرتفعة ومضمونة في ذات الوقت.

وقد فتحت هذه السندات شهية العديد من مدراء المحافظ لدي المصارف (التجارية والاستثمارية) فتها فتوا علي شرائها، بحيث أصبحت ركنا أساسيا من مكونات المحافظ الأوراق المالية التي يديرون أعمالها، بل أصبحت رمزا يحتذي به للإدارة المتزامنة Moderate Management في إدارة المخاطر المصاحبة للمحافظ، وبشكل خاص إدارة مخاطر السوق[٢].

---

(١) د/ الجوزي جميلة- المرجع السابق صـ ٨.

(٢) لمزيد من التفاصيل يراجع د/ سعيد أزهرى – تأثير الأزمة المالية العالمية علي اقتصاديات الدول العربية – اتحاد المصارف العربية- تشرين أول (أكتوبر)- ٢٠٠٨، صـ١٦.

Noel sacaca, "Preventing future crises: Prioities for Regulatory Reform after the Meltdown" Journal of finance and Devlopment.Dec, ٢٠٠٨, p.١١.

وقد أدي كل ذلك إلي عدم اهتمام العديد من المصارف بمعايير منح التمويل العقاري وفقا لأفضل الإجراءات المتبعة Best Practices حيث يستطيع المصرف أو يمنح تمويلا لا تتوافر فيه معايير التمويل المفترضة، نظرا لأن العقود هذه القروض تجد من يشتريها ويتداولها فيما بعد وبالتالي، سيكون هناك مجالا لتحرير مزيد من السيولة التي يمكن إعادة إقراضها من جديد مرات ممتدة، وبالمقابل سيقوم مدراء المحافظ في مصارف الاستثمار والمصارف التجارية التي تتسم بوجود فائض بشراء السندات المقابلة لهذه القروض.

والملاحظ في هذا الشأن أن عمليات التمويل العقاري قد أدت إلي إنشاء حقوق مالية علي المفترضين، ومن ثم علي كل من المصارف الدائنة "ودفني ماي" علي حد سواء أي أنه مقابل كل عملية تمويل لأصول حقيقية نشأ هنالك تمويلية آخرين، أحدهما علي البنك الدائن، بصفته ضامنا لهذا الدين لدي "دفني ماي" والثاني علي "دفني ماي" نفسها لكونها صدرت المغطاة بعقود التمويل الوطني National Mortgage Association Government والمعروفة بـ"جيني ماي Ginne Mae" والتي اختصت بتمويل بناء المساكن من خلال إقراض المؤسسات التمويل المتخصصة، وليس عن طريق التمويل المباشر، والتي توسعت أعمالها بحيث لم تعد تقتصر ـ علي تمويل العقارات فحسب.

وإنما تعدتها لتشمل كافة أنواع التمويل الاستهلاكي، علي اختلاف غاياته، كما يتكرر ذلك مع المؤسسة الاتحادية لضمان التمويل العقاري المعزلي corporation Fedral Home loan Mortgage

والمعروفة باسم فريدي ماك Ferddie Mac[١].

وقد كان على المؤسسات السابقة توجيـه الإدارة الاقتصادية الأمريكيـة - الاستمرار بقبـول ضمان عقود التمويل العقاري، إلي أن بلغت ما يقـرب (١٦٠٠) مليـار دولار أمـريكي، وذلـك عـلي الرغم من الصعوبات الكبيرة في التسويق السندات التي تصدرها، في ظل تراجع أسعار العقـارات، الأمر الذي أدي إلي تحملها أعبـاء ماليـة شـديدة، وتعرضـها للخسـائر مرتفعـة جـداً، اسـتوجبت وضعها تحت الوصاية الإدارية المباشرة لوزارة المالية (الخزينة) الأمريكية[٢].

حيث تشير إحدى الدراسـات إلي مسـتوي تراجـع في القيمـة السـوقية لكـل مـن فنـي مـاي وفريدي ماك، خلال شهر ٩/ ٢٠٠٨، مقارنة بشهر ٩/ ٢٠٠٧، الذي بلغ (٦٤,١) مليار دولار أمريكي من أصل (٦٤,٨) مليار دولار أمريكي وبنسبة تراجع (٩٨,٩%) من قيمته السوقية في بداية المـدة، في حين بلغت القيمة السوقية لفريدي ماك لذات الفـترة (٤٢,٢) مليـار دولار أمـريكي مـن أصـل (٤١,٥) مليار دولار أمريكي، أي بنسبة تراجع وصلت إلي أكثر من (٩٩,٢) [٣].

(١) Geoffrey Hirt and Stanley Black, Fundamentals of Fnvestments, Boston, MCGraw,Hill and Irwing, ٩ th Edition, ٢٠٠٨, p.٢٦٤

(٢) د/ ألبير مضر- أزمة التسلية العقاري في الولايات المتحدة- اتحاد المصارف العربية - تشرين أول أكتوبر ٢٠٠٨ ص ٧٣.

(٣) الأزمة المالية العالمية (وقائع أيام هزت العالم) مجلة البنـوك بـالإردن- تشريـن أول (أكتـوبر) ٢٠٠٨ - ص٥٥: ٥٦.

٢- السياسة المصرفية الجريئة في منح التمويل العقاري[(١)]:

إن اجتراء المصارف علي منح التمويل العقاري مرتفع المخاطر Sub- Prime كان خلال وجود إجراءات حكومية تشجع القطاع العقاري، وما يرتبط به من تمويل، وطبيعة الإجراءات التي اعتمدها الاحتياطي الاتحادي الأمريكي في معالجة حالة من الركود من بداية العقد الحالي والتي أدت إلي انخفاض لكفلة التمويل كل ذلك ساهم بطريقة أو بأخرى باعتماد المصارف في عمليات تمويل الطلبي افتراض يتسم بارتفاع مستوى مخاطرهم، وذلك من أجل تحقيق عائد معقول وعلي النحو الذي يساعد مدراء هذه المصارف في المطالبة بزيادة منافعهم النقدية وغير النقدية.

وقد وصلت الجرأة غير المسئولة في بعض المصارف الأمريكية بأن بالغت في منح التمويل العقاري إلي حد الإفراط، حيث قدمت التمويل بعض الأشخاص وبدون أي أهل أو عمل أو أصول ضامنة لهذا التمويل، وهو ما يعرف بـNINJA، والتي تمثل الأحرف الأولى من عبارة No Income, No Assets، الأمر الذي يعبر عن السياسية المغامرة Aggressive Policy، المعتمدة من قبل هذه المصارف وعلي النحو الذي أدي إلي تجاوز كل نقاط الحكم الجيد Good Governancde، بل وغض الطرف عن تطبيق أفضل الإجراءات Best Practies الواجب اعتمادها، بحيث إذا وصلت آجال بعض القروض إلي فترات طويلة جدا بلغت (٤٥) عاما، أي أن القرض سيورث إلي الأجيال القادمة لا محال.

وقد قدر خبراء صندوق الدولي IFM أن أكثر من (٤٠%) من التمويل

(١) د/ سفيان عيسي حزيرة المرجع السابق - ص ١٢٢.

العقاري الممنوح في الولايات الأمريكية كما هو في أواخر عام ٢٠٠٦ يعتبر مستوفٍ لشروط ومعايير التمويل السليم[١].

بل إن تقرير آفاق الاقتصاد العالمي World Economic outlook يؤكد أن هذه الظاهرة الخطيرة لا تقتصر علي المصارف الأمريكية فحسب، وإنما تعداها لتشمل العديد من المصارف في دول الاتحاد الأوربي، وإن كانت النسب هناك تعتبر أقل حدة، علما أن دافع الحال في الدول النامية يمكن أن يستفاد ومنها تحليل المؤشرات الاقتصادية في الوقت المناسب.

ومن الجدير ذكره أن رفع القيود Deregulation لا يعني أبدا عدم المساءلة، أو غض الطرف عنه، الأمر الذي أدي إلي إثارة مجموعة من التأثيرات حول طبيعة الدور الرقابي الملقي علي عاتق البنوك المركزية، ومدي فعاليتها وكفاءتها في الرقابة علي الأجهزة المصرفية التي تراقب أعمالها[٢].

حيث يري بعض الخبراء صندوق النقد الدولي IMF ضرورة تركيز المصارف المركزية في الدول المتقدمة[٣] علي تطوير أنظمتها الرقابية من

(١) IMF, World Economic cutlook, Washington DC, October, ٢٠٠٨, p ١١:١٤

(٢) Noel Sacasa, op, cit,p.١١

(٣) كان خبراء الاقتصاد في الدول المتقدمة يدعون الدول النامية وباستمرار إلي ضرورية اعتماد برامج محددة لتطوير مبدأ الشفافية الإفصاح، إلي حين مجيء هذه الأزمة، والتي أكدت علي عدم استفادة تلك الأنظمة المتقدمة من قواعد البيانات والمعلومات الهائلة المتاحة لديها، حيث لم تستفد منها في التنبؤ بحصول هذه الأزمة، وبالتالي الاستعداد لها كما يجب.

أجل الخروج من الأزمة المالية الحالية، وهي تشمل البنود الأربعة التالي ذكرها وهي:

- إيجاد الطريقة أفضل لمعالجة المخاطر النظامية، وبناء نظام مكبر.

- زيادة مستوي الشفافية في الإفصاح عن حجم المخاطر التـي تواجـه المؤسسـات المصرفية والمالية.

- تحسين مستوي التعاون الإقليمي والدولي في مجال الرقابة والإشراف المصرفي.

- اعتماد آلية وإجراءات عمل واضحة للتنسيق بين مختلف القطاعـات الرقابيـة والإشرافيـة علي المصارف والمؤسسات المالية في العالم[1].

٣ - فخ شركات الائتمان المصرفي العقاري[2]:

نتيجة لتخفيض سعر الفائدة الأمريكي تشجعت العديد من البنوك علي منح القروض لشراء المساكن بفائدة متدنية وصلت إلي ٥%.

لذا انكب المستهلكين علي شراء البيوت في مختلف أنحاء أمريكا، إلا أن هذه القروض كانت بشروط منها.

١) الفائدة متغيرة ومبنية علي سعر الفائدة في البنـك المركـزي (X+ LIBOR) حيـث × هـو سعر الفائدة المعروض المعلن عنه بين البائع والمشتري.

٢) إذا تأخر المدين عن السداد تضاعفت عليه أسعار الفائدة ونظرا لطيلة

---

(١) د/ سفيان عيسي حريزة، المرجع السابق، ص١٢٤.

(٢) د/ سعيد الحلاق – الأزمة المالية العالمية ومعالجتها من منظور إسلامي... المنظمة العربية الإسلامية للتنمية الإدارية.... المرجع السابق ص ٦٨.

فترة السداد ومجموع الفائدة المركبة فإن هذا المبلغ مع مجموع الفوائد يكون عاليا جدا، لا يمكن للمدين سداده.

٣) أن المدفوعات الشهرية للثلاث سنوات الأولي تذهب لسداد الفوائد وبعد ذلك يخصم جزء من المبلغ لسداد الفوائد والجزء الأقل يذهب لسداد المبلغ الأصلي.

٤) نتيجة توفر السيولة لدي البنوك والفائض النقدي بسبب السياسة التوسيعية والقدرة علي خلق النقود، مما أدي إلي زيادة غير مسبوقة في أسعار العقارات فاقت المعقول، فأصبح المنزل الذي كان سعره ١٥٠ ألف دولار مثلا يساوي ٣٠٠ ألف دولار.

ومن جانب آخر قامت المؤسسات المالية التي أخذت هذه العقود الائتمانية بطرح هذه القروض كسندات استثمارية، مما أدي إلي وجود أسواق ثانوية مهمتها التجارة في هذه القروض وبيعها عدة مرات النتيجة أن الفجوة بين الأسعار الحقيقية والأسعار السوقية قد تفاقمت بسبب هذه المضاربات وغاية البنك من بيع هذه القروض هي مضاعفة إيراداته، حيث يستفيد من فوائد القروض التي يسددها المقترض ويستفيد أيضا من بيع السندات ليحقق دخلا إضافيا من العمولات والرسوم، ثم يقوم مالك السندات الثاني وبيعها أو برهنها وأخذ قروض عليها ليضارب في الأسواق المالية بما يسمي التمويل بالهامش والمشتقات وغيرها.

وحتى يطمأن المستثمر قامت هذه الشركات بالتأمين علي هذه القروض والسندات في حالة التغير وعدم السداد، ويتكرر السيناريو

والنتيجة المتوقعة والمحتملة أن المدين الأول قد يعجـز عـن السـداد فيضطر إلى الإفلاس وبيـع العقار، نتيجة تخلف العديد من السـداد لـذلك أصيبت العديد مـن المؤسسـات الماليـة بالعصر المالي الحقيقي، وهذا أدى إلى تدهور أسواق السندات العقاريـة وأصبحت تفقد قيمتها السوقية.

(٥) قيام العديد مـن المؤسسـات القـروض الماليـة بإعطاء قرض ثانوي على نفس البيت، وأصبحت البيت إما مرهون لأكثر من جهة، أو عليه رهـن، وهذا بالطبع زاد مـن قيمة الأقساط المستحقة على هذا العقار.

٤- تضخم فقاعة أسعار العقارات Real Estate Bubble[1]:

وهنا تكتمل سلسلة تفاعلات Reaction Chain والمصاحبة لتخفيض أسعار الفائـدة والسياسة الجريئة المتبعة من المصارف الأمريكيـة، حيـث أدى إلى زيادة الطلـب علـى التمويـل العقاري ازدهار سوق العقارات إلى ارتفاع التمويل العقاري، الـذي ازداد مـن ١١٨% مـن النـاتج المحلي الإجمالي الأمريكي خلال عـام ١٩٩٤، إلى أكثـر مـن (١٧٣%) مـن النـاتج المحلي ٢٠٠٧، أي بزيادة مقدارها (٥٥) نقطة مئوية خلال أقل من (١٤) عاما، الأمر الذي مثل ضغطا إضافيا علـى الطلب على العقارات بسبب وفرة التمويل وشروطه السهلة، الأمـر الـذي أدى إلى ارتفـاع قيمتـه باستمرار.

ومن جانب آخر، فقد ازداد حجم التمويل العقاري في الولايات المتحدة الأمريكية – كنسبة من أجمالي الدخل الفردي المتاح Disposable personal Income –خلال أقل من ثـلاث مـن (٨) سنوات بواقع (٣٨)

---

(١) د/ سفيان عيسى حريزة، المرجع السابق، ص١٢٤.

نقطة مئوية، وذلك بأن ارتفع من مستوي (٩٣%) خلال ٢٠٠٠، إلي نحو (١٣٦%) مع نهاية عام ٢٠٠٧[1]، علما بأن هذه النسبة قد ازدادت في بريطانيا من مستوي ١٢٠% إلي ١٨٠%، وبشكل أقل حدة في منطقة الاتحاد الأوربي، حيث ارتفعت من مستوي (٧٢%) إلي (٩١%)، وذلك خلال ذات الفترة.

ولعله من المناسب في هذا المقام أن يتم التركيز علي هيكل هذه الزيادة في مؤشرات السوق، والتعرف علي أسبابها ومصادرها هل هي دائمة مستقرة؟ أم مؤقتة عابرة؟ هل تمثل حالة إيجابية نافعة؟ أم سلبية ما حقه؟ بحيث لا يصبح الاقتصاد مثل الإنسان الذي يعاني زيادة في الوزن، ونتعامل مع هذه الزيادة علي أساس ازدهار دائمة تمثل نعمة ما بعدها نعمة، وبدون نقوم بتحليل أسبابها، فمن الحكمة بل ومن المنطلق أيضا أن نقوم بالتعرف علي أسباب هذه الزيادة هل تمثل نمو في العضلات يجب أن نحافظ علي ديمومته، أم أنها تعد وربما خبيثا يستوجب استئصاله ومكافحة أسبابه؟!

هذا وقد أدي ارتفاع أسعار العقارات إلي تحسن (زيادة) نسبة قيمة الضمان العقاري إلي قيمة القرض الممنوح بضمان ذلك العقار، وبالتالي هنالك فرصة إضافية للحصول علي قرض إضافي اعتمادا علي نفس الضمانات المقدمة.

وبناء عليه، يكمن تقديم القرض الإضافي بحيث يراهن العقار من الدرجة الثانية لصالح البنك الذي قدم القرض الجديد بعد ما كان مرهونا من الدرجة الأولي لصالح البنك الذي قدمت التمويل الأول، وهكذا تستمر حلقة

---

(١) Noel Sacasa, op, cit,p.١١

إعادة التمويل Refinancing لذات العقار، بدلا من منح التمويل الشراء عقارات جديدة، حيث بلغ معدل الأهمية النسبية لعلميات إعادة التمويل أكثر من ٦٠% من إجمالي علميات التمويل العقاري في الولايات المتحدة الأمريكية خلال الفترة ١٩٩٨- ٢٠٠٦، وما تبقي كان يمثل الأهمية النسبية لعمليات التمويل شراء العقارات جديدة[١].

ومن ثم تعتبر هذه الأسباب الظرفية هي الشرارة الأولى لبداية وسرعة انتشار هذه الأزمة في جميع أرجاء العالم، كانتشار النار في الهشيم، مما شكل تهديد بانهيار الأنظمة المالية لكبريات اقتصاديات العالم.

ونسوق مثال لذلك حتى نتبين مدى ضخامة الإقراض العقاري في الولايات المتحدة الأمريكية يكفي أن نذكر أن هذه القروض كانت عام ١٩٧٤ حوالي ٦٨٠ مليار دولار، ارتفعت عام ٢٠٠٨ إلي ما يزيد عن ١٤ تريليون دولار[٢].

ومن هنا يتضح حجم هذه الأزمة من خلال بيان أسبابها والتي يأتي في مقدمتها الأسباب الظرفية المرتبطة بالرهون العقارية.

ثانيا: الأسباب الهيكلية:

---

(١) د/ عدلي قندح – الأزمة المالية العالمية: الجذور، وأبرز الأسباب والعوامل المحفزة – مجلة البنوك في الأردن سبتمبر ٢٠٠٨، ص٢٢.

(٢) د/ علي لطفي – الأزمة المالية العالمية (الأسباب، والتداعيات، المواجهة) – المؤتمر السنوي الرابع عشر– كلية التجارة – جامعة عين شمس ١٢- ١٣ ديسمبر ٢٠٠٩، ص٤.

١ - التحول إلي الليبرالية المشددة:

أدي العجز المزدوج والمزمن في ميزانية الولايات المتحدة الأمريكية وميزان مدفوعاتها إلي حصول ارتفاع كبير في معدلات الفائدة، الأمر الذي شجع المؤسسات علي اللجوء إلي التمويل عن طريق الإصدارات بدلا من الوساطة المصرفية، وبالتالي أصبحت الاستدانة لها أهمية في مواجهة تراجع القدرة الشرائية للشرائح الاجتماعية الدنيا والمتوسطة الدخل بسبب تطور عملية توزيع الدخول في غير صالحها ومن العوامل التي تسببت في تطور عملية توزيع الثروة.

- فرض معدلات عائد علي الاستثمار من طرف المساهمين الكبار.
- تخفيض الأعباء الاجتماعية بقدر كبير علي المؤسسات الاقتصادية بهدف تعزيز أرباحها.
- تحرير سوق العمل من الضوابط والقيود.

٢ - تراجع القدرة الشرائية لشرائح اجتماعية واسعة:

إن انتهاج العالم لسياسة ليبرالية متشددة أدي إلي تركز الثروة والدخول سواء علي المستوي العالم أو علي مستوي كل دولة علي حدة بين فئات اجتماعية صغيرة، فهي أمريكا علي سبيل المثال بلغت نصيب الشريحة الاجتماعية الأكثر غني هي تشكل ٥% من السكان.

إن تركز الثروة بهذا القدر لم يسبق له مثيل في تاريخ الرأسمالية فعشية انفجار الأزمة في ١٩٢٩ في ظل هذا التركز الشديد للثروة والدخول وتراجع طلب الاستهلاك الشرائح الاجتماعية ذات الدخل المتوسط والضعيف.

٣ - تشجيع الاستدانة من أجل طلب الدعم:

إن سد العجز في الطلب الكلي الناجم عن التراجع الكبير في كتلة الأجور من جهة والعجز المزدوج من جهة والمزمن في ميزانية الدولة والميزان التجاري من جهة ثانية ليس فقط في الولايات المتحدة الأمريكية بل وفي دول رأسمالية متقدمة أخرى قد تم تشجيع اللجوء إلي الاقتراض بكثافة.

٤- تعاظم الاستهلاك الترفي عن طريق الاقتراض:

حيث شهد الاقتصاد الأمريكي في السنوات الأولى من القرن الحالي تزايد الاستهلاك في الولايات المتحدة الأمريكية بشكل كبير، والمشكلة هنا ليست في تزايد الاستهلاك في حد ذاته ولكن في حصول كثير من الأمريكيين علي قروض لشراء العديد من السلع والخدمات بالتقسيط وبشكل يفوق بكثير قدراتهم علي السواء.

٥- ضعف الرقابة علي المؤسسات المالية:

ويقصد بالمؤسسات المالية البنوك وشركات التأمين وشركات التمويل العقاري وسوق رأس المال وشركات التوريق وشركات التخصيم والمؤكد أن هذه المؤسسات تمارس دورا هاما وخطيرا في اقتصاد أي دولة حيث تتلقي الأموال ويقيد توظيفها[(١)].وعلي الرغم من ذلك فإن المؤسسات لم تكن تخضع في الولايات المتحدة الأمريكية وبعض الدول الأوربية لرقابة كافية

---

(١) ويعد شبهها البعض بأنها القلب بالغش لجسم الإنسان فكلما يتلقي القلب الدم ويفيد ضخة في شرايين الجسم،د/ علي لطفي المرجع السابق، صـ٥.

من الجهات الرقابية وخير دليل علي ذلك أن الأزمة الحالية بدأت من القطاع المالي.

ولقد ظلت هذه الأسواق والأدوات المالية منفصلة نسبيا لعقود طويلة بمعني أن انهيار سوق التأمين مثلا كان يؤثر في المقام الأول شركات التأمين والأنشطة المتصلة به، ولكن انهيار الحدود والحواجز التقليدية بين الأسواق المؤسسات المالية أدي أنه في حالة تعرض أحد أنشطة القطاع بالمالي (بنوك - شركات تأمين- شركات تمويل عقاري- سوق المال- شركات التوريق) لأزمة فإن هذه الأزمة تنتقل إلي بقية أنشطة القطاع المالي، ويزداد الأمر سوء بسبب تعدد الجهات الرقابية وعدم التنسيق بينها.

٦- تدهور الاقتصاد الأمريكي في السنوات الأخيرة:

حيث شهد الاقتصاد الأمريكي في السنوات الأخيرة تدهور شديد مما جعله لا يستطيع أن يصمد في مواجهة الأزمة ومما يؤكد هذا التدهور[(١)].

أ) تراجع فائض الموازنة العامة للدولة من ٢٥٥ مليار دولار في عام ٢٠٠٠ إلي ٢٠٠٢ وأخذ العجز يتزايد حتى وصل إلي ٤٥٥ مليار دولار في عام ٢٠٠٧.

ب) ارتفاع معدل التضخم حيث بلغ في السنة الأخيرة حوالي ٥% بعد أن كان بينت ٢: ٣% سنويا.

ج) انخفاض معدل النمو الاقتصادي حيث لم يتعد ٢% سنويا في المتوسط في السنوات الأخيرة بعد أن كان قبل ذلك إلي ٤%.

(١) د/ علي لطفى المرجع السابق صـ٦.

د)   ارتفاع معدل البطالة خلال السنوات الثماني الأخيرة إلي حوالي ٥,٥% بعد أن كان قد انخفض في أواخر القرن العشرين إلي ٤%.

هـ)   تزايد عجز الميزان التجاري سنة بعد أخري حيث بلغ في ٢٠٠٨ حوالي ٨٥٠ مليار دولار.

و)   تزايد العجز في ميزان الحساب الجاري حتى بلغ في ٧٠٠ مليار دولار في السنة الأخيرة سنة ٢٠٠٨.

ز)   تزايد المديونية الخارجية بحيث أصبحت الولايات المتحدة في عام ٢٠٠٧/ ٢٠٠٨ حوالي ٣ تريليون دولار.

٧ - النمو غير العادي للتجارة في الأصول التمويلية والالتجاء إلي توريق بعضها:

فالأصول التمويلية تشمل العملات والأسهم والسندات والواضح أن التجارة في الأصول التمويلية تزيد كل عام بأرقام ملكية حتى أصبحت تزيد بحوالي مائة مرة عن حجم الإتجار في السلع.

والذي زاد من هذه الكارثة الاتجاه إلي التوريق ومضمونة:

في إصدار أوراق أخرى ليس أصولا عينية وتم التوسع في علمية التوريق عن طريق إصدار سندات تستند إلي سندات سبق إصدارها.

٨- ظهور وتنامي أدوات مالية جديدة للتعامل في البورصات وأهمهما مشتقات والتعامل بالهامش:

والمشتقات Derivatives تتيح المضاربة علي ارتفاع وانخفاض الأسعار والسلع والأسهم والسندات بل وأخطر من ذلك فأنها تتيح المضاربة علي مؤشرات تستند إلي الأصول الحقيقية. والخطر الأكبر عدم وجود تنظيم قانوني وعدم وجود رقابة كافية علي المشتقات بأنواعها

المستقبليات Futures

والخيارات Options

والمبادلة swaps

- أما التعامل مع الهامش Margin Trading فدوره ينحصر في قيام المؤسسات المالية وصناديق الاستثمار بالتعامل في أسواق المال الاقتراض أي التعامل علي محافظ استثمارات تفوق ما لدي هذه المؤسسات من سيولة نقدية وحينما تنخفض أسعار الأسهم لسبب أو لأخر تصبح هذه المؤسسات المالية غير قادرة علي سداد القروض[(١)] .

٩ - التزايد الرهيب في المعاملات خارج الأسواق المنظمة:

Over The Counter transactions

وهي عمليات تخرج عن نطاق التحكم والسيطرة لأنها لا تظهر في القوائم المالية للبنوك والمؤسسات المالية الآخري ولقد تزايدت هذه المعاملات في السنوات الأخيرة حتى بلغت ٦٠٠ تريليون دولار وهو ما يمثل عشرة أمثال الناتج المحلي للعالم الذي لا يزيد عن ٦٠ تريليون دولار.

١٠- تزايد غير مسبوق للمعاملات المالية التي تتم من خلال المراكز المالية المفترية

Off- shore financial centers.

فهناك ما يسمي "يورو دولا"؛ ويورو بوندن، يورو ماركت والفكرة

(١) فبعض الأفراد يفترضون من أجل التعامل مع البورصات ولذلك فإن وارن بوفيهBuffet كان علي حق حين أطلق علي المشتقات المالية وأسلحة الدمار المالي الشامل"

الأساسية هنا هي إصدار أدوات مالية بالدولار الأمريكي خارج الولايات المتحدة الأمريكية والخطورة في هذه الأدوات المالية أنها لا تخضع لرقابة البنك المركزي الأمريكي Federal Reserve:

١١- فساد وكلات التقييم Rating Agencies:

فتقوم هذه الوكلات بتقييم الجدارة الائتمانية ولقد انتشر الفساد والرشوة في هذه الوكالات في أمريكا وبعض الدول الأوربية وأصبح التقييم لا يعبر عن حقيقة الجدارة الائتمانية للبنوك (استثمارية وتجارية) وشركات التأمين وشركات إعادة التمويل العقاري أي القطاع المالي كاملا.

١٢- فساد المديرين ومكاتب المحاسبة والمراجعة في بعض الشركات العملاقة:

طالعتنا الصحف في عام ٢٠٠٥ أخبارا عن تلاعب في بيانات كبرى الشركات الأمريكية وإفلاس بعض الشركات ووصول بعضها إلي مرحلة ما قبل الإفلاس مباشرة وبدأت الأوضاع المتردية بإعلان شركة "أترون" العملاقة في مجال الطاقة[(١)].

(١) وقد أدين مكتب المحاسبة والمراجعة الأمريكي العالمي" آرثر أندرسون علي تدمير الوثائق المستندات الخاصة بشركة أنرون وكذلك أعلنت شركة زيروكس الرائدة في مجال أجهزة تصوير المستندات انها خفضت إيراتدتها بحوالي ٦ مليار دولار ذلك بعد قيامها بعملية مراجعة حساباتها عن السنوات ١٩٩٧/ ٢٠٠١ أما شركة وورد لد كوم" وهي ثاني أكبر شركة للاتصالات في العالم فقد اعترفت بالتحايل لإخفاء نفقات بحوالي ٣,٨ مليار دولار، الأمر الذي ترتب عليه أن أصبحت الشركة علي وشك الإفلاس ومن ثم إعلانها عزمها علي التخلص من ١٧ ألف من العاملين لديها بحوالي ٢١% من إجمالي العاملين في شركاتها علي مختلف دول العالم والذي يصل عددهم حوالي ٨٠ الف عامل وأما عن أسهم الشركة فقد انخفض قيمة السهم من =

والواقع أن الفضائح المالية التي هزت الشركات الأمريكية عام ٢٠٠٥ قد وصلت أصداؤها إلي لندن عاصمة المال والأعمال في أوربا، وسادت تساؤلات عن مدي صدق وجودة المعايير المحاسبية للشركات البريطانية وبصفة خاصة شركة "بوتس" لأكشاك الهاتف وشركة كابل آند وإيرلس" رغم عدم ثبوت تورط أي منهما في تزوير معايير المحاسبة الأمريكية بدأت تتراجع عن تطبيق هذه المعايير وبدأ المساهمون في هذه الشركات يتشككون في مدي صدق بيانتها المالية، وأوجه التلاعب يكون بتخفيض النفقات الحقيقية وتضخيم الإيرادات ومن ثم إظهار أرباح وهمية وبالتالي تستفيد الموظفين من مكافآت سنوية ومكافآت نهاية الخدمة في الوقت الذي لا يبالون فيه بالخسائر التي تلحق بحملة الأسهم والسندات.

١٣ - سياسة الإسكان في الولايات المتحدة الأمريكية:

من بين ما تميزت به سياسة القروض كالرهن العقاري في أمريكا منذ عام ١٩٩٣ إلي انفجار الأزمة في أواخر ٢٠٠٧ هو كون سياسة الإسكان كانت ترتكز علي تشجيع العائلات الأمريكية المتواضعة الحال اقتصاديا علي شراء مسكنها عن طريق الدفع بالتقسيط وبدأن يظهر ارتفاع محسوس في معدلات الفائدة في السوق المالية الأمريكية نتيجة السياسة النقدية المتشددة من أجل التصدي لضغوط التضخم في الاقتصاد الأمريكي.

= مليار دولار وزدادت مديونياتها إلي أكثر من ٣٠ مليار دولار في شكل سندات عجزت عن أدائها.

١٤- انتشار الفساد الأخلاقي:

مثل الاستغلال والكذب والشائعات المغرضة والغش والتدليس والاحتكار والمعاملات وفي هذا الشأن يقول الشيخ صالح كامل: "إن المتأمل في مسببات الأزمة المالية يلحظ وبوضوح أن إدارة النشاط الاقتصادي بعيدا عن القيم الأخلاقية الإنسانية السامية، وقد كان عاملا حاسما ومهما في حصول وتفاقم الأزمة وظهرت بوضوح معالم الفساد في الأزمة المالية في سلوك الأفراد والمؤسسات الاقتصادية في عدة مجالات منها تقدير قيمة الضمانات التي يتم بموجبها تقديم القروض والرشاوي والمصالح والمتبادلة في اتخاذ القرارات يمنح التمويل، وإرسال العطاءات، وعمليات الاحتكارت والغش والتدليس، وأن الاقتصاد العالمي والاقتصاد العربي بشكل خاص يحتاج وبشدة لان تسود فيه قيم وضوابط أخلاقية وإرساء منظومة من القيم والمثل لتحقيق العدالة والاستقرار.

١٥- نظام جدولة الديون:

بسعر الفائدة أعلي أو استبدال قرض واجب السداد بقرض جديد بسعر فائدة مرتفع وهذا يلقي أعباء إضافية علي المقترض المدين الذي عجز عن الدفع القرض الأول بسبب سعر الفائدة الأعلي.

١٦- التوسع في منح بطاقات الائتمان بدون رصيد (Credit Card):

وقد كان من أسباب انفجار الأزمة المالية في الوقت الحالي، بسبب مطالبة عدد كبير من أصحاب الودائع بسحب أرصدتهم من البنوك الأمريكية، ونظرا لان أموالهم استخدمت أصلا في الأسواق المالية وبسبب الخسارات المتشالية ظهرت مشكلة عسر مالي حقيقي لدي هذه البنوك مما

عجزت عن الإيفاء بالتزاماتها.

وقد قامت البنوك بشطب ما يزيد عن ٥٠٠ مليار دولار من الأصول وجمعت رسملة جديدة بقيمة ٢٠٠ مليار، إلا أن خسائر ائتمانية جديدة بدأت تبرز مؤخرا مع تراجع قيمة الديون، وهذا أشعل مخاوف المستثمرين من المؤسسات المالية التي تتحمل أعباء قروض وازدادت المخاوف توهجا بعد إفلاس بنك "كيمان" الذي شكل صدمة للمستثمرين الذي كان علي ثقة من أن الحكومة الأمريكية ستقوم بدعم البنوك الكبرى ومنعها من الإفلاس [١].

ونجمل أسباب الأزمة المالية العالمية في عدم استقرار الاقتصاد الكلي وذلك لوجود تقلبات في أسعار الفائدة العالمية وأسعار الصرف، بالإضافة إلي الركود الاقتصادي والتقلبات العديدة في دول العالم النامي.

وكذلك اضطراب القطاع المالي والتي تتمثل في التوسع في منح الائتمان وتدفقات كبيرة لرؤوس الأموال من الخارج وأنهيار أسواق المالية والتحرر المالي غير الوقائي وغير المدروس.

ومنها أيضا عدم تلاؤم أصول وخصوم المصارف حيث يؤدي التوسع في منح القروض إلي ظهور مشكلة عدم التلاؤم وعدم المطابقة بين أصول وخصوم المصارف خصوصا من جانب الاحتفاظ بقدر من السيولة لمواجهة التزاماتها ومنها تعرض زبائن المصارف إلي عدم التلاؤم بالنسبة للعملة الأجنبية، وانتشار الفساد الأخلاق والاقتصادي كل هذا من شأنه قد أدي إلي نوع من الجور والظلم، ومما أدي إلي تذمر المظلومين، حيث أن الظلم والكبت يولد الانفجار.

---

(١) د/ سيد الحلاق، مرجع سابق، صـ ٧٠، وما بعدها.

ومن الأسباب الرئيسية التي نجملها للأزمة المالية أيضا أن أصحبت المادة هي الطغيان وسلاح الطغاة في السيطرة السياسية واتخاذ القرارات السيادية في العالم وأصبح المال معبود الماديين، وقيام النظام المصرفي الربوي علي نظام الفائدة أخذ وعطاء، ما في ظل منظومة تقوم علي تجارة الديون وشراء أو بيعها ووساطة، فكلما ارتفع معدل الفائدة علي الودائع كلما ارتفع الفائدة علي القروض والممنوحة للأفراد والشركات والمستفيد من هذا البنوك والمصارف والسماسرة.

الوسطاء الماليين؛ لان البعض يري لا وجود للتنمية الحقيقية إلا إذا كان سعر الفائدة صفر ويرون أن المشاركة في الربح والخسارة هو البديل لان يحقق الأمن والاستقرار كما أن النظام المالي يقوم علي نظام جدولة الديون بسعر الفائدة أعلي أو استبدال قرص واجب السداد بقرض جديد بسعر فائدة مرتفع كما كان يقول المرابون في الجاهلية أو تقضي أم تربي" ومن الأسباب الحقيقية للأزمة أيضا هو أن النظام المالي العالمي يقوم علي نظام المشتقات المالية التي تعتمد علي معاملات وهمية ورقية تقوم علي الاحتمالات فهي مثل المغامرات والمراهنات التي تقوم علي الخط.

وأضف إلي هذه الأسباب سوء سلوكيات مؤسسات الوساطة المالية والتي تقوم علي إغراء الراغبين والتدليس عليهم والفرد والجهالة ويطلبون عمولات عالية في وجود المخاطر وهو يقود في النهاية إلي الأزمة بالإضافة إلي التوسع في تطبيق النظام بطاقات الائتمان بدون رصيد لا لسحب علي المكشوف) والتي تحمل صاحبها تكاليف عالية وعندما يعجز عن سداد ديوانه زيد له في سعر الفائدة ويتم الحجز عليه أو رهن سيادته أو منزله[(١)].

---

(١) د/ جمعة محمود عباد في "الأزمة الاقتصادية العالمية وآثارها الحالية والمتوقعة =

نظريات الأزمات الاقتصادية

ظهرت عدة نظريات في الفكر الاقتصادي والرأسمالي ظهرت العديد النظريات الاقتصادية التي تعطي تفسيرات لحدوث الأزمات الاقتصادية وهي:

١- نظرية الأرصاد والتقلبات الجوية أو نظرية بقع الشمس Sun sopt theory

في عام ١٨٧٥ أرشدنا s.Jevones والتي ترجع أسباب الأزمات إلي تأثير الإشعاع الشمسي ـ علي انتاج القطاع الزراعي وانعكاس هذه التأثيرات فيما يبدو في القطاع الصناعي والتجاري أن ظهور البقع الشمسية بصورة دورية سوف يؤدي إلي تغير الأحوال الجوية الذي يعود هو الآخر إلي التأثير في الظروف الإنتاج الزراعي (توسعا وانكماشا) وبما أن الإنتاج الزراعي له إرتباطات أمامية وخلفية وأثار استهلاكية وصناعية وتجارية فإن التقلبات سوف تنتقل لها.

٢- النظرية السيكولوجية للأزمة Psychologcal theory [1]:

والتي ترجع الأزمات إلى ردود الفعل لرجال الأعمال تجاه التغيرات في المتغيرات الاقتصادية الفعلية، وردود الأفعال هذه تعود إلى أخطاء التنبؤ Forecast Error والتي تتعلق أسبابها بقيام النظام الرأسمالي علي أساس عمليات معقدة كثيرة وغير مباشرة وذات فترات غير قصيرة كما أن هذا

= علي الجهاز المصرفي الإردني، جامعة آل البيت، الأردن٢٠٠٩"

(١) محمد عباس أحمد عبد الباري بحث بعنوان "الأزمات والصدمات الاقتصادية" مدخل، نظري مقدم إلي مؤتمر الأزمة العالمية كلية التجارة عين شمس جامعة القاهرة ١٢/ ١٣ ديسمبر الجزء الأول ٣٨٩ وما بعدها.

النظام يقوم علي آلية الإنتاج الخاصة حيث يوجد عدد كبير من المنظمين الذين يعملون في استقلال عن بعضه بحيث لا تربطهم أداة توجيه أو إشراف مركزية ويتخصص كل منهم في إنتاج سلعة أو جزء من سلعة، وتحدث الأزمات عندما يكون عناك مبالغة كبيرة من قبل المتفائلين بأن الأرباح المتوقعة ستكون كبيرة أو من قبل المتشائمين بأن الخسائر ستكون كبيرة مستندين في ذلك إلي سلوكهم النفس بصورة أكبر من الاستناد إلي الحقائق الفعلية فتداخل العوامل يؤدي إلي تغيرات في تسعير الأصول المالية التي تنعكس تأثيراتها في المتغيرات الحقيقية وهو ما حدث في معظم الأزمات الاقتصادية.

٣- نظرية نقص الاستهلاك under consumption theory:

وجاء بها Hobsen حيث أقام أطروحاته علي أساس ضرورة تناسب الحجم الكلي للنقود وأوقوتها الشرائية مع الحجم الكلي للإنتاج، وأنه كلما أدخر المستهلكون جزء أكبر من دخولهم كلما أدي ذلك إلي قلة الطلب علي السلع الاستهلاكية في حين أن الادخار لو تعادل مع الاستثمار لما كان هناك فقدان للقوة الشرائية.

٤- نظرية التحليل الرياضي Mathematicanaluysis Thoery

وعرفت بنموذج Harrod الذي يؤكد علي وجود خلل أساس في النظام الاقتصادي إذ أن الأزمة الاقتصادية تحصل عندما يكون معدل النمو الفعلي أكبر من معدل النمو المرغوب فيه فتحدث أزمة عجز في الإنتاج مما يدفع المنتجين بزيادة الإنتاج إلي معدلات توسيعية عالية إلي المستوي الذي يصبح فيه معدل النمو الفعلي أقل من معدل النمو المرغوب فيه فنتيجة

الإنتاج إلي الانخفاض.

٥- النظرية الماركسية **Marxism theory**

وتنسب إلي ماركس وتوضح ان التناقضات الموجودة في النظام الاقتصادي في تطور الفنون الإنتاجية المستخدمة وفي تغير كمية النقود أي عندما يكون النظام الاقتصادي في حالة من التوازن الثابت وهو الوضع الذي النقود ينعدم فيه أي نمو (تغير) للنظام الاقتصادي وهي ويقصد حالة السكون ولكن المفاجأة يظهر فيما يعرف بالتدبير الخلاق Creative Destruction[1] ويقصد بها الوضع عملية التحول ترافق التجديد الجذري حيث يتم التخلص فيها من الطرق القديمة في فعل الأشياء.

والابتكار الذي يمثل الحافز علي الحركة والنمو هو الذي سيكون عن النمو النظام وحركته وتطوره هو المسئول أيضا عن انهياره وتدميره من خلال الإنزلاق إلي مرحلة أكبر من الحركة والنمو عندما تعجز الآليات القائمة عن استيعاب كل الابتكار والاختراعات وهكذا فإن النظرية تفسر الأزمة انطلاقا من عواملها المسببة المتمثلة في ظهور الاختراعات والابتكارات الجديدة أو الإبداع في المجالات المختلفة.

٧- نظرية التغيرات الهيكلية **structural Changes theory:**

وتنسب إلي رجل الاقتصاد Akerman وتري أن التغيرات في البني والهياكل خي التي تقف وراء التغيرات والتحولات الاقتصادية وذكر هنا الرائد في مؤلفه البناء والدورات الاقتصادية أن هذه التغيرات الهيكلية هي

(١) يعد أول من استعمل هذا المصطلح هو شومبيتر عام ١٩٤٢، فهو وصف العملية التي يتم التخلص من الطرق القديمة في فعل الأشياء حسب تعبيره.

نتيجة التفاعل ثمانية أنواع من القوى أربعة منها أساسية أو أولية وهي التقدم التقني والنمو السكاني والتغيرات السياسية والاضطرابات والتأهيل وأربع قوى ثانوية هي تطور النظام التسليف (الإقراض) وتطور المجتمعات وتوسع الصناعة علي حساب الزراعة والتحولات في توزيع الدخول.

٨- نظرية المغالاة أو الإفراط في الاستثمار **Excessive investment theory**

وتنسب إلي رجل الاقتصاد السويدي ب G. Castelوالذي يؤكد أن نهاية المرحلة قوى التطور الاقتصادي طالما أنها لا يمكن أن تأتي منتظمة فإن عدم انتظامها سيؤدي إلي توسع كبير في المعدلات للنشاط الاقتصادي وتتمثل حالات التوسع الكبيرة في فترات الرواج والانتعاش تنتهي دائما إلي حالة الكساد والانهيار ويعتقد كاسل أن استمرار التوسع الاقتصادي نحو الارتداء إلي مرحلة خطيرة هي الأزمة التي تحدث وصعوبة بخسائر جسيمة وفقدان الثقة وإخلاص الكثير من المؤسسات المالية والسبب في ذلك هو التقديرات الخاطئة للمنظمين وأهم مؤشرات التي يستدل من خلالهما علي حدوث الأزمة هو ارتفاع سعر الفائدة التي يتسم بانخفاضه النسبي في بداية مرحلة التوسع.

٩- النظرية النقدية **Monetary theory:**

وتعتبر من أهم النظريات التي فسرت الأزمات الاقتصادية بإرجاعها إلي التوسع والانكماش في النقود والائتمان والجميع يتفق علي أن الجانب النقدي هو المسبب الأساسي لكل الأزمات الاقتصادية مع الإقرار بأن سلوك التغيرات في كمية النقود يتأثر هو الآخر بتحركات المتغيرات غير النقدية الكمية الكلاسيكية خلال القرون الرابع عشر حتي العقد الثالث من القرن

العشرين [1] .حيث أنهم يفضلون بين الجانب النقدي والحقيقـي (أثبـت الواقـع عـدم صحته) إلا أنها أقرت بأن التغيرات في كميات النقود وفي سرعة تداول النقـود سـينعكس تأثيرهـا في الجانـب النقدي (المستوي العام للأسعار) الذي هو متوسط أسعار السلع والمنتجـات (الجانـب الحقيقـي) من الاقتصاد.

ومن وجهة ونظر ريكاردو أن يكون الإصدار النقدي خاضعا لغطاء معدني يعادل ١٠٠% من قيمة الإصدار من أجل الحد من الزيادة لعرض النقد الذي لا يناسب المنتجات المطلوبة.

١٠- نظرية الأرصدة النقدية **Cash Balances theory**:

وكانت امتداد للتحليل الكلاسـيكي [2] حيـث أكـدت هـذه النظريـة أن التقلبـات في مسـتوي العام للأسعار يعود إلي تغير العناصر النقدية (الطلب وعرض النقود)

١١- النظرية النقدية الكنزية **Keynesian Monetay theory**:

وظهرت النظرية عـلي يـد رائـدها J.M.keynes وتبعـه Hicks، Hansen A، O.lange، Patincki، tobiny , وغيرهم كرد فعل علي الأزمة الاقتصـادية العالميـة في ١٩٢٩ والتـي أثبتـت عدم صحة دور النقود المحايد في النشاط الاقتصادي الذي افترضه الكلاسيك وأن بإمكان التغيرات

---

(١) ابتداء من J.podin، book. J، cantilleon.R، Hume.D، Ricardo، Mill J.s، Fisher.I، وكذلك الكلاسيكية المحديين Neo Classic حيث أنهم قاموا بفضل الجانب النقدي عن الحقيقي وأثبت الواقع عدم صحة هذا الاتجاه.

(٢) ورواد هذه المدرسة A.marshal، pigou A.c، Rebertson, Hawtrey.m, wicksell,k., Hayeck,f..

في المعروض النقدي وفق تصدره للبنوك المركزية مـن علمـه ومـا تخلقـه المؤسسـات الماليـة الوسيط المصرفية وغير المصرفية من ائتمان وعبر التغيرات في سعر الفائدة أن تؤثر علي المتغيرات الجانب الحقيقي كالاستثمار والتشغيل والنـاتج الكـلي ومـن خـلال مضاعف الاستثمار، فعنـدما يكون الاقتصاد في مرحلة انتعاش (القمة) تكون الكافية الحدية لرأس المال مرتفعة ولكن بمجرد الإحساس أن العوائد المتوقعة ستكون منخفضة ستتجه إلي الانخفاض الحـاد والسريـع حتـى في مرحلة الركود والكساد (القاع).

١٢- النظرية النقدية الكمية الحديثة أو النقوديون Montetrism:

والتي ظهرت منذ نهايته في عقد الخمسينات مـن القـرن العشريـن بزعامـة Fraidman M وهي آخر نتاج الفكر الاقتصادي النقدي الذي عزي التقلبات في النشاط الاقتصادي ومـن ثـم عدم الاستقرار والأزمات الاقتصادية إلي التغيرات في كميات النقود التي لا تتناسب مع التغيرات في إنتاج السلع والخدمات ويؤكد فريد مان علي ذلك بالقول بأنه لم يحدث قط أن وقعت حادثة تغيرت فيها كمية النقود بشكل كبير أيضا وفي الاتجاه نفسـه وأن معظم أوضاع الانكمـاش أو الركود الاقتصادي يستعيبها انخفاض في معدلات النمو عرض النقد.

١٣- النظرية السياسية للأزمة أو نظرية المؤامرة Political theory:

حيث أن التقلبات والأزمات الاقتصادية تراجع إلي السياسيين الـذين يتلاعبون في السياسـات المالية والنقدية لتحقيق مصالح سياسية وانتخابية من أجل المادة انتخابهم وخاصـة في الولايات المتحدة الأمريكية، إذ أن العديد من الأزمات الاقتصادية التـي حـدثت تمثل انحراف إحـدي أو كلتا السياسيتين

عن المسارات التي من شأنها المحافظة علي تحقيق الاستقرار المتمثل بالمحافظة علي قيمة العملة داخليا أو خارجيا.

١٤- نظرية المعجل المضاعف:

ومضمونها أن سبب الأزمات هي الصدمات الخارجية التي تتفاقم بفعل المضاعف المرتبط بنظرية الاستثمار وهو أن الإنفاق علي الاستمرار والسلع والإنتاجية الأخرى يميل إلي تجميل الاقتصاد بجدة وقوة إلي أعلي من التضخم أدي إلي أسفل نحو الركود.

المبحث الثالث

الفساد الاقتصادي

لا يمكن الحديث عن الأزمة المالية العالمية دون إغفال موضوع الفساد الاقتصادي خاصة في ظل نظام العولمة، ولعل السبب في ذلك يرجع إلي أكثر من مبرر:

المبرر الأول:

يعود إلي الفشل غير المتوقع للبرامج المالية التي أودعتها هيئات دولية كبيرة مثل (البنك الدولي) لدي الدول التي تمر بمصاعب اقتصادية، حيث بينت آخر الدراسات أن جل هذه الدول تسئ استخدام المساعدات الموجهة للتنمية وفي أكثر الأحيان تطالها يد الفساد، وفي دراسة ميدانية علي الدولة كأوغندا تبين أن ١٣% من ميزانية التعليم لاتصال المصادر، كما قدم في برامج الاجتماع السنوي للبنك الدولي (أكتوبر ٢٠٠٠) عدة انتقادات لهذه المؤسسة بسبب مساعدتها المالية إلي دول معروفة بالفساد وهي روسيا ودول شرق أوربا خلال التسعينات وتثار حاليا تساؤلات واسعة داخل المؤسسة- البنك الدولي- بشأن الاستمرار في تقديم القروض لدي دول ساهمت القروض الخارجية بشكل أو بآخر في انتشار الفساد الاقتصادي بها، وقد أثار البروفيسير (روز أكرمان) وهو متخصص في مسائل الفساد هذه الإشكالية بقوله هناك بعض الدول حكوماتها غير مهتمة بالإصلاحات، ويجب ألا ترشح المساعدات وقروض البنك الدولي.

المبرر الثاني:

وهو تنامي ظاهرة الفساد الاقتصادي في حد ذاتها وانتشارها علي نطاق واسع ضمن رقعة الدول النامية وبين بعض الشركات الصناعية الكبرى ذاتها، وقد أكد هذه النتيجة استطلاع أجراه البنك الدولي من ٦٩ دولة ٣٦٠٠ شركة ^(١).

ومن ثم فإن الفساد الاقتصادي قد لعب دورا كبيرا فيما وصلت إليه الأزمة العالمية الحالية من تدهور واختلال السواد الأعظم من اقتصاديات دول العالم.

وتعتبر ظاهرة الفساد والفساد الاقتصادي بصفة خاصة ظاهرة شديدة الانتشار ذات جذور عميقة تأخذ أبعادا واسعة تتداخل فيها عوامل مختلفة يصعب التمييز بينها وقد تختلف درجة شموليتها من مجتمع إلي آخر.

وقد حظيت ظاهرة الفساد في الآونة الأخيرة باهتمام الباحثين وخاصة في المجال الاقتصادي كذلك تم تعريفه وفقا لبعض المنظمات العالمية حتى أضحت ظاهرة لا يكاد يخلو منها مجتمع.

وقبل أن نتطرق لموضوع الفساد في الاقتصادي وأثره في وجود الأزمة المالية الحالية لابد أن نوضح ماهية الفساد الاقتصادي.

● فقد عرفه البنك الدولي بأنه "استعمال الوظيفة العامة للكسب الخاص (الشخصي) غير المشروع (أي الذي ليس له أي أساس قانوني)".

---

(١) شبكة العراق الثقافية.

www.iraqcentre.net/vb/١٨٠٤.html

- أما صندوق النقد الدولي فينظر إليه من حيث أنه علاقة الأيدي الطويلة المعتمدة التي تهدف لاستنتاج الفوائد من هذا السلوك لشخص واحد أو المجموعة ذات علاقة بالآخرين[١].

- وعرف بأنه الأعمال غير المشروعة المرتبطة بالجريمة الاقتصادية المعروفة بالفساد Corruption والقائمة علي تحقيق منفعة أو تجني نفقة يسعي إليها أطراف الفساد[٢].

- وعرفته المنظمة الشفافية الدولية بأنه سوء استعمال الوظيفة في القطاع العام لتحقيق مكاسب شخصية[٣].

- كما قيل في تعريف الفساد تعاريف عدة منها[٤]:

- سوء استخدام المنصب لغايات شخصية.

- إساءة استخدام الأدوار بالوظائف العامة أو الموارد العامة بغرض المنفعة الخاصة.

ومع أن الفساد الاقتصادي ظاهرة تكاد تكون محددة في استغلال المنصب الحكومي إلي حد ما المناصب العليا في الشركات الخاصة - إلا

(١) موقع ويكيبيديا "الموسوعة الحرة" .http:Har- Wikipedia- org /Wiki

(٢) د/رانيا عمارة- تحرير التجارة الدولية وفقا للاتفاقية ألجات في مجال الخدمات (GATS)- رسالة الدكتوراه سنة ٢٠٠٧- دار الفكر الجامعي - ص ٣١٧ هامش

(٣) www.aljazeerata.lk.net/form/archive/lindex.phplt-١٤٤ zo.html

(٤) د/ عبد الله بن حسان الجابري - الفساد الاقتصادي - جامعة أم القرى- المملكة العربية السعودية- سنة ٢٠٠٨.

أن ذيول هذا الاستغلال تطال مختلف الشرائح الاجتماعية وقد لا تبدو للعيان للوهلة الأولي.

فالمسئولون الموصوفون بهذه الظاهرة يتنقنون استخدام الأساليب ممارستها كما أن ممارسات الفساد يغطي بعضهما البعض وفي أغلب الأحيان يغض الطرف عما يعرف بـ (الفساد الصغير) في بلد شائع فيه (الفساد الكبير)

والفرق بين هذين النمطين من الفساد يكمن في بيئته من جهة وفي قيمته ودرجة تأثيره علي الموارد الاقتصادية والمال العام من جهة ثانية.

ويشارك في ممارسة الفساد أعوان الحكومة ومن الإدارة والجيش ومن دواليب الحكم وقد يمتد ذلك إلي رؤساء دول ووزراء معروفين والأمثلة علي ذلك كثيرة، وفي الأحيان قليلة يطال الفساد الشركات الخاصة في البلدان الصناعية عن طريق مجالس الإدارات بها، وينشر صندوق النقد الدولي حالات من بلدان معينة منها ما جاء بخصوص دولة أنجولا (١٩٩٦- ٢٠٠١) من أن ٨٠%: ٩٠% من إيرادات الحكومة الأنجولية تأتي من صناعة النفط لكن في بعض السنوات لم يدخل ٤٠% في إجمالي الإنتاج المحلي الخزينة، بل تم إخفاؤه في حسابات سرية.

وتذهب بعض التقارير إلي أن ٨٠% من القروض التي منحتها البنوك التجارية خلال الثمانينيات للدول لم تصل إلي أهدافها وبقيت حسابات البنوك الأوربية.

ومن ثم فإن هناك من يري أن أفضل تعريف لظاهرة الفساد هو ذلك الذي يصفها بواسطة مظاهرها، وتجلياتها، فالجميع يعلم أن موارد أي دولة

للنمو كما هي معرفة للنضوب وللتبديد حسب طريقة تسيرها وكفاءة القائمين عليها، إلا أن أبرز عوامل تبديد الثروة القومية هو الحكم الفاسد بدءا من التمويل الرشاوي إلي التهرب الجبائي، الاختلاس، تحويل الأموال، تزوير الفواتير، التجاوز الجمركي تدوير المساعدات الدولية وممارسة الربع[(١)].

ومن ثم نجد أن التعريفات قد اتفقت علي الغاية علي الغاية أو الهدف من الفساد وهو الحصول علي كسب خاص أو منفعة شخصية، أما الوسيلة التي لا يمكن من خلالهما تحقيق الهدف فكانت محل خلاف، حيث قصروا الفساد علي الوظيفة العامة.. وهذا علي خلاف الواقع لحدوث الفساد في القطاعين العام أو الخاص، أو في كل على حده.

وبالتالي يمكننا تعريف الفساد بأنه "سواء استخدام اللغة الوظيفة أو المنصب عموما لتحقيق منفعة خاصة، سواء الوظيفة العامة أو في القطاع الخاص".

والفساد قد يكون فردي أو مؤسس أو منتظم:

فقد يكون حالة عرضية لبعض الأفراد السياسيين أو الموظفين العموميين، وقد يكون في قطاع معين أو قطاعات معينة دون غيرها من القطاعات.

ويكثر الفساد في القطاعات التي يسهل منها الربح، حيث يسود الضعف

---

(١) محمد عباس أحمد عبد الباري بحث بعنوان "الأزمات والصدمات الاقتصادية" مدخل، نظرى مقدم إلي مؤتمر الأزمة العالمية كلية التجارة عين شمس جامعة القاهرة ١٢/ ١٣ ديسمبر الجزء الأول ٣٨٩ وما بعدها.

وقلة الرقابة، وقد يصبح الفساد ظاهرة يعاني منها المجتمع بكل طبقاته.

وتتعدد الأسباب الكامنة وراء بروز ظاهرة الفساد وتفشيها في المجتمعات بالرغم من وجود شبه إجماع علي كون هذه الظاهرة سلوك أنساني سلبي تحركه المصلحة الذاتية، ويمكن إجمال مجموعة من الأسباب العامة لهذه الظاهرة تتشكل في مجملها ما يسمي بمنظومة الفساد، إلا أنه ينبغي الملاحظة بأن هذه الأسباب العامة هذه الأسباب وإن كانت متواجدة بشكل أو بأخر في كل المجتمعات إلا أنها تتدرج وتختلف من مجتمع إلي آخر سببا ثانويا وبشكل عام يمكن إجمال هذه الأسباب كما يلي:

١) انتشار الفقر والجهل ونقص المعرفة بالحقوق الفردية، وسيادة القيم التقليدية والروابط القائمة علي النسب والقرابة.

٢) عدم الالتزام بمبدأ الفصل بين السلطات الثلاث التنفيذية والتشريعية والقضائية في النظام السياسي وطغيان السلطة التنفيذية علي السلطة التشريعية وهو ما يؤدي إلي الإخلال بمبدأ الرقابة المتبادلة، كما أن ضعف الجهاز القضائي وغياب استقلاليته ونزاهته يعتبر سببا مشجعا علي الفساد.

٣) ضعف أجهزة الرقابة في الدولة وعدم استقلاليتها.

٤) تزداد الفرص لممارسة الفساد في المراحل الانتقالية والفترات التي تشهد تحولات سياسية واقتصادية واجتماعية.

٥) ضعف الإدارة لدي القيادة السياسة لمكافحة الفساد، وذلك بعدم اتخاذ آية إجراءات وقائية أو عقابية جادة بحق عناصر الفساد وبسبب انغماسها نفسها أو بعض أطرافها في الفساد.

٦)   ضعف وانحسار المرافق والخدمات والمؤسسات العامة التي تخدم المواطنين، مما شجع علي التنافس بين العامة للحصول عليها ويعزز من استعدادهم لسلوك وطرق مستقيمة للحصول عليها ويشجع بعض المتمكنين من ممارسة الواسطة والصعوبة والمحاباة وتقبل الرشوة.

٧)   تدني رواتب العاملين في القطاع العام وارتفاع مستوي المعيشية مما يشكل بيئة ملائمة لقيام بعض العاملين بالبحث عن مصادر مالية أخري حتى ولو كان من خلال الرشوة.

٨)   غياب قواعد العمل والإجراءات المكتوبة والمدونات السلوك الوظيفي في قطاعات العمل العام والأهلي والخاص، وهو ما يفتح المجال لممارسة الفساد.

٩)   غياب حرية الإعلام وعدم السماح لها أو الموظفين بالوصول إلي المعلومات والسجلات العامة، مما يحول دوم ممارستهم لدورهم الرقابي علي أعمال الوزرات والمؤسسات العامة.

١٠)   ضعف دور المؤسسات المجتمع المدني والمؤسسات الخاصة في الرقابة علي الأداء الحكومي أو عدم كمتعها بالحيادية في عملها.

١١)   غياب التشريعات والأنظمة التي تكافح الفساد وتفرض العقوبات علي مرتكبيه.

١٢)   الأسباب الخارجية للفساد، وهي تنتج عن وجود المصالح وعلاقات تجارية مع شركاء خارجيين أو منتجين من دول أخرى، أو استخدام وسائل غير قانونية من قبل شركات خارجية للحصول علي امتيازات

واحتكارات داخل الدولة أو قيامها بتصريف بضائع فاسدة[1].

أما في المجتمعات الخالية من الفساد فأنها تتميز بما يلي:

- احترام الحريات المدنية
- المحاسبة الحكومية.
- نطاق واسع من الفرص الاقتصادية المتاحة للأفراد.
- منافسة سياسية منتظمة هيكليا ومؤسسيا.

وقد قيل في تفسير أسباب الفساد:

- تراجع النظرية الاقتصادية الفساد إلي البحث عن الربح.
- وعلماء السياسة يرون أن الفساد دالة لنقض المؤسسات المالية وضعف وتخلف المجتمع المدني، وذلك للحد من استفحال ممارستهم يعوق النمو الاقتصادي من خلال استخراج الربح، وقد يؤثر ذلك علي المشروعات المحلية أو الأجنبية والفساد ولا يؤثر علي الناس الفقراء بطريقة مباشرة من خلال تخفيض الموارد العامة والذي يمارسه المسئولون الفاسدون فقط وإنما يتعدى أثره للجميع وللفساد أثر سيء علي القطاع الضريبي وهذا يدفع البعض إلي تقديم إقرارات ضريبة تظهر وعاء ضريبي غير حقيقي لهؤلاء الأفراد.

ويترتب علي ذلك الفساد الممتد وانتشاره في القطاع الحكومي أثرا علي تخصيص النفقات العامة مما يؤدي إلي تحقيق أدني نفع ممكن من هذا الإنفاق وستحظي الأنشطة المظهرية كالأنشطة الرياضية والأندية ووسائل

(١) www.aljazeerata.lk.net/form/archive/lindex.phplt-١٤٤ zo.html

الإعلام بإنفاق سخي، علي عكس القطاع الزراعي والصناعي.

وممارسات الفساد في سوق الصرف الأجنبي، حيث يقوم سوق الأوراق المالية علي الشفافية على إتاحة المعلومات المتعلقة بالشركات التي تطرح أوراقا في الأسواق المالية سواء تعلقت هذه المعلومات بالميزانية الختامية أو بالنسب المالية التي تعكس الوضع الحقيقي لنشاط الشركة ومدي جدارتها الائتمانية.. ويترتب علي انتشار الفساد انتهاج إجراءات محاسبية غير حقيقية بل وفضله في الأحوال وإعداد حسابات للأرباح والخسائر منخفض عن الحقيقة وحسابات أخرى للربحية تنتشر في أسواق المال بقصد الترويج للاكتتاب مما ينجم عنه في النهاية تضليل المكتتب.

أما بالنسبة لصناديق الاستثمار فهي تستند علي مبدأ أن الجمهور غير المصرفي ليس لديهم الفنية الكافية لتقييم جودة الأوراق المالية لكي يمكن المقارنة بينها وبالتالي اختيار أفضل توليفة من هذه الأوراق التي تعطي عائدا أعلي في ظل مستوي معين من المخاطر وبالتالي يقوم صندوق الاستثمار بتعيين خبراء ماليين لديهم القدرة في تقويم جدارة الأوراق المالية نيابة عن الأفراد المستثمرين.

ولكن الذي يحدث في أغلب الأحيان حدوث اتفاق بين القائمين علي الصندوق ومديري شركات معينة للترويج لأوراقها، فيرتفع سعر أوراق هذه الشركات المروج لها السوق المالي مما يدفع الجمهور إلي شراء أسهم هذه الشركات بسعر مرتفع وبالتالي تحقيق الصندوق ومكاسب رأسمالية وتجمع الشركات المرج لأسهمها مبالغ مالية كبيرة مقابل بيع أسهمها ثم تنخفض بعد ذلك أسعار هذه الأسهم وتحل الخسارة بعدد كبير من المستثمرين الصغار

ومن جهة أخرى فإن الفساد يخل بمبدأ العدالة الاجتماعية في توزيع الأعباء العامة، للفساد وأثره على الإنفاق الحكومي من خلال سوء تخصيصي للموارد العامة أو ضعف جودة السلع المستوردة أو المشروعات المقامة إضافة إلى أثر الفساد على سوق الصرف الأجنبي من خلال زيادة عجز ميزان المدفوعات وتفاقم هذا العجز باستمرار الفساد مما يضطر الدولة إلى الاقتراض عند عجزها عن سداد ديوانها[1].

علاج الفساد في الاقتصاد الوضعي:

ويمكن تخفيض الفساد بالتقليل من الفرص المتاحة لجني الربح وذلك بالتحرر الاقتصادي والحد من قوة الدولة من خلال مزيج من الإصلاحات الاقتصادية كالخصخصة وإزالة الرقابة على الأسعار وقطاع المصرفي وإزالة المعونات وتخفيض التعريفات الجمركية فرض جني الربح يقلل الفساد كما أن الإصلاحات السياسية (خلق المؤسسات الديمقراطية كمجلس الشعب واللجان المنتجة تساهم في خلق بيئة أكثر حفزا من تخفيض الفساد وكذلك الإصلاح التشريعي فيكون بالإصلاح التشريعي ويكون القانون الجنائي والمدني وتحسين كفاءة الهيئة القضائية كما يمكن الاستعانة ببعض المنظمات الدولية التي من شأنها تقديم المعونات المؤازرة الإصلاحات الديمقراطية)

علاج الفساد في الاقتصاد الإسلامي:

يقوم علاج الفساد على مجموعة من الأسس والمعايير الاقتصادية

---

(١) د/ عبد الله الجابري، المرجع السابق ص١٤، وما بعدها.

وأهمها:

- حسن الاختيار في التعيين أو ما يطلق عليه معايير التخصيص الأمثل للموارد البشرية قول الله تعالى "قالت يا أبت استأجره إن خير من استأجرت القوى الأمين" سورة القصص آية ٢٦) ومن السنة عندما طلب أبي ذر من رسول الله أن يستعمله فقال له رسول الله أنها أمانة وأنها المقصود بالأمانة كفاءة الأداء والمهارات الذهنية والعقلية التي يتطلبها الوظيفة.

- المساواة بين الأجر والإنتاجية: حتى لا يكون هناك أثراء بلا سبب وما بال العامل يجئ منقول هذا لكم وهذا أهدي إليه ألا جلس في بيت أمه أو أبيه فينظر أيهدي له أم لا. لا يأتي احد منكن بشيء من ذلك إلا جاء به يوم القيامة إن كان بعيرا فله رغاء أو بقرة فلها خوار أو شاه اللهم بلغت.. اللهم بلغت.

- الرقابة الداخلية لدي المسلم والمتمثلة في ضميره الحي المرتبط بالله عز وجل في كل أموره الظاهرة والباطنة وإدراكه التام لرقابة الله عز وجل في السر ـ والعلن يقول الله عز وجل "أم يحسبون أن لا نسمع سرهم ونجواهم بلي ورسلنا لديهم يكتبون"

توصيات منظمة الشفافية الدولية لمعالجة الفساد[1]:

١) وضع قواعد السلوك للتعامل مع العروض التي يقدمها القطاع الخاص لاستثمار أملاك الدولة.

---

(١) د/فريد النجار، التحول للاقتصاد الحقيقي والشفافية ورقة فينه مقدمة إلي مؤتمر كلية التجارة – جامعة عين شمس ١٢/ ١٣ ديسمبر الجزء الأول، ص، ٦٧، ٦٨.

٢) زيادة التركيز علي الإدارة البيئية الفعالة

٣) منع القضاة من العمل لدي الحكومة حتى لا تتضارب المصالح.

٤) تسريع تطبيق الحكومة الالكترونية والمحليات الالكترونية

٥) ترشيد استخدام التساؤلات البرلمانية لحماية المال العام

٦) تخفيض حجم القطاع العام الذي يستوعب نسبة كبيرة من القوى العاملة

٧) زيادة جرعة الخصخصة تدريجيا لتقليل عدد الخدمات الحكومية

٨) منح جهات الرقابة الصلاحيات أوسع

٩) تغليظ العقوبات بحق الفاسدين والمضللين.

١٠) تعزيز الإدارة العامة بكفاءات عالية لاسيما في مجالات التدقيق والمراجعة.

١١) خلق وحدات رقابة إدارية ورقابة مالية وجنائية تمنع المراقبين صلاحية واسعة الحكومة.

١٢) القضاء علي الروتين والبيروقراطية لتقليل احتكارات الموظفين.

١٣) تعزيز الحريات العامة والإعلامية كأحد ضمانات المجتمع.

١٤) التوسع في منح تراخيص لجمعيات النفع العام والتي تشجع علي الشفافية ومحاربة الفساد.

١٥) مكافحة غسيل الأموال وتفعيل دور البنك المركزي مواجهة المال الناتج عن المخدرات وتجارة السلاح غير المشروعة وأموال الإرهاب.

١٦) محاربة الفساد الإداري وفساد الأعمال والصفقات.

بعض المبادئ المقترحة لتعامل الدولة مع العولمة:

١) ضرورة الاهتمام بمنظومة متكاملة للتجارة الدولية لحماية الاقتصاد العالمي والشركات عابرة القارات بدلا من الحمائية في التبادل التجاري.

٢) سوف يحقق التحرير المستمر في المنظومة الاقتصادية إلي تحسين معدل النمو الاقتصادي وتحرير الأسواق ومن ثم توفير الوظائف وتحسين مستوى المعيشة.

٣) مقاومة الحمائية في التجارة الدولية، نظرا لان قيود تدفق التجارة والاستثمارات علي ذلك إلى تقلص الابتكارات والتجديد ويقلل من النمو ومن ثم ينخفض مستوى المعيشة.

٤) عدالة التجارة العالمية حيث يجب أن يستفيد الدول المشاركة من شبكة التجارة الشفافية ومراعاة القيود الخاصة بعمالة الأطفال وحماية البيئة من التلوث

٥) دعوة الحكومات المواطنين للتعامل مع الصفقات الدولية في ظل المنافسة العالمية وتحسين منظومات الصحة والتعليم والبنية التحتية.

٦) ضرورة قيام جميع الحكومات والصناعات والعاملين وحاملي الأسهم بالمشاركة في نجاح منظومة التجارة الدولية.

المبحث الرابع

التوريق والتطبيقات المعاصرة له

مفهوم التوريق:

التوريق لغة مشتق من لفظ ورق (بفتح الراء وكسرها)، واستخدامها بكسر الراء فيعني الفضة سواء كانت مضروبة عمله أم لا، ومنه قوله تعالى ﴿ فَٱبۡعَثُوٓاْ أَحَدَكُم بِوَرِقِكُمۡ هَٰذِهِۦٓ إِلَى ٱلۡمَدِينَةِ ﴾[1]، وعند استعمالها بفتح الراء فهو الورق الذي يكتب أو يطبع عليه، ومنه أوراق الشجر والورَّاق الذي يحترف نسخ الكتب أو تجارتها ويدخل في حرفة الوراقة[2].

ومن هذا المفهوم اشتق مصطلح التوريق والتورق، فيطلق التورق على العملية التي يشتري فيها شخص سلعة بثمن مؤجل ليبيعها لغيره بثمن أقل معجل بهدف الحصول على نقد، وعرف عند التجار بالبيع المحروق.

كما عرف التوريق اصطلاحا بأنه تحويل مؤسسة لديونها المؤجلة المستحقة لها في ذمة الغير إلى أوراق مالية قابلة للتداول خلال أجل الدين، وهو ما يتم عادة عن طريق شركة توريق مختصة وأحيانا عن طريق المؤسسة الدائنة[3].

(١) سورة الكهف آية١٩.

(٢) معجم اللغة العربية، المعجم الوجيز، القاهرة، الهيئة العامة لشئون المطابع الأميرية٢٠٠/ ٢٠٠١ ص ٦٦٥.

(٣) د/ محمد عبد الحليم عمر بحث بعنوان: التوروق بين التشريعية والتطبيقات مركز صالح بجامعة الأزهر نوفمبر سنة ٢٠٠٧ ص٤، د توريق الدين وتطبيقات =

وسميت بالتوريق نسبة إلى عملية تحويل الحقوق من ديون إلى أوراق مالية قابلة للتداول تأخذ صورة صكوك أو سندات....وغالبا ما يلجأ إلى التوريق مؤسسة أو بنك متخصص في التمويل(تمويل بناء عقارات أو شراء سيارات...) فإن أقرضت عدة أشخاص قروضا بفوائد لمدد معينة وانتظرت حتى حلول السداد لتحصيل أموالها فإنه سينعونها فرص كبيرة لتعظيم الدخل، وفي حالة تعثر أحد المدينين عن السداد فإن ستحمل وحدها مخاطر ذلك...فتقوم بتجميع هذه الديون المتشابهة في محفظة وتبيعها إلى شركة توريق بثمن أقل لتتولى إصدار سندات قابلة للتداول بقيمتها الأصلية ومضمونه بالأصول الضامنة لتلك الديون لتطرحها على الجمهور للاكتتاب فيها لتحصل على الفرق بين القيمتين مقابل إقراضها للمؤسسة الأصلية مبلغ القرض وإدارتها له وتحملها مخاطرة.

أركان التوريق:

ينبغي لقيام التوريق توافر عدة أركان تتعلق بأطرافه ومحله (الذي تجري عليه عملية التوريق) وسوقه (الذي نفقد فيه التوريق وتتداول صكوكة) ونقوم بتوضيح ذلك [1].

= المعاصرة قراءات في قرارت المجامع الفقهية ص ٤، د/ سعيد عبد الخالق توريق الحقوق المالية أبعاده ومحدداته ص ٣٤.

www.lebarmy.gov.ib./article.asp.com

(١) د/ محمد الغزالي التوريق المعاصر من المنظور إسلامي من أبحاث ندوة التورق والتوريق، ص٢٣.

الركن الأول: أطراف التوريق وهم ثلاثة أطراف المحيل، والمحال إليه، والمستثمر.

١- المحيل(الممول أو الدائن الأصلي):

فأساس عملية التوريق دين عبارة عن قرض حصل عليه طالب التمويل من مؤسسة تمويل (بنك/ شركة تمويل/ شركة تأمين أو غيرها) ليستخدمه في أي غرض من الأغراض الاستثمارية أو الاستهلاكية كإقامة مشروع أو شراء عقار أو سيارة مع تقديمه للضمانات اللازمة لـذي وهـو ديـن الأجل بفوائد معينة تستحق ومبلغ للجين وفوائده عند حلول أصل استحقاقه وعلى ذلك فالطرف الأصلي هو المؤسسة المالية المتخصصة في تمويل القروض ولذلك فهي تسمي الممول أو الدائن الفصلي أو المحيل الذي يتولي تجميع ديونه المتجانسة في محفظة مالية ومحيلها إلي شركة التوريق..أما الدين طالب التمويل فلا يعد طرفا في عملية التوريق لأنه لا يتوقف تحويـل الـدين إلي المكتبين علي موافقته وبالتالي فهو لا يحتمل شيئا من تكاليف عملية التوريق.

٢- المحال إليه (شركة التوريق):

وهي شركة متخصصة في شراء الديون وتصكيكها وإدارة تداولها في السوق الثانوية ويتحقـق ذلك بثلاث طرق.

الأول: شراء الدين وفوائده حيث تشتريها بأقل من سعرها الأصلي لتحقيق عائد يتمثل في الفرق بين السعرين وتقتصر مهمة المصدر الأصلي علي خدمة العلاقة بين الشركة والمـلاك الجـدد للدين والمكتبتين وتسمي هذه الطريقة Pass throughs.

الثاني: شراء الفوائد فقط بحيث يقبض الدائن الأصلي مقدما مبلغ الفوائد

الدين المتقف عليه ولكن بثمن أقل وتسمي Pay Throughs.

الثالث: إدارة الدين إذا يقتصر دور شركة التوريق علي تصكيك الـديون بإصدار سـندات مضمونة بتلك الديون وضماناتها وبيعها تقابل عمولة Martgage Baked.

٣- المستثمرون (المكتتبون):

وهم الأشخاص الطبيعيون أو الاعتباريون من بنوك وصناديق تأمينات ومعاشات ومؤسسات الاستثمار وغيرهم من الذين يرغبون في الاكتتاب في سندات الديون محـل التوريق ليحلـوا محـل الدائن الأصلي كدائنين جدد وعادة ما يكثر عددهم حتى لو تتوزع مخاطر الائتمان علي أكبر عدد من الدائنين ويتم توزيع الفوائد المرتبة علي الدائنين علـي المسـتثمرين كـلي بحسـب ملكيتـه في تلك الصكوك.

... والواقع العملي قد يفترض زيادة عدد أطراف التوريق عـن ثلاثـة إلا أنهـم لا يـدخلون في مكونات هذا الركن بل يمكن حصرهم في طرفين فقط هما المورد والمكتتبون عندما تتولي مؤسسة التمويل الأصلي إصدار سندات التوريق وطرحها علي المكتبين دون وساطة من شركة توريق.

الركن الثاني: عملية التوريق:

وهي تنصب علي المحل الذي يقع عليه التوريق وهـي تلـك الـديون المحالـة مـن مؤسسـة التمويل إلي شركة التوريق حافظة مالية لتتولي الأخيرة تصكيكها في سندات قابلة للتداول وعلمية التوريق تتضمن ثلاثة أمور [١].

---

(١) د/ صبري عبد العزيز إبراهيم بحث بعنوان التوريق وأثره علي وقوع الأزمة =

١) الديون المحالة: حيث تحيل مؤسسة التمويل (إلي شركة التوريق) قروضها بديونها التي أقرضتها للغير تشتريها وحدها أو فوائد أو هما معا بأقل من سعرها الأصلي يجب توافر شرطان هما أن تكون ديونا مؤجلة وأن تدر دخلا (فائدة).

٢) محفظة التوريق (المحال به) تقوم المؤسسات التمويل عادة تجميع عدة ديون متشابهة في حافظة وتحليها إلي شركة التوريق لإصدار سندات عليها بقيمتها الأصلية وفوائدها وتلحق بها ضمانات هذه القروض وبالتالي يجب أن يتوافر شرط جوهري هو أن تحتوي المحفظة علي ديون متشابهة في فوائدها وفي آجالهما وفي أغراضهما وأن تكون متجانسة في ضماناتها وفي مخاطرها.

٣) التوريق (التصكيك): تقوم الشركة بإصدار صكوك أو سندات علي إجمالي مبلغ هذه الديون أو فوائده أو هما معا تكون قابلة للتداول في السوق الثانوية.

الركن الثالث: السوق الثانوية:

هي سوق خاصة التوريق تدار فيها عمليات توريق الديون وتتداول سنداتها والسوق الثانوية تتميز بما يلي:

١) شكلها: فلا يشترط أن تكون سوقا منظمة أي خاضعة لإشراف الدولة أو أحد أجهزتها (بورصة - أوراق مالية...) بل أنها تتسع لتشمل الأسواق غير الرسمية مثل مكاتب السمسرة وغيرها:

= المالية العالمية في ضوء الفكر الإسلامي مؤتمر ٢/١ إبريل كلية الحقوق - جامعة المنصورة ص٤.

ولقد أضاف وزير الاقتصاد والتجارة الخارجية بمصر ـ قراره رقم ٦٩٧ لسنة ٢٠٠١ نشاط التوريق إلى أنشطة السوق رأس المال المصري.

٢) تداول الصكوك: يشترط في هذه الصكوك أن تكون قابلة للتداول في السوق وإلا فقدت صفتها كالتوريق.

أنواع التوريق

فالتوريق أما أن تجربة المؤسسة الأصلية الدائنة صاحبة محفظة التوريق مباشرة فتقوم بإصدار سندات عليه وتطرحها على الجمهور لاكتتاب فيها دون وسيط بينها وبين المستثمر وفي هذه الحالة يسمي التوريق مباشر أو داخلي وهذا النوع نادر الحدوث وأم تحليه إلي شركة توريق للتولي في ذلك وتدخل محفظة التوريق في قوائمها المالية وهذا النوع ليسمي التوريق بالواسطة أو التوريق الخارجي وهذه الأخيرة هي الشائعة [1] الديون وتوريق الأصول وتوريق الدخول.

النوع الأول: توريق الديون:

ومضمونة قيام المؤسسة مالية متخصصة في التمويل بتجميع ديونها المتشابهة أو المتجانسة في أغرضها وفي آجالهما وضماناتها في محفظة مالية واحدة محفظة التوريق ثم تتولي بنفسها أو عن طريق شركة توريق بإصدار سندات أو صكوك مالية عليها وتطرحها على جمهور المستثمرين

---

(١) د/ حسن فتحي عثمان، التوريق المصرفي للديون الممارسة والإطار القانوني مقدم إلي مؤتمر الأسواق المالية والبورصات المنعقد بكلية الشريعة والقانون بجامعة الأمارات العربية المتحدة ٦/ ٨ مارس ٢٠٠٧.

للاكتتاب فيها[1].

والغرض من وراء ذلك كله الحصول علي سيولة مبكرة قبل حلول آجال ديونها علي الفيـزا ليتحول الحقوق الآجلة غير السائلة إلي أصول عاجلة سائلة، تمكنهـا مـن إعـادة إقراضها للغير بفائدة وهذا النوع هو المستخدم دوليا والمنظم حاليا في مصر- ق رقم ٩٥ لسـنة ١٩٢٢ ولائحتـه التنفيذية.

النوع الثاني: توريق الأصول

استحدثت المؤسسات المالية الإسلامية توريق غير الديون من الأصول المالية الأخـرى المـدرة للدخول) وهذا النوع من الصكوك غير ربوية حيث تقوم المؤسسة مباشرة و عـن طريـق وسـيط (شركة التوريق) بطرح صـكوك قابلـة للتـداول بقيمـة بعض أصولها المـدرة للـدخول وتبيعهـا للجمهور للاكتتاب فيها ثم تستأجرها منهم تأجيرا تمويليا ليحصل حملة الصكوك علـي أقسـاط الإجارة كعائد عن حقوقهم مخصوما منها عمولة متفق عليها تسـتحقها نظير إدارتهـا لـذلك ثـم تقوم المؤسسة باستهلاك هذه الصكوك بشراء جزء من قيمتها بصفة دورية لتعـود ملكيتهـا إليهـا مرة أخري في نهاية المدة.

وتم تطبيق ذلـك مـن قبـل حكومـة البحـرين ببيع بعـض مبانيها عـن طريـق التوريـق واستئجارها واستئجار تمويليا كما فعلت حكومة دبي بواسطة بنك دبي الإسلامي في عملية التطوير مطار دبي الدولي.

---

(١) www.e.ahli.met/fron-p/Banks-v.asp

النوع الثالث: توريق الدخول:

مضمون هذا النوع من التوريق تقوم بعض المؤسسات بتوريق بعض دخولها التي ستحققها في المستقبل بنفسها أو عن طريق شركة توريق وذلك بنفس طريقة توريق الديون، وهذا النوع مطبق في الولايات المتحدة الأمريكية، حيث تقوم إدارة المرور في مدينة نيويورك سنويا بتقدير المخالفات المرورية المستحقة لها خلال العام القادم اعتماد علي حصيلة العام الحالي ثم تقوم بنفسها أو عن طريق شركة التوريق بتوريقها وبيعها للجمهور لتحصل في العام الحالي علي إيرادات العام القادم وتتفادى مخاطر تكاليف الاقتراض من البنوك وقد اعتادت علي إجراء هذا النوع من التوريق بعض دور السينما في الولايات المتحدة الأمريكية[١].

وتوجد تطبيقات معاصرة للتوريق وهي:

١- بيع الأوراق التجارية:

وتخص من الأوراق التجارية الكمبيالات والسندات الإذنية لأنها صكوك بمديونية تتضمن أجلاً للوفاء[٢]. دون الشيك الذي يستحق بمجرد الاطلاع فالتوريق لا ينطبق علي أوراق المديونية تتضمن أجالا للاستحقاق وبموجبها يتقدم المستفيد من الكمبيالة أو السند الأذني بها إلي أحد البنوك لبيعه إياها بمبلغ أقل من قيمتها الأصلية، وفيما يسمي الفرق بينهما بالسعر الخصم

(١) د/ رجب أبو حليم، التوريق بيع الدين وتطبيقاته المعاصرة، المرجع السابق.

(٢) أما إذا لم تتضمن الورقة أجلا للوفاء واستحقت الورقة فورا أو بمجرد الاطلاع فإنها تلحق بالشيك في عدم انطباق أحكام التوريق عليها وكذا الحال إذا فقدت الورقة خاصية قابلية التداول

ليحصل عليه فورا ثم يتولي البنك تحصيل الدين حين حلول أجلة أو يتعجل الوفاء هو الآخر ببيعه الكمبيالة أو السند الأذني للبنك المركزي مقابل سعر إعادة الخصم.

٢ - بيع الفواتير (الفوترة):

ومضمونها أن يتولي ينتج أو تاجر بيع فواتير مبيعاته الأجلة قبل حلول الوفاء بها إلي شركة تسمي فاكتور Factor بمبلغ أقل من قيمتها الأصلية لتتولي تحصيل الدين عند حلول أجل الوفاء به وقد يوكل المنتج أو التاجر إلي شركة الفاكتور أمر إصدار فواتير مبيعاته وإمساك دفاتر خاصة بمبيعاته مقابل حصولهما علي رسوم إدارية تقدر في مبلغ الخصم وتسمي هذه العملية Factoring ومعناها شراء الفواتير أو حسابات القبض.

وتستخدم أكثر في عمليات التصدير أما إذا أصدر المنتج أو التاجر فواتيره بنفسه دون تتداخل شركة الفاكتور في إصدارها ولا في حساباته إنما يقتصر دورها علي تمويل المنتج فورا بمبلغ أقل من الدين ليتولي هو أمر تحصيله فإن هذه العملية تسمي بجسم الفواتير.

.. وهذين النوعين أنهما لا يدخلان في إطار التوريق إلا إذا تم تجميع كل نوع منها في محفظة توريق وتم إصدار سنوات عليهما وطرحها للاكتتاب في السوق بمعرفة شركة التوريق.

٣ - توريق ذمم البيوع المؤجلة:

تعتبر البيوع نوع من بيوع المربحة أو استحداثها البنوك الإسلامية لتفادي عمليات الإقتراض بربا وبمقتضاها يتقدم شخص إلي البنك إسلامي طالبا شراء سلعة معينة بالتقسيط عادة ما يكون مبلغ شرائها مرتفعا ويلجأ

البنك إلي طرحه علي الجمهور في صورة صكوك مرابحة ثم يشتري بحصيلته السلعة نقدا ويبيعها للمشتري بسعر أعلي يسدده علي أقساط ليسدد البنك جزء من الفرق بينهما ربحا للمكتتبين عن صكوكهم ويحتفظ بالباقي عمولة عن إدراته وكذا عن استهلاكه صكوك المرابحة وهذه العملية تعد توريقا ناقصا لان بصكوكهم غير قابل للتداول في السوق الثانية[(١)].

وأثر ذلك في حدوث الأزمة المالية العالمية:

- فالنظام النقدي الورقي عملا نظاما هشا علي المستوي المحلي، تحلل من قاعدة الذهب فأضحي يصدر نقودا ورقية بلا رصيد ذهبي ويتعامل في نقود ورقية أكبر حجمها الفعلي الذي أصدرته السلطة النقدية وشاركها عملا في التوسع في أشكال النقود والمؤسسات التجارية والسياحية بما تصدره من بطاقات ائتمان Credit Cards ونقود الكترونية لتظهر أشكال جديدة للنقود والمديونية غير خاضعة لسيطرة الحكومات ليزداد عرض النقود وتتولي الأزمات المالية والاقتصادية[(٢)].

- ولان معيار قاعدة الذهب لم تكن الدول التزمت به، تحول النظام النقدي الدولي من قاعدة الصرف بالذهب إلي الصرف بالدولار خاصة وأن الولايات المتحدة الأمريكية ظلت بعد ذلك هي الدولة الوحدية التي

(١) صلاح الدين حسن السيس، الأسواق المالية الأسباب - التداعيات - سبل المواجهة في ظل منظمة التجارة العالمية - القاهرة، دار الفكر العربي، صـ٢٣٤.

(٢) د/وهبي غبريال، الأزمة النقدية، مشاكل التنمية بعد حرب أكتوبر- القاهرة الهيئة المصرية العامة للكتاب ١٩٩٧ ص ١٣.

التزمت بصرف عمليتها الورقية بالذهب وفي عام ١٩٧١ تحول النظام النقد الدولي إلي نظام الدولار الأمريكي.

الاقتصاد الورقي المالي: اتجه العالم إلي الاقتصاد الورقي لم يقتصر علي المجال النقدي فحسب ولكنه اتسع ليشتمل كذلك باقي المجال المالي سواء ما تعلق بالثروات أو الحقوق العينية أو الشخصية فهو أمر تطبقه في بدايته ظروف الواقع وحاجة المجتمع إلي استحداث أدوات مالية لتسهيل تبادل هذه الثروات وتعمل علي تحقيق هذه الحقوق [١].

ولم تكتف المؤسسات المالية بذلك التوسع المفرط في التوريق الذي أدي إلي وقوع الأزمات المالية الواحدة تلو الأخرى وإنما عمقت هذه الأزمات تلاعبها في التوريق خاصة توريق الرهن العقاري الذي كان نقطة الشرارة الأولي في اندلاع الأزمة المالية العالمية الأخيرة [٢].

- البداية انطلقت بين أزمة الرهون العقارية الأمريكية ووقوع التلاعب في التوريق وفي الضمانات قروض التوريق [٣]. وحدوث التلاعب في المشتقات المالية والتي تتمثل في عقود المستقبل والخيار والمبادلة.

---

(١) د/ حازم الببلاوي: النظام الاقتصادي الدولي المعاصر في نهاية الحرب العالمية الثانية إلي نهاية الحرب العالمية الباردة مايو ٢٠٠٠، ص ١٤٨.

(٢) د/ أشرف دوابة، نحو سوق إسلامية، القاهرة، دار السلام ٢٠٠٦، ص ٥٧.

(٣) د/ سعد الدين هلالي: الأزمة المالية وحلول إسلامية، القاهرة، دار الجمهورية للصحابة، كتاب الجمهورية نوفمبر سنة ٢٠٠٨، ص ١٥.

- فعقود المستقبل هي عقود آجلة يتفق طرفاها من البائعين والمشترين علي أن يبيع أحدهما للآخر أصولا مالية من عملات وأذون خزانه وسندات خزانه وأسهم بسعر يتفق عليه في الحال ويتم تسلميها في المستقبل علي أن يدع كل منهما نسبة معينة من مبلغ النقد تسمي بالهامش المبدئي لدي وسيط بينهما من السماسرة للدلالة علي جدية طرفيه وهي عقود ملزمة لطرفيها لا يجوز الرجوع فيها وهي نوعان المضاربة علي أسعار هذه الأصول المالية والتي تتعرض في المستقبل للتغيير بالارتفاع والانخفاض وهذا يدل علي أنها نوعان من المغامرة.
- **عقود الخيار:** تتم بين طرفين مستثمر ومحرر العقد يتفقان فيها علي بيع أو شراء كمية من الأصول المالية بسعر معين يتحدد عن تاريخ العقد ويظل ساريا حتى تاريخ استحقاق ويكون للمستثمر حق الخيار من شراء الأصول المالية عند استحقاقها في خيار البيع أو هما معا في الخيار المزدوج أو المختلط ويلتزم محرر العقد بتنفيذه مقابل علاوة أو مكافأة.
- **عقود المبادلة:** هي عقود يتفق فيها الطرفان علي تبادل دخول أو تدفقات نقدية وتتخذ صورتان عقود المبادلة عملات، عقودها مبادلة أسعار الفائدة والمعروف أن سعر العملة قد يرتفع أو ينخفض وتنطوى علي مقامرة واضحة وبالتالي فإن عقود المشتقات المالية جميعها هي من قبيل المقامرة أو الرهان علي المستقبل ولا يوجد فيها إنتاجية لانها ليس سلعا يتم تبادلها وإنما هي توقعات لأسعار الأصول أصول مالية أو فوائد أو تدفقات نقدية تقع في المستقبل ويتم الرهان عليها في

الحاضر ولذلك فهي سوق وهمية كما يعد هذا التلاعب للهرب من الرقابة ويحدث هذا التلاعب عدم إظهار المؤسسات المالية للتوريق في ميزانيتها وإنشاء فروع للمؤسسات المالية تعمل في السوق المغتربة[(١)].

(١) لمعرفة حكم التوريق شرعا راجع د/ صبري عبد العزيز إبراهيم مرجع سابق الإشارة إليه ص ٢٧، وما بعدها.

المبحث الخامس

الدور الرقابي للدولة في ظل الأزمة

إن توسيع وتشديد الدور الرقابي والتدخل المباشر للدولة في الأوضاع الاقتصادية لدول لعالم، قد يري البعض أن هذا يتنافي مع التوجه العام الـذي يتبني علميـة التحـول إلي نظام الاقتصاد الحي، هذا النظام الـذي يعطي مساحة واسعة مـن الحريـة ورفع الحواجز والقيـود مجمل النشاطات والفعاليات الاقتصادية والاجتماعية والفردية.

ولكن طبيعة الظروف الاقتصادية والمالية التي يمر بها العالم، تحتم توسيع تـدخل الدولة ودورها الرقابي والتنظيمي لتجاوز الظروف الاستثنائية غير الطبيعية التي يمر بها العالم، إضافة إلي أن تداعيات الأزمة المالية العالمية الحالية، وما أفرزته من مفاهيم جديدة قد أوصلت الكثير مـن دول العالم التي تعد الأكثر قدما وعرفا في تبني النظام الاقتصاد الحر إلي قناعات جديدة وبضرورة توسيع دور الدولة وتدخلها في بعض المفاصل الحساسة والمهمة والمـؤثرة في العمليـة الاقتصادية وبالتالي الحد من (الحرية المطلقة) والتي يعتبرها البعض من الأسباب الرئيسية والمهمة، لظهـور هذه الأزمة واتساع شرارتها وتأثيراتها السيئة.

وفي ظل العولمة المالية المفتوحة علي مصراعيها في البلـدان المتقدمـة والبلـدان الناشئة عـلي السواء وإزالة القيود علي حركة الأسواق كان ذلك مهددا لأهـم وظـائف الحكومة وهـي الرقابة علي الأسواق ومع تزايد عمليات المضاربة في الأسواق حدث انفصال بـين الاقتصاد المالي والـذي أصبح سمة مميزة للتطور الرأسمالي الحديث بالإضافة إلي اتساع شركات السمسرة

الوساطة المالية وصناديق الاستثمار.

وفي منتصف سبتمبر سنة ٢٠٠٨ حدث انهيار في البورصات وفي البنوك والمؤسسات المالية وتهاوي سعر الدولار الأمريكي أمام الأخرى ومن ثم أصيب النظام المالي في الولايات المتحدة الأمريكية بالخلل وأصابت تداعياتها عددا من المصارف بخسائر فادحة ويرجع ذلك إلي التراجع الشديد في تطبيق المعايير الرقابة السليمة علي الإقراض.

ولقد لجأت بعض الدول الرأسمالية الكبرى علي استحياء في غمار هذه الأزمة إلي تأميم بعض المصاريف والشركات الاستثمارية ولاح في الأفق بعض ملامح تدخل الدولة في النشاط الاقتصادي.

ولذلك فإنه علي الدولة دور هام في ظل المشكلات والأزمات التي تمر بها الدول المتقدمة والنامية علي السواء فالعالم اليوم ومقبل علي مرحلة جديدة من الفكر الرقابي فالسياسات التي اتبعتها دول العالم لمواجهة الأزمة وتداعياتها نتيجة عنها إعادة بزوغ دور الدولة فأصبحت تشارك في النشاط المصرفي بقوة كمالكة أو مديرة في كثير من الدول التي ضربتها الأزمة.

هذا فضلا عما تصدره الدولة من تشريعات لدعم دورها الرقابي من جانب أو لاعادة لتنظيم القطاع المصرفي وأسواق المال من جانب آخر.

لقد أكدت الأزمة المالية العالمية الأخيرة مسألة دور الدولة وأهميته في توجيه الاقتصاد توجيها يمارس الشفافية من جهة وتجنب مظاهر الفساد التي جري تمريرها في أنشطة الشركات والمؤسسات الكبرى.

ولقد منحت الليبرالية أو الرأسمالية الحرة بل المنفلته من القيود والمحددات المنظمة منحت الفرصة لسطوة الشركات ومن ثم فرضتها في

تمرير أشكال مظاهر الفساد والثغرات التي أدت لكل هذه الأزمة الاقتصادية التي باتت تهدد بكوارث أفظع.

لقد كان إضعاف سلطة الدولة وحكم فيها وسيلة للرأسمالية المنفلته من عقالها لمزيد من سلوكيات استغلاليه همجية نشاهدها.

وعليه فإن الأزمة في جوهرها تقوم علي أساس أن فلسفة انفلات الأمور لصالح الرأسمالية الحرة واضمحلال الدولة وتراجع دورها بما لا يقف عند حدود ولادة الأزمة الاقتصادية ونتائجها التي لم تظهر كاملة حتى الآن، بل بما يؤدي إلي انفلات الأوضاع الأمنية محليا أولا وكلنها ستشكل خطرا جديدا مربعا السلام العالمي نفسه وليس علي قضية التجارة الدولي وتأمين الممرات الآمنة لها.

وفي هذا السياق يظهر بقوة دور الدولة في مجال التعامل مع مخاطر الأزمة المالية العالمية، بخاصة في ضوء التحذير الذي صدر عن مؤسسة يكونوا ست الاقتصادية البريطانية من أن الأزمة المالية الحالية ستفجر فوضى عامة واضطرابات اجتماعية خطيرة قد تهدد بإسقاط حكومات خلال العامين الآتيين.

ولا شك أن هذا الوضع يهدد أمن العالم والاقتصادي والإنساني ومما لا خلاف حوله أن الثقة بين الحكومة والمجتمع هي أهم السياسات في مواجهة الأزمة وأن المخاطر الاقتصادية والاجتماعية والسياسية للأزمة تفسر في مجملها سياسة تدخليه من جانب الدولة وتتناقض بشكل واضح مع سياسات

العولمة وآليات السوق [١].

كما أن هناك مباريات اقتصادية وأعمال تحاول فيها الدول الصناعية الكبرى السيطرة الاستحواذ علي الموارد الاقتصادية في الدول النامية وتقوم المنظمات الدولية والشركات متعددة الجنسيات باستخدام استراتيجيات لإضعاف دور الدولة وذلك بفرض أساليب تحرير التجارةWta وإضعاف أسعار صرف العملات العربية والاستحواذ والخصخصة ولاستثمار الأجنبي المباشر وغير المباشر وإغراق الأسواق بالسلع والعمالة الأجنبية كما تريد هذه الجهات تحويل الاقتصاد العربي إلي اقتصاد وخدمات مع تجسيد دور الاقتصاد الحقيقي الاهتمام بالزراعة العضوية والصناعات الاستراتيجية واستخدام سلاح العولمة والخصخصة والأزمة المالية العالمية للسيطرة علي الودائع العربية وفرض الطاقة العضوية وإنفلونزا الخنازير ومنع تحويل التكنولوجيا وتقليص دور الدولة [٢].

(١) لمزيد من الإيضاح د/ محمد أحمد عبد النعيم، هبة السيد جلال بحث مشترك بعنوان الدور الرقابي للدول في ظل الأزمة المالية العالمية مؤتمر كلية الحقوق، جامعة المنصورة ٢/١ إبريل ٢٠٠٩ ص ٢٣٠.

(٢) أ.د/ فريد النجار المرجع السابق ص٧٤، دنبيل حشاد الجات ومنظمة التجارة العالمية أهم التحديات في مواجهة الاقتصاد العربي مكتبة الأسرة الهيئة المصرية للكتاب القاهرة ٢٠٠١ ص ٣١٨، ٣١٩ في ظل منظمة التجارة العالمية والصناعة العربية تواجه منافسة الجات مشار في نبيل حشاد ص ٣٦٢.

الفصل الثاني

أثر الأزمة علي الاقتصاد المصري والدولي

الفصل الثاني

أثر الأزمة علي الاقتصاد المصري والدولي

تمهيد:

انعكست الأزمة المالية الأمريكية علي معظم اقتصاديات دول العالم، لـذا أصبحت تسمي بالأزمة المالية العالمية، وذلك ناتج لكون العالم أصبح قرية صغيرة، كل دولة تتـأثر بمـا يحـدث في الدول الأخرى، ونتيجة هذه الأزمة قد حدثت في أكبر اقتصاديات العـالم وهـي الولايـات المتحـدة الأمريكية والتي يسمي اقتصادها بالقاطرة التي تقود اقتصاد العالم، فكأن حتما ولابـد أن تحـدث هذه الأزمة آثار في جميع أنحاء العالم.

وقد امتدت آثار هذه الأزمة من السوق العقارية إلي الشركات الماليـة إلي سـوق الأسـهم إلي بقية الاقتصاد ككل.

وبسرعة انتشار النار في الهشيم انتقلت هـذه الأزمـة مـن مركزها في الولايـات المتحـدة الأمريكية إلي باقي دول العالم وذلك من خلال الترابط الأسواق المالية، ومن ثم بـدأ القلـق بشـأن تحول هذه الأزمة من القطاع المالي إلي القطاع الحقيقي وما يترتب علي ذلك من اختلال التـوازن بين العرض والطلب من سلع وخدمات.

وحيث إن العديد من المنظمات الدولية والتي يأتي علـي رأسـها كـل صـندوق النقـد والبنـك الدوليين، قد أكدت علي أن آثاره وتداعيات هذه الأزمة المالية سـوف تطول اقتصاديات جميـع دول العالم بلا استثناء وإن كان ذلك بنسب متفاوتة ومختلفة.

وبما أن دولنا العربية تعتبر جزء لا يتجزأ من منظومة الاقتصاد ومـن ثـم فإنهـا سـوف تتـأثر سلبا بهذه الأزمة وقد حدث هذا بالفعل علي أرض الواقع.

ولكن الجدير بالملاحظة أن درجة التأثير بهذه الأزمة قد اختلفت مـن دولـة إلي دولـة تبعـا لحجم علاقاتها الاقتصادية والمالية مع دول العالم الخارجي.

وبالتالي فإنه يمكن في هذا الإطار أن نقسم الدول العربية إلي ثلاث مجموعـات مـن حيـث تأثرها بالأزمة، وهي:

المجموعة الأولي: وهذه المجموعة تمثل صادرتها نسبة كبيرة من الناتج المحلي، ويعتبر النقـد هو المصدر الرئيسي للدخل الوطني.

وقد لوحظ جراء التداعيات الأزمة وانخفاض أسعار النفط من حوالي ١٥٠ دولار للبرميل في الأشهر الماضية إلي ٧٥ دولار للبرميل أثناء كتابة هـذا البحـث، أي انخفـاض بنسبة ٥٠% ومـما لا شك فيه أن هذا الانخفاض الحاد سيؤثر علي أوضـاع الموازنـات العامـة القادمـة وعـلي معدلات النمو الاقتصادي وإذا أن معدلات النمو في النصف الثاني من عام ٢٠٠٨.

ومما لاشك فيه أن هنـاك بعـض الصنـاديق التـي يمكن أن تكـون لهـا اسـتثمارات في بعـض المؤسسات المالية المتعثرة.

وتشير بعض التقديرات إلي أن خسائر صناديق الثروات السيادية في الـدول الناشـئة بمـا فيهـا دول الخليج تقدر بحوالي ٤مليارات دولار.

وتقدر الاستثمارات العربية بالخارج بحوالي ٢٫٤ تريليون دولار، وكما هو معلـوم فـإن هـذه الاستثمارات مملوكة للحكومات والأفراد ولكن معظمها

يعود لدول الخليج وسوف تتأثر تلك الاستثمارات بحسب الجهة التي سـيتم فيهـا الاستثمار فيها وكلما كانت تلك الجهة تتميز بدرجة علية من المخاطر فإن درجة التعرض إلي خسائر تكـون أكبر ومما لا شك فيه أن هناك خسائر كبيرة وجسيمة ولكن لم يتم الإعلان عنها.

أما بالنسبة للبورصات فإن حالة الخوف والفزع هي التي أصابت المستثمرين في العـالم كلـه ابتداء من أمريكا، حيث انهارت بورصة وول ستريت إلي بورصة أندونيسـيا التـي أغلقـت أبوابهـا مرورا بالبورصات في معظم دول العالم ومنها البورصات العربية وخصوصا الخليجية والمصرية.

أما بالنسبة لدول المجموعة الثالثة: وهي ذات درجـة الانفتـاح الاقتصـادي والمـالي المحـدود فسيكون التأثير عليها محدودا أيضا.

لذا، سوف نتناول هذا الفصل في خمسة مباحث وهي:

المبحث الأول	:	أثر الأزمة علي قطاعات الاقتصاد المصري المختلفة
المبحث الثاني	:	أثر الأزمة علي اقتصاديات الدول العربية
المبحث الثالث	:	أثر الأزمة علي اقتصاديات الدول الصناعية الكبرى
المبحث الرابع	:	أثر الأزمة علي اقتصاديات الدول النامية
المبحث الخامس	:	أثر الأزمة علي اقتصاديات منطقة الأسكو

المبحث الأول

أثر الأزمة علي قطاعات الاقتصاد المصري المختلفة

تمهيد:

من المؤكد أن مصر من الدول التي تأثرت كبقية أنحاء العالم بالأزمة المالية التي لحقت بالاقتصاد الأمريكي وانتقلت إلي أوربا خاصة بعد أن تحولت إلي أزمة اقتصادية ستهبط بمعدلات نمو الاقتصاد الأمريكي وعدد من الاقتصاديات الأوربية إلي الصفر.

ونظرا لأن الاقتصاد المصري جزء من هذا العالم الكبير المتشابك في علاقات شتى بالاقتصاد الأمريكي والاقتصاديات الأوربية، فسوف يتأثر بالأزمة بشكل مباشر وسوف يؤثر تراجع معدلات النمو الاقتصاد المصري علي قطاعات اقتصادية مثل القطاع السياحي والقطاع الصناعي والقطاع التجاري..... وغيرها[1].

ويتضح ذلك من خلال ما حققه مصر من معدلات نمو مرتفعة خلال الفترة الماضية٦,٨%، ٧,١، ٧,٢، خلال الأعوام ٢٠٠٥/ ٢٠٠٦/ ٢٠٠٧/ ٢٠٠٨ ويقدر الناتج المحلي الإجمالي لعام ٢٠٠٧/ ٢٠٠٨ بنحو ٨٧٣ مليار جنيه (ما يعادل ١٤٢ مليار دولار) إلا أن الأزمة المالية العالمية ستؤدي إلي حدوث تباطؤ في الاقتصاد المصري نتيجة الركود الاقتصادي

(١) د/ حازم السيد عطوة مجاهد - تداعيات الأزمة المالية الحالية عالميا وأثرها علي الوطن العربي ومصر.

العالمي ليتراجع معدل النمو الناتج المحلي الإجمالي إلي ٦% وفي أسوء الظروف إلي ٥% خلال العام المالي الحالي، وذلك بسبب التشابك مع الاقتصاد العالمي حيث أن ٧٥% من الناتج المحلي الإجمالي يتمثل في التبادل التجاري فنحو ٣٢% من صادراتنا تتجه للولايات المتحدة الأمريكية و٣٢٫٥ من الواردات تأتي من أمريكا والاتحاد الأوربي وثلثي الاستثمارات الأجنبية المباشرة خلال العامين من أمريكا وأوروبا.

هذا ما سوف نتناوله في المطالب التالية:

المطلب الأول: أثر الأزمة علي القطاع السياحي

المطلب الثاني: أثر الأزمة علي القطاع الصناعي

المطلب الثالث: أثر الأزمة علي القطاع التجاري

المطلب الرابع: أثر الأزمة علي القطاع المصرفي

المطلب الخامس: أثر الأزمة علي البورصة المصرية

المطلب الأول

أثر الأزمة علي القطاع السياحي

انعكست آثار الأزمة المالية العالمية علي قطاع السياحة في مصر، أكبر مصدر للعملة الصعبة للحكومة، حيث انخفضت الحجوزات في الفنادق بنسبة كبيرة بالمقارنة مع ما كان قبل حدوث هذه الأزمة.

ويلاحظ أن الطابع العالمي للأزمة قد وضع مصر في منافسة مع كبرى دول العالم السياحية وهو ما قد يؤدي إلي خفض الأسعار لاجتذاب الزوار، بل حتى إن أسبانيا أصبحت في خضم مضمار هذا التنافس من حيث خفض الأسعار لجذب السياح.

ويمثل الأوربيون أكثر من ٧٠% من السياح الذين يزورون مصر في كل عام، كما تمثل السياحة ٦،٦ من الناتج المحلي الإجمالي المصري وهي المصدر الرئيسي للعملة الصعبة تليها تحويلات العاملين بالخارج.

ويعتبر قطاع السياحة في مصر قد تأثر بالفعل خلال الفترة من سبتمبر ٢٠٠٨ فبراير ٢٠٠٩ حيث بدأ عدد السياح الوافدين إلي مصر في التناقص ومن ثم الإيرادات السياحية[١].

وقد أكد فتحي نور رئيس شركة مصر للفنادق، تأثر قطاع السياحة في مصر بالأزمة المالية العالمية، موضحا أن تأثير الأزمة بدأ يتضح في انخفاض معدلات الحجز في الفنادق[٢].

(١) د/ علي لطفي – المرجع السابق، ص ١٨.

(٢) ريم ثروت – المصري اليوم- ٦/ ١٢/ ٢٠٠٨

كما أكد د/ سعيد عبد العزيز عميد كلية التجارة بجامعة الإسكندرية – في تصريحات لجريدة اليوم السابع بأن متخذي القرار بالحكومة لم يدركوا أبعاد الأزمة المالية وأن الإجراءات التي اتخذتها الحكومة لمواجهة الأزمة في القطاع السياحي فشلت في معالجتها.

فهذه الأزمة المالية أكبر من أن يتحملها فرد واحد ويجب أن تتم مشاركة الجميع في حلها وطالب صانعي القرار باتخاذ القرار الصائب وتحليل البيانات بشكل صحيح لتوجيه المستثمرين لمواجهة الأزمة.

كما أن إيرادات السياحة ستنخفض بنسبة ٢٥% في النصف الأول في عام ٢٠٠٩، ومن المتوقع أن تصل نسبة البطالة إلي ٣٠% بعد تسريح جميع العمالة المؤقتة من الفنادق والقرى السياحية في ظل حالة الركود التي يشهدها القطاع السياحي.

وأن الحملات الترويجية لوزارة السياحة لن تفلح في مواجهة الكساد، حيث يجب تعويض نقص أعداد السائحين بدعم السياحة الداخلية عن طريق وضع خطط وبرامج تنشيطية في كافة المحافظات والتركيز علي تنشيط السياحة العربية.

كما يجب إنشاء صندوق لدعم السياحة علي غرار صندوق دعم الصادرات للحفاظ علي العمالة المدربة بدلا من تسريحهم.

حيث لم تلتقط السياحة في مصر ـ أنفاسها من آثار الأزمة المالية حتى ظهرت أنفلونزا الخنازير لتضيف مزيدا من الضغوط عليها لكن الوضع يختلف في مدينة مثل الجونة التي بـدأت بمنأي عن كل هذه الأحداث.

تعرض العديد من العاملين في قطاع السياحة خلال الفترة الأخيرة إما

لخفض أجورهم أو فقدها أو فقدها بالكامل نتيجة الاستغناء عنهم فقد اضطرت العديد من الفنادق والمطاعم إلي اتخاذ أحد هذين الإجرائيين وذلك لتخفيض نفقاتها بعد أن تعرض إلي انكماش حاد في حركة السياحة الخارجية[(١)].

أما بالنسبة للأفراد الذين حالفهم الحظ وجمعهم مع الأغنياء مكان واحد مثل مدينة الجونة السياحية والتي تعتمد بشكل أساسي علي شرائح كثيرة من الأجانب وبتالي كان تأثير الأزمة عليها ففي نهاية عام ٢٠٠٨ وصل عدد الوحدات المملوكة للأجانب ٦٥% من أجمالي الوحدات الموجودة بالمدينة أغلبهم من بريطانيا وألمانيا وسويسرا.

ولعل أهم عامل جذب الأجانب إلي المدينة يتمثل في انخفاض أسعارها نسبيا مقارنة بالمدن السياحية الأوربية نتيجة تراجع قيمة الجنيه أمام العملات الأخرى كما ذكرت مديرة احدي المكاتب التأجير الخاصة بالمدينة وهناك ميزة أخرى أن الضرائب علي شراء وحدات بها لا يتعدي ١% من قيمة العقار مقارنة بالضرائب علي شراء الوحدات في إسبانيا التي تصل ١٧% من قيمة العقار.

والرواتب في مدينة الجونة أفضل من أي مدينة سياحية أخرى لان المدينة الجونة أفض مكان للسياحة حيث يحلم عدد كبير من الشباب للعمل فيها وعلي أثر ارتفاع الأجر والرواتب يستلزم العمال بتقديم خدمة جيدة ومعاملة متميزة للجميع.

---

(١) دار الخدمات النقابية والعمالية "تأثير الأزمة المالية العالمين علي العمال في مصر التقرير السابع سبتمبر٢٠٠٩ ص ١٠"

وانحصر تأثير الأزمة على الجونة علي نوعية الوحدات المباعة وليس عددها ذلك أنه لجأ بعض الأشخاص الأجانب إلي تأجير فيلا بثلاث حجرات بدلا من أربعة بالإضافة إلي أن أكثر الوحدات التي لم يتأثر معدل بيعها تتمثل في أعلي شريحة.

كما أن حركة البيع تأثرت بشدة في بداية الأزمة خلال شهر نوفمبر وديسمبر ٢٠٠٨ فقد وصل الأمر إلي أنه لم يتم بيع أي وحدة خلال هذين الشهرين إلا أنه في بداية ٢٠٠٩ بدأت حركة البيع تعود تدريجيا إلي معدلات ما قبل الوحدات الجديدة في مارس ٢٠٠٩ مما يدل علي ارتفاع أسعار الوحدات الجديدة في مارس ٢٠٠٩ مما يدل علي ارتفاع الطلب وعلي أن هناك عملية البيع خاصة من جهة الأجانب.

وكان أيضا من تأثير الأزمة علي هذه المدينة أن هناك جزء من مالكي وحدات بالمدينة فاضطروا إلي بيع فيلاتهم منذ بداية الأزمة لتوفير سيولة فأي مستثمر تعرض لبعض الضغوط المالية فإنه يعجل أخر قرار تفريطه في وحدته الموجودة بالجونة أخر خيار أمامه.

كما كان تأثير الأزمة واضحا علي معدلات الأشغال بالفنادق حيث عانت الفنادق من أوقات عصيبة عندما وصلت معدلات التشغيل إلي صفر، وتم تسريح نصف موظفي الفندق لتخفيض النفقات والمصروفات.

ومعظم نزلاء الفنادق في الجونة تعتمد علي جنسيات مختلفة وبالتالي عندما تحد أزمة شديدة في بلد ما وتنخفض عدد الزبائن بها تعوضا لبلد آخر علي عكس مدينة الغردقة التي تعتمد بشكل أساسي علي السائحين من روسيا والذي انخفض عددهم بشدة بعد الأزمة مما أثر علي معدلات

الأشغال العديد من الفنادق بها.

كما أثرت الأزمة في تغيير عدد من المفاهيم منها لعبة الحجز في اللحظة الأخيرة علي أمل أن تقوم الفنادق أو الشركات السياحية بتقديم عروض أو خصومات لمواجهة قلة الطلب لأن الأجانب تعودوا أن يحجزوا قبل سفرهم بثلاثة أيام أو أربعة أيام... فقد غيرت الأزمة هذه العادات[(١)].

كما أثرت الأزمة علي حقوق العاملين في فندق كلوب عيد والذي تملكه الشركة الفرنسية بمدينة الغردقة فعلي الرغم إن إدارة الفندق لم تسرح أي من العاملين إلا أنها قامت بخصم نسبة العمال من النسبة التي يقوم الفندق بتحصيلها كنسبة خدمة كما ارتفعت الأجازات غير المدفوعة الأجر في شهر مارس وإبريل ومايو ولم تقم الإدارة بصرف العلاوة الاجتماعية لعام ٢٠٠٩ كما قامت الإدارة بنقل عشرات العاملين من أقسام الزراعة والاستيوراد والإشراف إلي قسم السرفيس مع خصم ٢٠٠ جنيه من الراتب وتوقفت عن صرف ساعات العمل الإضافية.

وفي فندق جولدن بيتش بمدينة الغردقة قام صاحب الفندق بفصل عمال الكاجوال (١٠٠ عامل تقريبا) واستبدلهم بعمال براتب أقل.. وتم خصم مبلغ ٧٥ جنيه من العمال المفصولين تحت مسمي تلفيات سكن" وارتفعت معدلات الجزاءات في الأشهر الأخيرة وتم تخفيض الوجبات الغذائية لتصبح وجبات عادية بدلا من الوجبات الساخنة المميزة، وتم استقالة ٢٠ عامل بعد نقلهم إلي فندق آخر يفيد يملكه نفس المالك.

---

(١) راجع تقرير الخدمات النقابية والعمالية، المرجع السابق، ص١٢.

وفي فندق أوشين فيو الذي تملكه شركة أوراسكوم بمدينة رأس غارب قامت إدارة الفندقه بفصل ١٤٠ عامل علي مدار ثلاثة شهور وتم استبدالهم بعمال جدد برواتب أقل كما تم تخفيض نسبة العمال من الخدمة وتخفيض عدد ساعات العمل الإضافية وارتفعت نسبة الأجازات الغير مدفوعة الأجر وارتفعت نسبة الأجازات وخصصت الإدارة نسبة وجبات اللحوم التي تصرف للعاملين من ٥ وجبات إلي ٣ وجبات في الأسبوع وتم نقل عدد من العاملين إلي أقسام أقل.

وفي فندق بريزيد نشنال في الغردقة قامت إدارة الفندق بفصل ٨٠ عامل وقامت إدارة الفندق بإدارة الفندق بتخفيض نسبة العمال من الخدمة ووقف صرف بدل الانتقال كما أن إدارة الفندق تجبر العمال علي العمل في أيام الأجازات.

وفي فندق بلومارينا الذي يقع في مدينة الغردقة قامت إدارة الفندق بتخفيض عدد عمال الكاجوال وقامت إدارة بمنع صرف الإضافي مع تشغيل العمال في أيام الأجازات الرسمية.

وفي فندق ياسمينا هلنان والذي يقع في مدينة الغردقة قامت إدارة الفندق بفصل ٤٢ عامل وإعطاء مكافأة نهاية الخدمة قليلة مع أخذ إقرارات عليهم بأنهم استلموا جميع مستحقاتهم المالية وتم فصل ٣٥ عامل، وتم وقف صرف الإضافي.

وفي فندق سوفتيل الغردقة، فندق تينانك أكوابارك بمدينة الغردقة تكرر نفس ما حدث في الفنادق الأخرى.

كما أدت الأزمة إلي أيجاد نوع من عدم الاستقرار والتذبذب في

الأسواق العالمية والي وجود حالة من الخوف الشديد في أوساط المستثمرين بشأن مستقبل الاقتصاد وقفت بالكثير منهم إلي عدم الرغبة في تحمل المخاطر والبحث عن استثمارات أمنه في قطاعات آخرى بل ودفعت البعض منهم للمطالبة بعلاوات عن المخاطر التي تفوق ما تقدمه الحكومة علاوة علي ما أحاط بعمليات الاندماج والاستحواذ من شكوك وغموض حيال الصفقات التي تتضمن مبالغ جديدة من أدوات الدين[١].

وأكد البعض[٢] أن المؤشر العام لحركة السياحة في انخفاض حيث عزف بعض السائحين عن رحلاتهم وقرر أغلبهم إرجائها لوقت غير مسمي.

ولأن مصر معروفة بتاريخها الطويل أنها مقصد السائحين منذ أن زارها هيردوت وقال أن مصر هبة النيل وظلت مصر طوال تاريخها الوسيط والحديث.. ومع اكتشاف آثار الفراعنة العظام منذ بداية القرن الماضي سحرا خاصا إلي مصر بجانب ما بها من أثار دينية وحضارية هذا كله بجانب ما تتمتع به مصر من موقع جغرافي متميز ومناخها المعتدل صيفا وشتاءا وسواحلها السهلة الممتدة وما يحتوي علي كنوز شعب مرجانية إلي جانب ذلك فتوجد سياحة الشواطئ والسياحة الترفيهية والسياحة العلاجية والسياحة الدينية بأقسامها وسياحة السفاري والسياحة الرياضية من مهرجانات ومسابقات وبتالي فالنهوض بالسياحة يستلزم ما

---

(١) م م/ إبراهيم عبد الرءوف بحث بعنوان انعكاسات الأزمة المالية العالمية علي الاقتصاد المصري كلية الحقوق، جامعة المنصورة ١/ ٢إبريل ٢٠٠٩.

(٢) www.almasalla.travel/default.asp.

يلي:

١) تكامل سياسة الدولة للسياحة مع السياسة العامة للتنمية الاقتصادية والاجتماعية والثقافية الراهنة في مصر وأن يتضح هذا التكامل بما يضمن أكد قدر من التنسيق بين الأجهزة المختلفة والاستمرارية في التنفيذ والأهداف القومية للتنمية السياحية.

٢) إنشاء مركز للمعلومات السياحية وفقا لأحدث تطورات تكنولوجيا والمعلومات والاتصالات وتتضمن بيانات دقيقة تحدث بانتظام بشأن كل المتغيرات النشاط السياحي في مصر مثل المنتجات السياحية المصرية بكافة أنواعها والفنادق والقرى السياحية والمحال العامة وشركات النقل السياحي والمواني والمطارات والمنافذ البرية وإعداد السائحين وغيرها فوجد هذا المركز شرطا أساسي لتنفيذ وتطور السياحة مع ضرورة أن يكون هذا المركز متصلا بشبكة المعلومات الإلكترونية الدولية وبما يمكنه أيضا من خدمة النشاط السياحي بشكل مباشر وبما يواكب التطورات الحديثة في سوق السياحة عن طريق:

- فتح أسواق سياحية جديدة بناء على سياسات مدروسة

- تنويع المنتج السياحي المصري وترويج أنماطه المختلفة.

- تكثيف الجهود التنشيطية والتسويق السياحي عن طريق الاشتراك في المعارض والمؤتمرات السياحية والمهرجانات وتنفيذ الحملات التنشيطية المختلفة وتبسيط إجراءات الدخول من المنافذ المختلفة (برية- بحرية - جوية)

٤) العمل علي تحقيق التنمية السياحية من خلال الاستغلال الأمثل للموارد

السياحية والطبيعية والحضارية وتطوير البنية التحتية وخاصة في المناطق السياحية وكذلك الحفاظ علي البيئة في المناطق السياحية وكذلك الاستفادة بالخبرات الدولية المختلفة في العمل السياحي في التعليم والتدريب وتنمية المهارات في القطاع السياحي.

(٥) تشجيع السياحة الداخلية وتنشيط برامجها مع تنشيط المعاملات التجارية في مناطق المزارات السياحية.

(٦) منح التيسيرات المالية للاستثمار السياحي لتشجيع الاستثمار في مجال السياحة ومن ذلك التوقف عن فرض أي رسوم أو أعباء مالية جديدة.

(٧) العمل جديا لتنشيط السياحة العربية وذلك عن طريق منح أسعار المجموعات للسائحين العرب وتنظيم القوافل سياحية للأسواق العربية وتخفيض الضريبة الملاهي والأفراح لتشجيع العرب.

(٨) مراجعة القوانين واللوائح التي تنظم السياحة المصرية بما يستوجب التطورات السريعة فيها وبما يتواكب مع التغيرات الكبيرة في سوق السياحي الدولي.

(٩) إنشاء جهاز دائم المواجهة أزمات السياحة تتوافر لدية كافة البيانات عن السياحة وعن المشكلات المحتمل حدوثها ووضع السياسات البديلة لمواجهتها.

(١٠) إنشاء نظام تأميني للحماية من أخطار الحوادث المحلية والإقليمية التي يمكن أن تتعرض لها السياحة[١].

---

(١) لمزيد من الإيضاح راجع:

=

www.almasalla.travel/default.asp

١١) إنشاء صندوق لدعم السياحة، يخصص مبلغ من ميزانية الدولة لكي يحافظ علي العمالة المدربة التي هي أو من يتأثر بالأزمة فهذه العمالة قد استغرقت فترة كبيرة في عملها مما أكسبها خبرة كبيرة، وهذا ما يحتاجه سوق العمل، خاصة وأن أزمة لها مدة زمنية معينة وسوف تنتهي.

أثر الأزمة المالية العالمية علي شركات الطيران:

أعلنت بعض شركات الطيران العالمية عن تأثرها السلبي للأزمة المالية والاقتصادية فقد أعلنت كل من شركة أمريكان إيرلانيز ويونايليد إيرلاينز أنهما توقعان خسائر كبيرة خلال هذا العام بالإضافة إلي ما تتكبده من خسائر خلال العام المنصرف نتيجة لارتفاع أسعار الوقود الأمر الذي سيترتب عليه تسريح عدد من العاملين بها وإيقاف التشغيل إلي عدد من النقاط في جدول الطريق الجوية[1] .

أما عن الخطوط الجوية البريطانية بأنها سجلت خسائر قياسية في أواخر ٢٠٠٨ وأن أرباح عملياتها بلغت ٨٩ مليون جنيه استرليني خلال الشهور التسعة الأولي منذ عام ٢٠٠٨ مقابل ٧٤٤ مليون جنيه في نفس الفترة من عام ٢٠٠٧ وبالتالي فإن هناك خسائر قياسية وعلي نفس المسار فقد أعلنت شركة الطيران الاسكتدنانية (ساس) عن خفض ٤٠% من قوتها العاملة.

وشملت الخسائر شركات أخرى مثل لوفتهانزا الألمانية، KlM،

= وكذا بحث سبل التعاون وجذب الاستثمارات الإماراتية بين سياحة مصر وإمارة الشارقة

(١) د/ مصطفي النجار، جريدة الأهرام، عدد الخميس، ١٩/ ٢/ ٢٠٠٩.

وإيرفرانس.

واتخذت الشركة العربية عدة إجراءات للحد من تأثيرات أي أزمات مالية أو اقتصادية قد تؤثر علي مصر للطيران:

- تغيير طبيعة أو مواصفات الراكب في مصر للطيران بالاعتماد علي ركاب العادي وليس المجموعات السياحية والذي أصبح يشكل ٩٠% من ركاب مصر للطيران وركاب السياحة وبالتالي فإن التأثير السياحي للأزمة علي مصر للطيران محدود بسبب تغير نوعية الركاب.
- أن انضمام شركة مصر للطيران للتحالف ستار والتطوير الكبي في الشركة كان من المتوقع أن يحقق طفرة للشركة بزيادة الطلب علي رحلاتها وأن الأزمة العالمية أثرت علي هذا الوضع.
- أن هناك لأول مرة تجتمع أسبوعيا تدرس اتجاهات الحركة والحجوزات وهي لجنة من خبراء تقرر ماذا تفعل الشركة وما تقدم من أسعار تنشيطية وتواجه الموقف أول بأول.
- كما أن رجال الأعمال والأثرياء أصبحوا أكثر احتجاجا خلال الأزمة للانتقال بين الدول أما من أجل المتابعة لاستثماراتهم أو البحث عن فرص استثمارية جديدة في أسواق لم يسبق لهم أن دخلوها.

وأوضح رئيس مجلس الإدارة للخطوط الجوية الكويتية أسباب الخسائر إلي شدة المنافسة بين شركات الطيران ذات الأساطيل الحديثة من جهة وارتفاع أسعار الوقود عالميا من جهة أخرى موضحا أن تكلفة الوقود بلغت

حوالي ٤٥ مليون دولار[(١)].

الأزمة العالمية والموقف المصري:

يجسد بعض الفقه[(٢)] أثر الأزمة علي مصر في نقاط محددة:

١) نقص تدفق الاستثمارات الدولية

٢) صعوبة التصدير لبعض الأسواق الدولية مثل أمريكا والاتحاد الأوربي

٣) عودة نسبة من العمالة المصرية من الخارج وتوقع زيادة أعداد العائدين من الخارج

٤) تدهور أحوال البورصة المصرية لأوراق المالية

٥) ارتفاع أسعار البترول والكهرباء والبينة المالية

٦) ارتفاع معدلات التضخم وعدم الاستفادة من انخفاض الأسعار لبعض السلع المستوردة والعالمية.

٧) عدم وضوح دور قوى للتعامل مع الأزمة.

٨) تقلبات أسعار الصرف والذهب

٩) نقص السيولة والتدفقات النقدية الداخلة.

١٠) تأثر السياحة والفندقة والنقل والموصلات بالأزمة المالية العالمية.

---

(١) لمزيد من الإيضاح أ/ عبد الله محمد عبد الرحمن بحث بعنوان الأزمة المالية العالمية وأثارها علي شركات الطيران العربية، مؤتمر كلية الحقوق جامعة المنصورة ١/ ٢إبريل ٢٠٠٩، صـ٩.

(٢) د/ فريد النجار: المرجع السابق ص ٩٧٧-٩٧٩.

تأثير الأزمة علي السياحة الخارجية:

١) انخفاض عدد السياح

٢) نقص نسب الإشغال الفندقي

٣) احتداد شدة المنافسة في قطاع السياحة

٤) ارتفاع أسعار السياحة

٥) الخوف من المستقبل.

٦) تقلبات أسعار الصرف

٧) ارتفاع مرتبات وأجور العمالة الأجنبية وعقود الإدارة في الصناديق المحلية

٨) ارتفاع الأسعار السلع والموارد المستوردة من الخارج للفنادق المحلية

٩) غياب الترويج والتنشيط السياحي الابتكاري

١٠) غياب الخطط الإستراتيجية للشراكات السياحية

١١) غياب سلاسل التوريد السياحي ي

١٢) غياب التنسيق والتكامل الداخلي والخارجي السياحي

١٣) انتشار سياسة اخطف واجري

١٤) تمليك الأجانب للشقق بخفض من الطلب السياحي.

١٥) عدم توفير خطة إستراتيجية للسياحة المحلية.

وأشار إلي أن هذه الوحدة مهمتها قياس المساهمة الفعلية لقطاع السياحة في الاقتصاد الوطني وحساب القيمة المضافة إلي تتصف بصعوبة التقدير بدقة لتشابك السياحة مع ما تزيد عن ٧٠ نشاطا خدميا وتجاريا وسلعيا مساعدا ومغذيا لها.

المطلب الثاني

أثر الأزمة علي القطاع الصناعي

- **تصريحات وزير التجارة والصناعة بشأن الأزمة[1].**

قادرون علي اجتياز الأزمة واستكمال مسيرة النجاح.

أكد وزير التجارة والصناعة والمهندس رشيد محمد رشيد في تصريحاته في ١١/ ١٠/ ٢٠٠٨ أنه لا رجعة إلي الوراء فيما تم من إصلاحات اقتصادية بعد أن أثبتت تلك الإصلاحات قوتها في مواجهة الأزمة الاقتصادية والمالية التي تعرضت لها بسبب الأزمة الاقتصادية والمالية التي تعرضت لها مصر بسبب الأزمة التي واجهها الاقتصاد العالمي مؤخرا.

وقال أن مصر في وضع متميز عن معظم دول العالم التي تعرضت لهذه الأزمة حيث لا توجد لدينا أزمة في السيولة أو داخل القطاع المصرفي.

وأضاف أن مسيرة الإصلاحات الاقتصادية، هو الذي أعطي القدرة لاقتصادنا علي الصمود، لذلك فإن علينا اتخاذ إجراءات جديدة للحفاظ علي قوة الدفع الحالية وكذلك معدلات النمو التي حققها الاقتصاد المصري خلال العامين الماضيين وتقديم حوافز جديدة للمصدرين ودعم القدرة الشرائية للمواطنين.

(١) موقع الهيئة العامة للاستعلامات.

www.sis.gov.eg/Ar/story.aspx?

- إجراءات عاجلة للحفاظ علي معدلات النمو ومساندة الشركات المصرية:

عقد وزير التجارة والصناعة المهندس رشيد محمد رشيد اجتماعية موسعية في ٩/ ١٠/ ٢٠٠٨ مع رؤساء المجالس التصديرية في شتى القطاعات ورؤساء جمعيات رجال الأعمال لبحث التدابير والوسائل اللازم اتخاذها خلال المرحلة لتلافي حدوث أية آثار سلبية للأزمة المالية العالمية علي الاقتصاد المصري في المرحلة المقبلة وطالب الوزير رؤساء المجالس بإعداد دراسة شاملة لكل مجلس علي حدة بالآثار التي من المتوقع أن تؤثر علي حركة صادرات القطاعات علي أن تتضمن عرض كافة المعوقات التي تواجه القطاع سواء كانت معوقات داخلية أو خارجية خاصة في حالة الركود بالسائدة وعدم الاستقرار في أسواق المال العالمية علي أن يتم الانتهاء من إعداد هذه الدراسة وعرضها في اجتماع يعقد بالوزارة خلال الأسبوع المقبل.

وقال أن الهدف من عقد هذه الاجتماعات هو سرعة التعامل مع الأزمة الحالية بواقعية حيث إن الاقتصاد المصري ليس في معزل عن الاقتصاديات العالمية والتي تأثرت جميعها بالأزمة.

- إجراءات عاجلة باستمرار معدلات النمو في القطاعات الاقتصادية:

عقد الوزير في ٢٠٠٨/١٠/١٤ اجتماعا موسعا شهده رؤساء المجالس التصديرية ورئيس اتحاد الصناعات ورئيس اتحاد الصناعات ورئيس هيئة التنمية الصناعية لمناقشة الإجراءات المطلوب اتخذها بشكل عاجل ومؤقت لتجنب الآثار السلبية للأزمة الاقتصادية العالمية علي قطاعي الصناعة والتصدير.

- **وزارة السياحة والأزمة[1] .**

صرح وزير السياحة زهير جرانة بأن الوزارة قد اتخذت العديد من الإجراءات والتدابير لمواجهة تداعيات هذه الأزمة، وبين هذه الإجراءات والتدابير ما يلي:

- تكثيف الحملات الترويجية والتسويقية في الخارج، إلي جانب تكثيف الحملات التسويقية المشتركة مع منظمي الرحلات، وذلك من خلال الالتقاء بالعديد منهم أثناء عدد من الجولات التي قام بها وزير السياحة في عدد من الدول الأوربية.
- اقتحام أسواق جديدة واستخدام أساليب غير تقليدية لجذب السائحين وذلك في إطار خطط قصيرة الأجل بالتوازي مع الإستراتيجية العامة للوزارة.
- تحفيز الطيران العارض لشركات الطيران الجديدة في المقصد المصري، والي جانب السوق العربية التي تعد بالنسبة لمصر مهمة جدا علي الرغم من أنه لا يمثل إلا ١٤%، وهذا مقارنة بعدد سكان الدول العربية مقارنة بسكان العالم وهي بالتأكيد بالنسبة للسياحة المصرية نسبة جيدة وقوية.

ونظرا لما يربط جمهورية مصر العربية من علاقات قوية ومتينة بالدول العربية الشقيقة إلي جانب اللغة والعادات والتقاليد التي تجمعنا، لذا هناك توجه وإستراتيجية نعمل عليها وهي التركيز علي الصحافة المتخصصة.

---

(١) بدر الخري - جريدة الشرق الأوسط - العدد ١١١٩٦- ٢٤ يوليو ٢٠٠٩

تطوير طريقة الترويج المختلفة لمنتج السياحة المصرية، وذلك من خلال الحملات الإعلامية المتنوعة لحملة الصحف والجديد هذا العام هو التركيز علي وكالات السفر والسياحة وإبرام اتفاقيات لحملات إعلانية مشتركة للمنتج السياحي المصري.

- رصد ميزانية للدعاية المشتركة بين وكالات السفر والسياحة، وغرضها استخدام وسائل وحوافز ترويج جديدة تنشط دور شركات السياحة لتكثيف حملات الدعاية إلي مصر، وذلك وفقا لشروط محددة تتضمن أن يكون الإعلان الترويجي بالكامل للسياحة في مصر.

- العمل علي تنشيط السياحة العلاجية من ضمن المنتجات السياحية المهمة.

- العمل علي تنشيط وتطوير السياحة الاستشفائية وذلك وفقا للمعايير العالمية والدولية وذلك بالتوقيع اتفاقية بين الحكومة النمساوية، مع تنمية العمل في مناطق محددة خلال ١٤ مركزا علي مستوى العالم.

- التخصص في أنواع معينة من السياحة، كالسياحة الصحراوية وسياحة الواحات والسياحة البيئية في المحميات الطبيعية، كما يتم التنظيم بشكل متميز سياحة الغوص، وكذلك سياحة الغولف، مع تطوير سياحة النحوت وسياحة التسوق.

- الترويج للعديد من المقاصد السياحية الواعدة الآن في مصر، مثل شرم الشيخ والأقصر، وأسوان ومرسي علم ودهب وطابا ونويبع والقصير وساحل البحر المتوسط والساحل الشمالي، وذلك سعيا لتغيير الصورة المترسخة لدي بعض الذين يعتقدون أن السياحة في مصر

هي القاهرة والإسكندرية فقط.

- وجود أجندة عمل لتنظيم العديد من المهرجانات والمناسبات، وتشمل العديد من الإنماط، مثل المهرجانات السياحية وتشمل مخرجان تعامد الشمس علي معبد أبو سمبل، مهرجان اكتشاف مقبرة توت عنخ أمون، هذا إلي جانب المهرجانات الرياضية ومنها (إلي الطيران الدولي - ورالي النيل الدولي للطائرات الخفيفة...الخ)

وهذه تعتبر ضمن حزمة من الإجراءات والتدابير التي اتخذتها الحكومة المصرية بصفة عامة ووزارة السياحة بصفة خاصة لمواجهة تداعيات الأزمة المالية علي قطاع السياحة كأهم مورد من موارد العملة الصعبة، ومن أهم مصادر الدخل القومي.

وهذا ما أكده وزير السياحة[1] زهير جرانة بأن الأزمة المالية العالمية أتاحت الفرصة لإعادة ترتيب البيت من الداخل والاهتمام ببرامج تدريب ورفع مهارات العاملين وتنفيذ الاستراتيجيات الخاصة بتعزيز التنمية المستدامة والتحول إلي الاقتصاد الأخضر...

جاء ذلك في ختام فعاليات ورقة العمل الخاصة بنظام الحسابات القومية للسياحة في ٢٨/ ٢٠١٠/١ حيث قال إن السياحة نجحت في أن توقر كل التسهيلات المالية والبشرية والخبرات المحلية والأجنبية في مجال الاقتصاد والإحصاء لإنشاء وحدة الحسابات القومية للسياحةTSA.

وأكد الوزير حرص الحكومة علي اتخاذ كل الإجراءات اللازمة

(١) أحمد حلمي - الأزمة المالية أتاحت لنا الفرصة لترتيب البيت - جريدة الجمهورية - ٣٠/ ١/ ٢٠١٠.

والممكنة لتجنب الاقتصاد المصري أيه آثار سلبية للأزمة المالية العالمية.

وقال إن هناك تنسيق كبير بين الحكومة والحزب الوطني وممثلي منظمات الأعمال في مصر- والبنوك والقطاع المصرفي لاتخاذ إجراءات حاسمة للحفاظ علي استمرار معدلات النمو خاصة في قطاعي الصناعة والتصدير، مشيراً إلي أن الحكومة تعقد عدد من الاجتماعات المكثفة والمتواصلة لإدارة الأزمة والخروج برؤية متكاملة حول الإجراءات والقرارات سيتم اتخاذها لتقوية ومساندة والمصدرين وتخفيف الأعباء علي قطاع الصناعة وتشمل هذه الإجراءات الإسراع في إصدار عدد من التشريعات مثل قانون الصناعة الموحد...وإعادة النظر في أسعار الطاقة للصناعة.

- الحكومة وضعت كافة الاحتياطات لمواجهة الأزمة المالية:

أكد الوزير أنه نظرا لأن الاقتصاد المصري جزي من الاقتصاد العالمي فإن الحكومة تتحمل مسئولية الملقاة علي عاتقها وتركز جهودها للتخفيف من آثار هذه الأزمة علي الأسر المصرية والصناعة الوطنية..مشيرا إلي أنها قامت بوضع خطط عمل تتناسب مع جميع الاحتمالات من أجل الحفاظ علي نمونا الاقتصادي مع بحث سبل ودعم الصادرات للدول التي قد تواجه حالة ركود اقتصادي وموازنة الانخفاضات المحتملة في الاستثمارات الأجنبية.

- وزير التجارة والصناعة في اليونان:

عقد الوزير في ختام زيارته لليونان جلسة مباحثات مع أعضاء اتحاد الصناعات اليوناني ماكي والتقى بعدد من رؤساء الشركات اليونانية الكبرى

الراغبة في الاستثمار في مصر.

- **إجراءات جديدة في حالة تفاقم الأزمة المالية العالمية:**

أعلن الـوزير في مؤتمر صحفي في ٢٧/ ١٢/ ٢٠٠٨ أن الحكومـة مسـتعدة لاتخـاذ إجـراءات جديدة في حالة تأثير الأزمة العالمية علي الاقتصاد المصري مؤكدا أن حزمة الحوافز التـي حـددتها الحكومة لمساندة القطاعات والحفاظ علي معدلات النمو ستنتهي بعد سـتة أشهر والمقرر لهـا مبلغ ١٥ مليار جنيه وأضاف إلي أن الحكومة تعاملت مع الأزمة بشفافية كاملة وأكـد أن الأزمـة قوية جدا وأن عام ٢٠٠٩ سيكون عاما أسود علي الاقتصاد العالمي.

وأكد أن مصر سوف تتخطي الأزمة بأقل الخسائر رغم صعوبتها ولكننا في حاجة إلي التعامل معها بطريقة مختلفة تكون أكثر مرونة من قبل المنتجين موضحا أنه سيعقد اجتماعا مع منتجي السكر والزجاج والصاج والكيماويات والـورق لبحـث أوضـاع هـذه القطاعـات وتأثيرهـا بالأزمـة مؤكدا أن قطاع الأسمدة هو الأكثر تـأثرا ودعـا القطـاع الخـاص إلي ضـرورة التعامـل مـع الأزمـة بمرونة أكبر.

- **مصر لديها اقتصاد قوى وقادر علي تخطي الأزمة:**

أكد الوزير في ١٠/ ١٢/ ٢٠٠٩ أن مصر لديها اقتصاد قوى وقادر علي تخطي الأزمة في صـورة إنفاق عام علي مشروعات البنية الأساسية وهـذا الضـخ سـوف يـؤدي إلي دفـع عجلـة الاقتصـاد المحلي، حيث ستستفيد الشركات المرتبطة بقطاع التشييد والبناء بهذا الاتفاق.

- هذه هي أهم تصريحات وزير التجارة والصناعة في شأن الأزمة

المالية، وهذا علي مستوي الحكومة وكذلك كان المجلس الشعب دراساته واقتراحاته، حيث حذرت لجنة الصناعة [1].

في مجلس الشعب من مخاطر عجز السياسات الحكومية الراهنة عن احتواء تأثيرات الأزمة المالية والاقتصادية العالمية علي الصناعات الصغيرة والمتوسطة في مصر.

وطالبت اللجنة الحكومة بسياسة أكث فعالية لإنقاذ أكثر من ٣ ملايين مشروع علي مستوي الدولة مهددة بالتعثر في الأزمة.

وحددت اللجنة الإجراءات المطلوبة من الحكومة لتجاوز تبعات الأزمة علي القطاع الصناعي وهي:

١) إنشاء بنك متخصص لتمويل المشروعات المتعثرة

٢) دعم الأجور والرواتب، ودفع الحصص التأمينية والمقرة علي العاملين

٣) تعديل قانون المناقصات والمزايدات الحالي لإعطاء ميزات تفضيلية للشركات الكبرى المتعاقدة مع الشركات الصغيرة والمتوسطة.

٤) حماية المشروعات الصغيرة، عن طريق تطوير نظم حمايتها من الإفلاس، وحمايتها من الإغراق وخصوصا مع السلع الصينية ودعم الحركة التعاونية.

٥) الاستفادة من تجارب بعض الدول في هذا المجال، مثل البرازيل التي رفعت الأجور بنسبة ١٢% لحولي ٤٥ مليون عامل واتخاذ كوريا الجنوبية قرارا برد أموال الضرائب للمولين والتي بلغت نسبتها ١%

(١) www.ikhwanonline.com/article.asp?Artid=١٤٨١١٨٨secID=٢٥٠

من إجمالي الدخل القومي وتحويل العملة المؤقتة إلي عملة دائمة.

٦)   تخفيض نسب الضرائب، ودعم برامج الدعاية الاجتماعية كما حدث في بلـدان عـدة مثـل الولايات المتحدة وألمانيا والهند واليابان.

كما حذرت اللجنة من أن الأزمـة سـوف تـؤدي أيضـا إلي رفع أرقام البطالة إلي مسـتويات مخيفة في مصر، وذكرت أن مستوي البطالة في العالم بسبب الأزمة وصل إلي مستوي ٢١٠ ملايـين متركزين في منطقة والشرق الأوسط وشمال أفريقيا.

وصدرت اللجنة تقريرها بالتحذير من أن قطاع الصناعات التحويلية في مصر تراجع نموه في العام المالي ٢٠٠٨ – ٢٠٠٩، وذكرت أن معدلات التراجع الصناعي في مصر- سـوف يستمر مـا لم تتخذ الحكومة المصرية الإجراءات اللازمة لمعالجة المشكلات التي تسبب فيه الأزمة المالية.

أثر الأزمة على الصناعات التحويلية:

يعد هذا القطاع من أهم القطاعات التي تحرص الدولة علي مساندتها وذلك لكونه عصـب التنمية والقدرة هذا القطاع علي تنمية الموارد وإيجاد فرص عمل منتجة ودائمة.

وبالتدقيق في قطاع الصناعة التحويلية في مصر فإنه قـد لعب دولا هامـا في توليـد القيمـة المضافة وفي التشغيل بلغت مساهمة القطاع الناتج المحلي الإجمالي ١٧% وبلغ متوسط مساهمة القطاع في التشغيل ١٢% خلال الفترة من ١٩٨٠ – ٢٠٠٥.

وفي ظل التداعيات الأزمة العالمية والتي يترتب عليها تباطؤ النمو

الاقتصادي وانكماش المعاملات الدولية بصورة حادة وهو الأمر الذي انعكس بدوره علي آراء قطاع الصناعة التحويلية وتراجعت الاستثمارات الصناعية بشكل كبير حيث انخفضت الاستثمارات في قطاع الصناعة التحويلية ما يقرب من ٣٠ مليار جنيه مصري[١].

كما أنه وفقا لتقرير التنمية الصناعية لعام ٢٠٠٩ الصادر عن الأمم المتحدة للتنمية الصناعية أن ترتيب مصر قد انخفض بشكل ملحوظ مقارنة بالدول الأخرى.

ولعل أهم المعوقات التي تواجه قطاع الصناعة ضعف الطلب وصعوبة التصدير وكذلك عدم وجود عمالة كفء في مجالات متخصصة وهو الأمر الذي من الاستثمارات في الصناعة والصناعات التحويلية في مصر- أبرزها الصناعات والصناعات التحويلية في مصر- ومن أبرزها الصناعات الغذائية والهندسية.

ومن الأشياء التي تعوق التصدير أن الصناعة تتطلب جودة عالية ومنتجا ذا مواصفات قياسية أمر يعوق من التصدير حيث أنه يتعذر الوفاء بطلبات ذات كميات كبيرة واسعة تنافسية فمثلا إذا كان هناك طلب كبير علي المنتج نهائي من الصناعات النسيجية فإن هذا الطلب لا يفي به منتج صغير وإذا تم تجميع الإنتاج من عدد من المنتجين فإنه سوف يتعذر الوفاء بشروط جودة لاختلاف التقنية المستخدمة وكفاءة العمالة واختلاف التكاليف الإنتاج وفقا للمنظمة الجغرافي ونوعية المدخلات المستخدمة وأن العمل علي تحسين التشابكات بين سلاسل القيمة الصناعية المختلفة أمر في غاية

---

(١) تأثير الأزمة المالية على العمال في مصر سبق الإشارة إليه في ص٦.

الأهمية كما أن العمل علي رفع جودة المنتجات ونشر المواصفات القياسية بصورة كبيرة بـين المستثمرين والمصنعين أمر مهم للغاية ومن الأهمية بمكان فتح أسواق تصديرية جديدة للنهوض بهذا القطاع.

آثار الأزمة المالية العالمية على الصناعة العربية:

يحتل القطاع الاستخراجي موقعا استراتيجيا في اقتصاديات الـدول العربية حيث يسـاهم بنسبة ٤١% من الناتج المحلي الإجمالي للدول العربية كمجموعة٢٠٠٧ وتمثل صادرات المحروقات ٨٠% من إجمالي صادرتها كما أن هذه الأزمة أثرت بانخفاض أسـعار الـنفط والمـواد الأساسية[1].

ونتج عن ذلك:

- انخفاض مردودية بعض المشاريع في مجال النفط والغاز واكتشاف حقول النفط والمعادن.

- انخفاض في مـوارد التمويـل الحكوميـة ممـا سـيؤدي إلي تقلـص في مشاريع الاستثمار الضخمة التي تم الشروع في تنفيذها[2].

- إلغاء وتأجيل بعض مشاريع الاستثمار في القطاع الاستراتيجي بـين طرف المسـتثمرين الأجانب فتتوقع الأوكتاد UNCTAD انخفاض

---

(١) فقد انخفض سعر البرميل من النفط من ١٢٥ دولار بداية أغسطس ٢٠٠٨ حوالي ٤٠ دولار نهاية يناير ٢٠٠٩.
(٢) فعلي سبيل المثال قبل الأزمة تم توقع استثمار ٦٥٠ مليار دولار في مجال الغاز والنفط في المـدة مـن ٢٠٠٩ – ٢٠١٣ في دول الخليج وبعد الأزمة تمت مراجعة هذا التوقع إلي ٥٢٠ مليار دولار راجع:
Middle east – arab Economics to grow depite set backs oxford analytica November ٢٠٠٨.

المشاريع الاستثمارية الأجنبية في دول الشرق الأوسط بنسبة ٢٠% عام ٢٠٠٨ وستتأثر دول الخليج أكثر بسبب انخفاض عدد المشاريع في قطاع الطاقة[(1)].

- وأثرت الأزمة في صناعة الكيماويات حيث قامت إدارة عدة مصانع بفصل عدد كبير من العمال وحرموهم من الأجر الاحتياطي وإجبارهم علي العمل في أيام الأجازات بالأجر اليومي العادي وأوقفوا صرف الحوافز العمال[(2)].
- كما ألحقت الأزمة المالية أكبر الخسائر بقطاع العقارات الذي شهد موجه من التراجع أربكت عمل الشركات وأثرت علي خططها التوسعية في الفترة القادمة وتراجع معدل النمو في قطاع التشييد البناء من ١٤% إلي ٩% هذا التراجع يرجع إلي الانخفاض الحاد في نشاط هذه الشركات التي تعاني من مصاعب مالية.

ومن ناقلة القول أن شركة داماك الإماراتية حصلت علي موافقة وزارة الإسكان بإنشاء مشاريع عقارية في مصر تم الإعلان عنها بعد مزادات أشعلت الأسعار الأراضي في الفترة الأخيرة ظهر الحديث عن مشكلات الأسواق الأم بسبب الأزمة المالية والخسائر التي منيت بها في عدد من الأسواق والتي دفعت الحكومة المصرية ممثلة في بكي التعمير والإسكان

---

(١) لمزيد من الإيضاح أ/ محمد يوسف آثار الأزمة المالية العالمية علي الصناعة العربية عن المنظمة.

(٢) علي سبيل المثال وضع نفريتيتي لإنتاج منظفات حمامات السياحة بسوهاج، ومصنع فارست لانتاج الأكياس الطبيعة بسوهاج وفي نصنع الداخلي الإنتاج الكيما جرافو بمحافظة أسيوط، شركة ليزر للأحذية بالمنطقة الصناعية بالإسماعيلية.

بالتجمع الخامس مع تأكيدات بأن داماك دفعت للدولة ١,٢ مليار جنيه قيمة الأراضي.

وبالنسبة للصناعات المعدنية أكدت مصادر[1] أن الشركة القابضة للصناعات المعدنية قررت التوقف مؤقتا عن خطوات إنشاء أول شركة لها في مجال حديد التسليح بالتمويل الذاتي والاكتتاب العام التي أعلنت عنها منذ سنة بسبب تأثرها بالأزمة المالية علي أن تعلن الشركة عن جميع الأسباب التي أثرت علي المشروع خلال الأيام المقبلة وكما أبدي أحد المسئولين أن الشركة القابضة وجدت أنه من الأفضل لها التوقف عن المشروع حاليا بعد تأثرها بالأزمة المالية العالمية خاصة أن المروع كان يحتاج إلي الأرض والبنية الأساسية وهما غير متوفرين حاليا مكتفين خلال المرحلة الحالية بضخ استثماراتها في الشركات القائمة التي تعاني صعوبة في التسويق والتكلفة وتأثرت بنتائج أعمالها مؤخرا.

كما أن مشروع شركة الحديد بدأ أعداد الدراسة الأولي له، وطلبت وزارة الاستثمار إعداد دراسة أخرى شاملة جميع الجوانب إلي أنه أثناء إعداد الدراسة حدثت الأزمة المالية مما أدي إلي التوقف وأنه خلال المرحلة الحالية يجب ضح استثمارات بها وإحلال وتجديد بعضها بالإضافة إلي التوسع في المشروعات القائمة فعلا.

هيكل قطاع الصناعات الغذائية:

يعتبر قطاع الصناعات الغذائية أكبر القطاعات الصناعات التحويلية من حيث عدد من المنشآت حيث يبلغ نصيب القطاع حوالي ٥٠% أو٥١%

---

(١) المرجع دار الخدمات النقابية العمالية والتقرير السابع سبتمبر ٢٠٠٩.

علي التوالي من إجمالي المنشآت قطاع الصناعات الغذائية المرتبة الثانية بالنسبة لمنشآت القطاع الرأي العام والأعمال حيث يضم ١٣% من إجمالي العمالة في قطاع الصناعات التحويلية والمملوكة لقطاع الصناعات التحويلية المملوكة للقطاع الخاص وبالنسبة لإجمالي الاستثمارات الموجة للأصول الثابتة في قطاع الصناعات الغذائية ظلال سنوات الخطة الخمسية الخماسية يحتل القطاع المرتبة الثالثة بالنسبة لمنشآت لقطاع العام والأعمال العام وهو يلي قطاع الفحم ومنتجات البترول وقطاع المعادن الأساسية المتميزان بكثافة رأسمالهما في حين يحتل المرتبة الثانية في منشآت القطاع الخاص.

أما بالنسبة الإجمالي الإنتاج فقد بلغت نسبة مساهمة قطاع الصناعات الغذائية حوالي ١١% من إجمالي مساهمة القطاعات المملوكة للقطاع العام والأعمال وهي تحتل المركز الثاني بعد قطاع الفحم والمنتجات البترولية وبالنسبة للقطاع الخاص فتبلغ مساهمته ١٨% وبذلك تكون أكبر القطاعات ويكون أكبر القطاعات من حيث المساهمة في الإنتاج مقارنة ببقية القطاعات المملوكة للقطاع الخاص[1].

قطاع العزل والنسيج:

يحتل قطاع الغزل النسيج المرتبة الثانية من حيث عدد المنشآت حيث يبلغ نصيبه حوالي ١٤%، ٨% علي التوالي بالنسبة للمنشآت المملوكة للقطاع العام لقطاع والأعمال العام أكبر نسبة العمالة في منشآت قطاع

(١) د/ عزة محمد حجازي القطاعات الفائدة لتنمية الاقتصاد والمصري في ظل الركود الاقتصادي مؤتمر كلية التجارة عين شمس الجزء الأول ص ٣٢٤، ٣٢٥..

الغـزل والنسـيج المملوكـة للقطـاع الخـاص فيـأتي ترتيبهـا الثـاني في قطـاع العـزل والنسـيج والمملوكة الخاص فيأتي الثاني بنسبة ١٣%، أما بالنسبة لإجمالي الاستثمارات الموجة للأصول الثابتة في قطاع الأعمال العام والخاص ومحققا لذلك المرتبـة السادسـة مـن حيـث إجـمالي الاسـتثمارات ويرجع انخفاض الاستثمارات نتيجة لتراجع معدل نمو عدد المنشآت في هذا القطاع.

إما فيما يتعلق بنصيب قطاع الغزل والنسيج مـن إجـمالي الإنتـاج فقـد بلـغ ٦%، ٥,٧ عـلي التوالي في منشآته قطاع الأعمال والقطاع الخاص.

ويحتل كل من قطاع الصناعات الغذائية والغزل والنسيج أهمية كبيرة مقارنة بتنقيـة قطـاع الصناعات التحويلية وذلك من حيـث عـدد المنشـآت والعمالـة والاسـتثمارات في الأصـول الثابتـة وإجمالي الإنتاج غير أنه بدراسة أوضاع الطاقة العاطلة في قطـاع الصـناعات التحويليـة اتضـح أن منشآت القطاع العام في قطاع الصناعات التحويلية لمنشـآت القطـاع العـام والأعـمال خـلال عـام ٢٠٠٦، ٢٠٠٧ وترجع أسـباب الطاقـة العاطلـة إلي نقـص في الخامـات والصـيانة الدوريـة لـلآلات وصعوبات في التسويق كما تبلغ قيمة المخزون حوالي ١٣% مـن قيمـة الإنتـاج الفعـلي، ٣٠%مـن إجمالي المخزون علي مستوى القطاعات الصناعات التحويلية المملوكة للقطاع الخـاص ومـن أهـم أسباب الطاقة العاطلة عدم توافر الموارد الأولية وقطع الغيار وصعوبة التسويق.

وبالنسبة لقطاع الغزل والنسيج فتبلغ قيمة الطاقة العاطلة فيه ١٧,٣ في الطاقـة العاطلـة في قطاع الصناعات التحويلية لمنشات القطاع الأعمال العام

٦,٢ في قطاع الصناعات التحويلية لمنشآت القطاع الخاص وذلك عام ٢٠٠٧ وأهم أسباب الطاقة العاطلة هي نقص الخامات والصيانة الدورية وصعوبات التسويق بالإضافة إلي تغيب ونقص في القطاع الخاص وبالنسبة لقيمة المخزون فتبلغ حوالي ٢٦% بالنسبة للإنتاج الفعلي لمنشآت القطاع العام[١].و ١٠% بالنسبة للإنتاج الفعلي لمنشآت القطاع الخاص[٢].

نادي أنصار هذا الاتجاه[٣] بأهمية قطاع الصناعات وقطاع الغزل والنسيج كقطاعات قائدة للتنمية والاقتصادية في مصر ومن خلال دراسته لهيكل القطاعين والتعرف علي أسباب وجود الطاقة العاطلة بها يوصي صانع السياسية الاقتصادية بضرورة الاهتمام بالقطاعين ووضع إستراتيجية لتمنينها ويكون ذلك من خلال تحفيز القطاع الخاص للاستثمار فيها وصياغة برامج التحديث الصناعة وتطبيق الأساليب الحديثة في الإنتاج وتطبيق معايير الجودة بالاهتمام بأنشطة البحث والتطوير وتنمية الكوادر البشرية العاملة والتي ترفع من الإنتاجية الكلية للقطاع بالإضافة إلي ضرورة التعرف علي المشاكل التي تواجه القطاعين والعمل علي سرعة

---

(١) الجهاز المركزي للتعبئة العامة والإحصاء نشرة قيمة الإنتاج الفعلي والطاقة العاطلة والمخزون من الإنتاج التام علي مستوي الأنشطة الصناعية بالقطاع العام والأعمال العام عام ٢٠٠/٢٠٠٧، وكذلك نشرة الجهاز المركزي للتعبئة والإحصاء ونشرة قيمة بالإنتاج الفعلي والطاقة العاطلة والمخزون من الإنتاج التام علي مستوي الأنشطة الصناعية بالقطاع الخاص عام ٢٠٠٧، ويلاحظ أن مصطلح الطاقة العاطلة هي الفرق بين الطاقة الإنتاجية المقاصد (الطاقة القصوى) والإنتاج الفعلي.

(٢) مشار إليه د/ عزة محمد حجازي، والمرجع السابق ص٣٢٦.

(٣) د/ عزة محمد حجازي المرجع السابق ص ٣٢٧.

حلها وفي النهاية يشير إلي أن تحديد القطاع القائد للتنمية الاقتصادية يتوقف علي أهداف التنمية ذاتها كما يتوقف علي أسلوب التقسيم القطاعي المتبع لجداول المدخلات والمخرجات ومجموعة الأنشطة التي يضمنها كل قطاع فمما لا شك فيه أن تجميع قطاعات الاقتصاد القومي في عدد أقل من القطاعات -بحيث تقل درجة مصفوفة المدخلات والمخرجات سوف يؤدي إلي إظهار قطاع ما كقطاع قائد في حين أن المادة تقسيم القطاعات لعدد أكبر سوف يخفض من أهميته النسبية وبالتالي يجب النظر لهذه الاعتبارات عند تحديد القطاعات القائدة للتنمية الاقتصادية في الاقتصاد والمصري.

المطلب الثالث

أثر الأزمة علي القطاع التجاري

● **تصريحات وزير التجارة والصناعة بشأن الأزمة** [1]:

- قادرون علي اجتياز الأزمة واستكمال مسيرة الإصلاح

أكد وزير التجارة والصناعة رشيد محمد رشيد أن المرحلة القادمة ستشهد إقرار حوافز جديدة لرفع معدلات الاستثمار، سواء العلمية أو العربية أو الأجنبية وبعث الطمأنينة لدي المستثمرين...

كما ستكون هناك إجراءات جديدة للحفاظ علي معدلات النمو، سواء بالمحافظات، لحماية المستهلكين وضمان حصولهم علي السلع بجودة أسعار مناسبة.

وقال إن إنشاء هذه الأسواق أصبح ضرورة ملحة، والتعامل مع الأزمات التي يعاني منها الاقتصادي العالمي، كما أكد أن الأزمات التي تعرضت لها البورصة المصرية لا تعبر عن حقيقة أوضاع الشركات ولا تعكس قوائم المالية، وما حدث كان لعدم دراسة المتعاملين بالبورصة.

- إجراءات عاجلة للحفاظ علي معدلات النمو ومساندة الشركات المصرية:

أوضح الوزير إن هذا يتطلب وضع رؤية شاملة علي المدي القريب والبعيد للحفاظ علي معدلات النمو التي حققها الاقتصاد المصري خلال العامين حيث إن الحفاظ عليها يتطلب بذل المزيد من الفكر والجهد من

---

(١) موقع الهيئة العامة للاستعلامات.

www.sis.gov.eg/Ar/story.aspx?

جانب الحكومة والمنتجين والمصدرين وأيضا القطاع المصرفي حيث إن التمويل بعد عنصرا ورئيسيا في تحقيق هذه المعدلات!

وقال إن هناك اجتماع سيعقد سيدعي له كافة المسئولين والمتخصصين سواء من الوزراء أو الجهات المعينة للأمل علي وضع حلول جذرية لمشكلات التصديرية ومساعدتها علي التعامل مع الأزمة للحفاظ علي فرص العمل التي توفرها هي القطاعات وأيضا لزيادة الصادرات والاستثمارات.

وأشار إلي أن الحكومة تبني مشروعا قوميا لإنشاء أسواق الجملة بالمحافظات يساهم بلا شك في الحفاظ علي المعادلات الاستهلاك بالسوق المحلي معتبر أن إنشاء مثل هذه الأسواق أصبح ضرورة ملحة للتعامل مع الأزمات التي يعاني منها الاقتصاد العالمي خاصة بالمنتجين المحليين وأيضا كحماية المستهلك للحصول علي السلع ذات جودة عالية وبأسعار مناسبة.

- **الحكومة وضعت كافة الاحتياطات لمواجهة الأزمة المالية:**

أكد الوزير في ٢٠٠٨/١٠/١٧ أمام أعضاء الفرقة التجارية الأمريكية أن الحكومة وضعت كافة الاحتياطات اللازمة لمواجهة الأزمة المالية العالمية التي تضرب كافة الدول العالم...مشيرا إلي أن النظام المصرفي المصري قادر علي امتصاص الأزمة بشكل كامل دون آثار سلبية.

وقال أنه لن يتعرض أي بنك في مصر لمخاطر ائتمانية وسبب ذلك أن الحكومة اتخذت إجراءات قوية وقادرة علي التعامل مع انهيار المؤسسات المالية العالمية.. وأن السوق المصري كغيره في العديد من دول العالم تأثر بشكل سبيل..

وأكد أن المرحلة القادمة سوف تشهد اعتمادا كبيرا علي الأسواق الناشئة\ والتي ستكون محور أساسيا للتنمية موضحا أنم مصر سوف تعمل من جانبها علي التركيز علي جذب مزيد من الاستثمارات الخليجية بالإضافة إلي تشجيع الاستثمار المحلي الذي يعتبر المصدر الرئيسي- لقاطرة الاستثمار في مصر معتمدة بصورة كبيرة علي البنية التحتية التي استثمرت فيها الحكومة أكثر من ٢٦ مليار جنيه لبناء الطرق والمدارس والمستشفيات ومحطات الكهرباء وشبكة الغاز وكذلك تطوير قطاع النقل.

وأضاف أن التضخم بصفة عامة سوف ينخفض نسبته خلال الشهور القليلة المقبلة خاصة بعد انخفاض أسعار السلع...

وقال أن الأزمة المالية الحالية أثرت علي العالم أجمع وستشهد كل من الدول المتقدمة والنامية فترة من الركود حيث خفض صندوق النقد الدولي من توقعاته بخصوص النمو الاقتصادي للعام ٢٠٠٨ من ٤,١ في يوليو إلي ٣,٩%.

وفيما يتعلق بمدي تأثير تلك الأزمة علي التجارة العالمية:

قال تتمثل التأثيرات في فقد الثقة ومن ثم زيادة المخاطرة للدخول في نشاطات مالية وتأمينية إنتاجية واستثمارية وشحن عالمية بالإضافة إلي تراجع المستهلكين عن الشراء حيث خفض المستهلكون في الولايات المتحدة الأمريكية المتحدة من إنفاقهم بنسبة ٥% بالإضافة إلي خفض السيولة المطلوبة من أجل تمويل النشاطات الاقتصادية والتجارية والمخاطر المرتبطة بذلك مما سيؤدي إلي مزيد من الركود في الإنتاج وفرض العمل.

تنسيق مصري فرنسي إزاء الأزمة المالية العالمية:

أكد الوزير في ٢٩/ ٢٠٠٨/١٠ أن هناك تنسيقا بين مصر وشركائها الأساسية في التجارة والاستثمار خاصة في ظل التغيرات الكبيرة التي يشهدها الاقتصاد العالمي وأن الرئيس مبارك بادر من خلال هذا المنطلق بإصدار توجيهات لأعضاء الحكومة بزيادة التنسيق مع الدول المختلفة ومتابعة الأوضاع العالمية وتأثيرها علي مصر.

وأوضح الوزير مبارك قام بإجراء سلسلة من الاجتماعات مع المجموعة الاقتصادية لمتابعة تطورات الأوضاع أول بأول مشيرا إلي أن الأزمة المالية سيكون لها انعكاسات علي مصر كجزء من العالم.

وقال إن زيارة الرئيس مبارك لفرنسا تأتي في إطار التنسيق المطلوب لوضع خطط للفترة المقبلة مشيرا إلي أن أوروبا هي الشريك التجاري الأول لمصر ومصدر الاستثمارات الأجنبية الأساس في مصر خلال السنوات العشر الماضية.

وقال إن الأزمة الراهنة تعزز من أهمية إقامة مشروعات بين البلدين وحيث إن هذه الأزمة تترجم إلي نقص سيولة أنشطة اقتصادية وبالتالي فإن هذه المشروعات من شأنها منح السيولة اللازمة والدفع بأنشطة اقتصادية كبرى,

وأضاف أن الفترة المقبلة ستشهد أيضا العديد من الاجتماعات الاقتصادية الهامة علي المستوي العالمي بما يتطلب تنسيقا مصريا فرنسيا للمساهمة في تحديد أسلوب معالجة الأزمة الاقتصادية ومستقبل الاقتصاد العالمي الذي سيتغير خلال الفترة القادمة.

وأوضح أن انعكاسات الأزمة الاقتصادية ستمتد إلي مصر كجزء من

العالم فيما يتعلق بالصادرات والاستثمارات والتعاملات اليومية مع الشركات الأجنبية ومشيرا إلى أن هناك تعاونا بين الحكومة ومجتمع الإنتاج في مصر ـ لمواجهة تداعيات الأزمة للتقليل من خسائرها.

وزير التجارة والصناعة يعرب عن قلق مصر من تهديد القراصنة لحركة التجارة العالمية أعرب الوزير خلال المقابلة مع وكالة أسوشيتدبرس في ٢٠٠٨/١١/٢٥. عن قلق مصر ـ البالغ من تداعيات التصاعد في هجمات القراصنة بخليج عدن على حركة الملاحة بقناة السويس.

وأشار إلى بأن مصر اتخذت جميع الإجراءات المطلوبة لتأمين الملاحة في القناة إلا أن الظاهرة تتطلب جهود عالمية لإيقافها.

وإضافة بأنه ينبغي ألا نسمح لبعض الخارجين على القانون بتهديد حركة التجارة العالمية، موضحا أن الإجراءات التي ينتظر اتخاذها خلال الأيام المقبلة سوف تحدث تحولا تدريجيا في المشكلة.

- **المؤشرات الاقتصادية تؤكد تأثرنا المحدود بالأزمة العالمية.**

أعلن الوزير في ١٠/ ٦/ ٢٠٠٩، أن الاقتصاد المصري من أقل الاقتصاديات العالمية تأثرا بالأزمة المالية العالمية، وقال إن الحكومة استطاعت أن تتعامل مع الأزمة بصورة فعالة وأن الاقتصاد يشهد نمو بصورة إيجابية، وأشار إلى أن معدل النمو في قطاع المقاولات يتراوح بين ١٥ و٢٠ وهو من أعلى معدلات النمو في العالم.

وقال إن قطاعات السياحة والتجارة الخارجية وقناة السويس وما زالت متأثرة بالأزمة المالية ولكن بنسب أقل مما تشهده هذه القطاعات في كثير من دول العالم.

أثر الأزمة علي النقل البحري:

فلقد أثرت الأزمة علي حجم التجارة الدولية ولقد تأثرت مصر بانخفاض حجم التجارة بينها وبين دول العالم بشكل ملحوظ[(١)] . ففي شركة دمياط لتداول الحاويات والبضائع أحد محطات الحاويات بمنطقة الشرق الأوسط تراجع حجم نشاط الشركة في العام الحالي بنحو ٢٠% حيث أن الأزمة العالمية في حالة تصاعد علي حد تعبيره فانكماش حجم التجارة العالمية في حالة تصاعد علي حد تعبيره.

فانكماش حجم التجارة العالمية أدي إلي توقف العديد من السفن حيث بلغ عدد السفن علي العمل أكثر مع ١١٥ سفينة وبدأ العدد في تزايد حتى وصل ٣٩٢ وأرجعت الشركة النسبية الأكبر من توقف السفن إلي شدة تأثير الأزمة علي الموانى الصينية والتي انخفض حجم تعاملاتها مع الشركة.

وتعتبر شركة دمياط لتداول الحاويات والبضائع ثاني أكبر شركة في مصر- بعد شرق التفريعة في قطاع النقل البحري من حيث حجم التداول وتحولت إلي نظام المناطق الحرة.

أثر الأزمة علي الصادرات المصرية:

من بين الخطط الاقتصادية في الظروف العادية العمل علي فتح أسواق جديدة للتصدير وبعد الأزمة المالية العالمية وتداعيات المستمرة تكتسب هذه الخطط أهمية خاصة حيث تمثل الأسواق الجديدة بديلا من المواجهة حالات

---

(١) د/ رمضان محمد أحمد الروبي، الأزمة المالية العالمية حقائقها وسبل الخروج منها مؤتمر بكلية حقوق، جامعة المنصورة ص ١٤.

الكساد والركود المتوقعة خلال الفترة المقبلة فالأزمة المالية الحالية سوف ينتج عنها نوع من الانكماش في معدلات الطلب العالمي وسوف تصاب الأسواق تصاب بحالة من الركود سواء في دول الاتحاد الأوربي أو أمريكا أو في آسيا[١].

ولقد تراجعت الصادرات السلعية بنحو ٢,٢ مليار دولار ففي ظل الانكماش العالمي سيقل الطلب بشكل عام علي المعروض من المنتجات مما سيجعل هناك أولوية للطلب علي المنتج المحلي للدول التي يتم تصدير المنتج المصري إليها ومن الناحية أخرى سيزيد حجم المنافسة علي تصدير المنتج المصري إليها ومن ناحية أخرى سيزيد حجم المنافسة علي التصدير ونظرا لانخفاض حجم الطلب ستقلل المصانع من إنتاجها مما سيقلل من حوافظ العاملين وبالتالي القوة الشرائية للمنتجات مما يؤدي إلي الركود في الأسواق[٢].

وبالنسبة للموازنة العامة للدولة فإن جانب الإيرادات سيتأثر سلبا نتيجة لتوقع تراجع حصيلة الضرائب والجمارك وحصيلة الخصخصة وستزداد النفقات العامة علي الرغم من توقع انخفاض فاتورة دعم السلع (انخفاض أسعار البترول - أسعار المواد الغذائية ويتم ضخ ٥ مليار جنيه لمواجهة آثار الأزمة المالية العالمية مما يزيد من حجم العجز في الموازنة.

---

(١) Hussien Abd alamottaleb, Impact of the global Financial Crision the Egyption economy, available
http//econpapers.repec.org.

(٢) www.idbe.egypt.com/doc/financialcrisis.

وأوضح أحد وزراء الحكومة الأردنية أن التخوف مما يمكن أن تؤول إليه الأزمة المالية العالمية من تعرض اقتصاديات العديد من دول العالم وخاصة دول العالم المتقدم إلي كساد وتباطؤ اقتصادي وهذا سيؤثر سلبا علي الاقتصاد كالصادرات الوطنية والسياحية وحولات الأدرنين العاملين في الخارج وبالتالي التأثير سلبا علي النمو الاقتصادي بالمملكة وعجز الحساب الجاري لميزان المدفوعات[1].

ولقد تأثرت أسواق المال العربية بالأزمة المالية العالمية ودليل ذلك التراجع الكبير الملحوظ في مؤشرات بالمعاملات في البورصة العربية بصفة عامة والبورصات الخليجية بصفة خاصة ويترتب علي ذلك خسائر مالية فادحة وما يلي ذلك سيكون أعظم.

كما ارتفعت معدلات المسحوبات من البنوك والمصارف العربية بسبب الذعر والخوف والهلع غير المنضبط وسبب ذلك خلل في حركة التدفقات النقدية والمالية مما اضطرابات بعض البنوك المركزية في الدول العربية إلي ضخ كميات من السيولة لتلبية احتياجات الطلب علي النقد.

وهذا بلا شك أحدث ارتباك في سوق المال وأثره علي الاحتياطات النقدية في البنوك والمصارف العربية وقيام العديد من البنوك والمصارف العربية بتجميد تمويل المشروعات التي تقوم بها الشركات والمؤسسات وفقا للخطط والانعكاسات والعقود وهذا سبب انكماش في محال الأعمال مما قد في النهاية إلي تعثر وتوقف وعدم قدرها الشركات المقترضة عن سداد مستحقاتها للبنوك والمصاريف وهذا ساهم بشكل كبير في تفاقم الأزمة

(١) أ/ شاكر فؤاد اتحاد المصارف العربية الجزيرة نت ٢٠٠٨.

المتعارف عليها بسبب عدم القدرة علي التنبؤ مما سوف تأتي به الأزمة من آثار سلبية سوءا بسبب عدم القدرة علي التنبؤ مما سوف تأتي بـه الأزمـة مـن آثـار سـلبية سـواء كانـت ماليـة أو سياسية أو حتى نفسية وتوجه كبار المستثمرين الأجانب بحسب وتجميـد معـاملاتهم في أسـواق النقد والمال العربية مما أحدث خلل ملحوظ فلي اسـتقرار المعـاملات وتـأثر البورصـات العربيـة بهذا السلوك كما أن تأثر المستثمرين العـرب بخسـارة ضـخمة مـن أثـر الأزمـة وتعـدي ذلـك في أسواق المال الأخرى أثر ذلك علي ثرواتهم ومعاملاتهم وأثر كذلك عـلي السـيولة في أسـواق المـال العربية.

وارتباط كثير من المعاملات في أسواق النقـد والمـال في كـل الـدول العربيـة بالـدولار والـذي يطلق عليه الدولار اللص وما يحدث في أسعاره من انهيار غير مسبوق وما يترتب علي ذلـك مـن آثار خطيرة علي المعاملات المالية والاقتصادية بسبب خسائر باهظة علي الثروات الماليـة في هـذه الدول العربية.

وسببت الأزمة أيضا علي الدول النفطية وهناك خوفا من قيـام أمريكـا مـن خـلال الضـغوط السياسية علي الحكومات العربية النفطية بأن تساهم بطريق مباشر في خطـة الإنقـاذ الأمريكيـة كما فعلت في حرب الخليج وحرب الإرهاب وهذا يسبب خللا في الموازين الماليـة لهـذه الـدول والقلق والنفس الذي أصاب كل الناس وبصفة خاصة العرب وما سوف يترتـب عليهـا مـن فـرض ضرائب أو رسوم جديدة سوف يؤثر في أسعار السلع والخدمات[(١)].

(١) د/حسين حسين شحاته كيف النجاة من أثر الأزمة المالية الرأسمالية علي أسواق المال العربي: سلسـلة بحـوث في الفكر الاقتصادي الإسلامي، جامعة الأزهر.

المطلب الرابع

أثر الأزمة علي القطاع المصرفي

لقد تأثر الاقتصاد المصري بالأزمة المالية العالمية التي لحقت بالاقتصاد الأمريكي وانتقلت إلي أوربا ومعظم دول العالم نظرا لأن الاقتصاد المصري جزء من هذا العالم ومتشابك في علاقات شتى بالاقتصاد الأمريكي والاقتصاديات الأوربية فسوف يتأثر بالأزمة بشكل مباشر.

وأثر الأزمة علي الجهاز المصرفي محدودًا للأسباب الآتية:

١) تكامل القطاع المالي والمصري في النظام المالي العالمي ما زال محدودا ولم يندمج بقوة في النظام المالي العالمي.

٢) تتبني البنك المركزي المصري خطة إصلاح الجهاز المصرفي في خلال الفترة ٢٠٠٤/ ٢٠٠٨ والتي شجعت علي الاندماجات لخلق الكيانات مصرفية قوية وتضمنت المادة الهيكلية المالية والإدارية للبنوك وتنقية محافظ البنوك من الديون الرديئة.

٣) الضوابط التي وضعها البنك المركزي المصري في مجال منح الائتمان والقيمة التسليفية للضمان ونسب السيولة والاحتياطي والحدود القصوى الاستثمارات البنك في الأوراق المالية وفي التمويل العقاري والائتمان للإغراض الاستهلاكية.

٤) الاهتمام بالإدارة المخاطر بوضع البنك المركزي المصري مجموعة عن القواعد التي تتعلق بأسس إدارة المخاطر الائتمانية وتكوين المخصصات لكل من القروض والالتزامات العرضية والارتباطات

والقروض الأغراض استهلاكية وعقارية.

٥)   تتوافر السيولة لدى الجهاز المصرفي المصري حيث أن نسبة الائتمان لا تتعدى ٥٢% من إجمالي هذه السيولة ولا تزال في الحدود الآمنة.

٦)   قوة المراكز المالية للبنوك المصرية.

٧)   انخفاض حجم الاستثمارات المالية للبنوك في الخارج مقارنة بودائعها وبالنسبة للاحتياطي الدولية فقط بلغت حوالي ٣٥ مليار دولار ٩٨% منها مودع في سندات وأذون خزانة أمريكية وأوروبية وهي سندات ممتازة، ٢% منها مودعة في بنوك عالمية قوية.

أثر الأزمة العالمية على أداء البنوك التجارية في مصر:

تعرضت البنوك المصرية بعدة آثار نوضحها فيما يلي:

١)   انخفاض قيمة أسهم البنوك التجارية المصرية المدرجة في البورصة المصرية أو في البورصات العالمية.

٢)   انخفاض قيمة أسهم الشركات المصرية في البورصة والتي تساهم فيها البنوك التجارية المصرية.

٣)   انخفاض قيمة استثمارات البنوك في الأوراق المالية التي اشترتها بفرض المتأجرة وحيث تم انخفاض قيمة الأسهم المشتراة بغرض المتأجرة في بنك مصر من ٤٥٦,٨١ مليون جنيه في ٣٠ /٦ /٢٠٠٧ إلى ٨٧,٢٧ مليون جنيه في ٣٠ /٦ /٢٠٠٨. انخفاض قيمة السندات المشتراه بغرض المتاجرة في بنك الأهلي المصري من ١٣٦ مليون جنيه في ٣٠/٦/ ٢٠٠٧ إلى ٧١ مليون جنيه في ٣٠/ ٦ /٢٠٠٨م.

٤)   من غير المتوقع حدوث خسائر كبيرة في استثمارات البنوك التجارية

المصرية في الخارج لأن حجمها محدود نظرا للضوابط البنك المركزي المصري في هذا الشأن.

٥) ارتفاع حجم السيولة M٢من ٥٢٢ مليون جنيه في ديسمبر ٢٠٠٥ إلي ٧٩١ مليون جنيه في ديسمبر سنة ٢٠٠٨.

٦) تأثر بعض المحافظ الائتمانية للبنوك نتيجة منح القروض للعملاء بضمان الأسهم التي سجلت انهيارات حادة في أسعارها.

جدول يبين فروق تقييم الاستثمارات المالية بفرض المتاجرة مليون جينة

بيان	٣٠/ ٦/ ٢٠٠٧	٣٠/ ٦/ ٢٠٠٧
بنك مصر	٩٣٩,٧	٢٠٨,١
البنك الأهلي المصري	٢٣٢,٢	١٩,٠٠
بنك القاهرة	٣٢٩,٣	١٣٢,٠٠

الملاحظة الجديرة بالاهتمام أن هناك توقعات بأن يستمر تأثير الأزمة المالية العالمية علي البنوك المصرية نتيجة لتأثر الاقتصاد المصري خلال الفترة الحالية القادمة وإذ كان بدرجة ليست كبيرة، نتيجة للعوامل التالية[(١)]:

١) انخفاض حصيلة الجهاز المصرفي من النقد الأجنبي نتيجة انخفاض المتحصلات من السياحة البترول- العاملين بالخارج - قناة السويس- الصادرات والسلعية) ويعوض وذلك جزئيا حصيلة تراجع المدفوعات عن الواردات والناجم عن تراجع الواردات من السلع الوسطية

(١) أبو جبيش- أثر الأزمة المالية العالمية علي الجهاز المصرفي المصري.
Kenanaonline.com/users/hazem/posts/١٠٠٨٦٠.

والرأسمالية والاستهلاكية إضافة إلي توافر السيولة حاليا بالجهاز المصرفي من العملات الأجنبية.

٢) انخفاض معدل النمو في الودائع الحكومية قطاع الأعمال العام - قطاع الأعمال الخاص - القطاع العائلي) والناجم عن تراجع معدل نمو الناتج المحلي الإجمالي سواء بالعملات الأجنبية أو بالعملات المحلية.

٣) تراجع حجم نشاط البنوك في مجال التجزئة المصرفية (قروض شخصية- قروض تمويل سيارات تمويل عقاري) الخ نتيجة التوقع الطلب الكلي علي السلع الاستهلاكية أو الأغراض العقارية وقد تفرض بعض البنوك ضوابط جديدة علي منح القروض التجزئة المصرفية.

٤) تأثر كافة تعاملات البنوك المرتبطة بالتجارة الخارجية أو الداخلية (الاعتمادات المستندية - خطاب الضمان- الشيكات- التحويلات- البطاقات الإئتمانية..إلخ) نتيجة لتراجع تأثير حركة التجارة الداخلية.

٥) اتجاه أسعار العائد إلي التراجع حيث سيتجه معدل التضخم إلي الانخفاض نتيجة للركود العالمي وانخفاض أسعار المستوردة وقد بدأت البنوك بالفعل في خفض أسعار وخاصة علي الأدعية الإدخارية بالدولار واليورو.

وما يدعو إلي التفاؤل في هذا الشأن ما أكدته بعثة صندوق النقد الدولي[1] بأن مصر تغلبت علي آثار الأزمة المالية العالمية بشكل جيد

(١) جريدة الأهرام تغلبت علي أثار الأزمة المالية العالمية- العدد ٤٤٨٦- السنة ١٣٣٣ بتاريخ أكتوبر ٢٠٠٩م..

فبالرغم أنها تعرضت للآثار غير المباشرة للتباطؤ العالمي، فإن الإصلاحات مستمرة منذ عام ٢٠٠٤ قد خفقت أثار الضعف المالي والنقدي.

وقالت البعثة: إن آثار الأزمة الاقتصادية علي النمو العالمي ستظل قائمة حتى ٢٠١٠ وإن استمرار التضخم يتيح إجراء التخفيض إضافي في أسعار الفائدة، حيث ساعدت التخفيضات الأخيرة لأسعار الفائدة في التخفيف من أثار التباطؤ الاقتصادي العالمي وأنه ينبغي علي البنك المركزي المصري أن يأخذ بعين الاعتبار تأثير ذلك في ميزان المدفوعات.

وأوضحت البعثة أن النظام المصرفي في وضع جيد لمواجهة الضغوط الناجمة عن الأزمة الحالية، فمنذ عام ٢٠٠٤ اضطلعت الحكومة بعمل إصلاحات مهمة بما في ذلك تعزيز الإشراف علي البنوك، وإعادة الهيكلة والدمج، وجدولة القروض المتعثرة وقد ساعدت هذه الإجراءات علي جعل النظام المصرفي أكثر مرونة وتوافر السيولة لديه.

المطلب الخامس

أثر الأزمة علي البورصة المصرية

لقد كانت بوصة الإسكندرية أول بورصة مصرية فلقد تمت أو صفقة قطن محلية سنة ١٨٨٥ بمقهى أوروبا السكندري بميدان des Consuis والذي أطلق عليه فيما بعد ميدان محمد علي.

وفي سنة ١٨٩٩ في عهد الخديوى عباس انتقلت AGPA إلي مبني جديد وأطلق عليها البورصة وأصبحت بورصة الإسكندرية أحد معالم المدينة التي تظهر علي مكاتب البريد والدليل الإرشادي للمدينة.

وقد كان سماسرة القطن المسجلة حوالي خمسة وثلاثين لم يكن من بينهم إلا اثنان مصريان والباقي من الشوام واليهود وكان رئيسها سوري الجنسية يدعي جول كلات بك وكان معظم التداول يتم مع بورصة القطن بليفربول.

وفي أحد الاجتماعات علي مقهى نوبار قرر أن علي القاهرة تنتهج نهج الإسكندرية وتم إنشاء بورصة القاهرة في يوم الخميس ٢١ مايو ١٩٠٣ وكان مقرها المبني القديم للبنك العثماني وهو الآن مبني جوربي فرع عدلي وكان أعضاءها المؤسسين[(١)] يحرصون علي الاجتماع وكانت البورصتان

(١) أعضاء البورصة هم موريس كاتاوي بك الرئيس أربيب - كوكس جناربونو أورزويل- ماكليفرى أودولف كاتاوي ممثل عن Courtier en Merchandisies، ويد ممثل عن Courtieren Valeurs، بالإضافة إلي ممثل عن كلا من بنك ليونز ولائتماني، بنك مصر والبنك العثماني الأمبريالي، والبنك المصري البريطاني والبنك الأهلي المصري وكان السكرتير العام للبورصة عام ١٩٠٣ السيد بوتليني.

(القاهرة- الإسكندرية) تحتل مركز بين أكبر خمس بورصات علي مستوى العالم وكان الاقتصاد المصري منتعشا في كل الأوقات وبلغ عدد الشركات في بورصات القاهرة ٢٢٨ بإجمالي رأسمال ٩١ مليون جنيه ووجد أكثر من ٧٣ سمسار ووسيط.

وأن الذعر المالي الذي وقع في عام ١٩٠٧ بدأ في الإسكندرية بعد إخفاق بنك كاسادي سيكونتر في يوليو من هذا العام وسمع هذا الانهيار في اليابات ثم ألمانيا ثم شيلي ومع حلول أكتوبر امتد ليشمل أوروبا وأمريكا وفي مصر أخذت المصارف شديد التوسع في الانهيار واحد تلو الآخر حيث انخفضت أسعار الأسهم بسرعة شديدة.

وتم اختيار مبني جديد للبورصة وبدأت حركة التداول في إبريل ٢٠٠٩ بشارع البورصة الجديد وأغلقت البورصة في هذا اليوم لوفاة رافئيل سوارس ويرجع إليه الفضل في وجود بورصة في القاهرة وفي عام ١٩٢٨ وقيل انهيار وول ستريت بعام انتقلت بورصة القاهرة إلي المبني الحالي بشارع الشريفين.

وقبل انهيار البورصة عام ١٩٦١ كرست الدولة جهودها في دمج البورصتان القاهرة الإسكندرية وبعد الدمج احتلت المركز في الرابع في العالم.

تطور البورصة المصرية من عام ٩٧ حتى ٢٠٠٣ [١]:

- في عام ٩٧ كان حجم التداول ٣٧٣ مليون ورقة وقيمة التداول ٢٤ مليار جنيه.

- وفي عام ٩٨ كان حجم التداول ٥٧١ مليون ورقة وقيمة التداول ٢٣ مليار جنيه

- وفي عام ٩٩ كان حجم التداول ١٠٧٤ مليون ورقة وقيمة التداول ٥٣مليار جنيه

- وفي عام ٢٠٠٠ بلغ حجم التداول ١١٠٨ مليون ورقة وقيمة التداول ٣٩ مليار جنيه

- وهي أعلي قيمة سجلها المؤشر في هذه الفترة حتى ٢٠٠٤

- وفي عام ٢٠٠١ حدث هبوط بلغ عدد الأوراق المتداولة ١٢٦٠ مليون ورقة وقيمة التـداول كانت ٣٢ مليار جنيه.

- وفي عام ٢٠٠٢ بلغ فيها حجم التداول ٩,٤ مليون ورقة وقيمة التداول ٣٤ مليار جنيه.

- وفي عام ٢٠٠٣ بلغ فيها حجم التداول ١٤٢٢ مليون ورقة وقيمة التـداول ٢٨ مليـار جنيـه

والملاحظ صعود في حجم التداول علي الأوراق ولكن بهبوط في قيمة التـداول وقـد يكـون ذلك بسبب هبوط بعض الأسعار.

(١) أ/ أسعد مصطفي محمود الوكيل، البورصة المصرية ما قبل وما بعـد الأزمـة الماليـة ورقـة عمـل مـؤتمر كليـة التجارة جامعية عين شمسي ١٢/ ١٣ ديسمبر، ص ٥٦٥ وما بعدها

- **وفي عام ٢٠٠٤ يمكن تقسيمها إلي ثلاث فترات:**

الفترة الأولي: من يناير حتى يوليو فقد بدأ العام فتأثر بارتفاعات واستقرار السوق المصرفي الأجنبي وبدأ تنفيذ اتفاقية الشراكة بين مصر والاتحاد الأوربي في يونيو في نفس العام وارتفع المؤشر في هذه الفترة حوالي ٢٣%.

الفترة الثانية: وتبدأ بتولي حكومة الدكتور نظيف في يونيو ٢٠٠٤ حيث بدأت البورصة في مرحلة جديدة من الصعود وتم صعود المؤشر إلي ٢٠%

الفترة الثالثة: حيث توالت القرارات الحكومية بالإعلان عن قرارات الحكومية بالإعلان عن خفض والمادة هيكلية التعريفة الجمركية والتي أصدرها وزير المالية ثم الإعلان عن المادة الهيكلية بنوك القطاع العام في سبتمبر ٢٠٠٤ وتميزت هذه الفترة بزيادة حدة الارتفاع في اتجاه السوق وبعد ذلك إعلان عن القانون الجديد للضرائب علي الدخل والذي شجع علي زيادة القدرة الشرائية للمواطنين وأن السوق لم تتأثر بحادث طابا[1]. وشهد ارتفاع المؤشر فيه ليصل إلي أعلي مستوياته منذ سنة ١٩٩٨ حيث سجل ٢٥٦٨ نقطة في ديسمبر٢٠٠٤.

---

(١) ولقد ذكرت صحيفة فانيا نشيال تايمز في مقال لها بتاريخ ٢٠٠٤/١١/٢٢ عن سوق الأوراق المصرية أن البورصة المصرية قد عيد اكتشافها من جديد منذ تولي الحكومة الجديدة في يوليو ٢٠٠٤ ولقد رفعت المؤسسة مفيتس أيبكه تقييمها للجدارة الائتمانية للاستثمار في مصر من سلبي إلي مستقر ولقد وضعت مؤسسة مورجان ستانلي مصر في المرتبة الثانية بعد كولومبيا بين الدول الناشئة متفوقة علي روسيا وتركيا وغيرها.

وبلغ إجمالي التداول ٤٢ مليار جنيه إذا ما قورن ب٢٨ مليار جنية في ٢٠٠٣ وبلغت كمية التداول ٢٤٣٥ مليون ورقة مقابل١٤٢٢ مليون ورقة في عام ٢٠٠٣.

وبهذا أصبحت البورصة في هذا العام أن حققت ارتفاعا عن بورصة الأردن والسعودية والمغرب والمجر والتشيك وبولندا وجنوب أفريقيا ونيجيريا وفنزويلا والبرازيل وأندونسيا والهند.

وبعد عام ٢٠٠٥ أهم عام في البورصة المصرية فقد شهد نقطة تحول نوعية في تاريخ الاقتصاد المصري[1].

وكانت قيمة التداول في عام ٢٠٠٥، ١٥١ مليار جنيه بزيادة قدرها ٢٧٩ مليار جنيه إذا ما قورنت ٢٠٠٤ وارتفعت كمية التداول لتحقق ٥٫٣ مليار ورقة بزيادة قدرها ١١٨% مقارنة بعام ٢٠٠٤.

وفي سنة ٢٠٠٦ حققت البورصة إجمالي قيمة التداول ٢٧١مليار جنيه وارتفعت كمية التداول لتبلغ ٨ مليار ورقة حالية.

وشهد هذا العام تطبيق نظام التداول عبر شبكة الانترنت مما أثر بالزيادة علي إجماليات التداول وفتح نوافذ جديدة للبورصة المصرية.

وفي سنة ٢٠٠٧ سجل هذا العام معدل نمو قدره (51%) وتجاوز عدد

---

(١) والقارئ لتقرير البورصة السنوي لعام ٢٠٠٥ فعام ٢٠٠٥ يمثل نقطة تحول نوعية في تاريخ الاقتصاد المصري فمع تصاعد عجلة الإصلاح الاقتصادي عن ٥% خلال العام الماضي ٢٠٠٥/ ٢٠٠٦ ومع توقعات للبنك الدولي الثلاث القادمة بعد أن كان معدل النمو ٦% وهو ما دفع الاقتصاد لأن يتم تتويجه كأحد أفضل الاقتصاديات من حيث برامج الإصلاح خلال ٢٠٠٥.

الشركات الصدمات القوية التي أصابت الأسواق الناشئة المتقدمة حيث تم تخفيض مدة التسوية ورفع الحدود السعرية عن ١٥١ شركة وتم جذب الشركات العائلية للقيد إلي البورصة وتم شطب الشركات غير المتوافقة وأطلقت البورصة سوق للشركات المتوسطة والصغيرة كما تم إطلاق أو دفتر توفير استثمار في البورصة المصرية وتم إدخال أدوات مالية جديدة للسوق منها قواعد العمل وصانعوا السوق وصناديق المؤشرات بالإضافة إلي التطور التكنولوجي حيث أجريت عدة تجارب لتطوير نظام التداول في البورصة.

وقد حققت البورصة المصرية ٢٠٠٧ مستويات مرتفعة من التداول فقط سجلت قمية تداول ٣٦٣ مليار جنيه مقابل ٢٨٧ في سنة ٢٠٠٦ وارتفعت كمية التداول لتحقق ١٥ مليار ورقة مالية خلال ٢٠٠٧ بزيادة قدرها ٦٦% عن ٢٠٠٦[١].

وارتفع رأس المال السوقي ليتجاوز حاجز ٧٦٨ مليار جنيه بنهاية ٢٠٠٧.

أما في عام ٢٠٠٨:

فقد واجهت مصر الأزمة المالية العالمية باقتصاد قوى بعد أربعة أعوام من الإصلاحات المكثفة وقامت الحكومة المصرية باتخاذ عدة إجراءات تستهدف تنشيط الاقتصاد المصري والحفاظ علي معدلات النمو وتم تشجيع الاستثمار والاستفادة من الحجم السكاني في زيادة الطلب المحلي ولقد أثرت الأزمة المالية العالمية في انخفاض الأسعار وقامت الحكومة بتخصيص ١٥

(١) أ/ أسعد مصطفي محمود الوكيل، المرجع السابق، ص ٥٩١.

مليار جنيه زيادة الإنفاق العام والمشاركة في تحمل أعباء الرسوم الجمركية ومن هنا فقد أعلنت بعض المؤسسات أن الاقتصاد والمصري سيكون أقل تأثرا بالأزمة المالية العالمية.

وقد تأثرت كافة قطاعات البورصة بتراجعات الأسواق العالمية وسجلت القطاعات خسائر تتراوح ما بين ١٦% للأغذية والمشروبات إلي ٧١% قطاع السياحة والترفيه وخرج أثناء الأزمة من أموال الأجانب ما يقرب من ١٧ مليار جنيه.

وبالتالي واجه المؤشر العام للسوق المصري ضغوطا شديدة خلال عام ٢٠٠٨ وشهد المؤشر تراجعا خلال الشهر الأول من ٢٠٠٨ ويلاحظ أن السوق تراجع بقوة حتى منتصف أغسطس لينحسر نحو ٣٤% وهي أكبر الخسائر التي لحقت بالمؤشر في فترة قصيرة وبتالي تراجع المؤشر العام منذ بداية الأزمة حتى الأسبوع الثالث من شهر نوفمبر ٢٠٠٩ ليسجل خسائر قدرها ٥٢% وتم اتخاذ عدة إجراءات استهدفت مواجهة الأزمة.

وقيمة التداول في عام ٢٠٠٨ نحو ٥٣٠ مليار جنيه مقارنة ٣٦٣ مليار جنيه عام ٢٠٠٧ وكمية التداول ارتفعت إلي ٢٦ مليار ورقة خلال عام ٢٠٠٨ وتراجع عدد الشركات المسجلة في البورصة إلي ٣٧٣ شركة بنهاية عام ٢٠٠٨ في حيث كان في ٢٠٠٧ عدد الشركات ٤٣٥ شركة وبلغ رأس المال السوقي نحو ٤٧٤ مليار جنيه بنهاية عام ٢٠٠٨ بانخفاض قدره (٣٨%) عن عام ٢٠٠٧.

وفي عام ٢٠٠٩:

توقع خبراء ومحللون اقتصاديون أن يشهد عام ٢٠٠٩ تعافيا ملحوظا

للبورصة المصرية بنسبة تصل إلي ٧٥% بعد الخسارة الحادة التي شهدها عام ٢٠٠٨ والذي سجل أسوأ انخفاضات للسوق منذ تاريخه.

وقد قررت مصر تأجيل نتيجة بورصة المشتقات المالية إلي عام ٢٠١١ بدلا من الموعد الذي كان محددا له قبل ذلك أواخر عام ٢٠٠٩ وأخيرا رئيس البورصة[١] أن قرار التأجيل جاء نتيجة تداعيات الأزمة المالية التي أدت إلي تراجع حجم التعاملات في أسواق المال.

وتم تخفيض معدلات الفائدة بنسبة ١% في فبراير عام ٢٠٠٩ بقرار البنك المركزي وذلك لكونه قد يؤثر إيجابيا علي أداء أسواق السهم كما شهدت البورصة في فبراير ٢٠٠٩ حالة من الهبوط الكبير للأسهم علي خليفة الانخفاض الملحوظ الذي لحق بالبورصات العالمية والعربية وتم تغيير اسم المؤشر من ٣٠ Case الرئيس بالدولار بالإضافة إلي طريقة حساباته حاليا بالعملة المحلية وهو أو مؤشر يتم حسابه بالدولار للسوق المصري المحلي.

والسوق يرتفع ٢٤% خلال النصف من عام ٢٠٠٩ بمعدل الزيادة ٢٤% وبمكاسب بلغت ١١٠٦,٤ نقطة ليقفز من مستوي ٤٥٩٦,٤٩ نقطة و؟؟؟ عند ٥٧٠٢,٨٧ نقطة.

وخرجت من البورصة المصرية حوالي ٨٠٠ مليون دولار[٢]. كما

---

(١) أ/ محمد عمران رئيس البورصة سابقا

(٢) وأخير ماجد شوقي رئيس البورصة المصرية قلل من تأثير خروج الأموال الأجنبية في البورصة إلي الخارج والتي وصلت إلي ٨٠٠ مليون دولار خلال النصف الأول من عام ٢٠٠٩ حتى وصل وقال أن نسبة كعاملات الأجانب من بداية ٢٠٠٩ =

شهدا البورصة في آخر أكتوبر سنة ٢٠٠٩ تراجعا حادا وفقد المؤشر الرئيسي أكثر من ١٥,٥ من قيمته ليغلق عن ٤٨٩٧ نقطة وبلغ إجمالي قيمة التعاملات خلال الأسبوع الأخير من أكتوبر ٤,٣ مليار جنيه وبلغت قيمة التداول ٣٢٥ مليون ورقة.

وظائف الأسواق المالية الدولية(١).

أولا: تنشيط الحركة الدولية لرؤساء الأموال

وذلك عن طريق الموازنة حاجات البائعين بحاجات المشتريين وتحديد السعر الذي قيم به التبادل وفي سوق رأس المال الدولية ويكون للمقرضين عدة أفضليات منها(٢).

- باستحقاق القروض التي يعرضونها

= وحتى مايو ٢٠٠٩ كانت ١٢% ونسبة العرب ٦% والمصريين ٨٢% لذلك فهو ليس له تأثير كبير.
بينما ذكر تقرير لبعض الخبراء في تقرير نهلة أبو العز أن الأجانب هم القصي السحرية في البورصة والمؤثرون في مؤشرها خصوصا أنهم يركزون علي الأسهم الثقيلة وذات الملاءة المالية العالمية وأغلبها ضمن المؤشر الرئيس للبورصة.
وذكرت جريدة البشاير في ٤ سبتمبر سنة ٢٠٠٩ أن الاقتصاد المصري تعرض لخسائر بلغت ٢٠ مليار دولار من الإيرادات الأجنبية خلال عام ٢٠٠٨/ ٢٠٠٩ بسبب الأزمة.

(١) السيد عطية عبد الواحد الأسواق المالية الدولية دار النهضة العربية طبعة ١٩٩٧

(٢) المستشار - الدكتور/ محمد حلمي عبد التواب البورصة المصرية والبورصات العالمية آلية عملها - الرقابة عليها- الربط - بين البورصات مؤسسة الطوبجي للنشر القاهرة ٢٠٠٤، ص ٢٧٩ وما بعدها.

- سهولة وضمان تصفية أية أصول يشترونها
- مقدار ونوع المخاطر التي يرغبون في تحملها
- السعر الذي يستطيعون الحصول عليه لإقراض رأس المال.

ثانيا: توفير مستويات أعلي من السيولة:

فسيولة السوق تعني القدرة علي بيع وشراء الأصول وتحويلها إلي نقود بسهولة وكلما ارتفع مستوي سيولة السوق كلما زادت درجة هذه السيولة وسيولة السوق تحسين توزيع رأس المال ومن ثم تعزيز آفاق النمو الاقتصادي طويل الأجل.

ثالثا: تقليل مستويات المخاطر:

حيث أن تقدير المخاطر المرتبطة بالاستثمار غير المباشر فهذا يعد أحد العوامل الأساسية في اتخاذ القرار الاستثماري[١]. وأبرز هذه المخاطر عدم القدرة علي السداد نتيجة اختلال التوازن الاقتصادي يرجع إلي:

أ) تغير مستوي الأسعار نتيجة للتضخم أو الانكماش

ب) تغير سعر الصرف الأجنبي لارتباطها بعملة أخرى.

ج) تغير مستوي الدخل من حيث الزيادة أو الانخفاض

رابعا: زيادة كفاءة الاقتصاد وفاعليته:

فالأسواق المالية الدولية تحفزا الكفاءة الاقتصادية للدول وذلك بالمساعدة علي تخصيص الموارد لأفضل استخدامها استجابة للعرض والطلب وبتالي

(١) د/ سامي عفيفي حاتم دراسات في الاقتصاد الدولي الدار المصرية اللبنانية، الطبعة الخامسة سنة ٢٠٠٠.

فالنظام الجديد للأسواق المحلية والمؤسسات المالية يعهد من المكونات الأساسية لأي نظام اقتصادي كفء وبالتالي يعين علي تخصيص المدخرات الاستثمارات ذات عائد مرتفع[(١)].

وذلك لأن البورصة تعمل علي تعبئة المدخرات وتنويع الأصول المتاحة للاستثمار إلي جانب جذب استثمار في المجتمع[(٢)]. كما توفر التمويل للازم الاستثمار طويل الأجل كما تضمن إمكانية استرداد الاستثمار في أي لحظة خلال السوق الثانوية وبالتالي فيوجد دور قيادي لسوق الأوراق المالية كما أن سوق الأوراق المالية يمكنها تحريك المدخرات وبتالي تسهيل الاستثمار باستخدام طرق أكثر إنتاجية فالسوق الأولية تمثل عرض الأوراق المالية في سوق الأوراق المالية يمكنها تحريك المدخرات وبالتالي تسهيل الاستثمار باستخدام طرق أكثر إنتاجية فالسوق الأولية تمثل عرضا الأوراق المالية في سوق الإصدار وبتالي يقدم خدمة هامة للمستثمرين والشركات حيث يوفر لهم فرصة استثمار مدخراتهم.

أما السوق الثانية وهي سوق التداول فمن أهم خصائصها توفير عنصر السيولة لحاملي الأوراق المالية بحيث يتمكنون من تحويل ما لديهم من أسهم أو سندات عند الحاجة إلي النقود وهذه الميزة تشجع علي التعامل مع سوق الإصدار وأن تشجع المستثمرين علي زيادة استثماراتهم الموجهة لشراء

---

(١) مشار إليه المستشار د/ حلمي عبد التواب المرجع السابق، ٢٨٢.

World Development indicators the world Bank

(٢) د/ إيهاب الدسوقي اقتصاديات كفاءة البورصة، دار النهضة طبعة ٢٠٠٠.

الأوراق المالية التي تطرحها الشركات للبيع في البورصة[1]. وللحكم علي البورصة للقيام في زيادة الاستثمار يكون من خلال

- مدي ارتفاع حجم الإصدارات الجديدة

- مدي مضاعف القيمة الدفترية للأسهم المقيدة

- مدي زيادة الاستثمار الأجنبي غير المباشر.

وسائل التصدي للمضاربات الدولية الغير مشروعة:

فالدول الصناعية الكبرى عدا فرنسا والمملكة المتحدة عملت علي اتخاذ إجراءات من شأنها إعاقة حركة رؤوس الأموال المضاربة علي المستوى العالمي وأبرز هذه القيود:

١ - فرض القيود علي تدفقات رؤوس الأموال المواجهة للمعاملات الاستثمارية قصيرة الأجل

فالسياسات التي اتبعتها الدول اختلفت باختلاف الظروف فالتدفقات في رؤوس الأموال خاصة الموجهة للمعاملات قصيرة الأجل قد تكون راجعة أما إلي عدم اتساق السياسات في السوق المحلية أو إلي ظروف خارجية نتيجة انخفاض في أسعار الفائدة العالمية وخاصة في أمريكا فإذا كانت التدفقات راجعة إلي عدم الاتساق في السياسات فالدولة تلجأ إلي رفع الفائدة المحلية وخفض أقرب إلي أقرب سعر الفائدة عالمية بما يقلل من الحافز لتدفق هذه الأموال.

أما إذا كان الدافع لتدفق رؤوس الأموال ظرفا خارجية في صورة

---

(١) د/ هالة حلمي السعيد، دراسة تحليلية لسوق الأوراق المالية في الفترة من ١٩٩٣- ١٩٩٧ مركز البحوث ودراسات الشرق الأوسط ٢٣٧ جامعة عين شمس ١٩٩٨.

انخفاض أسعار الفائدة العالمية فيتوقف حجم التأثير الانخفاض علي ما إذا كان الانخفاض مؤقتا أو دائما فإذا كان مؤقت لا يصحبه تدفق أو صحبة تدفق محدودة فهذا لا يؤثر علي اقتصاد الدولة أما إذا كان الانخفاض دائما فيكون الخيار هو محاولة الحد من حجم التدفقات الصافية بوضع سقوف لها أو فرض ضرائب صريحة أو ضمنية عليها[1].

والاعتماد بقيام البنك المركزي بشراء عملات أجنبية لدعم سعر الصرف الرسمي أو عن طريق فرض قيود مثل زيادة الاحتياطات أو وضع سقف لإجمالي القروض التي تقدمها البنوك التجارية مما يجد من شراء العملة الأجنبية.

ب) تحرير الحساب الجاري حيث يساعد علي تخفيض الضغط علي الاقتصاد المحلي لتحويل إجمالي النفقات السلع لتبادل التجاري أما بالنسبة لتحرير خروج وقد يؤدي جزئيا إلي تعويض تأثير التدفقات إلي الداخل.

ويري البعض[2] أن تحرير الحساب الجاري يأتي غالبا نتيجة سلبية بالنسبة للاقتصاديات الناشئة من بينها مصر إذا أن المستثمرون الأجانب عادة ما يشعرون بالخوف من عدم قدرتهم علي إعادة رؤوس أموالهم إلي بلدانهم الأصلي في أي وقت لاسيما في حالة وقوع أزمات اقتصادية أو أحداث عالمية مؤثرة علي السياسات الاقتصادية الدولية..

(١) بنك الكويت الصناعي، الأسواق المالية الناشئة ودورها في التنمية الاقتصادية في ظل العولمة سلسلة رسائل البنك الصناعي، العدد٥٧، سبتمبر ١٩٩٩.

(٢) د/ محمد حلمي عبد التواب، مرجع سابق ٣٦٥.

وبالتالي فتحرير خروج رؤوس الأموال سيؤدي إلي زيادة ثقة هؤلاء المستثمرين وبالتالي زيادة نسبة التدفقات رؤساء الأموال المضاربة إلي داخل هذه الدولة مما يزيد من آثارها السلبية.

ج) وقد لجأ بعض الدول إلي التحرك نحو النظام سعر الصرف المعوم أو توسيع النطاق الذي يتحرك فيه سعر الصرف مما يؤدي إلي زيادة مخاطر سعر الصرف التي يواجهها المشاركون في السوق وبالتالي تقل الرغبة في إدخال تدفقات قصيرة الأجل لفرض المضاربة[1].

٢ - فرض ضريبة علي المعاملات المالية:

تعد الضريبة علي المعاملات المالية ضرورية كأقل ما يمكن عمله للحد من الحرية القامة والكاملة لتنقل تدفقات رؤوس الأموال غير المستقرة والتي تهدف إلي المضاربة والربح السريع في الأجل القصير مثال ضريبة توبان علي كل المعاملات التي تتم في أسواق التبادل المحافظة علي المعاملات التي تتم في أسواق التبادل المحافظة علي استقرارها فبمجرد تحصيل ضريبة مقدارها ما صرفي الألف كما اقترحها توبان سوف يتم تحصيل مبلغ ضخم للقضاء مبلغ ضخم للقضاء علي الفقر الموقع[2].

ويعترض البعض ويقترح سياستين:

الأولي: تشجيع تدفقات رؤوس الأموال الأجنبية لمواجهة الاستثمارات المتوسطة وطويلة الأجل والتي تساهم في تحقيق المزايا النسبية الحالة

(١) د/ صالح البربري الممارسات غير المشروعة في البورصة الأوراق المالية مركز المساندة القانونية الطبعة الأولي ٢٠٠١.

(٢) المستشار د/ حلمي عبد التواب مرجع سابق ص ٣٦٧.

الاقتصادية الكلية.

الثانية: الحد من خروج رؤوس الأموال الأجنبية من الدولة إلا بعد فترة زمنية محددة بهدف منع وتقييد حركة رؤوس الدولية المضاربة والتي تتجه بطبيعتها إلي التعاملات قصيرة الأجل مـع فرض ضرائب تصاعدية علي هذه الأموال كلما قلت مدة استثمارها.

أثر الأزمة المالية علي بنوك الاستثمار في مصر:

لقد تأثرت فروع البنوك الأجنبية والمشتركة وبنوك الاستثمار في مصر بالأزمـة المالية العالمية أيضا يعتبر طفيفا نظرا لانفصال المراكز المالية للوحدات في مصر ـ عـن الوحـدات التابعـة لهـا في الخارج لذا نجد أن أهم ملامح التأثير تظهر فيما يلي:

١) تواجه فروع البنوك الأجنبية أو العربية في بعض المشاكل بسبب معاناة مراكزها الرئيسية من خسائر نتيجة الأزمة المالية العالمية مما يؤثر علي نشاطاتها بصورة طفيفة في السـوق المصرية وقد يلجأ البعض إلي تقلص نشاطه أو حجم العمالة به مثال بنك بيريـوس مصرـ بنك عودة.

٢) زيادة الطلب علي تحويل المسـتثمرين الأجانـب في البورصـة لأمـوالهم إلي الخـارج لسـد مراكزهم المكشوفة نتيجة الأزمة المالية العالمية.

- أمثلة لبعض بنود تأثير فروع البنوك الأجنبية بالأزمة المالية سوسيته جنرال – مصر.
- تراجع من ٢٤١ مليون جنيه في ٢٠٠٧/١٢/٣١ إلي ١٢٠ مليون جنيه في ٣١/ ١٢/ ٢٠٠٨.

بنك بيريوس مصر:

ظهرت القوائم المالية غير المجمعة لبنك بيريوس مصر عن عام ٢٠٠٨ تحقيق البنك صافي خسارة بلغت ٣٨ مليون مقارنة بصافي خسارة ٢,٤٤ مليون خلال نفس الفترة من عام ٢٠٠٧ وترجع هذه الخسارة إلي ارتفاع المصرفات الإدارية من ١٨٧ مليون جنيه إلي ٢٥٦ مليون جنيه.

كريدي أجريكول مصر:

انخفاض صافي أرباح العام من ٥١٢ مليون جنيه في ٣١/ ١٢/ ٢٠٠٧ إلي ٤٧٥ مليون جنيه في ٣١/١٢/ ٢٠٠٨.

أثر الأزمة علي عملاء البنوك:

أثرت الأزمة علي تعاملات العملاء مع البنوك في مجال الإيداع والاقتراض وكافة الخدمات المصرفية إلي تعثر البعض لعدة أسباب:

- تأثر قطاع الصناعة التحويلية وخاصة المنشآت التي تقوم بالتصدير وأيضا تأثر المنشآت الصناعية التي تقوم ببيع منتجاتها في أسواق محلية نتيجة لتأثر الدخول ومن ثم انخفاض قدرة هذه المنشآت علي سداد ومديونيتها نتيجة لظهور الطاقات العاطلة أو توقف عمليات التوسع والتطوير وبالتالي تراجع الطلب علي الائتمان.
- تأثر المنشآت السياحية والقطاعات المرتبطة بها نتيجة الانخفاض المتوقع لعدد السائحين والذي يقدر بحوالي ٢ مليون سائح سنة ٢٠٠٩.
- عدم قدرة بعض أفراد القطاع العائلي علي سداد مديونياتهم في مجال قروض التجزئة المصرفية والقروض العقارية والذين تأثرت دخولهم.

وبالتالي فإن البنوك سوف تتأثر في جانب الطلب علي خدماتها خاصة من جانب القطاعات الاقتصادية المرتبطة بالعالم الخارجي وفي جانب العرض فإن قوة المراكز المالية للبنوك وتوافر السيولة سوف تمكنها من تقديم خدماتها المصرفية بدون معوقات وسوف تتصادف البنوك مع العملاء المتضريين من الأزمة وذلك في شكل تيسيرات سواء في آجال السداد أو فترات السماح أو إعادة الجدولة[1].

أثر الأزمة علي أداء البنوك في الكويت:

تأثرت البنوك في الكويت بالأزمة العالمية وظهر ذلك في الصور الآتية:

١) ركزت رابطة البنوك الكويتية في نوفمبر ٢٠٠٨ أن الكويت تدخلت لمساعدة شركات الاستثمار المحلية التي تضررت من الأزمة في اتفاق وافقت عليه البنوك والبنك المركزي ومؤسسات الدولة وقد ذكرت مصادر أن مجموعة العمل التي يقودها البنك المركزى طلبت سعيه مليارات دينار كويتي علي الأقل لمساعدة البنوك والشركات التي تضررت من الأزمة وأن الخسائر شركات الاستثمار تتجاوز مليارات دينار.

٢) أصدرت محكمة كويتية في نوفمبر سنة ٢٠٠٨ قرار الفوري لعمليات التداول في سوق الأوراق المالية الكويتية وذلك بناء علي دعوى قضائية في هذا الخصوص رفعها عدد من المحامين ويهدف إلي القرار لوقف الخسائر في ثاني أكبر سوق أوراق مالية عربية التي تشهد أطول فترة خسائر في تاريخها ويذكر أن علي غرار الخطة

(١) لمزيد من الإيضاح د/ أمير الفونس عريان المرجع السابق ص ١٤.

الأمريكية وذلك لوقف التدهور في السوق المالي وتجنب الخسائر.

٣) خفض البنك المركزي الكويتي في ديسمبر ٢٠٠٨ سعر الخصم الرئيسي في أعقاب خفض كبير في أسعار الفائدة الأمريكية وقد خفض سعر الخصم الرئيس من ٥% إلي ٣,٧٥ كما سعت البنوك المركزية في الخليج في إلي خفض أسعار الإقراض منذ أكتوبر ٢٠٠٨ في إطار سعيها لتشجيع القطاع الخاص علي الاقتراض خلال الركود الاقتصادي الذي كبح النمو الاقتصادي في المنطقة بالإضافة إلي تراجع أسعار النفط التي خفضت إيرادات الكويت.

أثر الأزمة علي أداء البنوك في السعودية:

يتمتع الاقتصاد السعودي بدرجة عالية من الانفتاح علي الاقتصاد العالمي حيث لا توجد قيود تذكر علي حركة الدخول السلع ورءوس الأموال وخروجها من المملكة وإليها بالإضافة أنه لا توجد قيود علي المعاملات في سوق الصرف الأجنبي وتحويل العملات كما أن انضمام السعودية إلي منظمة التجارة العالمية زاد من الانفتاح الاقتصاد السعودي لأن معظم أسواقه مفتوحة أمام المنافسة والاستثمار.

ولقد أثرت الأزمة علي البنوك السعودية[1].

- أظهرت بيانات مؤسسة النقد العربي السعودي (البنك المركزي) في أكتوبر ٢٠٠٨ أن النمو السنوي في المعروض النقد ارتفع للمرة الأولي في ثلاثة أشهر ٢١,٨% من ٢٠,٨ في يوليو.

(١) د/ أمير الفونسي عريان، المرجع السابق، ص٨.

- سجلت الإيداعات تحت الطلب وهي أكبر عنصر في المؤشر M٣ انخفاضا شهريا بنسبة ١،٩٥ في أغسطس ٢٠٠٨ وهو أكبر انخفاض لها في عام علي الأقل هناك بعض الإجراءات الاحترازية التي اتخذها مؤسسة النقد العربي السعودي لحماية النظام المصرفي السعودي التي منحها للحد من الإقراض العشوائي وبعض الضوابط الأخرى التي كان لها أثر في حفظ القطاع المصرفي من الصدمات المالية.

- ويتوقع الخبراء أن تمتد آثار الأزمة للاستثمارات الفردية وبعض الاستثمارات المؤسسية في صناديق أسواق المال العقارية.

- نظرا لارتباط سعر صرف الريال السعودي بالدولار الأمريكي لذا فإن الركود الاقتصادي في الولايات المتحدة الأمريكية المصحوب بانخفاض في سعر الفائدة علي الدولار وعجز متفاقم في الميزان التجاري الأمريكي سيؤدي بالضرورة لانخفاض سعر العملات الرئيسية أو علي سعر الريال تجاه العملات الرئيسية الأمر الذي قدير من معدل التضخم في الاقتصاد السعودي.

أثر الأزمة علي أداء البنوك في الإمارات العربية:

- يبلغ عدد المصارف في دولة الإمارات حوالي ٤٦ مصرفا منها٢١ مصرفا وطنيا و٢٥ مصرفا أجنبيا ولقد أثرت الأزمة المالية علي السيولة المتدفقة علي المصارف الإماراتية مما الحكومة الإماراتية التدخل ضخ مليار درهم إماراتي في أكتوبر ٢٠٠٨ وذلك للمحافظة علي السيولة.

- فتح محافظ البنك المركزي في الإمارات علي مصراعيه أمام البنوك المحلية في بلادة من أجل عمليات الاندماج مستقبلية فيما بينها لأن

الاندماج سيساعد علي خفض النفقات.

- أعلن بنك الإمارات الدولي بدلي وثاني أكبر البنوك الإمارات وبنك دبي الوطني اندماجهما حتى يكونا كيانا مصرفي هو الأكبر علي مستوي الإمارات من الناحية الأصول ورأس المال والمتوقع أن أثر الأزمة سوف ينتج في المستقبل اندماجات كبيرة للمصارف الإماراتية.

وملامح أثر الأزمة علي البنوك تتلخص فيما يلي:

- تحمل بنك أبو ظبي الوطني التجاري خسائر بلغت ١٤٠ مليون درهم وهو ما يعادل ٣٨,١٢ مليون دولار) في الربع الأخير من ٢٠٠٨ بالمقارنة مع أرباح صافية بلغت ٤٧٥,٣ مليون درهم في الفترة نفسها في عام ٢٠٠٧ كما أعلن البنك انخفضت إلي ١,٣٦ مليار درهم من ٢,٨٥ مليار درهم عام ٢٠٠٧.
- اشترى مصرف الإمارات المركزى فبراير سنة ٢٠٠٩ سندات حكومية من إمارة دبي بقيمة عشرة مليارات دولارات لدعم الشركات المرتبطة بالحكومة في الإمارة ومساعدتها علي تسوية ديونها في مواجهة تراجع سوق العقارات.
- ذكرت حكومة أبو ظبي في فبراير سنة ٢٠٠٩ وأنها ستضخ ٤,٤ مليار دولار لزيادة رأسمال ٥ بنوك تابعة لها.
- منذ سبتمبر ٢٠٠٨ خفضت الإمارات أسعار الفائدة وعددت بضمان ودائع البنوك وعرضت تسهيلات طارئة لدعم القطاع المالي ووقف جمود الائتمان.
- تم التوجيه إلي عقد سلسلة من الاندماجات المصرفية لمواجهة

التداعيات الأزمة المالية العالمية حيث أن المساهمين في البنوك تنقصهم القدرة علي ضخ أموال البنوك من خلال زيادة رأس المال مما يحتم قيام عمليات اندماج لخلق كيانات مصرفية أكبر.

- شكلت كل من دبي والحكومة الاتحادية لجنتين منفصلتين للتعامل مع الأزمة المتوقع أن تضر بالنمو الاقتصادي هذا العام في خامس أكبر دولة مصدرة للنفط في العالم.

ولقد عانى القطاع المالي من مشكلتين الأولى: ديون معدومة والثانية سيولة قليلة، وهكذا سقطت أكبر شركات التمويل في العالم.

وأما بيوت الاستثمار التي اشترت صكوك الرهن العقاري فبقيت تتأرجح وتغطي انكشافها، وكان أولها بيرتيزز Bear sterns بحجم دين قائم بلغ ٤٨٠ مليون دولار التي باعت نفسها إلى جي بي مورغان .Jp.Morgan بـ ١,٧١ دولار للسهم بعد أن كان سعر قبل سنة يساوي ١٧٠ دولار، ثم ميريل لانش Merrill lynch ثم لحقه في ١٥ / ٩ /٢٠٠٨ ليمان براذرز Lehman Brothers، رابع أكبر بنك استثماري في العالم عن عمر ١٥٨ سنة، وبحجم دين قائم ٦١٣ مليار دولار، وبعد أن خسر أكثر من ٩٤% من قيمته السوقية، وتبعه بنك واشوفيا wachovia، وتساقطت بنوك الاستثمار كأحجار الدومينو واحدة تلو الأخرى.[1]

وكلف لم يتوقف الأمر على المؤسسات المالية المقرضة دائما ايضا على صناديق التقاعد والصناديق الاستثمارية وشركات التأمين التي اشترت حجمًا

(١) د/ محمد محمود العجلوني، تفسير الأزمة المالية العالمية الحالية وأسبابها مؤتمر كلية التجارة، جامعة عين شمس الجزء الأول ص٢٥٦.

كبيراً من صكوك الرهن العقاري ذات العائد العالي والمخاطرة الكبيرة بنفس الوقت، وانهار قطاع التأمين بانهيار السوق العقاري، فانهارت أكبر شركة تأمين في العالم AIG(American insurance Group لولا تدخل الحكومة الأمريكية في آخر لحظة يقرض قيمته ٨٥ مليار دولار لحماية قطاع التأمين كاملا، الذي كان يمكن أن تنهار شركاته بعضها وراء بعض.

ولأن السوق المالي هو مرآة الاقتصاد الكلي ووضع الشركات المدرجة فيه فقد انعكس هذا التراجع، وذلك لانكماش بتخفيض قيمة الأسهم، وبالتالي تحقيق خسائر في القيم السوقية لشركات، ففي آذار ٢٠٠٨ انخفض مؤسسة داو جونز ٢٠%، عما كانت عليه قبل ٥ أشهر، كذلك انخفض مؤشر ناسداك خلال ستة أسابيع (٨/١٥ - ١ /١٠) بمقدار الثلث من ١٩٧٣ إلى ١٣٢٩، حيث تقدر حجم الخسائر الناشئة عن انخفاض الأسهم بأكثر من ٣٣% من قيمتها السوقية عما كانت عليه في ٢٠٠٧، وخسارة صناديق التقاعد بما يقرب من ٢ تريليون دولار[1].

اعتراف فرنسي رسمي بأهمية النظام المصرفي الإسلامي:

أكد تقرير صدر عن ملس الشيوخ الفرنسي أن النظام المصرفي الإسلامي مريح للجميع مسلمين وغير مسلمين، ويمكن تطبيق في جميع البلاد ومراقبة الميزانية والحسابات الاقتصادية للدولة بمجلس الشيوخ الفرنسي قد نظمت طاولتين مستديرين في مايو ٢٠٠٨، حول النظام المصرفي الإسلامي لتقييم الفرص والوسائل التي تسمح لفرنسا بولوج هذا النظام الذي يعيش ازدهار واضحا، وجمعت أعمال الطاولتين في تقرير

(١) أ/ محمد أفزاز – صحيفة العرب القطرية – ٢٠٠٩/١١/١٢

واحد.

فلقد أعلنت الطاولة المستديرة الأولى صورة عن أنشطة الصناعة المالية الفرنسية في سوق مازال متركزًا في الشرق الأوسط وجنوب شرق آسيا والأهمية المتزايدة بالنسبة لفرنسا في أن تعتني بهذا المجال المالي المعتمد على الشريعة الإسلامية، كما ركزت الطاولة المستديرة الثانية على العوائق التشريعية والضريبية المحتمل أن تحول دون تطوير هذا النظام نظم تشريعية وضريبية على التراب الفرنسي تراعي قواعد الشريعة الإسلامية في المجال المالي أو إصدار صكوك.

وذلك لأن إطلاق صفة الإسلامي على أي منتج مالي أو معاملة مالية يعني احترام ٥ مبادئ حددها النظام الإسلامي المالي:

- تحريم الربا.

- تحريم بيع الغرر.

- الميسر.

- تحريم التعامل في الأمور المحرمة شرعا(الخمر والزنا).

- وتقاسم الربح والخسارة وتحريم التورق إلا بشروط.

وبالتالي فتوجد تجربتان، والتجربة البريطانية والتجربة الفرنسية في هذا المجال ما يمكن استخلاصه على الأفكار التي تتداول في البلدين.

المبحث الثاني

أثر الأزمة على اقتصاديات الدول العربية

انعكست تداعيات الأزمة المالية على اقتصاديات الدول بصفة عامة، فلم تنجو دولـة مـن دول العالم من آثار هذه الأزمة التي أسـماها البعض بـ " كسـونا مـن الـرهن العقـاري" أو كـما أسميناها بـ " طوفان نوح " حيث طالبت جميع أنحاء العالم.

ومما لا شك فيه أن الدول العربية أيضًا تأثرت بهذه الأزمة في ظل كون العالم قريـة صـغيرة، وأن أي خبر في أي بقعة من بقاع المعمورة تعلم بـه الـدنيا كلهـا في بضـع لحظـات، وأن أي أزمـة سوف تؤثر في دول عديدة، خاصة وإذا كانت هذه الأزمة قد حـدثت في أكبر اقتصاديات العالم والقاطرة التي تقوده.

وباعتبار أن الاقتصاد العربي هو جزء مـن منظومـة الاقتصاد العـالمي وتربطه بـه علاقـات اقتصادية، وإن كان من المؤكد أيضا أن درجة تأثيرها يختلـف بـين الـدول العربية عـلى حسـب درجة ارتباطها واندماجها في الاقتصاد العالمي.

وأنه من الصعب الحديث عن آثار الأزمة المالية العالمية على اقتصاديات الدول العربية كلها في بوتقة واحدة نظرا لاختلاف الهيكل الاقتصادي لكـل دولـة وطبيعـة صـادراتها أو مسـتورداتها ومدى قدرتها.

فلقد انخرطت الدول العربية في الاقتصاد العـالمي في ظل العولمـة الحاليـة، وهـي النمـوذج المطور من النظام الاقتصادي الرأسمالي، ونتيجة لذلك فلم تقتصر الأزمة الماليـة التـي حـدثت في الولايات المتحدة الأمريكية

عليها فقط، وإنما امتدت لجميع دول العالم ومنها الدول العربيـة، ويعـود تـأثر اقتصـاديات الدول العربية بهذه الأزمة للأسباب الآتية:

١) اعتماد الدول العربية على الـدولار كغطـاء نقـدي لعملاتهـا مـما يجعلهـا رهـن التقلبـات والتغييرات في الاقتصاد الأمريكي وخصوصا بعد فك ارتباط الـدولار عـن الـذهب في بدايـة سبعينيات القرن الماضي.

٢) ارتباط اقتصاديات العالم بصفة عامة، والدول العربية بصـفة خاصـة بالشركات المتعـددة الجنسيات التي غـزت العـالم باسـم العولمـة مـما جعـل بعضـها مجـرد مزرعـة للشركات الأمريكية الضخمة.

٣) استثمار دول العالم ومنها الدول العربية في الأسواق والبورصـات الأمريكيـة بمبـالغ هائلـة لاسيما في سندات الخزانة الأمريكية.

٤) اعتبار الولايات المتحدة أكبر مستورد لصـادرات بعـض الـدول كالصـين واليابـان مـثلا مـما يجعـل اخـتلال الاقتصـاد الأمـريكي ودخولـه في مرحلـة ركـود أو كسـاد يـؤدي إلى تـأثر اقتصاديات هذه الدول بصورة مباشرة وقوية.

٥) الهيمنة السياسية للولايات المتحدة على قطاع كبـير مـن أنظمـة الحكـم في العـالم لاسـيما الدول العربية منها مما يؤدي إلى ارتهان مصير هذه الدول ونموها الاقتصادي بيد أصحاب القرار في واشنطن.

هذه تمثل بعض الأسباب التي عكست الأزمة المالية في أمريكـا عـلى العـالم والـدول العربيـة على وجه الخصوص، فالدول كانت ولا زالت جزءًا من المنظومـة الاقتصـادية العالميـة الرأسـمالية تتأثر بما يصيب هذه المنظومة من اضطرابات مالية وهزات اقتصادية، وهي ليست في منأى عـن هذه

الأزمات – كما توهم البعض- كما أن جزئية الدول العربية في هـذه المنظومـة تختلـف عـن غيرها باعتبارها تملك أثمن سلعة للاقتصاد العـالمي، وهـو الـنفط وهـو في نفـس الوقت ضعيفة سياسيا وصناعيا مما يجعلها مطمعًا لكل ناهب وغنيمة لكل سالب.

أما عن آثار هذه الأزمة على الدول العربية، فإلقاء الضوء على هـذه الآثار يمكـن أن نقسـم الدول العربية من حيث حجم تأثرها بالأزمة إلى قسمين رئيسيين وهـما: الـدول النفطيـة الغنيـة ممثلة في دول مجلس التعاون الخليجي، والتي نالت حصة الأسد من تأثير هذه الأزمة على الدول العربية، والدول غير النفطية المتبقية سواء الفقيرة منها أو متوسطة الدخل وكان تأثرها أقل نسبة للقسم الأول.

أولا: تأثير الأزمة على اقتصاديات دول مجلس التعاون الخليجي.

أما عن أثر الأزمة على دول مجلس التعاون الخليجي "الدول النفطيـة الغنيـة" التـي صـنفها البعض بأكبر الخاسرين عالميا جراء هذه الأزمة، فتتمثل في الأمور التالية:

١) تعرضها للخسارة المالية جراء استثمار أموالها في المؤسسات المالية الأمريكيـة، وقد قـدرت بعض الإحصائيات الخسائر التي لحقت بـدول الخليج جراء الأزمة الراهنة بحوالي ٢,٢ تريليون دولار، وهذا الرقم هو أكثر من ضعف ناتج دول الخليج المحلي البالغ ٩٠٠ مليـار دولار.

٢) الانخفاض الحاد والمستمر في البورصات الخليجية، مما كبد هذه الأسواق خسائر قياسـية، فقد بلغت خسارة الأسواق الخليجيـة أكثر مـن ١٧% في شهر سبتمبر فقـط، واستمرت الخسارة في الأشهر التي تلت

هذا الشهر.

٣) انخفاض سعر برميل النفط مما يؤدي إلى اختلال في التوازن الاقتصادي وتقليل حجم النمو.

٤) تعطل وتعرقل بعض من المشاريع الضخمة، لا سيما في دولة الإمارات العربية المتحدة (وهذا ما تحقق بالفعل فيما يسمى بأزمة دبي) وكذا بقية دول الخليج والتي تقوم بها كبرى الشركات العقارية والشركات النفطية التي تأثرت تأثرا كبيرا بالأزمة حتى أن أسهمها قد فقدت أكثر من ربع قيمتها إلى الآن.

٥) الإتاوات التي تفرضها الدول الكبرى على دول الخليج القاضية بضرورة تقديم المعونات المستعجلة للدول الكبرى ومؤسساتها المالية المتعثرة، باعتبار هذه الدول مخزنا للنفط والمال، وتمثل ذلك في الجولة الخليجية التي قام بها رئيس الوزراء البريطاني جوردن براون بتاريخ ٢ / ١١ / ٢٠٠٨، وزيارة نائب وزير المالية كيميت التي سبقتها بتاريخ ٢٠٠٨/١٠/٢٨.

وبسبب الضعف السياسي الذي تعانيه الدول العربية وارتباطها سياسيا واقتصاديا بالغرب، فقد استجاب الحكام وأصحاب القرار لهذه الضغوط الغربية حتى وصل الحال ببعض المسئولية الخليجيين بالتصريح بأن إنقاذ الاقتصاد الأمريكي يمثل دعمًا للاقتصاد المحلي، ولا شك أن هذه الإتاوات تلقي بكاهلها الثقيل على الاقتصاد المحلي فبدل أن تقدم هذه الحكومات الأموال لإنقاذ مؤسساتها وشركاتها المتعثرة والتي تعاني من آثار الأزمة العالمية، بل تقدمها هذه الدول للشركات الأمريكية والأوروبية ودعمًا

للاقتصاد الغربي وإجمالًا فقد قدر بعض الخبراء الاقتصاديين الخسائر التي تعرضت لها دول الخليج ب ٥٠% من استثماراتها المحلية والدولية على مستوى الدول والأفراد.

كما يرى بعض الخبراء [1] أن تأثر الاقتصاد الخليجي بالأزمة المالية يظهر من خلال ثلاث مصادر محتملة تتمثل في:

- تأثر المؤسسات المالية التي تملك حيازات في سندات الرهن العقاري أو تستثمر في عقود التزامات الدين الهيكل S'CD S المرتبط بتلك السندات، أو في عقود مبادلة الديون S'CD S ومثال ذلك خسائر بنك الخليج الدولي G I B بما يقارب ٧٥٠ مليون دولار من جراء استثماراته في سنداته الرهن العقاري، ما استدعى رفع رأسمالية بتمويل من مؤسسة النقد السعودي، وكذلك خسائر المؤسسة العربية المصرفية A B C بمقدار ٥٠٠ مليون دولار.
- الخسائر الناتجة عن إدارة الاستثمارات بواسطة البنوك الاستثمارية الأمريكية المتأثرة من الأزمة، خاصة مع ارتباط المصارف الخليجية بالمصارف العالمية في الولايات المتحدة من الأزمة، خاصة مع ارتباط المصارف الخليجية بالمصارف العالمية في الولايات المتحدة الأمريكية، وذلك سيؤثر على استثمارات البنوك الخليجية، ففي وقت سابق ألعن بنك أبو ظبي التجاري أنه باشر باتخاذ إجراءات قانونية في نيويورك لاسترداد بعض خسائر استثماراته في الولايات المتحدة، مدعيًا رغم عدم إفصاحه مع ارتباط المصارف الخليجية بالمصارف العالمية في الولايات المتحدة الأمريكية، ذلك سيؤثر على استثمارات البنوك الخليجية، ففي وقت سابق أعلن بنك أبو ظبي التجاري أنه باشر باتخاذ إجراءات قانونية في نيويورك لاسترداد بعض خسائر استثماراته في الولايات المتحدة،

(١) د/ فريد كورتل – الأزمة المالية وأثرها على الاقتصاديات العربية...... المرجع السابق ص١٣.

مدعيا رغم عدم إفصاحه لحجم المخاطر المحيطة بالاستثمار ما يعطي فكرة عـن ضـبابية الصـورة المتعلقة بتلك الاستثمارات لدى الاقتصاديين المختصين.

- تأثر الوضع الائتماني من خلال نقص السيولة ارتفاع تكلفة الاقتراض، وقـد ظهـرت بـوادر أزمة الائتمان في دبي مع تراجع مسـتوى السـيولة في السـوق لتمويـل المشـاريع الجديـدة حيث أعلن البنك المركزي الإماراتي عن تمويل يقدر بـ ٥٠ مليار درهم إماراتي متاح للبنوك الإماراتية للاستفادة منها.

التحديات الاقتصادية التي تواجه دول مجلس التعاون الخليجي:

- ارتفاع فاضح في نسبة الصادرات النفطية إلى مجمل صادراتها: حتـى تجـاوزت النسـبة في أكثر تلك الدول إلى أعلى من (٩٥%).

- استمرار الاعتماد على نموذج الميزة النسبية: استمرت حكومـات الـدول العربيـة المتعاقبـة منذ استقلالها على اعتماد منهج واحد وهو " نموذج الميزة النسبية"، والذي يعني باختصار السعي لإنتاج وتصدير السلع التي تتمتـع بهـا الدولـة في إنتاجهـا بانخفـاض في تكـاليف الإنتاج، لذلك كان التركيز وما يزال إنتاج النفط الخام وبعض المـوارد الطبيعيـة المحـدودة، في حين تضاء إنتاج بعض الصناعات الحرفية واليدوية

وكذلك الإنتاج الزراعي، وأصبح اعتماد هذا النموذج عبئًا على صعيد نمطي الإنتاج والاستهلاك، وعلى التوجه الاقتصادي للدول، وإدارة الحكم وخلق فرص العمل.

ففي المجال الاقتصادي، أدت الحماية المكثفة للصناعة والتنظيم المفرط لها إلى إضعاف الحوافز لنمو قطاع السلع القابلة للتجارة في الدول العربية، وبالتالي أعفت الموارد النفطية معظم هذه الدول من الحاجة إلى فرض الضرائب، وسمحت لها بإعادة توزيع الموارد عن طريق أنظمة الرفاهية والخدمات الاجتماعية، وفي الوقت نفسه قلصت إعادة توزيع الثروة هذه بسعر مطالبة المواطنين العرب بمؤسسات عامة تتسم بالمساءلة والتضمينية، وافتقرت إدارة الحكم في البلاد العربية إلى الشفافية، وتبلور هذا القصور بصعوبة التوصل إلى معلومات تحتاجها الحكومات لتصحيح الأخطاء أينما وجدت.

- ارتفاع نسبة السكان الشباب (دون سن الثلاثين): وهي تعد ثاني أكثر منطقة شبابًا بعد منطقة أفريقيا جنوب الصحراء، وعلى الرغم من أن الجيل العربي الحالي هو أكثر تعليمًا، ولديه طموحات تفوق طموحات الأجيال السابقة، لكنه في الوقت نفسه يعاني من خيبة أمل متزايدة على صعيد سوق العمل، حيث استمر وضع سوق العمل بالتدهور منذ منتصف الثمانينات حتى بلغت معدلات البطالة (حسب الأرقام الرسمية) في أحسن أحوالها عند نهاية العقد الأول من الألف الثالث الميلادي إلى أكثر من (١٥%) من اليد العاملة.

- تدني المواءمة بين مخرجات التعليم واحتياجات سوق العمل: إن

حاجات سوق العمل تتطلب كفاءات لم توافرها الجامعات، مما أدى إلى تناقض بين سوق العمل وأنظمة التعليم غير المواكبة، ويصنف البنك الدولي أغلب الدول العربية، في درجات متدينة في مجال العلاقة بين جودة التعليم وشروط العمل في القطاع الخاص، فقد تراجعت مستويات التعليم وظهور التعليم الخاص الذي لا يستند على معايير الكفاءة العلمية وإنما على معيار الربح.

- تنوع نسبي للاقتصاد باتجاه قطاعات غير منتجة: يغلب عليها التنوع في الخدمات مثل تجارة الجملة والتجزئة، والخدمات المصرفية (الضعيفة أساسا)، والمضاربة بالأسهم والعقارات، وهذه الاتجاهات تعطي انطباعًا ظاهريًا بالرفاة، لكنها بالحقيقة تعمق الأزمة الهيكلية في اقتصاديات هذه الدول، لكون هذه القطاعات تعد طلب لا عرض.
- القصور في إدارة الاقتصاد الوطني
- ضعف شديد في مرونة الجهاز الإنتاجي: ففي بعض الدول العربية النفطية، ينادي بعض الاقتصاديين بضرورة تخفيض أسعار الفائدة لتشجيع الاستثمار، متناسين إن أسعار الفائدة التي يتكلمون عنها هي أقل من مستويات التضخم السنوية في هذه الدول، أي أن القروض المصرفية هي تأكيد لخسائر المصارف (خصوصًا العامة منها)، وبالتالي مهما كانت درجة التخفيض فإنها عديمة التأثير على الاستثمارات، كما إن الكلفة الحقيقية للاستثمارات في اقتصادياتها، كما أنه في دول نفطية أخرى تم اللجوء إلى تقليل العمالة الأجنبية (من خلال تشريد إجراءات الإقامة والعمل فيها) بغرض تشجيع

الموطنين العمل ولكن النتيجة عزوف الكثير من المواطنين العاطلين عـن العمـل، وبالتـالي ارتفـاع الأجور وتضرر أصحاب العمل المحليين والمستهلكين عموما، ولا داعي للحديث عن جمـود تـأثير انخفـاض أسعـار الصـرف في زيادة الصـادرات وتخفـيض الـواردات، لأن الصـادرات محصورة فقط في النفط الذي ليس له علاقة بسعر الصرف لا من قريب ولا من بعيد.

- قطاع خاص معوج النمو: إن القطاع الخاص في الدول العربية فما تحت رعاية الحكومات، ولم يزدهر لكونه قطاعا فعالا في محيط تنافسي، وإنما عبر تموين الأسواق المحلية المحمية، وعاش على حساب الدولة بشكل عام.

علـى الـرغم مـن معـدلات النمـو السـريعة التـي شـهدتها المنطقـة خـلال السـبعينيات والثمانينيات، وأصبحت الاستثمارات في المنطقة العربية غير منتجة تدريجيا، كما تقلصت إنتاجية عناصر الإنتاج إلى مستويات رهيبة، فقد تدنت إنتاجية العامل الصناعي في بعض الـدول العربيـة النفطية إلى أقل من ٥٠٠٠ دولار سنويا (مع إسناد الآلات والتكنولوجيا).

وإن هدف القطاع هنا الربح السريع فقط، لذلك فإن رأس المال الاستثماري غير مستقرة ولا ينظر إلا تقديم سلع جيدة أو توفير متطلبات المجتمع.

- زيادة متصاعدة في معدلات التضخم ونسب البطالة.

- تخلف القطاع المصرفي وخدماته الداعمة للإنتاج.

- تحولات هيكلية في بعض الدول النفطية من اقتصاد يسيطر عليه

القطاع العام إلى اقتصاد يقوده القطاع الخاص. [1]

السياسات الاقتصادية المتبعة في الفترة (٢٠٠٤: ٢٠٠٨):

اتخذت دول مجلس التعاون الخليجي مع بداية أزمة الغذاء وانخفاض سعر صرف الدولار من جهة، وارتفاع أسعار النفط وزيادة الاحتياطات من العملات الأجنبية والذهب من جهة ثانية، سياسات متعددة ومتفاوتة فيما بينها، ويمكن تقييمها، وكما يلي:

١- السياسات الإيجابية:

إن من أكثر السياسات الاقتصادية إيجابية التأثير في الدول قيد الدراسة، هي:

أ) تخلت الكويت عن سياسة ربط عملتها بالدولار الأمريكي.

ب) ابتعت البحرين سياسة الدعم السلعي في بعض السلع الأساسية (أثناء موجة ارتفاع أسعار الغذاء).

ج) الإنفاق الحكومي على البنى التحتية: كما حدث بشكل واسع في كل من الإمارات، السعودية، عمان، البحرين، قطر.

د) التعامل تجدر مع الإيرادات النفطية المتزايدة، وذلك من خلال:

- تعزيز المدخرات العامة.

- تراكم الاحتياطات الأجنبية لدى المصارف المركزية.

---

(١) د/ مثني عبد الإله ناصر – تقييم السياسات الاقتصادية المتبعة في الدول العربية النفطية قبل الأزمة المالية وخلالها.....الأزمة المالية العالمية (التداعيات والآثار........) ص١٤٥.

٢ - السياسات السلبية:

كما اتبعت سياسات اقتصادية أخرى كانت سلبية التأثير في الدول ذاتها، أبرزها هي:

أ)   زيادة الأجور والمرتبات بنسب عالية تصل إلى ٤٠%، وذلك حدث في كل من الإمارات
وعمان، وبنسب أقل في الدول الأخرى.

ب)   الإصرار على استمرار ربط العملات الوطنية بالدولار الأمريكي: كما في دول مجلس التعاون
الخليجي.

ج)   تركيز الإنفاق على البنى التحتية: إن الإنفاق على مشاريع البنى التحتية شئ جيد، لكن
التركيز عليه فقط أمر له انعكاسات شديدة السلبية على الاقتصاد الوطني خصوصًا من
خلال تغذيته لارتفاع الأسعار لأن هذه المشاريع تمثل طلبًا وليس إنتاجًا.

د)   تراخي جهود الإصلاح: لأن ارتفاع أسعار النفط كان عاملًا لتعميق روح الإخاء لا روح
الإنتاج، وكأنما السنوات السمان لها نهاية لها.

هـ)   الدفع باتجاه المضاربة بالأسهم والعقارات: إن انتعاش أسعار الأسهم والعقارات في دول
مجلس التعاون الخليجي، مدعومة بحالة مماثلة على المستوى العالمي، دفع المستثمرين
العرب إلى ترك الاستثمارات في مجالات القيمة المضافة (كالزراعة أو الصناعة) والاتجاه
بكل ثقلهم المالي والإعلامي إلى قطاعات الاقتصاد الرمزي المتمثلة بالمضاربة بالأسهم
والعقارات، مدفوعين بالطمع الشديد وبدون التفكير بأن لكل جبل قمة لابد بعدها من
نزول.

و)   توسيع توظيفات الدول العربية النفطية المالية (بهامش ربح قليل) في

مؤسسات مالية غربية لاسيما الأمريكية: مدفوعين بطرد استثماراتهم من الدول العربية بسبب سوء المناخ الاستثماري في دولهم من ناحية، ويجذب من الولايات المتحدة خصوصًا والدول الغريبة الأخرى لمناخها الاستثماري المغربي من ناحية من الولايات خصوصا والدول الغريبة الأخرى لمناخها الاستثماري المغربي من ناحية ثانية، ويجب الكسل إلى أن الأموال وحدها ستأتي بالأموال ولا داعي للعمل والجهد من ناحية ثالثة[1].

إجراءات دول مجلس التعاون الخليجي للحد من آثار الأزمة المالية على الجهاز المصرفي:

أثرت الأزمة المالية العالمية على النظام المصرفي لدول مجلس التعاون الخليجي، فقد تسببت ذعر وخوف المتعاملين من تداعيات الأزمة في ارتفاع معدل المسحوبات من البنوك والمصارف العربية مما سبب خللا في حركة التدفقات النقدية والمالية، فاضطرت البنوك المركزية في دول الخليج العربي إلى ضخ كميات من السيولة لتلبية احتياجات الطلب على النقد مما أحدث ارتباكًا في سوق النقد والمال، وأثر على الاحتياطات النقدية بالبنوك والمصارف المركزية العربية، وعموما يبقى تأثير الأزمة محدودًا خاصة بعد اجتماع وزراء المالية ومحافظو البنوك المركزية لاتخاذ إجراءات وسياسات تحول دون انتقال تبعات الأزمة المالية للقطاع المصرفي العربي، ومن أبرزها ضخ أموال في النظام المصرفي لمواجهة أي نقص في السيولة النقدية، وتحديد نسبة التمويل الموجه إلى الرهن العقاري، ومراقبة

(١) د/ مثنى عبد الإله ناصر - المرجع السابق - ص١٤٧.

المؤسسات المالية العربية المرتبطة بالمؤسسات الدولية، وعقب ذلك قامت العديد من الدول باتخاذ مجموعة من الإجراءات نلخصها في النقاط التالية[1]:

- **الكويت:** لأجل التخفيف من حدة التوترات في الأسواق المالية، قامت الدولة بضخ مليار دينار كسيولة في الأسواق، وعرض البنك المركزي أموالًا لليلة واحدة، ولأسبوع ولشهر قصد توفير السيولة للبنوك خاصة بعد هبوط أسعار البورصة في الفترة الأخيرة.

- **الإمارات:** منح المصرف المركزي الإماراتي قروض قصيرة بقيمة ٥٠ مليار درهم أي ما يعادل ١٣٫٦١ مليار دولار، وخصص المصرف تسهيلات للبنوك لاستخدامها كقروض مصرفية، ومن جهة أخرى ولتدعيم حجم السيولة النقدية في البنوك قام بإعادة شراء كل شهادات الإيداع التي تبقي عن مدتها ١٤ يوما، وألغى بصفة مؤقتة الأيام الست للسحب على المكشوف من الحسابات الجارية قصد إتاحة السيولة للبنوك في الأجل القصير خاصة بعد أن أعلن بنك دبي الوطني تقليل منح القروض الكبيرة وخطط السداد.

- **قطر:** بغية تعزيز الثقة في سوق الأوراق المالية بالدوحة، قررت هيئة الاستثمار شراء ما بين ١٠ – ٢٠%، من رأسمال البنوك المدرج في السوق لتعزيز ثقة الجمهور في الملاءة المالية للبنوك وتم تدعيم ذلك بشراء أسهم محلية لدعم أسهم البورصة خاصة بعد الانخفاضات المتتالية التي عرفتها البورصة وعزوف جماعي للمستثمرين، إلى

---

(١) د/ فريد كورتل – المرجع السابق – ص ١٤.

جانب ذلك قامت بتخفيض أسعار الفائدة على أدوات السياسة النقدية وهو إجراء اتخذته معظم دول مجلس التعاون الخليجي للتقليل من تكلفة تمويل البنوك.

- **البحرين:** صرح محافظ البنك المركزي البحرين سلامة الأوضاع خاصة وأن كل بنوكها تستثمر أموالها في دول الخليج المنتعشة اقتصاديا وليس في الأدوات المالية المشتقة، شأنها شأن البنوك الإسلامية وبذلك فهي لم تتأثر بالأزمة المالية العالمية، وحتى وإن تأثرت فهي قادرة على اتخاذ الإجراءات المناسبة.
- **السعودية:** أعلن البنك المركزي السعودي عن توفير أي سيولة نقدية تحتاجها البنوك، ومنحها خيار اقتراض ما قيمته ٧٥% من الأوراق المالية الحكومية التي تبلغ قيمتها مائتي مليار ريال أي بما يعادل ٥٣,١ مليار دولار، كما قرر البنك المركزي خفض معدلات الفائدة نصف نقطة لتصبح ٥%، وكذلك خفض معدل الاحتياطي الإجباري الذي ينبغي على البنوك التجارية المحافظة عليه مقارنة بودائعها من ٥ – ١٠%.

ومع تداعيات الأزمة المالي على دول مجلس التعاون الخليجي وتضرر عملاتهم، لذا أدركت الدول الست أن ربط عملاتهم بالدولار لم يعد مناسب في ظل انخفاض حاد في أسعار البترول وأسعار الأسهم، وهو ما دعى إلى عقد اجتماع مقرر يومي ٢٩ / ٣٠ ديسمبر ٢٠٠٨ للاتفاق على " وحدة نقدية موحدة ".

وبصورة عامة[1] ما زال القطاع المصرفي في دول مجلس التعاون يتمتع بالمتانة، ففي أكثر بلدان المنطقة تعتبر نسبة تعرض المصارف للأصول ذات المخاطر العالية منخفضة.

وعموما ستكون دول الخليج ضمن المجموعة الرابعة والأخيرة من الدول التي ستتأثر بالأزمة المالية العالمية، بعد الولايات المتحدة الأمريكية، وباقي مجموعة الدول السبع الصناعية الكبرى ثم أخيرا الدول الناشئة ذات الاستهلاك المرتفع من السلع وعلى رأسها النفط الخام.

ثانيا: بقية الدول العربية:

أما عن أثر الأزمة المالية على بقية الدول العربية فبعد أن تناولنا دول مجلس التعاون الخليجي، فإن تأثيرها أقل بسبب عدم ولوج هذه الدول في التجارة العالمية بسبب فقرها وضعفها الاقتصادي فهي تشترك مع غيرها من دول الخليج في بعض الآثار وتفترق عنها في أمور، **ومن هذه الآثار:**

١) ارتفاع معدلات التضخم عن المستويات القياسية، التي تناولت خصوصًا أسعار العقارات والمساكن، بسبب التضخم المستورد من الخارج، وانعكس ذلك زيادة في أسعار المواد الغذائية ومواد البناء.

٢) خسارة بعض هذه الدول التي لحقت بصناديقها السيادية المتواضعة.

٣) ضياع أموال هذه الدول المستثمرة في أمريكا وانعكاس ذلك على المواطن العادي في راتبه التقاعدي، وفي مجالات الصحة والغذاء، لاسيما وأن هذه الدول لا تملك مصدرا ثابتا يدر عليها الأموال كدول الخليج التي تصدر النفط بل تستثمر هذه الدول من أموال فقراء

---

(١) د/ وائل إبراهيم الراشد – المرجع السابق – ص ١٤.

رعاياها الذين يكافحون من أجل تحصيل لقمة العيش.

٤) توقع ضعف المعونات الخارجية من الدول الغربية وصندوق النقد والبنك الدوليين، واعتماد عدد من الدول العربية على هذه المعونات المقدمة من الولايات المتحدة الأمريكية لكل من مصر والأردن وغيرهما.

هذه بعض الآثار التي ألمت البلدان العربية إثر الأزمة المالية الراهنة، وجراء هذه الآثار الكارثية تعالت بعض الأصوات هنا وهناك تدعو لوضع خطط لإنقاذ اقتصاد البلدان العربية من الانهيار الشامل، والحقيقة لا مناص منها أن الدول العربية بشكلها الراهن وبأوضاعها السياسة والاقتصادية الحالية غير قادرة على مواجهة هذا الإعصار المالي، بيد أنها تملك، لو وحدت كلمتها وطبقت النظام المالي الإسلامي في ظل دولة الخلافة، الحل لجميع مشاكلها، فلديها المساحات الزراعية الشاسعة التي لو وزعت كلفتها ذاتيا من حيث المحاصيل الزراعية والغذائية والسودان بلد الخير مثال على ذلك، فمساحته الصالحة للزراعة تبلغ ٢٠٠ مليون فدان، وهي تكفي لسد احتياجات العالم العربي الغذائية لو أحسن استخدامها، ولديها النفط عمود الصناعات الفقري، فيمكنها أن تستغله خيرا استغلال بما يحقق لها مصالحها، وكل ما يتطلب بها سياسة نفطية غير متأثرة بإرادة الدول الصناعية الكبرى بل سياسة ذاتية تحقق مصالح المسلمين.

وسوف تسوق نماذج لبعض هذه الدول العربية من حيث أثر الأزمة المالية عليها.

آثار الأزمة المالية على الاقتصاد الجزائري[1]:

مما لا شك فيه أن الاقتصاد الجزائري كغيره من الاقتصاديات العالمية سوف يتأثر بالأزمة المالية، وإن كان بنسبة أقل مقارنة بالدول الأخرى وذلك للأسباب التالية:

- عدم وجود سوق مالية بالمعنى الفعلي في الجزائر.
- عدم وجود ارتباطات مصرفية للبنوك الجزائري مع البنوك العالمية بالشكل الذي يؤثر عليها
- انغلاق الاقتصاد الجزائري بشكل نسبي على الاقتصاد العالمي، ذلك أن الإنتاج الجزائري لا يعتمد على التصدير باستثناء المحروقات وذلك ما يجعله في مأمن من أي قد يصيب الاقتصاد العالمي والكثير من الدول التي تعتمد على صادرات قد تتأثر بالركود والكساد في الدول المستهلكة لمنتجاتها.
- اعتماد الحكومة الجزائرية على موازمة بسعر مرجعي يقل كثيرا عن أسعار السوق وهذا ما يجنبها أي انعكاسات في حالة انخفاض أسعار البترول.

هذه هي أهم الآثار للأزمة على الاقتصاد الجزائري، ورغم ذلك فإن هناك من يرى أن هذه الأزمة قد تحركت بعض الإيجابيات على بعض الجوانب في الاقتصاد الجزائري وتمثلت في النقاط التالية:

- انخفاض أسعار العديد من السلع في السوق العالمية، فكما يؤدي نمو الاقتصاد العالمي إلى زيادة أسعار السلع فركدوه يؤدي إلى انخفاض

(١) د/ / فريد كورتل - المرجع السابق - ص ١٥.

أسعار السلع في السوق العالمية، وباعتبار الجزائر بلد مستورد للسلع فالأزمة نافعة للاقتصاد على المدى القريب.

- انخفاض تكاليف مواد الإنتاج قد يخلق ديناميكية في الاقتصاد، ومثال انهيار أسعار الحديد ساعدت قطاع العقار في الجزائر على النهوض بعد تعثره إثر ارتفاع أسعاره في السوق العالمية.

- اختلال التوازنات المالية الكبرى إن استمرت أسعار المحروقات في الانهيار.

- الركود الاقتصادي سيؤدي إلى إفلاسه الكثير من الشركات والمؤسسات عبر العالم، وبقاء بعض الشركات الكبرى يؤدي إلى احتكار السوق المالية العالمية وبالتالي رفع الأسعار مجددًا.

- الأزمة الاقتصادية قد تحد من الاستثمارات الخارجية.

- تراجع التحويلات المالية بشكل ملحوظ.

- التدابير الوقائية لتجنب آثار الأزمة المالية على الاقتصاد الجزائري.

بالرغم من أن الجزائر لم تتأثر بالأزمة المالية بشكل مباشر إلا أنها قد تتأثر بالركود الاقتصادي، ويمكن أن تبرز بعض الاختلالات رغم احتلالها المرتبة العاشرة حاليا باحتياطي صرف عالمي قدره ١٤٠ مليار دولار أي بعد ألمانيا ١٥٠ مليار دولار، وقبل فرنسا بـ ١٢٥ مليار دولار، لذلك فإنه من الأجدر إنشاء "صندوق سيادي" مكلف بتوير – الشراكة مع القطاع الخاص – قواعد تنمية اقتصادية متوازنة.

المبحث الثالث

أثر الأزمة على الدولة الصناعية الكبرى

انتقلت الأزمة المالية العالمية من وول ستريت ٢٠٠٧، وأحست بقية الدول المتقدمة بتوابعه مع بداية عام ٢٠٠٨، فكان أول بنك في بريطانيا (فورذن روك) أول من أصيب بالأزمة، ثـم تبعه (إتشي. بي. أو. إس) برادفورد آند بينجلي، وبعدها مصرف فورتز البلجيكي الهولندي، وعندها أدرك قادة الاتحاد الأوروبي آثار الأزمة ويحاولون التحرك بشكل منسق لهم يحمون نظامهم المالي مـن هذه الأزمة.

ويوجد شبه إجماع على حقيقة أن الولايات المتحدة الأمريكيـة مسئولة عـن أضخم وأعقـد أزمة مالية في تاريخ العالم، وتبادر منظمة التنمية والتعاون الاقتصادي الأوروبيـة بتنفيـذ خطتها الخاصة بإنقـاذ مؤسسـات ماليـة أوروبيـة تأثرت بالأزمـة مباشرة، ومـن المتوقع تراجع النمو الاقتصـادي في دول الاتحـاد الأوروبي بنسـبة تصل إلى ٢% خـلال عـام ٢٠٠٩، وحسـب تقريـر المفوضية الأوروبية أن الاتحاد الأوروبي يواجه كساد كبير قد يطول، ويتوقع أن تتجاوز نسبة البطالة في الدول التي تتعامل بعملة اليورو ١٠% عام ٢٠١٠، وكانت هذه النسبة ٧,٥ عام ٢٠٠٨ [١].

وامتـد أثر الأزمـة إلى موقـف المـودعين المتخوفين والثقـة المفقـودة في البنـوك والمصـارف والأسواق المالية المتذبذبة، ويلاحظ أن أوروبا هـي الأكثر تأثرا بمـا جـرى في الولايات المتحـدة الأمريكية دونا عن مناطق العالم

---

(١) د/ تقرير المفوضية الأوروبية في الموقع التالي على شبكة الإنترنت..www.eu.org

الأخرى، وهل كانت أوروبا تأثرت بنفس الدرجة أم أن هناك اختلافات رئيسية في درجة التأثر ما بين دولة أوروبية وأخرى، والدول الرئيسية هي فرنسا وألمانيا وبريطانيا التي اهتزت بشدة من أثر الأزمة والسبب أن المصارف الأوروبية والبريطانية قد تأثرت بالأزمة يرجع إلى أنه عندما خلقت المصارف الأمريكية الأوراق المالية الخاصة بالرهن العقاري قامت الكثير من المصارف الأوروبية بشراء نفس الأوراق المالية ووضعتها في سجلاتها الحسابية، وبالتالي فالمصارف الأوروبية سارت على طريقة عمل البنوك الأمريكية، واستخدمت أوراقها المالية ولذلك فإنها تأثرت بنفس الطريقة، وفي نفس الوقت الذي تأثرت نية المصارف الأمريكية، وامتدت الأزمة إلى أوروبا بسبب عولمة الاقتصاد فانخفضت مؤشرات البورصات في أوروبا بسبب الأزمة المالية، وتأثير الأزمة على بريطانيا كان أكبر بسبب الامتداد الذي تشكله البنوك البريطانية للبنوك الاستثمارية الأمريكية.

أما ألمانيا (قاطرة ألمانيا الأوروبي) فكانت أقل تأثر بالأزمة بسبب اتباعها سياسات مالية أكثر استقلالية عن بريطانيا والولايات المتحدة الأمريكية، ولذلك من الأهمية بمكان مساهمة البنوك المركزية في مساعدة الاحتياطي الاتحادي في إعادة الاستقرار إلى أسواق المال عن طريق ضخ أموال لحماية الأنظمة المالية المختلفة[1].

والخطأ الواضح هو أن رأس المال الذي بانت سيطرته منذ عقود طويلة كانت حتى بداية السبعينات كان موافقا لدور الدولة الأساس، بموجب تأثر

(١) د/ صلاح زين الدين، بحث في مواقف الدول المتقدمة والدول النامية تجاه الأزمة المالية العالمية، المرجع السابق ص ١٦، ١٧.

معظم السياسات آنذاك بالمدرسة الكنيزية التي كان تؤكد على دور الدولة، وبالتالي كان هناك ضوابط أمام إمكان انفلات رأس المال، أما بعد السبعينيات وانتشار الأفكار حول ضرورة التحرير الاقتصادي والتصحيح الهيكلي والدعوة إلى تراجع دور الدولة، جوهر الأزمة هو هذا الخلل الكبير وغير الخاضع للسيطرة بين الاقتصاد الحقيقي من جهة (الاقتصاد الذي ينتج السلع والخدمات) وبين الاقتصاد المالي.

وتوقع البنك الألماني Deutsche Bank أن تصل خسائره في الربع الأول من ٢٠٠٩ إلى ٤ مليارات دولار نتجت عن تخفيض القيم المتصلة بقروض الاستدانة والتزامات القروض وأسهم الرهن العقاري المدعومة بالعقارات التجارية والسكنية، وبدأت أثار الأزمة تتزايد في أماكن أخرى من الاقتصاد العالمي.

أسعار العقارات هي الأخرى في انحدار سريع في وق تضاءلت فيه ثقة المستهلكين ورجال الأعمال، ولجأت الحكومة الألمانية إلى فرض حظر على عمليات البيع المكشوف بغرض المضاربة وزيادة رأس المال الإلزامي للبنوك للحد من مخاطر الائتمان[1].

ولقد قامت وزارة المالية الألمانية بإبرام اتفاق مع القطاع المصرفي بنك " هابيو ريل ستيت العقاري" وهو رابع بنك في ألمانيا يعاني من الإفلاس عبر تقديم قرض قيمته ٥٠ مليار يورو وأوضحت الوزارة أن القطاع المالي نتج عن اعتماد إضافي قيمته ١٥ مليار يورو على الاعتماد السابق

(١) تصريحات وزير المالية الألماني شتا نيبروك لجريدة Der Tagess piegel ٢٠ فبراير ٢٠٠٩.

بقيمة ٣٥ مليار يورو، وفي حالة إفلاس المصرف فإن الخطر الذي قد تواجهه الدولة سيقدر بنحو ٢٧ مليار يورو، وتم التوصل لهذه الخطة بين الحكومة والبنك المركزي الألماني وسلطة مراقبة الأسواق بالإضافة إلى ممثلين عن القطاع المصرفي وشركات التأمين، واتفق الرئيس الروسي ديمتري مع الوزير الألماني في أن زمن هيمنة القوة الاقتصادية الواحدة والعملة الواحدة قد ولي بدون رجعة[1].

أثر الأزمة على صناعة السيارات الأمريكية وغيرها:

أثرت الأزمة المالية العالمية في صناعة السيارات والتي تأثرت في إنتاج السيارات الأمريكية، وفي تسويقها وتصديرها إلى كافة أنحاء العالم بموجب عقود تصدير آجلة وعاجلة ارتبطت بها الشركات الأمريكية مع الشركات الأوروبية والشركات الأسيوية وشركات في الشرق الأوسط في الفترة السابقة للأزمة العالمية.

فلقد عانت ثلاث شركات لتصنيع السيارات الأمريكية وهي جنرال موتورز وفورد وكرايسلر خسائر كثيرة تجاوزت الـ ٦ مليارات دولار بكل شركة منها، ويرجع ذلك إلى أسباب كثيرة منها ما ظهر من ارتفاع أسعار البترول في أول حدوث للأزمة إضافة إلى مخاوف من دخول الاقتصاد مرحلة الركود، الأمر الذي أدى إلى الانخفاض الحاد في المبيعات في جميع أنحاء العالم، وفي الولايات المتحدة والذي وصل إلى أدنى مستوى منذ ٤٠ عاما.

(١) د/ عبد الحميد الغزالي، موقع سويس انفوفي شبكة الانترنت، د/عبد اللطيف الهميم، الأزمة المالية والبديل الثلاث (سقوط الرأسمالية) بدون دار نشر ص٢٨.

وعن تأثير الأزمة على سوق السيارات الأمريكية فإن شركة كرايسلر الأمريكية انخفضت مبيعاتها على ما يقرب من ٥٣% خلال الأشهر الماضية كما انخفضت مبيعات جنرال موتوز إلى ما يقرب من ٣١%، وانخفضت مبيعات فورد بنسبة ٣٢%، وترتب على ذلك قيام الشركات الثلاث بفصل عدد كبير من الموظفين العاملين لديهم لتقلص النفقات، كما لجأت إلى إغلاق عدد كبير من خطوط الإنتاج، الأمر الذي اعتبره كارثة كبيرة للاقتصاد الأمريكي، فإذا انهارت هذه الشركات الثلاث نحو ثلاثة ملايين وظيفة ستفقد في أمريكا الذي يؤدي إلى زيادة عدد العاطلين عن العمل ومن هنا تدخلت الحكومة الأمريكية بتقديم قروض إلى الشركات المتعثرة وصلت إلى ١٣,٥ مليار تقريبا لإنقاذ مواقفها المالية المتعثرة ولكن الشركات طالبت بمبالغ زيادة لمواجهة الأعباء وتعدي الأزمة، ورفضت الإدارة الأمريكية أن تدفع مبالغ زيادة لمواجهة الأعباء وتعدي الأزمة، ورفضت الإدارة الأمريكية أن تدفع مبالغ إضافية إلا إذا قدمت الشركات الثلاث برنامج متفائل لإعادة الهيكلة يوافق عليه اتحادات العمال وهو أمر صعب.

وظهرت مشاكل أخرى أمام شركتي جنرال موتورز وكرايسلر حيث واجهتها اتحادات نقابات العمال الاعتراض على فكرة هيكلة الشركتان، وما ينتج عنها من تسريح عدد كبير من الموظفين وإغلاق عدد غير قليل من خطوط الإنتاج، فلجأت الشركتان بالتفاوض مع الاتحادات لبحث أقل الحلول المقترحة لمواجهة الأزمة الاقتصادية مع تجنب إعادة الهيكلية والإفلاس وتسريح العمال والبحث عن الحصول على أموال إضافية من الحكومة الأمريكية لإنقاذ الوضع المالي لهذه الشركات.

وقد أعربت أحد الصحف[1]: أن شركة بي ام دبليو الألمانية وهي من أكبر الشركات الأوروبية، والأكثر تسويقا في دول العالم عن تقديم مساعدة مالية لشبكة موزيعها في ألمانيا بما يقارب مليون يورو، وتبع شركة بي أم دبليو شركة رولزريس الفاخرة، ويعمل بشركات صناعة السيارات العالمية ما يقرب من ٥٠ مليون شخص، وتستحوذ شركات صناعة السيارات الأوروبية على نسبة كبيرة من هذه العمالة، وتأثرت صناعة السيارات الأوروبية سلبا بسبب ارتفاع أسعار الطاقة والمواد الأولية بالإضافة إلى زعزعة الثقة للمستهلكين من جراء الأزمة.

وذكرت صحيفة أخرى[2]: أن شركة فولكسفاجن وهي كبرى شركات صناعة السيارات في أوروبا أنها ستناقش خفض التكاليف بسبب تأثرها بالأزمة المالية العالمية، وقامت شركة " روبرت بوتن"، وهي أكبر شركة أوروبية لصناعة مكونات السيارات تسريح ألفي موظف من أجل خفض النفقات في ظل الركود والتباطؤ الذي تشهده صناعة السيارات وتصديرها وبيعها في أوروبا.

وصرح " كارلوس جس " الرئيس التنفيذي لشركة صناعة السيارات الفرنسية رينو وحليفتها اليابانية نيسان في أنه لا يرى حلا سريعا للأزمة في صناعة السيارات التي تنهار ماليا واقتصاديا وتحتاج إلى دعم مالي كبير من الحكومات من أجل الاستمرار في الإنتاج والتصدير والبيع لهذه الأنواع من السيارات في كافة دول العالم دون إعلان إفلاسها أو تسريح موظفيها أو

(١) صحيفة فير تشافت فوتشيه - جريدة أسبوعية ألمانية شهيرة.
(٢) صحيفة أوتومبيل فوتشيه - جريدة أسبوعية أيضا ألمانية.

إغلاق خطوط إنتاجها.

كما ذكرت[1] بعض الصحف توقيع سيرجيو مارتينوبي رئيس شركة صناعة السيارات فيات الإيطالية العملاقة بقاء ست شركات صناعية في الأجل الطويل من بين ٥٠ شركة، وعقب بأن عام ٢٠٠٩ سيكون أصعب عام تشهده صناعة السيارات على الإطلاق.

وذكرت بعض الصحف الإيطالية[2] أن رئيس الوزراء الإيطالي والرئيس الفرنسي ـ بحثا قيام تحالف بين شركة فيات الإيطالية وشركة بيجو وستردين الفرنسيتين لمواجهة دواعي الأزمة العالمية التي تؤثر بشدة على صناعة السيارات.

كما أعلنت الشركتان (بيجو - ستردين) أنهما سجلت في عام ٢٠٠٨ خسائر صافية بلغت ٣٤٣ مليون يورو مقابل أرباح بلغت ٨٨٥ يورو في نفس الوقت عام ٢٠٠٧ وعام ٢٠٠٩ ستكون الخسارة فادحة وكبيرة وتوقع الخبراء تراجعا كبيرا نسبته ٢٠% في أسواق السيارات في أوروبا الغربية عام ٢٠٠٩، وسوف تستقر الأمور بعض الشئ في ٢٠١٠ بالطبع مع التفاؤل الشديد.

وكما أقر الرئيس الفرنسي مساعدات إضافية لصناعة السيارات الأوروبية تبلغ قيمتها ٧٫٨ مليار يورو لكلك من بيجو وستروين ورينو

---

(١) د/ صلاح زين الدين، بحث في مواقف الدول المتقدمة والدول النامية تجاه الأزمة المالية العالمية، المرجع السابق ص ١٦، ١٧.

(٢) د/ صلاح زين الدين، بحث في مواقف الدول المتقدمة والدول النامية تجاه الأزمة المالية العالمية، المرجع السابق ص ١٦، ١٧.

وشروط إبقاء مصانعها في فرنسا.

كما دعي وزير خارجيـة ألمانيـا إلى تقـديم مسـاعدات أوروبيـة لشركة أوبـل الألمانيـة ولاتي رجحت التقارير إفلاسها إلى حاجة الشركة إلى مبلغ ٤,٢ مليار دولار كضمانات قروض.

وأعلنت شركة صناعة السيارات الإيطالية فيات بأنها ألغت قرار تسريح ٨ آلاف عامـل بعد قيام الحكومة الإيطالية بتوفير الدعم المالي لها، وأعلن رئيس الاتحاد التشـيكي لصناعة السيارات "انتوفين تسيل" أن الاتحاد أجرى استطلاع بين الشركات التي تتمتـع بالعضوية فيـه تبين لـه أن ٧٠% من هذه الشركات تفكر بتسريح عدد كبير من عمالها.

تأثير الأزمة على الصين:

تسببت الأزمة في توقف العديد من الصناعات الصينية التي كانت تصدرها الصين إلى دول العالم المختلفة كما أدت إلا إفلاس عدد من المصارف والمؤسسات المالية الصينية والعديد مـن الشركات الصناعية وبالتالي حدوث ركود اقتصادي أصاب نواحي الحياة في الصين ومعانـاة الكثير من صناع السلع المعمرة ومن تبعها في صناعة السيارات التي شهدت انخفاضا حـادا في مبيعاتها بعد أن كانت الصين قد بدأت في إنتاج أنواع من السيارات صغيرة الحجـم ومنخفضة التكـاليف وتصـديرها إلى دول العـالم ودول أمريكـا وأوروبـا والشرق الأوسـط، وبـدأ إحجـام الكثير مـن المستوردين لهذه الصناعات ومنها السيارات من الصين عن الشـراء وبالتالي بـدأ الكسـاد وبـدأت زيادة أعداد العاطلين عن العمل وبدأ تسريح أعداد كبيرة من الموظفين والعمال.

وكان أكبر القطاعات في الصين أكثر تأثير بالأزمة هي قطاع شركات السيارات الصينية، والتي لم تنج من الكساد الاقتصادي العالمي، وتأثرت كافة الصناعات الاقتصادية في الصين.

كما عانت دول آسيا وهي كوريا واليابان من ذات الآثار التي سببتها الأزمة وبدأت في تسريح العمال وتقليص الإنتاج، وإغلاق بعض المصانع التي أفلست وإغلاق عدد كبير من الشركات المالية والشركات الصناعية الأخرى.

تأثير الأزمة على اليابان:

أعلن بعض المسئولين في اليابان[1] أن الاقتصاد الياباني يمر بأسوأ حالاته فقد سجل معدل انكماش في الربع الأخير من العام الماضي ٢٠٠٨ الأعلى منذ صدمة البترول عام ١٩٧٤ مع تراجع كبير في الطلب على الصادرات اليابانية خاصة من السيارات والأجهزة الكهربائية التي قد شهدت انتعاش كبير في الأعوام السابقة على حدوث الأزمة الاقتصادية، كما استمر انخفاض متوسط أنفاق اليابانيين الذين تتفاقم مخاوفهم وهواجسهم مما يحمله الغير من مصاعب ومتاعب قد تفقدهم موارد رزقهم، ومع وصول معدل البطالة إلى ٤.٤ من إجمالي حجم العمالة اليابانية في مختلف الشركات والمصانع والبنوك والمصارف المالية، وهو معدل كبير بمقاييس المجتمع الياباني الذي لديه القدرة على توظيف القدرات البشرية المتوافرة لديه.

حيث بدأت الشركات والمصانع في الاستغناء عن آلاف من موظفيها،

---

(١) أ.د. محي الدين علي العشماوي، بحث بعنوان الجوانب القانونية للأزمة الاقتصادية العالمية ص١٥.

وأحدث هذا مشاكل كثيرة، وأصبحت اليابان تعاني من عجز حكومي مشهود في مواجهة المشكلات الاقتصادية بدرجة تزيد عما كان عليه قبل الأزمة الحالية، وأعلنت الحكومة اليابانية إلى الإعلان عن تخصيص مليارات من الدولارات لتنفيذ خطط حماية وخطط لتحفيز وإنعاش الاقتصاد الياباني.

وعلى صعيد بورصة "وول ستريت" هوت الأسهم الأمريكية أول مارس ٢٠٠٩ بعد الأنباء التي أشارت إلى أن الإدارة الأمريكية ستتملك من أسهم مجموعة سيتي جروب المصرفية، وفي أوروبا انكمش الاقتصاد السويدي والدنماركي والفنلندي بمعدلات قياسية، وانخفض الناتج المحلي للدنمارك في الربع الأخير بنسبة ٣,٩% مقارنة بالفترة نفسها من العام السابق.

وستقوم الدول ذات الاقتصاديات القوية بتخصيص ٢٤,٥ مليار يورو لمساعدة الدول التي ضربتها الأزمة المالية الراهنة منها ٢,٢ مليار يورو إلى تركيا.

المبحث الرابع

أثر الأزمة المالية العالمية على الدول النامية

اتجهت غالبية الدول النامية إلى تبني سياسات الليبرالية الجديدة يهدف ربط اقتصادياتها بالمراكز الرأسمالية الكبرى من خلال الاستثمارات الأجنبية والإنتاج للتصدير وتحرير السوق من خلال الخصخصة وتحرير أسواق السلع والعقارات والخدمات وتقليص دور الدولة في الاقتصاد بشكل عام، وكانت نتيجة تلك السياسات زيادة معدلات الفقر في الدول النامية، وبالتالي تعريضها بشكل دائم لتقلبات وأزمات بتلك المنظومة.

ومثلما حدث في الأزمة المالية ١٩٩٧ – ١٩٩٨ التي بدأت في جنوب شرق آسيا وامتدت إلى روسيا والبرازيل وغيرها، فالاستثمارات الأجنبية تنسحب بسرعة البرق عندما تبدأ الأزمة، وبسرعة تتعرض هذه الدول لانهيار عملتها وبورصتها بفعل المضاربة من كبار المستثمرين، ولقد بدأت آثار الأزمة العالمية بالفعل على اقتصاد الدول النامية، فرأس المال الأجنبي (الشركات متعددة الجنسيات) قامت بعملية هروب كبير من الأسواق الناشئة وازدادت مؤشرات انهيار البورصات.

ويتفاوت تأثير الأزمة على الأسواق المالية للدول النامية من دول أخرى، وكلما كانت الدولة أكثر فقرًا كلما كانت تداعيات الأزمة عليها أقل لأن الأسواق المالية في الدول الفقيرة تعتمد أولا عليها أقل لأن الأسواق المالية في الدول الفقيرة تعتمد أولا على الرأسمال الحكومي بالإضافة إلى أن البنوك في هذه البلدان ليست مرتبطة بشبكات عالمية كبيرة، وليست

معتمدة على رؤوس الأموال الأجنبية بل من خلال الاستثمارات المباشرة، ومن المساعدات التنموية ثم التحويلات الخارجية من قبل المهاجرين، لقد شهد عام ٢٠٠٨ تطورًا إيجابيًا في أفريقيا فيما يتعلق بمكافحة الجوع، حيث استفادت بعض الدول الأفريقية المصدرة للمواد الخام من ارتفاع تراجع النمو الذي وصلت إليه الدول[1]، وبالإضافة إلى هروب الاستثمارات الأجنبية.

يوجد انكماش في الصادرات لدول العالم الثالث والتي تعتمد معظمها على أسواق الدول الرأسمالية الكبرى وزيادة سريعة في نسبة البطالة والفقر لقد عانى فقراء الدول النامية من تضخم غير مسبوق في أسعار الطاقة والمواد الغذائية، والمواد الخام وذلك على المستوى العالمي، ولكن فقراء الدول النامية لن يستفيد، ومن انخفاض الأسعار لأن انخفاض الأسعار لا يؤثر بشكل مباشر على الأسواق المحلية لأن المستفيد سيكون كبار المحتكرين لتلك السلع في الدول النامية، ولأن البطالة وانخفاض الأجور الحقيقية سيكون أسرع وأكبر بفعل الأزمة من الانخفاض في الأسعار، وبسبب الأزمة انهارت عملات البرازيل والمجر وأوكرانيا وأندونيسيا لأن هذه الدول تعتمد على تصدير السلع الغذائية والمواد الخام، وبالتالي فإن انهيار أسعارها يؤدي إلى انهيار صادراتها، وهذا له تأثير مدمر على فقراء الدول النامية.

كما أدى ذلك تسريح نسبة من العمالة الذي أثر على زيادة نسبة البطالة

(١) موقع صحيفة القبس الكويتية.

وارتفاع معدل الفقر وانخفاض مستوى المعيشة، وعلى الدول النامية أن تحاول تجنب آثار الأزمة من خلال بتنويع أسواق التصدير بتقوية العلاقات بين دول الجنوب وبعضها البعض، وكذلك الاستفادة من " صندوق المساعدات العاجلة"[1].

(1) لمزيد من الإيضاح د/ صلاح زين الدين - المرجع السابق ص١٩.

المبحث الخامس

أثر الأزمة العالمية على منطقة الاسكوا

فمع تسارع اندماج اقتصادات منطقة الإسكوا في الاقتصاد العالمي ازداد تأثرها باقتصاديات البلدان الأكثر تقدما، ولم تكن هذه المنطقة بمنأى عن الأزمة المالية العالمية لاسيما منها بلدان مجلس التعاون الخليجي الأكثر انفتاحا على الاقتصاد العالمي، وتأثرت هذه البلدان بانخفاض الطلب العالمي على النفط، وأدى خروج رأس المال المضار من بعض أسواق المنطقة إلى أزمة سيولة نقدية وساهم في ارتفاع كلفة الاقتراض في نهاية ٢٠٠٨ وبداية ٢٠٠٩.

كما أدت الأزمة المالية العالمية إلى انخفاض تدفقات الاستثمارات الأجنبية المباشرة إلى بلدان المنطقة بحوالي ٢١% في عام ٢٠٠٨، والمتوقع أن يستمر هذا الانخفاض خلال عام ٢٠٠٩، وأدت الأزمة إلى ارتفاع أسعار المواد الغذائية في السوق الدولية وإلى الزيادة الحادة في أسعار الطاقة، وتحويل بعض المصدرين الرئيسين الأراضي المنتجة نحو إنتاج الوقود الحيوي، وبما أن منطقة الإسكوا تستورد أكثر من ٥٠% من احتياجاتها الغذائية فقد تعرضت لأزمة الأمن الغذائي. [1]

كما سجلت بلدان مجلس التعاون الخليجي بشكل مؤثر بانخفاض الطلب العالمي على النفط وعانت من اهتزازات ملحوظة في القطاعين المصرفي والمالي حيث أدى خروج رأس المال من المنطقة إلى أزمة سيولة نقدية

---

(١) راجع تقرير اللجنة الاقتصادية والاجتماعية لغربي آسيا، بيروت سنة ٢٠٠٩، ص١، ص٥ وما بعدها.

فساهم في ارتفاع معدل التضخم، كما هبطت القيمة السوقية لبورصات المنطقة بحوالي ٣٦٨ مليار دولار أمريكي في عام ٢٠٠٨، وأصيب صندوقي أبو ظبي وقطر بخسارة حوالي ٤٠% من المحفظة الاستثمارية لكل منهما[١]، وأدى ذلك إلى انخفاض تدفقات الاستثمارات الأجنبية المباشرة.

والتوقع معاناة البلدان المصدرة للأيدي العاملة مثل الأردن وسوريا السودان ومصر واليمن من انخفاض ملحوظ في تحويلات العاملين في الخارج.

ومن أكثر البلدان تأثرًا الأردن ولبنان واللذان يعتمدان في اقتصادهما على هذه التحويلات، ومن المتوقع أيضا انخفاض نسبة النمو الاقتصادي في بلدان مجلس التعاون الخليجي.

---

(١) راجع التقرير السابق ص٤.

الفصل الثالث

كيفية الخروج من الأزمة المالية العالمية

المبحث الثاني: دور النقابات في مواجهة الأزمة المالية العالمية.

المبحث الثالث: جهود الحكومة المصرية في مواجهة الأزمة المالية العالمية.

المبحث الأول

دور السياسات المالية والنقدية ودورها في مواجهة الأزمات

انطلقت الأزمة المالية في الولايات المتحدة الأمريكية ثم انتشرت في بقية الدول الأوروبية الأخرى، ولم يعد أمام صناع القرار سوى البحث في كيفية مواجهة الأزمة، والعمل على الخروج منها بأقل الخسائر.

وقامت الحكومات بتدخلات مختلفة للحد من آثار هذه الأزمة، وأعلنت السلطات الروسية تخفيض الحكومة لعملتها وديونها، وحظرت على البنوك التجارية الأجنبية من تطهير الخصوم، وقامت الحكومة البرازيلية بتقليص النفقات في الميزانية للحد من تأثير الأزمة، واضطرت حكومات الدول الكبرى إلى تقديم ضمانات للمودعين في المصارف والدائنين بهدف أن تحقق هذه الضمانات الحفاظ على الاستقرار المالي[1]، كما قامت بعض الدول أن تضمن الودائع في البنوك الخاصة لمنع تدفق رأس المال أو تحويل الودائع إلى البنوك المملوكة للدولة والتي ينظر إليها على أنها الأكثر أمانا.

ولعلاج هذه الأزمة يجب التفكير في بعض المبادئ الأساسية لوضع السياسات في القطاع المالي مثل الحاجة إلى وجود بنية تحتية مالية مع إعادة النظر في جوانب عديدة من القطاع المالي.

ولجأت الحكومات النامية إلى استعمال أدوات للتخفيف من آثار الأزمة منها تصميم بعض الحوافز الضريبية الجيدة لتوليد الطلب المحلي تعويضا

(١) Justinyifu lin, the impact of the financial crisis on developing countries, Korea development institute, Seoul, October ,٣١،٢٠٠٨.

لانخفاض الطلب الخارجي على السلع والخدمات.

كما على الحكومة أن تلبي الاحتياجات الأساسية من خلال الاستثمارات العامة وخاصة في مجال البنية التحتية، وخاصة في الريف لتخفيف الفجوة بينها وبين الحضر، وأيضا على الحكومات النامية أن تخصص جزءا من استثماراتها لتوفير الحماية الاجتماعية وظهرت برامج كثيرة لتخفيف من وطأة الأزمة، ومن أمثلتها برامج تحويل الأموال المشروطة لإبقاء الأطفال المحرومين في المدارس مثل برنامج الأشغال العامة والعمالة(العمل في الهند لضمان العمالة)، برنامج إعانات استهلاك السلع الدنيا (تلك التي لا يستهلكها غير الفقراء).

وبرامج مناسبة للبلدان لتوفير الضمانات الصحية، الفائض أو العجز وتوفير سياسات مالية قوية، ورفعت الصين من الطلب المحلي للتخفيف من آثار الأزمة على الشركاء التجاريين في البلدان الأخرى، وأهم عناصر السياسة المالية للحد من الأزمة هي الإنفاق العام والدعم والضرائب[1].

أولا: الإنفاق العام:

فتدخل الدولة بزيادة الإنفاق العام يتطلب منها زيادة الدخل وزيادة الضمان الاجتماعي تستطيع الحكومة أن تعوض هذا العجز عن طريق زيادة نفقاتها في صورة ضريبة استثنائية على هؤلاء المستفيدون من الأزمة (المحتكرين) مثلما فعلت الدول أثناء الحروب، فلقد كانت تفرض هذه

(١) عبد الفتاح الجبالي، الأزمة المالية العالمية وانعكاساتها على الاقتصاد المصري، مركز الدراسات الاستراتيجية بمؤسسة الأهرام العدد ١٩٣ السنة ١٨ نوفمبر ٢٠٠٨، ص ٤٨.

الضريبة على المحتكرين.

ويوجد اتجاه هذا الرأي لأن زيادة النفقات الحكومية سوف تضغط على تكاليف مدخلات الإنتاج من عمال وطاقة واتصالات ونقل، كما أن زيادة الضرائب سوف تزيد من تكلفة الإنتاج، وبالتالي فإن زيادة هذه التكاليف سوف تكون لها تأثيرات مختلفة على قطاعات سلع المتاجرة والسلع الأخرى، والزيادة في النفقات الحكومية الممولة من زيادة الضرائب لا يمكن أن يمر بسهولة دون أن يترك أثر على أسعار مخرجات سلع المتاجرة في ظل اقتصاد مفتوح حيث تنخفض أسعارها بسبب مرونتها العالية بخلاف السلع الأخرى التي لا تواجه تنافس، وبالتالي يجب التصدي لها بالسياسات المالية والنقدية الملائمة، ولذلك فإن دور الموازنة العامة للدولة تلعب دورا هاما في علاج هذه الآثار السيئة(1).

ولجأت الحكومة المصرية إلى البرلمان بمشروع قانون فتح اعتماد إضافي بالموازنة العامة للدولة للسنة المالية ٢٠٠٨/٢٠٠٩ وذلك لمواجهة الآثار السلبية للأزمة والتي سوف يكون لها تأثير على الاقتصاد المصري منها الانخفاض المتوقع في إيرادات السياحة وقناة السويس وتحويلات العاملين المصريين في الخارج وانخفاض حجم الصادرات المصرية بجانب ما يتعرض الاقتصاد في الداخل إلى انكماش وركود يؤثر على حجم التوظيف(2).

---

(1) تقرير لجنة الشئون المالية والاقتصادية بمجلس الشورى المصري هذا المشروع غير منشور، القاهرة سنة ٢٠٠٩.

(2) د/ رمضان صديق بحث بعنوان دور السياسة المالية في الأزمة الاقتصادية العالمية مع الإشارة لمصر مؤتمر كلية الحقوق جامعة المنصورة ١/ ٢ ابريل ٢٠٠٩.

ويلاحظ أن المشروعات الاستثمارية تستأثر بأغلب مبلغ الدعم الإضافي المطلوب بما يقرب من ٧٨% أما باقي المبلغ يؤول إلى أجهزة الموازنة العامة للدولة موزعة على مشروعات البنية الأساسية من مياه شرب وصرف صحي وطرق وكباري ووحدات صحية....وغيرها.

وبالتالي فإن الإنفاق يساهم في تحسين بنية النقل البري والبحري للأفراد والسلع ويساهم في تحقيق الرواج الاقتصادي المأمول لكسر الانكماش وتقليل نفقة السلع، ولقد كان ذلك لتطوير مرفق السكك الحديدية من مبالغ نتيجة تعرضه للحوادث الأخيرة الجسيمة على أن نتمنى تحسنا ملحوظا في هذا القطاع وغيره من القطاعات الأخرى، أما الزيادة في الإنفاق المطلوبة في مجال الإنفاق الجاري فقد بلغت ٢١% من إجمالي مبلغ الدعم الإضافي وتم توزيعها على الصادرات المصرية ودعم المناطق الصناعية بالدلتا ودعم البنية الأساسية للتجارة الداخلية.

ثانيا: الدعم:

قرر مجلس الشورى المصري أن جملة الدعم الإضافي للصادرات المصرية ولزيادة قدرتها التنافسية قد استحوذ على النسبة الأكبر من مبالغ الإنفاق الجاري المتوقع، وفي هذا إشارة لاهتمام الحكومة بجانب الصادرات، ويجب أن يوجه الدعم إلى قطاعات تصوير جديدة وللشركات التي تنجح في فتح أسواق جديدة حيث أنها تأثرت (الصادرات المصرية) بهذه الأزمة وهي المتضرر الأول، وبالتالي سوف ينعكس هذا على الواردات الخارجية.

ولكي يأتي الدعم بآثار إيجابية يجب فتح أسواق جديدة أو العمل على إبقاء منشآت التصدير بالقوة لكي تستعد لقيام نهضة جديدة، وبالتالي يجب أن تعمل الحكومات على تحقيق الضمان الاجتماعي، ويجب أن يصل إلى جميع الفئات المتضررة من الأزمة وخاصة العمال المطرودين من أعمالهم وغيرهم ممن يفقدون فرص العمل، أو يتعذر عليهم الحصول عليه بسبب الركود المصاحب للأزمة، وسيأتي ذلك من خلال تخفيف الضريبة على الأفراد ووضع حوافز ضريبية للمنشآت الصغيرة وتحسين التأمينات الاجتماعية.

ثالثا: الضرائب:

إن أفضل السبل للدولة للعمل على توفير الإيرادات العامة اللازمة لتمويل الإنفاق العام المتزايد مع المحافظة على عدم تفاقم العجز المالي يكون أساسا بتوفير إيرادات حقيقية لتمويل النفقات....هو الضريبة لأنها تساهم في الحد من العجز في الميزانية أو علي عدم زيادته كما أنها تلعب دورا في عدالة توزيع الأعباء من خلال العدالة في توزيع الدخول ٠٠٠ وقد يكون اللجوء إلي هذا الأسلوب غير مستحب خوفا من أن يؤثر فرض الضرائب أو استحداث ضرائب جديدة في انكماش النشاط الاقتصادي والضغط فلي الاستثمارات الخاصة فيزيد الركود.

ولقد دعا بعض الكتاب [(١)] إلي في ضرائب علي المكاسب الرأسمالية التي تحققها الأموال الساخنة والتي تدخل في الاستثمار لتحقيق مكاسب

(١) د/ سلطان أبو علي، الأزمة التمويلية وانعكاساتها على مصر، المركز المصري للدراسات الاقتصادية ورقة عملة، ديسمبر ٢٠٠٨ ص٢٢.

سريعة ثم تهرج منها بسرعة

واتبعت بعض الدول هذا النظام الذي يعرف بضريبة توبين Tobin tax والمعروف أن لها أثرا سلبيا علي المدي القصير ويتمل في حدوث انخفاض لأسعار نتيجة خروج بعض المتعاملين الأجانب من السوق ٠ أو عدم دخول بعضهم السوق، أو عدم دخول بعضهم السوق بسبب هذه الضريبة، أما أثرها الإيجابي فهو أفضل لأنه يخلص السوق من المغامرين غير الجادين والذين لا يفيدون السوق......وبالتالي فإن هذه الضريبة تعمل على استقرار السوق وعدم تعرضه لهزات أو اضطرابات بسبب الأزمات المالية.

ولهذا تلجأ الموازنة العامة إلى الاقتراض لتوفير إيرادات حقيقية، وذلك لتمويل الإنفاق العام بدلا من التمويل بالعجز عن طريق الإصدار النقدي وهو غير ملائم للدول النامية لأنه ليس لديها إنتاج مرن، ومع التحوط والحذر للجوء إلى القروض في تمويل النفقات العامة إلا أن هذا التمويل قد يكون ضروريا للوقاية من آثار الأزمة المالية.

وإذا كانت الدراسات توازن بين التمويل بالضرائب أو القروض تضع أمامها أن اللجوء إلى الضرائب لتمويل الزيادة المتوقعة في الإنفاق العام تكون في حالة الرواج أو الانتعاش لا في حالة الركود والكساد.

كما يؤثر في الاعتماد على الضرائب في التمويل أمور (الطاقة الضريبية للمجتمع - العبء الضريبي للممول)، وبالتالي يجب عدم تفضيل الضريبة كعلاج أول للحد من الأزمات المالية إلا بالقدر الذي يتلاءم مع الأرباح الفجائية التي يحصل عليها أصحابها من ظروف خارجة عن

جهدهم.

وبرر البعض [1] لجوء الحكومة إلى القروض لـدعم التمويل الإضافي لـه مـا يـبرره اقتصاديا واجتماعية......ويجب تحصيل المتأخرات الضريبية لتقليل حجـم القـروض، وأن تعمل الحكومـة على ضبط وترشيد نفقاتها الإداريـة والاسـتهلاكية ومراعـاة الأبعـاد القانونيـة المرتبطـة بـالقروض وتنظيم إدارتها لتقليل أعبائها.

(١) لمزيد من الإيضاح د/ رمضان صـديق المرجع السـابق ص ٣٠ ومـا بعـدها، أ.د/ السـيد أحمـد عبـد الخـالق، الاقتصاد السياسي لحماية حقوق الملكية الفكرية ٢٠٠٤ ص ٩.

المبحث الثاني

دور النقابات في مواجهة الأزمة المالية العالمية

ماهية النقابات:

تعرف النقابات بأنها تنظيمي للقوى العاملة في إطار القانون وتسعى إلى رعاية مصالح القوى العاملة (أعضائها)، والدفاع عنهم وتحسين ظروف العمل وتحسين أحوالهم المعيشية مما يؤدي إلى زيادة الإنتاج، وبالتالي يتم تحسين الدخل القومي مما يعود بالنفع على القوى العاملة والمنظمة والمجتمع، وبالتالي لم تعد النقابات تمثل صورة من صور الصراع بين العاملين وأصحاب العمل، كما كانت في الماضي بل أصبحت تسعى إلى تحقيق أهداف العاملين والمنظمة والمجتمع[1].

دور النقابات في مصر[2]:

تلعب النقابات العمالية دورا كبيرا في مصر في منظومة العلاقات الصناعية وتطويرها من خلال:

١) الدفاع عن حقوق أعضائها من ناحية تحسين ظروف العمل وتحسين الأحوال المادية من ناحية أخرى، مما ينعكس أثرها على تحقيق التآلف والتعاون بين الإدارة والعمال، وبين العمال بعضهم ببعض.

٢) تقديم العديد من الخدمات الصحية والاجتماعية والترويحية مما ينعكس

---

(1) د/ عادل الزبادي، إدارة الموارد البشرية القاهرة، جامعة عين شمس ٢٠٠٢م.

(٢) د/ محمد عبد الحميد خلاف، الإدارة العلمية للمنظمات العمالية في المرحلة القادمة، مجلة إدارة الأعمال، العدد ٩٧، القاهرة، جامعة إدارة الأعمال العربية ٢٠٠٢م.

أثره على سلوك الأعضاء وزيادة إنتاجيتهم وانتمائهم للعمل.

٣) المشاركة في اقتراح ومناقشة القوانين والنظم المالية والإدارية الخاصة بأحوال العاملين حيث قد نص قانون النقابات العمالية الأخير على ضرورة اشتراك اتحاد نقابات العمال في مناقشة كل القوانين والنظم واللوائح المتصلة بأحوال العاملين في الحكومة وقطاع الأعمال العام، والخاص، وذلك مع السلطة التشريعية والتنفيذية وإبداء الرأي في هذه القوانين والنظم واللوائح وتقديم المقترحات المناسبة قبل إصدار القوانين التي تمس مصالح العمال مما يزيد من اطمئنان العاملين على مستقبلهم، هاذ بالإضافة إلى إحساس العاملين بأن من يمثلهم من قادة النقابات قد أبدوا واستشيروا بالنسبة للنواحي التي تخص العاملين مما يؤدي إلى الإقلال من مقاومتهم للتغيير لهذه القوانين والنظم الجديدة مما يجعلهم أكثر اقتناعا بها.

٤) القيام بتنشيط الاتصالات بين القاعدة العاملة وبين الإدارة من خلال اللجنة النقابية الموجودة بالمنظمة، وهذه الاتصالات تدعم العلاقات الصناعية وتبني جسور التفاهم والانسجام مما يؤدي إلى رفع الروح المعنوية.

٥) تنشيط الصورة المختلفة للمشاركين في اتخاذ القرارات الهامة سواء على مستوى المنظمة أو على مستوى الدولة وذلك بتعاونها مع أجهزة الدولة في رسم الخطط الصناعية وغيرها والعمل على تنفيذها كما تشترك الإدارة مع النقابة في رسم الخدمات الاجتماعية لتحسين ظروف العاملين ورفع مستواهم الاجتماعي والمساهمة في رفع العمال

للعمل والتنافس الشريف لزيادة الإنتاج وإنجاح الخطط الاقتصادية.

البيئة المحيطة بالنقابات:

تتميز هذه البيئة بأنها متغيرة مليئة بـالكثير مـن التغيـرات والتحـولات السـريعة في شتـى نواحي الحياة الاجتماعية والثقافية والسياسية والاقتصادية والتكنولوجية (العولمة – غزو الأسواق والسـيطرة عـلى المقـدرات الاقتصادية للـدول والشـعوب والخصخصة – اسـتغلال الحكومـات للشعوب – الأزمة المالية العالمية – حوكمة الشركات – استغلال العاملين – البطالـة – الغـلاء – تدهور قيمة العملة المحلية – تدهور جودة المنتجات الوطنية – انخفاض الإنتاجية – الهجرة إلى دول العالم الصناعي – تدهور أداء المنظمات – انخفاض الإنتاج كليا ونوعيا[1].

شكل التنظيم النقابي في مصر:

يقوم التنظيم النقابي في مصر على شكل بناء هرمي يتكون من ثلاث مستويات:

المستوى الأول: يتألف من اللجان النقابية في المنشآت الصـناعية والخدميـة والزراعيـة التـي يصل عددها إلى ١٩٠٠ لجنة نقابية.

المستوى الثاني: فتمثله النقابات العامة التي يصل عـددها إلى ٢٣ نقابـة عامـة موزعـة عـلى القطاعات الاقتصادية الثلاث الرئيسية حيث يضم قطاع الصناعة ٨ نقابات وقطاع الزراعـة نقابـة واحدة......بينما يتركز العدد الأكبر من النقابات العامة في قطاع الخدمات الـذي يضـم ١٤ نقابـة عامة.

(١) د/ فريد راب النجار، تنمية المهارات السلوكية للتغيير الاستراتيجي، القاهرة، الدار الجامعية للنشرـ طبعـة ٢٠٠٩ ص ٣٢.

المستوى الثالث: فهو يتمثل في الاتحاد العام لنقابات العمال[1].

وينبغي التمييز بين ثلاثة أنواع من النقابات في مصر:

النقابات المهنية: وتقوم على أساس التجمع بانتماء أعضائها إلى تخصص معين كالطب – الهندسة – التجارة..........الخ.

النقابات العمالية: وهي التي تنمي إليها الطبقة العاملة وأهدافها حماية العاملين والدفاع عن مصالحهم والعمل على رفع مستوى معيشتهم.

نقابات أصحاب الأعمال: وهذا النوع من النقابات (اتحاد الصناعات المصرفية – واتحاد الغرف التجارية – اتحاد الغرف السياحية – الاتحاد العام للتعاونيات....)، ونشأت كرد فعل للنقابات العمالية، منطقة الأساس هو المصالح المشتركة لمالكي رأس المال ومصادر الإنتاج، وهدف هذه النقابات تنظيم وتنسيق العلاقات المختلفة بين أصحاب رؤوس الأموال في مواجهة الطبقة العاملة.

- عضوية النقابات العمالية وصلت إلى ٤,٤٨ مليون عضو ينضمون إلى ٢٣ نقابة عمالية، وفي حين بلغت عضوية النقابات المهنية إلى ٣,٨ مليون عضو ينضمون إلى ٢١ نقابة مهنية بالرغم من أن العضوية في النقابات المهنية إجبارية كشرط مزاولة المهند، والعضوية في النقابات العمالية اختيارية من حيث الانضمام أو

---

(١) د/ محمد منير، دارسة لبعض المشكلات والقضايا العمالية التي تنشأ في ظل تطبيق برنامج الخصخصة، رسالة ماجستير غير منشورة، كلية التجارة جامعة الإسكندرية. طبعة ٢٠٠٠.

الانسحاب. [1]

ويلاحظ أن النقابات العمالية الموجودة في قطاع الصناعة هـي الأقوى تأثيرا مـن النقابـات المهنية، ويرجع ذلك إلى ارتفاع مستوى الوعي لدى عمال الصناعة، أو نتيجـة تجمعهـم في مكان واحد، وتبلور مواقفها وتجانسها إلى حد كبير فضلا عن تقدم فنونهم الإنتاجية.

ولتحديد دور النقابات في مواجهة الأزمة المالية العالمية يجب أن نفرق بـين النقابـات قبـل حدوث الأزمة والنقابات أثناء الأزمة والنقابات بعد الأزمة.

أولا: النقابات قبل الأزمة:

فكانت النقابات تعاني من نقاط الضعف في أدائها تجاه تحقيق الاستقرار والتوازن بـين جميع الأطراف وذلك للأسباب الآتية:

١) التحولات الاقتصادية التي شهدها الاقتصاد المصري وما صاحبها من خصخصة المشروعات العامة المملوكة للدولة، ونقل ملكيتها للقطاع الخاص ونتج عنها:

(ارتفاع نسبة البطالة – عدم تثبيت العمالة وتجديد العقود – انعدام الثقة بـين العامليـن والإدارة من ناحية وبين العمال وممثليهم من ناحية أخرى – عدم الشفافية والوضوح). [2]

٢) التحول من النظـام الاشـتراكي القائـم على الـدور الاجتماعـي للدولـة مـن تقـديم أجور منخفضة مقابل خدمات عينية(التوظيف – المهايا والأجور

(١) د/ إبراهيم حلمي، التنظيمات النقابية العمالية وقضية تنمية العضوية القاهرة، المؤسسة الثقافية العمالية ٢٠٠٤م.
(٢) د/ فريد النجار، المرجع السابق.

- التأمينات الاجتماعية - الأمن الصناعي والسلامة المهنية - الرعاية الصحية - التدريب - الترفيه - التغذية - الإسكان - تقديم خدمات الانتقال - الحضانة لأبناء العاملات تقديم الدعم على السلع الأساسية) إلى النظام الرأسمالي القائم على الربح والخسارة في المشروعات والدور الاقتصادي للدولة بقدر أكبر من الدور الاجتماعي لها[١].

٣) **التدخل الحكومي والسيطرة على أداء النقابات لأهداف سياسية واجتماعية وذلك من خلال اتجاهين:** [٢] الاتجاه الأول سلبي ويقوم على:

أ) السعي نحو القضاء على مجالس ولجان التعاون المشترك (كاللجان المشتركة ولجان فض النزاعات التي تقوم على التمثيل المشترك للإدارة والعمال).

ب) خصخصة المشروعات العامة المملوكة وتقل ملكيتها للقطاع الخاص وتأثير ذلك سلبا على العاملين وعلى درجة رضاهم الوظيفي تجاه العمل والمنظمة وارتفاع نسبة البطالة مع ضعف دور النقابات العمالية أمام التدخل الحكومي، وتراجع اتجاه العمال نحو العمل النقابي[٣].

ج) إستراتيجية التعاقد من الباطن مع القطاع الخاص من جانب القطاع الحكومي خاصة في مجال النشاطات الخدمية.

(١) د/ جمال البنا، قراءة في مشروعية المنظمات والعمالية والفقه الجديد، منشورات القاهرة، منظمة العمل الدولية، ٢٠٠٧م.
(٢) د/ حلمي عزيز، الصناعة والبيئة، القاهرة، الجامعة العمالية ٢٠٠٣م.
(٣) د/ أحمد جمال الدين عبد الفتاح موسى، المنهج التطبيقي للخصخصة بين التروي والتقويم، غير منشور، ١٩٩٥م.

أما الاتجاه الثاني للسياسات الحكومية إيجابا على العلاقات الصناعية ويتمثل في العلاقة التي تقوم على الربط بين الدولة والعمال، وقيادات النقابات تتحكم في أعضائها وفق مصالح الدولة، ويتم ذلك إشراك القيادات النقابية مع الحكومة في صياغة السياسات القومية لمؤسسات الدولة المختلفة، وزادت الإضرابات والاعتصامات، وزيادة معدل دوران العاملين وانخفاض الروح المعنوية وانخفاض الإنتاجية).

النقابات أثناء الأزمة:

على النقابات القيام بدور فعال في النوعية والإرشاد وعقد المؤتمرات والمشاركة في جميع المشاكل السياسية والاقتصادية والاجتماعية حتى يكون لها دور مؤثر وفعال وأن تقدم الحلول المناسبة للخروج من هذه الأزمة، وذلك من خلال:

١)   القضاء على البطالة وتشوهات أسواق العمل.

٢)   ربط التعليم باحتياجات ومتطلبات سوق العمل.

٣)   ربط الأجور بالإنتاجية بعيدا عن التضخم والأزمات.

٤)   ضمان مستوى اقتصادي مناسب لجميع العاملين.

٥)   حق العاملين في الانضمام للنقابات.

٦)   تبني فلسفة الإنتاجية والتميز والتي تتطلب دفع الرسوم والضرائب والجمارك تجاه الحكومة، وتحقيق معدلات مناسبة الأجور والحوافز والروح المعنوية والسلامة الصحة المهنية والرعاية الصحية[1].

---

(١) د/ فريد النجار، إعادة هندسة العمليات وهيكلة الشركات والقاهرة، دار طيبة للنشر ٢٠٠٥م.

النقابات بعد الأزمة:

يجب عليها الإسراع نحو اتخاذ الإجراءات التالية:

١) المطالبة الجادة بانتخابات للنقابات دون تدخل حكومي، حتى تستطيع القيام بأداء واجبها نحو تحقيق الاستقرار والتوازن بين أصحاب المشتركة في الشركات على أكمل وجه[١].

٢) مطالبة الحكومة بتفعيل برنامج الضمان الاجتماعي لمواجهة أي تغيرات أو تحويلات اقتصادية يمكن أن تشهدها مصر في السنوات القادمة.

٣) الاستفادة من التكنولوجيا الحديثة علم الاتصالات والمعلومات وشبكة الانترنت بصورة أفضل في التعبير عن المطالب والتواصل مع أطراف منظمة العلاقات الصناعية من خلال المحادثات الالكترونية والبريد الالكتروني وأخيرا عن طريق المحادثات التفاعلية حيث يمكن لأطراف المصالح المشتركة التحدث إلى بعضهم البعض من خلال طباعة الرسائل على الشاشة أو من خلال الحديث بالصوت والصورة أو ما يسمى بالاجتماعات الالكترونية Video conference وسيتمخض عن ذلك تحسين أساليب الاجتماعات الالكترونية أو المفاوضات الجماعية الالكترونية بين كافة الأطراف المختلفة[٢].

---

(١) د/ عادل عبد الرحمن، المفاوضية الجماعية في معالجة المشكلات العمالية، المجلة العلمية لكلية التجارة (العدد ٤٤) ٢٠٠٨ جامعية أسيوط.

(٢) أ/ عليان بن عبد الله الرشيد، تنمية الموارد البشرية ودورها في تفعيل الإدارة الالكترونية، رسالة ماجستير غير منشورة الرياض جامعة نايف للعلوم الأمنية ٢٠٠٧.

وبالتالي ينعكس ذلك على سرعة حل أي مشكلات أو أزمات تحدث بالكفاءة المطلوبة وفي نفس الوقت.

٤) تنظيم الصفوف وابتكار أساليب جديدة للتعبير عن الرأي دون الإخلال بالقانون.

٥) احترام الانتماءات السياسية المتباينة لكافة الأعضاء.

٦) ألا تندمج مع السلطة وتصبح أداة من أدواتها خوفا من ترهيب او انسياق وراء ترغيب.

٧) أن تمارس ضغطها على السلطة والأحزاب السياسية بهدف تحقيق مصالحها ومصالح أعضائها وليس مصلحة حزب أو سلطة[١].

وهناك مجموعة من الإجراءات يجب تحقيقها لكي تقوم النقابات بدورها، ومنها[٢]:

١) إلغاء القيود الواردة على حق التنظيمات النقابية في اختيار ممثليها بحرية.

٢) وضع ضوابط وحدود على سلطات السلعة التنفيذية فيما يتعلق بانتخابات النقابات، حتى لا يحدث تدخل في شأن حرية التنظيمات النقابية.

٣) أن تكون النصوص القانونية المنظمة للعمل النقابي بما يسمح بالمواءمة بين حرية العمل النقابي وقيامها على أساس ديمقراطي وبين

(١) د/ محمد إبراهيم خيري الوكيل - دور القضاء الإداري والدستوري في إرساء مؤسسات المجتمع المدني - رسالة دكتوراه ٢٠٠٦ - دار النهضة العربية ص٦٥٥.
(٢) يراجع في هذا رسالتنا - ص ١٣٢٦.

عدم وجود سيطرة حكومية أو أقلية حتى ولو كانت منظمة على أغلبية غـير مباليـة ومتقاعسـة وصامتة.

٤)   أن تقوم النقابات بنفسها ودون تـدخل مـن أي جهـة بـإدارة شـئونها بنفسها مـن خـلال مجالسها ولجانها.

المبحث الثالث

جهود الحكومة المصرية في مواجهة الأزمة

اتخذت الحكومة المصرية عدة إجراءات لمواجهة آثار الأزمة على الاقتصاد المصري منها[1]:

أولا: زيادة الإنفاق العام بنحو ١٥ مليار جنية خلال الستة شهور القادمة في مجالات الاستثمار العامة، ودعم الأنشطة الاقتصادية، وسيرتب على ضخ هذه المبالغ تنفيذ مشروعات عاجلة تشغل الكثير من العمالة وتضخ الملايين من الجنيهات كأجور مما يؤدي إلى زيادة الاستهلاك وبالتالي زيادة الإنتاج ودفع عجلة الاقتصاد المصري إلى الأمام.

وأوجه الاتفاق تشمل ما يلي:

١) إنفاق نحو ١٠,٥ مليار جنية لزيادة الاستثمارات العامة في العديد من المجالات والمشروعات موزعة على النحو التالي:

أ) ٧,٢ مليار جنية لمشروعات مياه الشرب والصرف الصحي.

ب) مليار جنية لمشروعات الطرق والكباري.

ج) ٦٠٠ مليون جنية لرفع كفاءة خطوط السكك الحديدية وتطوير البنية التحتية لميناء شرق بورسعيد وزيادة الطاقة الاستيعابية لموانئ البحر الأحمر.

---

(١) م م / إبراهيم عبد الله عبد الرءوف محمد، بحث في انعكاسات الأزمة المالية العالمية على الاقتصاد المصري، نظرة عامة مؤتمر كلية الحقوق جامعة المنصورة ص ٢٣، وما بعدها:
www. Idbe egypte.com /doc/
financial crisis and Egypt. doc.

د)   ٩٠٠ مليون جنية لبناء الوحدات الصحية الأساسية وبناء المـدارس وتطوير نظـام صرف السلع والخدمات ورفع كفاءة أجهزة الإطفاء.

هـ)   ٨٠٠ مليون جنية لمشروعات التنمية المحلية بالمحافظات.

٢   تخصيص ٢٫٨ مليار جنية لدعم الصناعة والصادرات المصرية موزعة كما يلي:

أ)   ٢٫٢ مليار جنية لدعم الصادرات المصرية وزيادة قدرتها التنافسية.

ب)   ٦٠ مليون جنية لدعم المناطق الصناعية بالدلتا ودعم البنية الأساسية للتجارة الداخلية.

ثانيا: إجراء تخفيضات في التعريفة الجمركية علـى سـلع وسـيطة ورأسـمالية تقـدر تكلفتهـا بنحـو (١٫٥ – ١٫٧ مليـار جنيـة) مـما يسـاعد المنشـآت علـى المنافسـة في الخـارج، ويشـجع عـلى الاستثمار والتشغيل.

ثالثا: سيتم تحمل تكلفة ضريبة المبيعات على السلع الرأسمالية بحيث لا يتحملها المستثمر عن الاستثمارات التي تنشأ في الـ ١٢ شهرا القادمة.

رابعا: سيتم العمل على تنفيـذ اسـتثمارات في حـدود ١٥ مليـار جنيـة أخـرى في مشروعات بنظام المشاركة العامة والخاصة (حيث سيتم التوقيع قريبا على عدد من المشروعات العامة التي ستقام باستثمارات من القطاع الخاص بقيمة ١٥ مليـار جنيـة، ومنها مشـروع بنـاء ٣٤٥ مدرسـة جديدة ومستشفيات ومحطات تنقية مياه ومحطات معالجة الصرف الصحي).

خامسا: نستهدف الاستمرار في جذب الاستثمارات من الخارج عموما ومـن المنطقـة العربيـة خصوصا بما لا يقل عن ١٠ مليارات دولار سنويا.

سادسا: توفير فرص استثمارية حقيقية في مشروعات قطاعية ذات

جدوى مدروسة ومؤكدة للترويج للاستثمار فيها:

١) في قطاع البترول توجد مشروعات تكرير وبتروكيماويات وبحث وتنقيب ومشروعات غـاز يصل إجمالي استثماراتها إلى ٥٨ مليار دولار.

٢) في قطاع الموارد والري توجد مشروعات في توشكي وشمال سيناء(ترعة السلام) ومشروعات استغلال حدائق نجع حمادي والقناطر الخيرية واسنا بتكلفـة اسـتثمارية تصل إلى عشر ـ مليارات جنية.

٣) وهناك مشروعات في قطاع الطيران المدني تصل استثماراتها إلى أكثر من ٢٠ مليار دولار.

٤) وفي قطاع البنية الأساسية هناك مشروعات الطرق الحرة وتطوير الموانى ومشروعات النقل النهري ومشروعات السكة الحديد ومترو الأنفاق بما يزيد على ٣٠ مليار جنية.

٥) وفي مجال السياحة هناك مشروعات لزيـادة الطاقة الفندقيـة باستثمارات تصـل إلى ١٠ مليارات دولار.

٦) وفي مجال التنمية العمرانية والإسكان هناك ٩ مشروـعات عملاقـة لبنـاء آلاف الوحـدات السكنية وإنشاء ٤ مدن جديدة ومناطق خدمية وترفيهية وتجارية ومدنية خيـول عربيـة ومدنية طبية عالمية بتكلفة استثمارية إجمالية ٩٠ مليار جنية.

٧) وفي مجال الزراعة هناك مشروعات تخصيص مساحات من الأرض في حدود ٥ آلاف فـدان لكل مستثمر لإنشاء مشروعات تصنيع

زراعي باعتبارها مشروعات كثيفة العمالة.

٨) وفي مجال التجارة الداخلية هناك مشروع عملاق لإنشاء مناطق لخدمات التجارة الداخلية وأسواق تجارية على مستوى كبير تتيح الآلاف من فرص العمل.

٩) وفي مجال تكنولوجيا المعلومات توجد مشروعات تتجاوز قيمتها ١٠ مليارات دولار.

سابعا: تفعيل دور مكاتب الاستثمار بالمحافظات وتفعيل قدرتها على الترويج للاستثمار وإصدار وتراخيص تأسيس الشركات وتطبيق نظام الشباك الواحد

ثامنا: حل مشاكل الاستثمار وإزالة مقومات خاصة في القطاعات كثيفة الاستخدام للعمالة كالصناعة والزراعة والمقاولات وقطاعات الخدمات.

تاسعا: تفويض مجالس لإدارات المناطق الصناعية بالمحافظات في إصدار الموافقة الصناعية ويمنح تراخيص التشغيل والسجل الصناعي في المحافظات.......مع التأكيد على الآتي:

١) تحديد السجل الصناعي لمدة ٦ أشهر في نفس اليوم وإصداره لمدة سنوات فور استكماله.

٢) منح موافقة في يوم واحد لجميع المشروعات الصناعية الجديدة غير كثيفة الاستخدام للطاقة من هيئة التنمية الصناعية

شراء تحقيق التوازن والاستقرار في أسعار الطاقة لأغراض الصناعة، وفي هذا الإطار سيتم تثبيت أسعار الغاز والكهرباء لجميع المصانع حتى

نهاية العام المقبل وجدوله سداد تكاليف توصيل الغاز والكهرباء للمشروعات الجديدة على ٣ سنوات.

حادي عشر: دعم ومساندة القطاعات التصديرية والإنتاجية من خلال:

١) تخفيض ٥٠% من تكلفة مشاركة الشركات في كافة الخدمات التي يقدمها مركز تحديث الصناعة من برامج دعم فني وتدريب ومشاركة في المعارض وذلك اعتبارا من أوله الشهر الجاري.

٢) زيادة نسبة المساندة المالية لجميع القطاعات التصديرية المستفيدة من صندوق تنمية الصادرات بنسبة ٥٠% وتسري هذه الزيادة على الصادرات اعتبارا من أول الشهر الجاري، فضلا عن ضمان الصادرات بنسبة ٥٠ % من صندوق دعم مخاطر الصادرات.

ثاني عشر: توفير الأراضي اللازمة لأغراض النشاط الاقتصادي الإنتاجي ومشروعات البنية الأساسية.

ثالث عشر: تخصيص نحو ٥٠٠ فدان للاستثمارات الجديدة في القطاع الزراعي.

رابع عشر: التنسيق بين الحكومة والبنك المركزي لتشجيع إتاحة الائتمان اللازم لتمويل المشروعات المتوسطة والصغيرة لمساعدتها على التوسع والإنتاج وتحقيقا للتنويع في محافظ الجهاز المصرفي والعمل على استغلال الفائض الكبير في السيولة ٤٩% من إجمالي الودائع في تمويل مشروعات إنتاجية.

خامس عشر: دفع نشاط التمويل العقاري لتمويل محدودي ومتوسطي الدخل.

سادس عشر: الاستمرار في تنفيذ المرحلة الثانية من برامج إصلاح القطاع المصرفي.

سابع عشر: إصدار حزمة من التشريعات لتحفيز النشاط الاقتصادي:

١) إصدار التعديل التشريعي اللازم لتشجيع إنشاء مشروعات المشاركة العامة الخاصة (PPP).

٢) مشروع قانون بتنظيم الإفلاس والصلح الواقي منه.

٣) مشروع قانون تنظيم الرقابة على الأسواق والأدوات المالية غير المصرفية.

ثامن عشر: استمرار تنشيط قطاع السياحة والحفاظ على المعدلات المالية للنمو فيه وذلك باتخاذ الإجراءات الآتية:

أ) العمل على الحفاظ على نصيب مصر من الأسواق الكبرى عن طريق تكثيف الحملات الترويحية المشتركة مع الوكالات السياسية الكبرى.

ب) تحفيز الطيران المنخفض التكلفة.

ج) الاستمرار في دعم برنامج الطيران العرضي (مرسي علم / طابا / الساحل الشمالي/ أسواق).

د) التركيز على أسواق دول أوروبا الشرقية في المرحلة القادمة والدول ذات معدلات النمو المرتفعة مثل الهند والصين.

وأكدت الحكومة المصرية على أن التعامل مع الأزمة لابد أن يتم على

ثلاث مستويات[1]:

المستوى الأول: التعامل المباشر والسريع مع السلبيات التي يمكن أن تحقق نتائج إيجابية وتحد من تأثيرات الأزمة.

المستوى الثاني: رصد المدى المتوسط والطويل الذي عليه يتأثر سلبا أو إيجابا.

المستوى الثالث: الاستعداد لمرحلة الانطلاق المتوقعة للمرحلة التي تلي الأزمة مباشرة والتي ستشهد وجود فوائض تبحث عن مشروعات استثمارية محدودة حيث أنه في تقدير مصر- أن مدى استعداد أي دولة أو أي اقتصاد للاستفادة من هذه الفترة يمكنها من زيادة النمو وتحقيق زيادة في الخدمات والعوائد والقدرة على زيادة فرص العمل.

وتجدر الإشارة إلى أن الحكومة قد حددت خمسة محاور[2] للتحرك السريع بهدف تعويض النقص (الانخفاض) المتوقع في معدل النمو الناجم عن المعاملات الخارجية من خلال إجراءات تحقق مزيدًا من النشاط الاقتصادي الداخلي:

المحور الأول: الاعتماد الإضافي الذي تم تخصيصه أهمية تحقيق سرعة استيعاب هذا الإنفاق، واختيار المجلات التي تحرك الاقتصاد بصورة

---

(١) أ/ علاء حسب الله، الأزمة المالية وتأثيرها على الاقتصاد المصري انظر الموقع www.Moheet.com

(٢) محمد أبو الفضل/ الإجراءات المصرية لمواجهة الأزمة المالية العالمية مجلة تقرير القاهرة، العدد العشرون، مركز الدراسات السياسية والاستراتيجية ٢٦ أكتوبر ٢٠٠٨

www. acpss. Ahram. org. eg. ٢٠٠٨/١٠/٢٦/cairo.

سريعة في مجالات كثيفة العمالة واستهداف المجالات التي لها تأثير واسع في الاقتصاد، مثل البنية التحتية والخدمات الأساسية والتركيز على الإنفاق في المحافظة والتي تصل إلى ٨٠٠ مليون جنية، واستعداد الحكومة لضخ المزيد عندما يتم الانتهاء من صرف الاعتمادات الموجهة.

المحور الثاني: أهمية استخدام مصادر التمويل المحلية المتاحة ومتواجدة على شكل سيولة في القطاع البنكي والبريد على أساس اقتصادي، وحث الجهات التمويلية على الاستخدام السريع والمناسب في مشروعات ذات عائد اقتصادي واضح، وأهمية قيام الحكومة بتوفير عرض لمشروعات كبرى ذات جدوى اقتصادية والضمانات اللازمة من جهة الحكومة لمؤسسات التمويل لتشجيعها على هذا التوجه.

المحول الثالث: أهمية تطوير البرنامج الاجتماعي للحكومة بما يتناسب مع تحديات المرحلة المقبلة التي من المتوقع أن تظهر في مجال البطالة.

المحور الرابع: التعجيل بتنفيذ برنامج تنمية التجارة الداخلية خاصة فيما يتعلق بإنشاء مناطق التوازي والمناطق في المدن والقرى.

المحور الخامس: هو الاستمرار في استهداف الاستثمارات الجارية خاصة الاستثمارات العربية من خلال توفير المشروعات ذات الجدوى الواضحة والعائد المتميز في الاقتصاد العيني الذي يحقق جذب الاستثمارات في الوقت الحالي في ضوء ما يشعر به المستثمر من قلق من المشروعات ذات المخاطرة العالية.

التعاون الاقتصادي بين الدول العربية ومميزاته:

منذ إنشاء الجامعة العربية في سنة ١٩٤٥، والذي عمل على وجود أجهزة اقتصادية لإرساء قواعد التعاون الاقتصادي بين الدول العربية، وحقق هذا التعاون مزايا كثيرة منها[1]:

أولا: اتساع حجم السوق بحيث يتحقق عن طريق التوسع الرأسي بزيادة القوة الشرائية داخل حدود الدولة، ويمكن أن يتم ذلك من خلال زيادة حجم السوق عن طريق التوسع الأفقي وذلك عن طريق زيادة رقعة الأرض التي يتم فيها تبادل السلع والخدمات عن طريق التكامل الاقتصادي.

ثانيا: زيادة قوة المساومة حيث يؤدي التكامل الاقتصادي بين الدول العربية إلى زيادة تحكمها في السوق والتجارة الدولية أكبر من تلك التي تتحكم فيها كل دولة على حدة.

ثالثا: على تنسيق السياسات الخاصة بالتوظيف ثم العمل على رسم سياسة عليا للتوظيف يمكن بموجبها التغلب على كثير من العقبات المحلية التي تواجهها كل دولة على حدة في سبيل تحقيق التوظف الكامل لأن هذه الميزة تهم جميع البلاد العربية فبعضها يعاني من انتشار البطالة والآخر يعاني من نقص الأيدي العاملة.

رابعا: ارتفاع معدل النمو الاقتصادي فمما لا شك فيه أن التكامل الاقتصادي بين الدول العربية يؤدي إلى ارتفاع معدل النمو الاقتصادي

(١) راجع أ/ عبد الله محمد عبد الرحمن، بحث بعنوان " الأزمة المالية العالمية وآثارها على شركات الطيران العربي، مؤتمر كلية الحقوق ج المنصورة أبريل ٢٠٠٩ ص١٠.

نظرا لما يترتب عليه من نظرة تفاؤلية بالنسبة للمستقبل ومن ذلك زيادة إقبال الأفراد على الاستثمار مما يؤدي إلى ارتفاع مستوى الدخل وزيادة الطلب على المنتجات السلعية والخدمية.

خامسا: زيادة المنافسة ثم ارتفاع مستوى الكفاءة الإنتاجية فالتكامل الاقتصادي بين البلاد العربية سوف يجعل مشروعاتها سواء السلعية أو الخدمية قادرة على مواجهة المنافسة أولا من جانب المشروعات المماثلة في البلاد ذاتها ثم تكون بعد فترة معينة قادرة على مواجهة المنافسة من المشروعات المماثلة في الدول المتقدمة ومن الطبيعي أن يؤدي ذلك إلى ارتفاع مستوى الكفاءة الإنتاجية للمشروعات في البلاد العربية.

سادسا: التكامل الاقتصادي العربي يجعل لها قوة اقتصادية لا يستهان بها أمام أي تكتلات عالمية فالاقتصاديات العربية مجتمعة تمتلك الموارد الاقتصادية الأخرى، وهنا يبرز دور العمل الاقتصادي الغربي المشترك لمواجهة أي تكتلات عالمية أخرى وإلا ستكون هذه الاقتصاديات فرادى في لهب ريح التكتلات الاقتصادية الكبيرة.

وإبراز لدور التكامل الاقتصادي العربي لمواجهة الأزمة العالمية فلابد من تفعيل قرار إنشاء السوق العربية المشتركة، وإحياء لهذه الفكرة صدر القرار رقم ١٣١٧ لسنة ١٩٩٧ من المجلس الاقتصادي والاجتماعي لجامعة الدول العربية عن قيام منطقة تجارة حرة عربية خلال فترة عشر سنوات اعتبارا من يناير ١٩٩٨ فقد جاءت فكرة تحرير النقل الجوي العربي كمساهمة في إنشاء منطقة تجارة حرة عربية بتسهيل حركة انتقال الأفراد ورجال الأعمال ورءوس الأموال والبضائع بين الدول العربية.

ولذا أبرمت اتفاقية تحرير النقل الجوي بين الدول العربية بدمشق في ٢٠٠٤/١٢/١٩ ودخلت حيز التنفيذ في فبراير ٢٠٠٧وصدقت عليها خمسة دول وهي سوريا، الأردن، لبنان، اليمن،فلسطين، ولاحقا صدقت عليها دولة الإمارات، وتعرضت بنود الاتفاقية كقواعد تحرير حريات النقل الجوي في حق العبور والهبوط لأغراض تجارية وحق النقل بين الدول الأعضاء.

وجاءت المادة التاسعة من الاتفاقية بشأن الإغاثات الحكومية لشركات الطيران تتمتع الدول الأطراف عن تقديم الدعم الحكومي بكافة أشكاله لشركة/ شركات الطيران المعنية من قبلها مما قد يضر بتجارة الخطوط الجوية للدول الأطراف ويشكل منافسة ضارة، وأن تقديم الإعانة لشركاتها على سبيل الاستثناء وفق ضوابط محددة.

المبحث الرابع

أهمية الأمن في مواجهة الأزمات المالية

وفي الحقيقة أنه لا يمكن أن تقوم حياة إنسانية كريمة إلا في ظل استقرار أمني من توظيف ملكاته وإطلاق قدراته للبناء والإبداع ولقد امتن الله على قريش في جمعه عليهم نعمتي الأمن والإطعام حيث قال: ﴿ لِإِيلَٰفِ قُرَيۡشٍ ١ إِۦلَٰفِهِمۡ رِحۡلَةَ ٱلشِّتَآءِ وَٱلصَّيۡفِ ٢ فَلۡيَعۡبُدُواْ رَبَّ هَٰذَا ٱلۡبَيۡتِ ٣ ٱلَّذِيٓ أَطۡعَمَهُم مِّن جُوعٖ وَءَامَنَهُم مِّنۡ خَوۡفِۭ ﴾[1].

وعندما دعا سيدنا إبراهيم ربه قرن تحقيق الأمن مع الدعاء بنفي الشرك وتحقيق التوحيد حيث قال الله تعالى: ﴿ وَإِذۡ قَالَ إِبۡرَٰهِيمُ رَبِّ ٱجۡعَلۡ هَٰذَا ٱلۡبَلَدَ ءَامِنٗا وَٱجۡنُبۡنِي وَبَنِيَّ أَن نَّعۡبُدَ ٱلۡأَصۡنَامَ ﴾[1]

ولقد قرن رسول الله **صلى الله عليه وسلم** الإسلام بالأمن

حيث قال **صلى الله عليه وسلم** : «المسلم من سلم المسلمون من لسانه ويده والمؤمن من أمنه الناس على دمائهم وأموالهم». (الترمذي)

الأمن أساس التقدم في جميع المجالات:

وتعد أظهر الله سبحانه وتعالى قيمة الأمن في الازدهار الاقتصادي حيث قال ﴿ وَقَالُوٓاْ إِن نَّتَّبِعِ ٱلۡهُدَىٰ مَعَكَ نُتَخَطَّفۡ مِنۡ أَرۡضِنَآۚ أَوَلَمۡ نُمَكِّن لَّهُمۡ

(١) سورة قريش.

حَرَمًا ءَامِنًا يُجْبَىٰٓ إِلَيْهِ ثَمَرَٰتُ كُلِّ شَىْءٍ رِّزْقًا مِّن لَّدُنَّا وَلَٰكِنَّ أَكْثَرَهُمْ لَا يَعْلَمُونَ ﴾ [٢].

- وفي مملكة سبأ كان من أهم أسباب الازدهار الاقتصادي هو الأمن حيث قال الله تعالى:

﴿ وَجَعَلْنَا بَيْنَهُمْ وَبَيْنَ ٱلْقُرَى ٱلَّتِى بَٰرَكْنَا فِيهَا قُرًى ظَٰهِرَةً وَقَدَّرْنَا فِيهَا ٱلسَّيْرَ سِيرُوا۟ فِيهَا لَيَالِىَ وَأَيَّامًا ءَامِنِينَ ﴾ [٣].

والناظر إلى أحداث التاريخ على مداره البعيد والقريب ليلحظ أن الحضارة لا يمكن أن ترى النمو والازدهار إلا في ظل الأمن والاستقرار الذي ينتج عنه إحساس الفرد والمجتمع به فيدفعهم إلى التقدم.

ويمكن أن نؤكد بأن سائر أنواع الأمن يرتبط بعضها ببعض فلا أمن اجتماعيا من غير أمن اقتصادي وأمن سياسي والعكس بالعكس.

فالأمن الاقتصادي المتمثل في عدالة الثروة والأمن السياسي المتمثل في تحقيق العدالة السياسية لا يتحققان بغير توافق اجتماعي، وبالتالي فلا يوجد رأي لخائف ولا عقد لمستعبد مكره، فحيث يشيع الاستبداد فإنه يقضي على القدرات العقلية للأمة ويؤثر إرادتها وعزمها، وحينما يفكر الخائف فإن تفكيره سوف يكون مشوشا.

وحينما يكون الأمن ويوجد ويرتبط وجوده بأشياء أخرى ويرافقه الخير والبركة، ومنها قوله تعالى:

---

(٢) سورة إبراهيم آية ٣٥.
(١) سورة القصص آية ٥٧.
(٢) سورة سبأ آية ١٨.

﴿ وَضَرَبَ ٱللَّهُ مَثَلًا قَرْيَةً كَانَتْ ءَامِنَةً مُّطْمَئِنَّةً يَأْتِيهَا رِزْقُهَا رَغَدًا مِّن كُلِّ مَكَانٍ ﴾ [1].

فمع وجود الأمن في قلوب الأفراد وفي المجتمع تأتي الخيرات ويحدث ازدهار اقتصادي وتنشط التجارة معه، وخير دليل على ذلك أن الأماكن التي يضطرب فيها الأمن يغرر رجال الأعمال بأموالهم منا، ولا يستثمرون فيها بينما يحدث العكس فإذا اطمئن هؤلاء على أموالهم وحياتهم يحدث الازدهار والراحة النفسية التي تجعلهم يمارسون أعمالهم في اطمئنان كامل آمنين على أموالهم وأعراضهم ويحدث السلم الاجتماعي العام.

وهذه النعمة (نعمة الأمن) مشروط وجودها بوجود الإيمان والعمل الصالح والإيمان محله القلب، وإذا كان القلب لا يتجزأ فإن الأمن لا يتجزأ وفقا لنظرية تداعي الأزمات، بمعنى أن وجود أزمة في منطقة معينة يستتبعه حدوث أزمات في المناطق المجاورة لها [2].

وحينما يطلق لفظ القلب فإنه يمتد إلى جميع الجوارح وإلى جميع الجسد، وذلك على القاعدة المشهورة التي أسسها النبي **صلى الله عليه وسلم** " ألا وإن في الجسد مضغة إذا صلحت صلح الجسد كله، وإذا فسدت فسد الجسد كله ألا وهي القلب" (متفق عليه).

والذي يحدث من كثرة الحديث عن أنواع الأمن فقد جعله الله أمرا واحدا

---

(١) سورة النحل آية ١١٢.
(٢) د/ طارق خيرت إدارة الأزمات الدولية، في الخروج من المأزق، مجموعة محاضرات دبلوم الدراسات العليا في إدارة الأزمات كلية التجارة عين شمس.

إما أن يكون وإما أن يكون عكسها وهو الخوف والفزع والقلق والاضطراب والحيرة واليأس......

وبالتالي فإذا أردنا أن نحيا بالأمن هذه النعمة العظيمة فلابد أن نعود إلى ضوابطه من الرجوع إلى كتاب الله حيث وعد الله سبحانه وتعالى ﴿ ٱلَّذِينَ ءَامَنُوا۟ مِنكُمْ وَعَمِلُوا۟ ٱلصَّٰلِحَٰتِ لَيَسْتَخْلِفَنَّهُمْ فِى ٱلْأَرْضِ كَمَا ٱسْتَخْلَفَ ٱلَّذِينَ مِن قَبْلِهِمْ وَلَيُمَكِّنَنَّ لَهُمْ دِينَهُمُ ٱلَّذِى ٱرْتَضَىٰ لَهُمْ وَلَيُبَدِّلَنَّهُم مِّنۢ بَعْدِ خَوْفِهِمْ أَمْنًا ﴾.

وبذلك يتحقق الأمن في جميع أنحاء العالم الإسلامي بأكمله.

المبحث الخامس

حوكمة العولمة لتجنب تكرار الأزمات المالية

تعريف حوكمة العولمة:

هي منظومة متكاملة للرقابة والآليات التي تحدد العلاقات الدولية لضمان حقوق الدول والمنظمات والشركات الدولية والشعوب وتضمن تحقيق الأهداف والغايات والمرامي لصالح الموطنين وحقوق الأطراف الاقتصادية والمالية المختلفة والحكومات المعنية[1].

أهداف الحوكمة العالمية:

١)   معالجة الأزمات العالمية والدولية.

٢)   حماية المستثمرين والمنتجين والمصدرين.

٣)   التحقق من الالتزام بالاتفاقات الدولية والعلاقات الدولية مع البنك الدولي وصندوق النقد الدولي ومنظمة التجارة الدولية ومنظمة السياحة الدولية والأوبك ومنظمات الأمم المتحدة والشركات متعددة الجنسية وغيرها.

٤)   تحقيق الإفصاح والشفافية والوضوح والدقة في المعاملات الاقتصادية والتجارية والمالية.

٥)   تحقيق آليات للتفاوض وحسم المنازعات والأزمات الدولية.

---

(١) د/ فريد النجار. ورقة فنية حول حوكمة العولمة مؤتمر الأزمة العالمية بكلية التجارة جامعة عين شمس ١٢ / ١٣ ديسمبر بقاعة دار الضيافة الجزء الثاني ص٦١٢.

٦) تجنب الحروب التجارية المعاصرة والاستعمار الاقتصادي بأشكاله المختلفة.

٧) تخفيض الأزمات والكوارث الناتجة عن العولمة.

٨) تشجيع العلاقات الاقتصادية الدولية على أسس عادلة بعيدا عن الفساد التجاري والفني والمالي وغسيل الأموال.

٩) سد الفجوة بين الدول الغنية والدول الفقيرة وعلاج أزمات البطالة والتضخم والفقر والأمراض المعاصرة.

١٠) تحقيق التنمية المستدامة اقتصاديا واجتماعيا وتكنولوجيا.

كيفية تطبيق حوكمة العولمة:

ليس هناك مجموعة من القواعد المنظمة للحركة العالمية ولكن توجد في كل دولة مجموعة من القوانين والإجراءات توضح آليات تطبيق الحوكمة، وتختلف هذا الآليات من دولة إلى أخرى.

وهذا هو السبب في ظهور المنازعات والصراعات والأزمات الدولية والعالمية وتطبق منظمة التعاون الاقتصادي والتنمية المعروفة بـ OECD

Organization for Economic cooperation and Development.

عدد من المبادئ المقترحة لحوكة الشركات والحكومات لتحسين الأطر التشريعية والقانونية والتنظيمية التي تساعد في تصميم لوائح للحوكمة في مجالات:

١) لوائح حوكمة أسواق المال والشركات مثل الموجود في بريطانيا (إجبار بورصة لندن على الإفصاح).

٢) نشر ثقافة الحوكمة بين أطراف أصحاب المصالح.

٣) بناء منظومة قيم أخلاقية في المعاملات التجارية تضمن المسئولية الاجتماعية والشفافية والعدالة والمساواة.

٤) ضمان المراجعة الداخلية والخارجية والرقابة الداخلية والخارجية وإدارة المخاطر.

تطبيق حوكمة العولمة:

يجب تطبيقها في كل الأوقات وخاصة عند انتشار الأزمات والكوارث العالمية (الاحتباس الحراري) والمفتعلة (الأزمة المالية العالمية وأزمة انفلونزا الخنازير) وجنون البقر واستخدام الهرمونات لزيادة أوزان البقر والجاموس وكمية الألبان وسرطنة الغذاء.

والأدوية منتهية الصلاحية كما يجب تطبيقها في إنتاج الوقود العضوي وسرقة الآثار وإغراق الأسواق بالسلع الأجنبية وبيع الشركات للأجانب والسماح للأجانب بتملك الأراضي والعقارات والبطالة متعددة الأشكال والتضخم والكساد والركود الاقتصادي.

مجالات تطبيق حوكمة العولمة:

يجب تطبيقها على جميع المعاملات المالية، ولفك الاشتباكات بين الدول الغنية والدول الفقيرة، ولعلاج الأزمات الناتجة عن العولمة وخاصة على مجموعة العشرين دولة التي تسعى إلى السيطرة على الاقتصاد العالمي واستخدام برنامج الدرع الصاروخي متعدد النقاط والأقمار الصناعية مثل رادار الإنذار المبكر ورادار حزم أشعة اكس ومركز قيادة وإدارة المعارك الكبرى........وكذلك جهاز التدمير خارج الغلاف الجوي للاصطدام

بالصواريخ المعادية.

قيادة حركة العولمة:

١)   الأمم المتحدة ومنظماتها.

٢)   مجلس الأمن.

٣)   مركز إدارة الأعمال الدولية بالأمم المتحدة.

٤)   محكمة العدل الدولية.

٥)   غرفة التجارة الدولية.

٦)   البنك الدولي. صندوق النقد الدولي. منظمة التجارة العالمية.

٧)   الاتفاقيات الدولية.

٨)   التكتلات الاقتصادية.

الخطوط العريضة للحوكمة في عولمة الاقتصاد:

١)   الحفاظ على برامج الإنعاش الاقتصادي للدول الكبرى.

٢)   إجراء إصلاحات جذرية في نظام التصويت في صندوق النقد الدولي.

٣)   تعزيز تحرير التجارة العالمية.

٤)   تشديد أجهزة الرقابة المالية.

٥)   مشاركة أكبر للدول النامية.

٦)   تخفيض المكافآت والأجور الممنوحة للعاملين في المؤسسات المالية الكبرى.

٧)   الإلغاء التدريجي للدعم على النفط وأنواع الوقود الأخرى في المستقبل.

٨) تأجيل اتفاق الأمم المتحدة بشأن تغيير المناخ مع طرح مجموعة خيارات لتمويل مشروعات الحفاظ على البيئة مثل النفط لإبقاء الأسعار منخفض لمستهلكين الأمر الذي يساهم في الاحتباس الحراري العالمي.

٩) الاحتفاظ بقوة الدولار كعملة أساسية للاحتياطيات في النظام المالي الدولي.

١٠) تحفظ مصر على تحويل مجموعة العشرين إلى منتدى لإدارة الاقتصاد العالمي.

ومن القضايا المعاصرة في الحوكمة العالمية مشكلة التحول تجاه أزمة الاحتباس الحراري وفشل جولة الدوحة للمفاوضات التجارية عام ٢٠٠٨، والبحث عن آليات لفض المنازعات بسبب اختلاف أمريكا والهند والصين والاتحاد الأوروبي حول تجاه الحاصلات الزراعية وسرعة مطالبة أمريكا والاتحاد الأوروبي في معالجة أزمة التغير المناخي عن الصين والدول النامية[1].

(١) أصبحت الحوكمة الدولية أكثر صعوبة بسبب قوة اللاعبين الدوليين، وصعوبة حل مشكلات الاحتباس الحراري وتحرير التجارة وأزمة البنوك الأمريكية والأزمة المالية العالمية والركود مع الإنفاق الحكومي وخفض سعر الفائدة والصادرات واتجاه الصين نحو السيطرة على الاقتصاد الأمريكي والمساعدة في حل الأزمة المالية الأمريكية، وظهور روسيا كقوة ثالثة في الاقتصاد العالمي والأزمات الطبيعية (مارس عام ٢٠٠٣ - سونامي أسيا ٢٠٠٤ - زلزال باكستان ٢٠٠٥ - بركان جافا ٢٠٠٧ - فيضانات بنجلاديش ٢٠٠٨ - الخوف من انجراف القطب الشمالي ٢٠٠٩) وكذلك الأزمات البشرية لمحطات الطاقة النووية الناتجة عن تشغيل =

دور الحوكمة في الأزمات العالمية: يجب أن يكون للحوكمة دور فعال في هذه القضايا:

1) صراع الحضارات.
2) الاستعمار الاقتصادي الجديد.
3) الفضائيات والحروب الثقافية.
4) الأزمة المالية العالمية.
5) العولمة.
6) الحروب التجارية.
7) القروض المصرفية المتعثرة.
8) الرهن العقاري.
9) إفلاس البنوك الأمريكية.
10) البطالة.
11) فشل صندوق النقد الدولي في التعامل مع الأزمة المالية العالمية.
12) التضخم.

= ٤٦٠ محطة تشغيل في العالم بجانب الفساد......وكذلك الصناعات الملوثة للبيئة مثل الألومنيوم والأسمنت والبترول والسيارات والتي تؤدي إلى زيادة نسبة الكوربون في الجو، والدعوة إلى زيادة السليكون وتخفيض الكربون مثل التوسع في استخدام الحاسبات بطرق غير مباشرة لتخفيض الكربون والدعوة إلى البيئة الخضراء مثل اختراع السيارات التي تعمل الكهرباء، ونقص المياه الذي يؤدي إلى عجز في المحاصيل الزراعية وانخفاض حجم الاحتياجات من الغذاء والمياه بسبب سوء الري بالمياه، وكذلك أزمة الطاقة لمدة ٢٥ سنة من الآن.........وغيرها.

(١٣) الاحتباس الحراري.

(١٤) السيطرة على الودائع العربية بالخارج.

(١٥) إفلاس الشركات الكبرى.

(١٦) حرب الطاقة العضوية باستخدام الحبوب.

(١٧) حرب الغذاء.

(١٨) حرب المياه.

(١٩) حرب العمالة الأجنبية في الوطن العربي.

(٢٠) الأسلحة النووية.

(٢١) التدخل الأجنبي في شئون الدول العربية.

(٢٢) أزمة فلسطين.

دور الحوكمة في معالجة الأزمات العربية:

كما يجب أن يكون لها دور مؤثر في هذه القضايا:

(١) أزمة الغذاء العربي.

(٢) أزمة السكان العرب (بين التنظيم والتهجير).

(٣) أزمة الإسكان العربي والمتاجرة بالأراضي.

(٤) العشوائيات الإسكانية.

(٥) هروب الأموال العربية إلى الخارج.

(٦) هروب الكفاءات العربية إلى الخارج.

(٧) تدهور التعليم العربي.

(٨) تدهور اللغة العربية.

٩)   البطالة العربية.

١٠)   التضخم وارتفاع الأسعار التراكمي.

١١)   سرطنة الزراعة والغذاء.

١٢)   تدهور الخدمات الصحية الوقائية والعلاجية.

١٣)   تدهور اللوجستيات العربية وغياب شبكات النقل الجوي والبحري والبري.

١٤)   تحويل الاقتصاد العربي إلى اقتصاد خدمات.

١٥)   خصخصة الشركات العربية لصالح الأجانب.

١٦)   الفقر وتحت خط الفقر.

١٧)   الجريمة والفساد.

١٨)   إغراق السوق المصري والعربي بالواردات الفاسدة.

١٩)   انخفاض مستوى المعيشة.

٢٠)   سيطرة العمالة الأجنبية على سوق العمل العربي[1].

دور الحوكمة في السيطرة على الأزمات المصرية:

١)   الفقر.

٢)   تحول القرى المنتجة إلى قرى مستهلكة.

٣)   زيادة السكان وانخفاض مستوى المعيشة.

٤)   أزمة السكان.

---

(١) لمزيد من الإيضاح أ.د/فريد النجار، المرجع السابق ص ٦١٢ - ٦٢٤.

(٥)   العشوائيات.

(٦)   أزمة التعليم والثقافة والعلوم.

(٧)   أزمة البنوك والقروض المصرفية المتعثرة.

(٨)   أزمة الجامعات.

(٩)   أزمة البورصات وأسواق المال.

(١٠) أزمة أسواق العمل.

(١١) استغلال المستهلك وأسواق السلع.

(١٢) الغش التجاري.

(١٣) الفساد والجريمة.

(١٤) غياب المسئولية للشركات والحوكمة.

(١٥) سرطنة الغذاء والزراعة.

(١٦) سرطنة السكان وتدهور العلاج.

(١٧) خصخصة الشركات الأجانب.

(١٨) نقص عدد المديرين المحترمين.

(١٩) تمليك الأجانب للعقارات.

(٢٠) تدهور دور النقابات وسيطرة رأس المال.

(٢١) العجز التجاري وعجز الموازنة العامة للدولة.

(٢٢) خسائر الأزمة المالية العالمية في الجانب المصري والعربي.

(٢٣) أزمة النقل والمواصلات.

(٢٤) أزمة القيم.

المبحث السادس

دور الحكومات والمؤتمرات في مواجهة الأزمات

مما لا شك فيه أن الحكومات تلعب دورا كبيرا في مواجهة الأزمات بصفة عامة، والأزمات بصفة خاصة، ونتيجة لكون الأزمة موضوع بحثنا قد أصابت اقتصاديات جميع دول العالم بلا استثناء، فكان لابد أن تلعب حكومات الدول دورًا كبيرًا في مواجهة هذه الأزمة للخروج من النفق المظلم الذي تواجهه اقتصادية دول العالم، باعتبار أن هذه الحكومات هي التي تقود الدول وتسير حياتها.

كذلك كان للمؤتمرات سواء الدولية أو الإقليمية أو المحلية دورها أيضا في مواجهة هذه الأزمة ومحاولة تخطيها والوصول باقتصاديات الدول إلى بر الأمان، وذلك من خلال دعوة كبار الخبراء والمتخصصين المجالات المختلفة لدراسة هذه الأزمة ومعرفة أسبابها وتداعياتها وكيفية الخروج منها.

وهذا ما سوف نتناوله في المطالب الآتية:

المطلب الأول: **دور الأكاديميات الدولية في مكافحة الفساد.**

المطلب الثاني: **دور الاتحاد الأوروبي في حل الأزمة المالية العالمية.**

المطلب الثالث: **دور اللجنة الاقتصادية والاجتماعية لغربي آسيا (الاسكوا).**

المطلب الرابع: **دور منظمة أتاك في حل الأزمة المالية العالمية.**

المطلب الخامس: توصيات ندوة مركز دراسات الشرق الأوسط.

توصيات مؤتمر الأزمة المالية العالمية بجامعة الجنان (لبنان).

توصيات مجموعة الدول الصناعية السبع الكبرى.

المطلب السادس: الاندماج والاستحواذ كمدخل لمعالجه الأزمات المالية

المطلب السابع: المشروعات الصغيرة هي الطريق إلي التنمية

المطلب الأول

دور الأكاديميات الدولية في مكافحه الفساد

انه تم الإعلان يوم العاشر من نوفمبر ٢٠٠٩ إلي إنشاء الاكاديميه الدولية لمكافحه الفساد وهي مؤسسه غير ربحيه ومقرها العاصمة النمساوية فيينا(١).

وتم إنشائها بناء علي اتفاق بين الانتربول ومكتب الأمم المتحدة المعني بالمخدرات والجريمة وجمهوريه النمسا بدعم من المكتب الأوربي لمكافحه الاحتيال بهدف نقل المعارف والمهارات إلي الأفراد والذين يعنون بمكافحه الفساد تطبيقا لاتفاقيه الأمم المتحدة لمكافحه الفساد(٢).

وهدف الاكاديميه يتمثل في إضفاء الطابع المهني علي العمل في مجال محاربه الفساد وتبادل التجارب والخبرات تحسين أداء وفعالية الأفراد الذين يهتمون بمنع الفساد ومقاضاة مرتكبيه وإجراء البحوث بالتنسيق مع الهيئات الدولية الأخري ومؤسسات البحث الأخرى بشان الإستراتيجيات الناجحة في

(١) انعقاد جلسة خاصة مثمن فعاليات مؤتمر الدول الأطراف الثالثة لاتفاقية الأمم المتحدة لمكافحة الفساد الذي عقد في الدوحة ١٣/٩ نوفمبر ٢٠٠٩.

(٢) يأتي الإعلان عن هذه الأكاديمية فيما يعلق القائمون عليها أن الفساد يتسبب في خسارة حوالي ٢ تريليون دولار وهو شبيه بسرقة ٥٠٠ دولار من حساب كل شخص عامل في جميع أنحاء العامل (نقلا عن جريدة العرب القطرية العدد ٧٨٢٣ الصادرة في ٢٠٠٩/١١/٢١ ص ١٠، ويفوق هذا الرقم ١٠ أضعاف ميزانية المساعدة السنوية التي تقدمها جميع بلدان منظمة التعاون الاقتصادي والتنمية، بينما يعادل هذا المبلغ قيمة الأموال والتي هي الخسارة الناجمة من جراء الأزمة المالية العالمية الحالية كل سنة.

مكافحه الفساد.

وستقدم الاكاديميه التدريب الفعال على أساس التشارك فى مجال منع الفساد والتحقيق فيه مقاضاة مرتكبيه البت في قضاياه وستعمل على دعم التقارب بين القطاعين العام والخاص في مجال مكافحه الفساد علاوة على مراقبه مصداقية جميع الأطراف الاساسيه في مكافحه الفساد مثل الشرطة والقضاة والمدعين العامين والمشرعيين والأكاديميات والقطاع الخاص.

وستعمل الاكاديميه علي تعزيز الأبحاث وتحسين طرق التفكير الجديدة المنهجيات وإنشاء شكله من المهنيين كما ستقوم بتصميم تدريبات تحقيق تراعي خصوصية كل بلد ستقوم بتقديم التدريب العملي مع حالات واقعيه من جميع الدول.

وهذه الاكاديميه Nsco ترفع شعار العمل معا من اجل عالم خال من الفساد عن طريق تعزيز والدفاع من النزاهة والعدالة وسيادة القانون - وهي تعتبر الأولي من نوعها في العالم

وسوف تصبح هذه الاكاديميه محفلا للتعبير عن تبادل الأفكار المبتكرة لمواجهة معظم المشاكل التي تواجه المجتمع العالمي في مجال تنفيذ القوانين

وقال ميشيل او لمستيد الفريق الانتقالي لأكاديمية انه سيجيء الماركون والمانحون ثمارا مهمة تتعلق باستخدام النتائج الايجابية للشفافية والنزاهة لاستعادة ثقه شعوبها، وتحقيق الأهداف الاجتماعية والاقتصادية المهمة.

وأضاف أن الشركات باعتبارها قواعد تجارية أكثر عدلا يمكن ان يستثمر بكل ثقة وتوسع نشاطها وتزيد من إيراداتها الصافية.

بينما يمكن للمنظمات الدولية والمؤسسات والمجتمع المدني أن يستخدم

الأموال العامة بشكل اكثر فعاليه عن طريق تعزيز بيئة اقل فسادا

وفيما يتعلق بالمنهج الدراسي الذي ستعتمده الاكاديميه، أوضح المشرقون علي الاكاديميه المستقلة لمكافحة الفساد وتتبع الأصول المالية المسروقة واسترجاعها وغسل الموال[1].

وتكون أبواب الاكاديميه مفتوحة أمام طلاب ينتمون إلي مؤسسات الشرطة والسلك القضائي والهيئات الحكومية التي تعمل من اجل تنفيذ اتفاقيه الأمم المتحدة لمكافحه الفساد بالإضافة إلي العاملين في المنظمات غير الحكومية التي تسعي إلي تعزيز الشفافية والشركات الخاصة التي تطور برامج مماثلة.

(١) أ/ محمد أفزاز – صحيفة العرب القطرية – ٢٠٠٩/١١/١٢

المطلب الثاني

دور الاتحاد الأوربي في حل الأزمة المالية العالمية

انتهج التحاد الأوربي خطه شامله لانتعاش اقتصادية دولها وتمثلت فيما يلي:

أولا: العمل علي تشجيع الاستهلاك ودعمه بما يؤدي إلي دعم الطلب والخروج مـن الركـود الذي حل بالدول الأوربية مثل بريطانيا

ثانيا: ضرورة دعم ومساعدة القطاعات الصغيرة والمتوسطة وذلك كلونهـا مـن القطاعـات التي رغم صغر حجمها ومقدرتها، ولم يكن التأثير الذي لحقها على نفس القدر من الخطورة التي لحقت القطاعات الكبرى في الاقتصاد.

ثالثا: العمـل بشـتى الوسـائل عـلى دعـم وإنقـاذ المؤسسـات الكـبرى في الاقتصاد لاسـيما الصناعات الكبرى والثقيلة والتي تعد من معالم الاقتصاديات المتقدمة.

رابعا: اعتماد السياسات اللازمة لإجراء تخفيضات كبيرة للضرائب الخاصة بالقيمة المضافة، لما لها من أثر واضح على دعم القطاعات الاقتصادية في هذه المجتمعات.

خامسا: تبني برنامج اقتصادي يهدف إلى الحد من التأثير الخطير للأزمة المالية العالمية على المواطنين من أسر وعمال ومقاولين، وذلك بتعبئة جميع الوسائل المتاحة على الصعيد الأوروبي أو الوطني في إطار الجهد المنظم والمنسق بين دول الاتحاد.

سادسا: العمل على مساعدة القطاعات التي تضررت من الأزمة المالية العالمية مثل قطاع السيارات والبناء، كما أنه ومما لا شك فيه أن الحل المبدئي الذي لابد منه لتهيئة الأوضاع لكي تؤتي الجهود الدولية ثمارها على المستوى الدولي ومن ذلك ما يلي:

١) ضرورة عودة الثقة للقطاعات الاقتصادية بين قطاعات الاقتصاد في العالم، وقد أكد الرئيس الصيني على ذلك[1].

٢) اتخاذ الإجراءات اللازمة لزيادة السيولة في الأسواق لدعم الطلب المحلي وتنشيط قطاعات الاقتصاد الوطني.

٣) اتخاذ الإجراءات اللازمة لضمان استقرار النظام المالي المحلي في الصين.

٤) التأكيد على دعم التعاون الدولي بين الدول والأمم لمواجهة هذه الأزمة.

ودعت قمة الأسيم إلى اتخاذ هذه الإجراءات:

أولا: العمل على ضرورة معالجة العلاقة بين الإبداع المالي والتنظيم بشكل ملاءم مع الحفاظ على سياسات اقتصادية كلية سليمة.

ثانيا: العمل على اتخاذ إجراءات ضرورية ولازمة للحفاظ على الاستقرار للنظام المالي العالمي.

---

(١) حديث رئيس الصين في بكين في ٢٠٠٨/١٠/٢٤ وذلك بحضور قادة ٤٥ دولة في قمة بكين والتي تصدرت الأزمة المالية العالمية أعمالها فقالت فقط بالثقة القوية والجهود يمكننا أن نتجاوز الأزمة، انظر قادة آسيا وأوروبا يبدأون قمتهم في بكين حول الأزمة المالية العالمية ٢ www. arabic ٢٠٠٨ page

ثالثا: العمل على إقرار إصلاح فعال وشامل للنظام النقدي والمالي العالمي.

رابعا: القيام بالمبادرات اللازمة في هذا المجال.

خامسا: ضرورة أن يقوم صندوق النقد الدولي بدور هام في هذا المجال من أجل دعم الاقتصاد الدولي ومساعدة الدول الفقيرة والتي تأثرت بشكل خطير بهذه الأزمة.

سادسا: العمل على تعزيز التعاون الدولي لدعم وإقرار السياسات اللازمة لمواجهة الأزمة المالية العالمية.

سابعا: العمل إلى إقامة أسواق مفتوحة ذات قواعد ثابتة ومستقرة.[1]

(١) تعد هذه الدعوة موجهة من رئيس المفوضية الأوروبية (جوزيه باروسو) خلال اجتماع أسيم ولمزيد من الإيضاح د/ رمضان محمد أحمد الروبي بحث بعنوان الأزمة المالية العالمية، حقائقها وسبل الخروج منها مع رؤية الاقتصاد الإسلامي مؤتمر كلية الحقوق أبريل ٢٠٠٩ ص٣٠ وما بعدها.

المطلب الثالث

دور اللجنة الاقتصادية والاجتماعية لغربي آسيا (الإسكوا)

اجتمعت اللجنة الاقتصادية والاجتماعية لغربي آسيا (الإسكوا) [1]، وسعت الدول الأعضاء في منطقة الإسكوا إلى اتخاذ تدابير وإجراءات لمواجهة الأزمة المالية:

أولا: اتباع سياسات نقدية توسعية واتخاذ تدابير نقدية بغية توفير السيولة اللازمة للقطاع الخاص والحد من خسائر الأسواق المالية، ففي الإمارات العربية المتحدة، قدمت الحكومة للقطاع المصرفي تسهيلات ائتمانية بلغت ٥٠ مليار درهم في أكتوبر ٢٠٠٨، وأودعت لدى البنوك العاملة في الإمارات العربية المتحدة ٧٠ مليار درهم كودائع حكومية، وقامت مؤسسة النقد العربي لخفض مصرف البحرين المركزي الفائدة على الودائع لمدة أسبوع في أكتوبر ٢٠٠٨ بمعدل ٢٥ نقطة أساسية، ورفع قيمة الودائع المضمونة من ١٥٠٠٠ دينار لدعم ثقة المتعاملين مع القطاع المصرفي، كما ضخ بنك الكويت المركزي في البنوك المحلية ١,٨٩ مليار دولار، وأعلن البنك المركزي المصري ضمان كافة الودائع المصرفية، وخفض البنك المركزي الأردني أسعار الفائدة ثلاث مرات والاحتياطي الإلزامي مرتين خلال الأشهر الستة الماضية.

ثانيا: زيادة الإنفاق العام على المشاريع الاستثمارية في البنية التحتية

---

(١) راجع الاجتماع الثالث للجنة في بيروت ١١/٢١ يوليو ٢٠٠٩. www.E/SCWA/٢٠٠٩/C

بشكل خاص ففي المملكة العربية السعودية أعلن عن خطة تنموية لإنفاق حوالي ٤٠٠ مليار دولار على مدى الأعوام الخمسة القادمة، وأعلنت الحكومة المصرية عن عزمها زيادة الإنفاق الحكومي بحوالي ٣٠ مليار جنية خلال عام ٢٠٠٩ لدعم كافة القطاعات الاقتصادية في مواجهة تداعيات الأزمة المالية، وفي عمان يتوقع أن يزداد الإنفاق الحكومي بحوالي ١١% هذا العام مقارنة مع عام ٢٠٠٨.

ثالثا: تسهيل المعاملات الإدارية ووضع الأطر التشريعية المناسبة لتحفيز الاستثمارات الأجنبية المباشرة والقطاع الخاص لاسيما المؤسسات الصغيرة والمتوسطة الحجم.

دور الإسكوا في مساعدة البلدان الأعضاء على مواجهة تداعيات الأزمة:

أولت دول الإسكوا الأزمة المالية العالمية وآثارها على البلدان الأعضاء أهمية قصوى فأعدت مجموعة من الدراسات حول أثر الأزمة المالية العالمية على مختلف القطاعات الاقتصادية في بلدان المنطقة، وهي تعكف حاليا على إعداد تقرير مفصل بالتعاون مع منظمة العمل الدولية حول سبل مواجهة الأزمة المالية في هذه المنطقة، كما تشارك مع سائر اللجان الإقليمية في الأمم المتحدة في إعداد تقرير حول الآثار المترتبة على الأزمة في مناطق مختلفة من العالم.

- وتميزت السياسات التي انتهجتها البلدان لمواجهة الأزمة بمعالجتها جميع القطاعات الاقتصادية بشكل رئيس فلقد توسعت في نطاق برامج الدعم ووضع ضوابط على الأسعار أو قيود على الصادرات، وخفض

الضرائب على المواد الغذائية، وقامت البلدان بوضع عدد من برامج الحماية الاجتماعية ومنها برامج تحويل النقود، وقامت الأردن وسوريا وفلسطين بتعزيز برامج التغذية في المدارس أو بوضع هذه البرامج حيثما لم تتوفر، وقد أثبتت هذه البرامج فائدتها في التصدي لأزمة الأمن الغذائي لأنها لا تساهم في تحسين غذاء التلاميذ وصحتهم وحسب، بل ترفع أيضا معدلات الالتحاق بالمدارس وتحد من عمالة الأطفال.

كما دعت هذه الدول إلى وضع خطط سليمة للتبادل التجاري والاستثمار بغية تعزيز الأمن الغذائي وكذلك الحاجة إلى تنظيم استعمال المحاصيل الزراعية في إنتاج الوقود الحيوي إلى تطوير تكنولوجيات بيئية مستديمة لاستخدام المنتجات الثانوية الزراعية والمخلفات الغذائية كمصادر بديلة في إنتاج الوقود، كما سعت إلى زيادة الإنتاج الزراعي المحلي[1].

إعلان دمشق بشأن التصدي للأزمة المالية العالمية في منطقة الإسكوا:

١) يطلب المنتدى من البلدان الأعضاء في الإسكوا اتخاذ الخطوات التالية للتصدي للأزمة على نحو أكثر فعالية:

أ) اتخاذ تدابير فعالة للتعويض عن مضاعفات الأزمة على اقتصاداتها وبخاصة للتخفيف من آثارها على النمو الاقتصادي والتنمية والعمالة، وستكون هذه التدابير مختلفة حسبما إذا كان البلد بلدا مصدرا للنفط أو ذا اقتصاد متنوع أو من البلدان الأقل نموا أو تحت الاحتلال.

---

(١) لمزيد من الإيضاح راجع تقرير اللجنة الاقتصادية والاجتماعية لغربي آسيا
www. E/ESCWA/٢٠٠٩/C

ب) اعتماد سياسة مالية توسعية مستدامة لتعزيز الطلب المحلي وتقليص فترة تباطؤ النمو الاقتصادي وينبغي أن تتوافق الحوافز المالية في البلدان الأعضاء في الإسكوا مع الأهداف الائتمانية الرئيسية وأن يتم تنسيها وتنفيذها بالتعاون مع القطاع الخاص والمجتمع المدني وينبغي أن تستهدف السياسة المالية بشكل أساسي للآليات الخاصة بالبنية الأساسية والزراعة والصناعة والصحة والتعليم والبيئة والحماية الاجتماعية.

ج) اتخاذ التدابير لضمان تحقيق قدر أكبر من التعاون مع القطاع الخاص ودعمه وخصوصا في مجالات الاقتصاد الحقيقي مع التركيز على المؤسسات الصغيرة والمتوسطة، وفي القطاع المصرفي في البلدان الأعضاء التي تواجه انتكاسات رأسمالية وأزمات سيولة.

د) تشجيع الصناديق الوطنية والإقليمية والدولية القائمة على توفير المزيد من السيولة للبلدان الأعضاء التي تواجه أزمات سيولة، وتحتاج المنطقة إلى تلك الصناديق لتمتين عملية التصدي للأزمة من خلال تدابير لتوفير التمويل الطويل الأمد للبلدان ذات الدخل المنخفض والمتوسط في المنطقة وذلك لتمكينها من تحقيق الأهداف الائتمانية للألفية.

هـ) تعزيز كفاءة الأطر التنظيمية في القطاع المالي من أجل خدمة الاقتصاد الحقيقي على نحو أفضل.

و) الترويج لزيادة التكامل الإقليمي ولاسيما في الشئون النقدية والمالية وتنسيق السياسات المحفزة من أجل تحسين الفعالية في التصدي

للأزمة.

ز) تشجيع صناديق الثروة السيادية في منطقة الإسكوا على زيادة استثماراتها في الاقتصاد الحقيقي ولاسيما في البلدان الأعضاء ذات الميزة المقارنة في مجالي الزراعة والصناعة.

ح) السعي بقوة إلى تحقيق التنوع الاقتصادي لتقليل الاعتماد على قطاع النفط، وذلك من خلال تنويع الصادرات والاستثمارات في التكنولوجيا والهياكل الأساسية وبالتالي زيادة فرص العمل.

ط) تسهيل التدفقات البينية للتجارة في البضائع والخدمات وللأشخاص ورأس المال فيما بين البلدان الأعضاء في الإسكوا من أجل تعزيز تكاملها الإقليمي.

ي) تعزيز التعاون فيما بين بلدان الجنوب في إطار تعزيز التعاون الاقتصادي والفني فيما بين البلدان النامية.

ك) تقوية السياسات المتعلقة بالعمالة والحماية الاجتماعية بهدف ضمان العمل اللائق للجميع بما في ذلك خدمات العمالة وسياسات فعالة لسوق العمل، والتأمين ضد البطالة وسياسات مستدامة وملاءمة للمعاشات التقاعدية وبرامج تكميلية للتحويلات النقدية.

ل) دعم مؤتمر الأمم المتحدة المتعلق بالأزمة المالية والاقتصادية العالمية وتأثيرها على التنمية بما في ذلك هيكل النظام المالي الدولي الذي سيعقد في نيويورك في الفترة من ١ إلى ٣ يونيو ٢٠٠٩، ويمكن تحقيق هذا الدعم من خلال تقديم مدخلات متعلقة بحاجات المنطقة والمساهمة الفعالة في المؤتمر على أعلى مستوى.

م) اتخاذ إجراءات استباقية لضمان مساهمة البلدان النامية ومنها خاصة البلدان الأعضاء في الإسكوا على نحو أكثر فعالية في إدارة الاقتصاد العالمي فقد أثبتت الأزمة الحالية الحاجة إلى الإصلاح ولاسيما إلى إدارة للاقتصاد العالمي أكثر تمثيلا وشرعية وبالتالي أثر فعالية، وهذا لا يمكن تحقيقه من دون مساهمة فعالة للبلدان النامية في آليات اتخاذ القرار بشأن الاقتصاد العالمي.

٢) يدعم المنتدى أنشطة الإسكوا ويطلب من الأمانة التنفيذية اتخاذ الخطوات التالية لمساعدة البلدان الأعضاء على التصدي للأزمة على نحو أكثر فعالية:

أ) تقوية وتعزيز دور الإسكوا في تمثيل حاجات المنطقة للتكيف مع الأزمة وكذلك دورها في النقاشات التي تجريها لجنة الخبراء المعنية بإصلاحات النظام النقدي والمالي الدولي التابعة لرئيس الجمعية العامة للأمم المتحدة.

ب) الاضطلاع بأنشطة التعاون الفني وبناء القدرات (مثل الحلقات الدراسية - وورشات العمل والبعثات التقنية وغيرها) والتي تجمع الهيئات المعنية في كل بلد (مثل وزارات الشئون الخارجية والتجارة والمالية والاقتصاد وغيرها لمساعدة البلدان الأعضاء على تحقيق الاتساق الوطني والإقليمي في المواقف التفاوضية بشأن القضايا ذات الأهمية الإستراتيجية مثل الأزمة الحالية.

ج) القيام بدور الوسيط في جميع البلدان الأعضاء مع المؤسسات المالية العربية والإسلامية المعنية من أجل تعزيز دور هذه المؤسسات في

حل المشاكل الناجمة عن الأزمة أو المتفاقمة بسببها.

د) تقديم هذا الإعلان إلى البلدان الأعضاء في الإسكوا وإلى رئيس الجمعية العامة للأمم المتحدة لإدراجها في الوثائق الأساسية لمؤتمر الأمم المتحدة بالأزمة المالية والاقتصادية العالمية وتأثيرها في التنمية[1].

(1) www.iid-alraid.com,٢٠٠٨

المطلب الرابع

دور منظمة أتاك في حال الأزمة المالية العالمية

توجد حركات جماهيرية ومنظمات غير حكومية في الدول المتقدمة مناهض العولمة بتطبيقاتها الرأسمالية[1] ولعل أهمها حركة أتاك ATTAC التي بدأت في فرنسا، وهي تختلف عن المنظمات التقليدية كالأحزاب والنقابات والمنظمات غير الحكومية، ولا تلتزم المنظمة بأية مبادئ نظرية أيدولوجية أو دينية، وليست في حاجة لذلك فهي تضم أعضاء من كافة الاتجاهات السياسية والدينية والفكرية، ورغم ذلك هناك شبه إجماع على رفض مفاهيم الليبرالية الجديدة للعولمة، وخاصة ما يتعلق بالديمقراطية وحماية البيئة والعدالة الاجتماعية، ومن هذا الموقف تنطلق نداءات المنظمة مطالبة بإسقاط ديون الدول النامية وإصلاح نظام النقد الدولي ولا تقدم حركة أتاك نفسها كمنظمة معادية أو مضادة للعولمة، وإنما تنطلق هذه الحركة من نقد ما تحقق من نتائج للعولمة، ولقد اتسعت الفجوة بين الدول الغنية والدول الفقيرة اتساعا كثيرا، كما أنها لا تواجه النقد لكثافة وعالمية العلاقات الاقتصادية والسياسية، بل تركز على رفض العولمة الاقتصادية لصالح الليبرالية الجديدة، وتقترح بديلا للعولمة الرأسمالية عولمة يكون محتواها التضامن والعدالة الاجتماعية وحقوق الإنسان والديمقراطية وتسعى إلى أن تسود هذه القيم في الهياكل السياسية والاجتماعية للنظام الدولي وفي الدول الصناعية والنامية على السواء، وبمعنى آخر فإنها تنادي بإعادة

(١) د/ صلاح زين الدين، مواقف الدول المتقدمة والدول النامية تجاه الأزمة المالية العالمية، دراسة مقارنة بين ألمانيا ومصر، ص٢٨.

تشكيل توجه العولمة بدلا من تعظيم الربح في الأسواق المالية وتحقيق العدالة والديمقراطية وحقوق الإنسان، وعلى العكس مما يراه البعض أن العولمة الرأسمالية لابد لها في المرحلة الحالية ترى هذه الحركة أنه من الممكن إقامة عالم جديد، وفي عملية البحث عن بدائل للعولمة الرأسمالية فإن نقاد العولمة أقاموا مؤتمرا في بورت الجير في البرازيل بالتعاون مع الأحزاب والنقابات والمنظمات غير الحكومية وحركة معدمي الأرض في البرازيل، وكانت منظمة أتاك ممثلة في المؤتمر تحت شعار يمكننا إقامة عالم جديد على مدى أسبوع في بداية سنة ٢٠٠١، وناقش أكثر من ألف شخص البدائل الممكنة للعولمة الرأسمالية، وتنوعت وجهات النظر في مناقشة مقترحات عملية لإصلاح النظام العالمي.

وأهم مقترحات منظمة أتاك ما يلي:

وتتمثل مقترحات حركة أتاك في فرض ضرائب على الصرف الأجنبي أو ما يسمى ضرائب توبين Tobin Tax نسبة إلى عالم الاقتصاد توبين الذي اقترحها، وتجديد المناطق الحرة والإعفاءات الضريبية، وبنوك الأوفشور offshore ومنع المضاربات على المشتقات في بورصات الأوراق المالية، وإلغاء ديون الدول النامية وأحكام الرقبة على المصارف وأسواق الأوراق المالية وإصلاح منظمات التمويل الدولية مثل صندوق النقد والبنك الدولي وبنوك التنمية....إلخ، واستقرار أسعار الصرف، وكثيرا ما تحدث أزمات داخل مؤسسات وتكتلات الليبرالية الجديدة، ويبدو ذلك جليا في مؤتمرات منظمة التجارة العالمية ويعبر عن فشل مؤتمر سياتل ثم مؤتمر الدوحة عن أزمات تجارية بين الدول الأعضاء، وأيضا تصاعد

حركة الاحتجاج ومناهضة العولمة، من جهة أخرى فإن تناقضات العولمة الاقتصادية يجعل حركة الاحتجاج ضدها تنطلق من القاعدة الجماهيرية خاصة في الدول الصناعية التي تمتلك وسائل التعبير عن الرأي وحرية المعارضة، وحيث أن أهم خصائص الليبرالية الجديدة هو بسط نفوذها عالميا، فتصبح حركة الاحتجاج ضدها طويلة الأجل، ويمكن القول أنه قد جرى منذ سياتل عولمة حركة مناهضة العولمة الاقتصادية وسياسات الليبرالية الجديدة ويتضح ذلك من خلال:

١) لم يقتصر النقد على توجهات الليبرالية الجديدة وإنما امتد النقد إلى علاقات القوى الممثلة لها وأفكارها ومصالحها مثل المنظمات الدولية، منظمة التجارة العالمية وصندوق النقد الدولي والبنك الدولي.

٢) ارتبط النقد الراديكالي للعولمة بقدرة واسعة على الحراك الاقتصادي والاجتماعي في الدول الصناعية، ولكن السؤال الذي يفرض نفسه، هل تمتد حركة الاحتجاج إلى الدول النامية حيث تعاني معظم شعوبها من شظف العيش والقهر والتهميس، فهي تقع بين مطرقة العولمة وسنديان أنظمة أوليجارشيه ومتسلطة.

٣) ما زالت حركة الاحتجاج ضد العولمة محصورة أساسا في مؤتمرات المنظمات الدولية دون تغيير حقيقي لصالح فقراء العالم، ويخشى أن يكون حال حركة الاحتجاج هذه التلاشي تدريجيا لذا يجب أن تمتد الحركة المناهضة للعولمة إلى الدول النامية من أجل تحقيق عولمة أكثر إنسانية لصالح جميع شعوب العالم في الدول النامية كما في الدول الصناعية.

ويرى البعض[1] للتخفيف من حدة الأزمة يجب البحث عن أسواق بديلة وفرص تصديرية جديدة منها:

١) التوجه إلى السوق الإفريقي إذ أن السوق الإفريقي هو البديل الأفضل لتفادي آثار تلك الأزمة التي قد تستمر آثارها إلى سنوات قادمة، وهذا يستلزم ضرورة تذليل العقبات أمام المصدرين لأن المؤشرات تؤكد استمرار الانخفاض في حجم الطلب في السوقين الأوروبي والأمريكي لاسيما وأن عدد سكان أفريقيا ٨٦٠ مليون نسمة، وهي قاعدة استهلاكية كبيرة حيث بلغ واردتها ٢٠٠ مليار دولار، وبالتالي فهي تمثل بديلا جيدا للصادرات المصرية التي تواجه ركودًا في الفترة الحالية حيث تشير الأرقام إلى أن إجمالي الصادرات المصرية إلى أفريقيا لا يتعدى المليار، ويرجع الانخفاض للوجود المصري في الأسواق إلى أفريقيا إلى ارتفاع تكلفة التجارة مع هذه الدول لصعوبة الشحن والتخزين وارتفاع المخاطر التجارية وغير التجارية في بعض هذه الأسواق بالإضافة إلى وجود قنوات تسويقية وتمويلية وأوروبية مستقرة في معظم هذه الدول مما يزيد من صعوبة المنافسة فيها.

٢) تعظيم الاستفادة من النظام الأمريكي للأفضليات التجارية والمعروف باسم GSP وهو نظام تطوعي أي ممنوح في الدول المتقدمة للدول النامية دون أي التزام قانوني وهو نظام غير تبادلي لا مجال فيه للمفاوضات تقدم فيه الدول النامية طلبات لإضافة بعض السلع ولكن

---

(١) م م / إبراهيم عبد الله عبد الرءوف محمد، انعكاسات الأزمة المالية العالمية على الاقتصاد المصري – نظرة عامة ص ٣٤/٣٥.

من حق الدول المتقدمة رفضها بل وسحب التفضيلات التي يمنحها لبعض الدول عند بلوغها مرحلة النضج والتقدم الاقتصادي.

وتزداد أهمية هذا النظام بالنسبة للدول النامية ومصر خاصة في الفترة المقبلة في ضوء احتمال حدوث ركود عالمي ولا شك أن هناك فائزين وخاسرين من الأزمة المالية العالمية ومصر لديها فرصة للفوز بزيادة صادراتها للولايات المتحدة من خلال هذا النظام خاصة إذا علمنا أن نسبة الصادرات المصرية في إطار هذا النظام بين ٢٫٥% إلى ٣% فقط من إجمالي الصادرات المصرية إلى الولايات المتحدة خلال الفترة من ٢٠٠٣ - ٢٠٠٧.

إن الأزمة المالية العالمية ستدفع المستوردين الأمريكيين للبحث عن مصادر تنطبق عليها ميزة الإعفاء لأن المستهلك الأمريكي في وضع حرج الآن، ويبحث عن الأرخص ولكن المهم أيضا جودة السلعة وهو ما يزيد من الضغوط التنافسية، وأن من أسباب عدم تحقيق الاستفادة القصوى من النظام أنه لا يشمل أهم المنتجات ذات الأهمية التصديرية لمصر ـ مثل الملابس والمنسوجات والأحذية وأن الفترة الزمنية المطلوب خلالها تقديم الطلبات فترة قصيرة في ظل صعوبة الحصول على البيانات خاصة في الدول النامية، وصعوبة توفير الكم الهائل من البيانات التي يجب على المصدر استيفاؤها خاصة وأنها تتم بقدر كبير من التفصيل دون التأكد من أنه سيتم بالفعل الحصول على تلك المعاملة التفضيلية، إضافة إلى ذلك فإن نقص الوعي بهذا النظام بين المصدرين المصريين فهناك العديد من السلع المصرية التي تدخل الولايات المتحدة وتدفع عليها جمارك بالرغم من أنها ضمن قائمة

السلع المدرجة في النظام الأمريكي المعمم للمزايا وهو ما يقلل من تنافسية الصادرات المصرية في الأسواق الأمريكية وكثير من الدول النامية استفادت بصورة أكبر من هذا النظام حيث يأتي ترتيب مصر في المرتبة ٣٢ من بين ١٣٢ دولة نامية في الاستفادة من النظام خالي هذا العام وحتى شهر أغسطس منه، ومصر تستفيد بتصدير ٣٦٤ سلعة فقط من بين ٣٤٠٠ سلعة معفاة من الجمارك يشملها النظام المعمم لأفضليات التجارية GSP وهو ما يمثل فرصا ضائعا بالنسبة لمصر.

٣) ضرورة أن تقوم وزارة التجارة بتوفير وتطوير قواعد بيانات لتقديم المساعدة للقطاع الخاص إمدادهم بالمعونات اللازمة عند إقدامهم على إقامة مشروع جديد أو عقد صفقة تبادل مع إحدى الدول.

٤) تطوير البنية الأساسية للصناعة والبحث عن أصحاب الخبرة والكفاءة لدعم الصناعة والاهتمام ببرامج مثل برنامج تحديث الصناعة ودراسة الأوراق جيدا، بالإضافة إلى الترويج للصادرات المصرية وتطوير الاتفاقيات التجارية بين مصر- ودول العالم وضرورة تذليل العقبات أمام المصدرين.

٥) رعاية وتنظيم أنشطة تمويل وتنمية المشروعات الصغيرة ومساندتها، لأنها ستكون قاطرة الاقتصاد المصري الجديدة الجاذبة للاستثمارات والمشروعات الكبيرة سواء كانت عربية أو أجنبية فمن الأفضل كثيرا على صاحب الشركة أو المشروع الكبير أن يجد كل ما يحتاجه من منتجات تكميلية ومغذية لمنتجاته الأصلية في البلد نفسه الذي أقام فيه

مشروعه فهو أفضل من استيرادها من الخارج ودفع المزيد من التكاليف، خاصة وأن جميع الشركات والمصانع الكبرى تلجأ للمنشآت الصغيرة لتصنيع بعض قطع الغيار التي تدخل في ٦٠٪ من الصناعات الكبيرة، ويمكن أن تكون أنشطة هذا القطاع حصان الرهان الرابح للاقتصاد المصري، ولذلك فإنه يجب الإسراع إصدار القواعد المحاسبية الخاصة بهذه المشروعات، ومنحها المزيد من التسهيلات والإعفاءات والحوافز وخاصة أن ٤٠٪ من هذه المشروعات غير مسجلة ولا تملك سجلات أو مستندات.

حزمة الحلول المقترحة لأزمة البطالة عموما وبطالة المرأة خصوصا:

أولا: ضرورة توفير المزيد من فرص الجديدة لتشغيل البطالة ولتشغيل الداخلية الجدد إلى سوق العمل أو من يطلب العمل حتى ولأول مرة حيث يبلغ حجم فرص العمل التي يلزم توفيرها في الدول العربية حتى عام ٢٠٢٠ نحو مائة مليون فرصة عمل، وذلك لاستيعاب البطالة ولمقابلة الزيادة في قوة العمل عبر الفترة الزمنية المذكورة كنتيجة للزيادة السكانية السريعة ومعدل النمو المرتفع لشريحة صغار السن ونصيبها من سكان العرب [١].

ولكن من الملاحظ أن الدول العربية على اختلاف ظروفها لم تطبق سياسات فعالة حتى الآن، وما زال الأنشطة الاقتصادية لقوة العمل محدودًا فعلى سبيل المثال قطاع النفط وهو المصدر الرئيسي لارتفاع معدلات النمو

---

(١) د/ محمد عبد الشفيع عيسى، المتغيرات الدولية والأزمة المالية العالمية وتأثيراتها على تمكين المرأة في سوق العمل ص ٢٢ وما بعدها.

الاقتصادي العربي في السنوات الأخيرة يتسم بأنه قليل الكثافة العنصر ـ العمل وكثيف الاستخدام لعنصر رأس المال أي أنه يعتمد على الآلات والمعدات أكثر من اعتماده على تشغيل العنصر البشري، ثم إن القطاع الحكومي سواء في الدول النفطية أول لدول ذات القطاع العام مثل سوريا والجزائر ومصر ـ سابقا يركز على التوظف في مجال الجهاز الإداري ومجال البنية الأساسية والأشغال العامة، وكلا المجالين رغم استيعابها العالي للعمالة إلا أن الإنتاجية فيهما محدودة وضعيفة، واجمالا يعتبران من القطاعات المنتجة بصورة مباشرة برغم تقديمها خدمات مفترضة للقطاعات الأخرى المنتجة.

رغم تقديمها خدمات مفترضة للقطاعات الأخرى المنتجة، والقطاعات التي تستوعب أكثر للعمالة فهي قطاعات الزراعة، والبناء والتشييد.......ومعظمها يستوعبها القطاع الخاص تقريبا.

ثانيا: مواجهة الظاهرة المزدوجة (نقص التشغيل من ناحية والعمل في وظيفتين أو أكثر من ناحية أخرى، رغم اختلاف طبيعة كل منهما، ورغم تأثيرهما السلبي على إنتاجية العمل وعدم الرضا عن العمل.

ثالثا: مواجهة ظاهرة تدني نوعية العمل وتتحقق من خلال:

- رفع مستوى المعيشة.
- التعميق التكنولوجي للعمل.
- تحسين القدرة على الابتكار.

رابعا: تحقيق التوافق بين الطلب والعرض على العمالة.

ليس بكثيف خصائص المشتغلين مع احتياجات السوق الراهنة ولكن

بإعادة هيكلة العرض والطلب معا باستحداث:

- هياكل إنتاجية أكثر تنوع وخاصة في الدول النفطية.

- توكيد الطلب على العمالة الماهرة ذات التكنولوجيا المرتفعة.

- إعادة بناء نظم التعليم والتدريب والتأهيل.

خامسا: رفع مستوى الإنتاج وإشعال روح التنافس بين المنشآت وفقا للمقاييس الدولية.

سادسا: العمل بصورة جادة على التناسب بين الأجور والأسعار والإنتاجية على المدى المتوسط والطويل.

المطلب الخامس

توصيات ندوة مركز دراسات الشرق الأوسط[1]:

وفي الجلسة الختامية اقترحت الندوة وأوصت:

١)   الدعوة إلى تشكيل خلية أزمة عربية لاحتواء تداعيات الأزمة علـى الأمـوال والاسـتثمارات والأسواق والتجارة العربية ودعوة صندوق النقد الدولي والبنك الدولي للاتفاق على خليـة دولية مماثلة تنسق معها الخلية العربية.

٢)   دعوة المؤسسات المالية العربية والدولية إلى التحفظ في إصدار الأصول المالية للموجودات وطرح الأسهم في أسواق المال والإجراءات الائتمانيـة وضوابط الرهـون العقاريـة لتكـون متوازنة مع الموجودات العينية والأصول الحقيقيـة لممتلكـات الأفـراد والشـركات والـدول والمصارف والعمل على منع صفقات المضاربات المحضة.

٣)   الدعوة إلى التزام نسب اتفاقية بازل بخصوص التوقع في إقراض المصارف ليرتبط بالأصول المملوكة وضبط التوسع في اللجوء إلى المشتقات المالية للتوسع في حجم الإقراض المتاح.

٤)   الدعوة إلى إعادة النظر بما يسمى بصناديق التحوط ذات السيولة النقديـة الهائلـة والتـي تملكها قلة قليلة من الأثرياء نظرا لخطورة المعـاملات التـي تجريهـا داخـل أسـواق المـال بسبب انعكاسات انهياراتها

---

(١) ندوة مركز دراسات الشرق الأوسط حول الأزمة المالية الدولية وانعكاساتها على أسواق المال والاقتصاد العربي ١١، ١٢ / ١١ / ٢٠٠٨.

الضخمة على التجارة والمال الدولي، وذلك رغم ما تتسبب به أموالها من إنعاش مؤقت للبورصات العالمية.

٥) الدعوة إلى العمل على تطوير التمويل المؤسس من المصارف والتمويل غير المؤسس من السوق لتحقيق الربط المباشر بالسوق الحقيقية للسلع والخدمات، ولتقديم معايير أخلاقية في التمويل إلى جانب معايير الربحية.

٦) الدعوة إلى تشجيع بحث الأزمة المالية الدولية في الجامعات العربية عبر الرسائل والبحوث الجامعية للتوصل إلى رؤى التفصيلية تحمي الاقتصاد العربي.

٧) الدعوة إلى صياغة تصور عربي مشترك ومتكامل فيما يتعلق بالأعمال المصرفية يشكل وحدة عربية مالية متكاملة تحمي حقوق العرب وأموالهم من الهزات المالية الدولية التي يقوم بها كثير من المغامرين الدوليين، كما ثبت خلال القرن الماضي وعلى مشارف القرن الجديد.

٨) الدعوة إلى إعادة النظر في التعامل مع الدولار كأساس للعملات العالمية وللنظام المصرفي والمالي والاقتصادي العالمي وإعادة التفكير بنظام سلة العملات ودعوة العرب لتوفير احتياطي قوى يشكل حماية كافية للعملات العربية.

٩) الدعوة إلى تفعيل دور صندوق النقد العربي في مجال التنسيق النقدي وإصدار عملة عربية موحدة مع ضمان احتياطات كبيرة لها.

١٠) الدعوة إلى إعادة النظر بسياسات الاستثمار للمال العربي في الخارج

وتحويله عن القمة الاقتصادية العربية الأكثر أمانا والدعوة إلى تشكيل فريق عمل عربي ينبثق عن القمة الاقتصادية العربية وبإشراف المجلس الاقتصادي والاجتماعي العربي لإعداد خطط للمشاريع الكبرى في البنية التحتية والصناعية والزراعية على مستوى الوطن العربي وتوفير فوائض السيولة والاستثمارات العربية في هذه المشروعات العملاقة لتحقيق تنمية وحركة اقتصاد استثماري قوي عربي.

١١) الدعوى إلى تقوية استقلالية أجهزة الرقابة الحكومية وإعطائها الصلاحيات الكافية لأداء واجباتها وتوفير الحماية الكافية للعاملين فيها ومراعاة أحكام الشريعة الإسلامية.

١٢) دعوة الدول العربية والإسلامية إلى الشروع بالعمل على تطبيق أنظمة الاقتصاد الإسلامي في بلادها بديلا للأنظمة الغربية الرأسمالية وذلك بما ينسجم وأهداف بناء قاعدة تنمية مستديمة وعادلة.

١٣) دعوة الدول العربية للمساهمة في صياغة النظام المصرفي والمالي العالمي وفي العمل على إعادة هيكلته.

١٤) دعوة مجموعات المصارف الإسلامية إلى عقد مؤتمر دولي يبين أسباب انخفاض تأثر المصارف الإسلامية وأسهمها وموجوداتها نسبة إلى المصارف الأخرى التي تقوم على معاملات النظام المالي الرأسمالي بهدف تدعيم النموذج الحضاري العربي والإسلامي.

١٥) الدعوة إلى إنشاء هيئة تجمع بين الخبراء الاقتصاديين المتخصصين والأساتذة من ذوي الاختصاص الشرعي عبر حلقة دراسية متواصلة

لإعداد النظرية الاقتصادية الإسلامية الحديثة وتطبيقاتها الواقعية وتوصي الندوة بتشكيل لجنة من المشاركين فيها لوضع هذا المقترح موضع التنفيذ وتوصي بالاتصال بالسادة مجموعة البنك الإسلامي للتنمية ورجال الأعمال العرب والمسلمين وجمعياتهم ومؤسساتهم لتبني وتدعم هذه الآلية بهدف أن يسهم العرب والمسلمين في إعادة هيكله وبناء النظام المالي والاقتصادي الدولي انطلاقا من مبادئهم وقيمهم الحضارية.

١٦) الدعوة إلى تشكيل هيئة مراقبة اقتصادية عربية عبر إيجاد مؤشرات ومقاييس ومعايير دولية وعربية تصدر نشرة دورية لخدمة أسواق المال الاقتصاد العربي ولتشجيع الحلول القائمة على أسس وقواعد الاقتصاد الإسلامي وضوابطه وسياساته لحل المشاكل التي تعترض الأعمال المصرفية والمالية والاقتصادية العربية.

١٧) توصي الندوة بإعداد دراسات وعقد ندوات تتناول الأبعاد السياسية والاجتماعية إضافة إلى الاقتصادية للأزمة المالية الدولية محل الدراسة في هذه الندوة ودراسة اتجاهاتها وتداعياتها خلال العامين القادمين على حالة الاستقرار السياسي والاجتماعي في الوطن العربي ونمائه الاقتصادي.

١٨) يوصي المشاركون إدارة الندوة بالعمل على إيصال هذه التوصيات إلى مفاصل القرار الاقتصادي والمالي العربي الرسمي والشعبي للاستفادة منها في التعامل مع الأزمة المالية القائمة وتداعياتها اللاحقة بما في ذلك القيمة الاقتصادية العربية القادمة في الكويت.

توصيات مؤتمر الأزمة المالية العالمية بجامعة الجنان (لبنان)[1]:

بعد يومين من أعمال المؤتمر وبمشاركة فنية من الباحثين وبعد النقاشات المكثفة التي تخللت جلسات المؤتمر امتدت لساعات طويلة خرج المؤتمرون بالتوصيات التالية:

على الصعيد الدولي:

١) توعية الشعوب وتنبيههم إلى خطورة الأزمة وآثارها وأهمية العمل بشكل جماعي بين الدول من أجل مواجهتها ومحاولة التغلب عليها.

٢) دعوة الحكومات وأصحاب القرار إلى الاستفادة من النظام الاقتصادي الإسلامي وأدواته المالية كونه يشكل عامل حماية من الأزمات.

٣) توجيه الرأي العام إلى نحو ترشيد الاستهلاك وخاصة في التعامل مع الموارد الطبيعية القابلة للنفاد، مع إيجاد وسائل بديلة للحياة الكريمة دون المساس في القدرات المعتبرة للأجيال القادمة.

٤) التفعيل الجاد الحقيقي للأسواق العربية المشتركة والدفع نحو التكامل الاقتصادي بكافة قطاعاته بين هذه الدول والدول الإسلامية.

٥) تأمين الحاجات الأساسية للمجتمعات من الموارد الطبيعية بأسعار السوق الحرة وإلغاء القيود الضريبية والجمركية بين الدول العربية.

٦) رفع المستوى الرقابي على الحركة المصرفية ووضع شروط جديدة على القروض الكبيرة وخاصة الاستهلاكية.

---

(١) توصيات - مؤتمر حول: الأزمة المالية العالمية وكيفية علاجها من منظور النظام الاقتصادي الغربي والإسلامي - جامعة الجنان (طرابلس - لبنان).

٧) التعامل مع الأزمة الحالية يبدأ بالعمل من أجل المحافظة على الوظائف والحيلولة دون زيارة البطالة.

٨) وضع ضوابط للمعاملات المالية، وهيئات متخصصة للإشراف والرقابة على الأسواق والمؤسسات في إطار الحرية المنضبطة القائمة على مبادئ الاقتصاد الإسلامي.

٩) ضرورة العمل بنظام الحوكمة من شأنه إعطاء الحكومة الحق في الرقابة على الشركات المالية والاستثمارية.

١٠) ضرورة توحيد وتطوير المعايير المحاسبية الدولية، مع ضرورة تواجد هيئات محاسبية خاصة لكل دولة على حدة، تعمل على التوفيق بين المعايير التي تصدر عالميًا، ودراسة مدى ملاءمتها لطبيعة منشآتها الاقتصادية، كما هو معمول به في مصر ـ والسعودية والدول الأوروبية.

على صعيد المؤسسات التربوية:

١) طرح المقررات الدراسية في المؤسسات التعليمية والجامعات في مختلف دول العالم التي تتناول الفكر الاقتصادي المعاصر والمقارن مع النظام الاقتصادي الإسلامي.

٢) قيام مجموعة من علماء الشريعة والاقتصاد بدارسة معمقة للبدائل الإسلامية وطرحها في الندوات والمؤتمرات العالمية، وإظهار محاسنها لتكون بديلًا عن الأنظمة الربوية والمعاملات المحرمة مع الأخذ بعين الاعتبار التجربة الماليزية.

على صعيد المؤسسات المالية:

١) تشجيع المصارف الإسلامية، وتوجيه المؤسسات والأفراد للتعامل معها.

٢) إنشاء صناديق سيادية يكون دورها تيسير أمور الناس وإمدادهم بالقروض الحسـنة التـي لا ربا فيها.

٣) تشجيع التعامل بشركة المضاربة، التي لا تلبي حاجة كثير من أهل الخبرة والتجارة الـذين لا مال لديهم.

٤) مطالبة البنوك المركزية العربية الإسلامية بتعميم تجربة " المصارف الإسلامية " في أقاليمها الجغرافية كي يتم إثراء تجربتها والعمل بها بالتدريج.

٥) مطالبة البنوك المركزية العربية والإسلامية بتطهير أسواق البورصة من المخالفات الشرعية، وإصدار تشريعات تتلاءم مع ضوابط الشرع، يصار إلى تطبيقها في أسـواق الأوراق الماليـة، بالإضافة إلى إيجاد جهاز رقابي مالي وإداري يسعى إلى تفعيل الرقابة على أسواق البورصـة والأسواق التي يقوم عليها النشاط الاقتصادي.

٦) على المصارف معالجة احتياجـات والتزامـات العمـلاء الـذين يحتاجون للائتمان والـذين يواجهون بعـض الصـعوبات في التسـديد بمرونـة مـن خـلال قـروض معقولـة وجـدولات تتناسب والتدفقات للعملاء المتناسبة والظروف الحالية.

٧) تعديل أسلوب التمويل العقاري وجعله بإحدى الصيغ الإسلامية ومنها أسـلوب المشاركة التأجيرية.

٨) ضبط عليمة التوريق لتكون لأصول عينية وليست ديونًا وهو ما يتم في السوق المالية الإسلامية في صورة صكوك الإجارة والمشاركة والمضاربة، أما الديون فيمكن توريقها عند الإنشاء والتداول.

٩) ضرورة وضع ضوابط لعمل المراجعين الخارجين، مع التشديد على ميثاق الأخلاق المهني المنصوص عليه في معايير المراجعة والعمل على تفعيلة بإيجاد هيئات رقابية محاسبية تقوم بالتفتيش على عمل المدققين الخارجيين، ولها صفتها القانونية المستقلة مع صلاحيات واسعة لضبط المهنة.

١٠) ضرورة التقيد بالجدول الزمني للنشر والإفصاح عن البيانات المالية في الوقت المحدد، ودون تأخير مع وضع جزاء لمن يتأخر عن ذلك الموعد.

١١) الاهتمام بعملية إدارة المخاطر واشتراط توافرها في كل منشأة اقتصادية، والتدقيق على مدى فاعليتها مع الحرص على تطويرها لمواكبة القفزات في تطور الأدوات الاستثمارية.

١٢) يجب الاهتمام بمبدأ مخاطر الأعمال في الدول الخليجية والتي تعتمد في اقتصادياتها على سلعة وحيدة كالنفط والذي عادة ما يكون عرضة لتقلب الأسعار إما بصورة مباشرة عبر تذبذب أسعاره أو بصورة غير مباشرة عبر تقلب أسعار صرف العملات الأمر الذي يجعل مخاطر الأعمال في مثل هذه العملات أمر لابد أن يؤخذ في الحسبان عند التعامل مع مخاطر التدقيق.

توصيات مجموعات الدول الصناعية الكبرى:

اجتمع وزراء مالية الدول الصناعية السبع الكبرى (أمريكا - فرنسا - ألمانيا - المملكة المتحدة - إيطاليا - اليابان - كندا) في أكتوبر ٢٠٠٨ في واشنطن، وتعهدوا بالعمل معا لإعادة الاستقرار إلى أسواق المال العالمية واستعادت التدفقات النقدية ودعم النمو الاقتصادي العلمي وقد اتفق وزراء المالية ومحافظو البنوك المركزية في هذه الدول على "خطة تحرك" من ٥ نقاط بهدف إعادة الثقة في أسواق المال وتمثلت فيما يلي(١):

١) اتخاذ كافة الإجراءات اللازمة واستخدام كل الأدوات المتوفرة لدعم المؤسسات المالية ذات الأهمية في النظام المالي ومنع إفلاسها.

٢) اتخاذ كل الإجراءات اللازمة لتحرير الأسواق النقدية والتأكد من وصول البنوك والمؤسسات المالية إلى السيولة الملائمة.

٣) العمل على تمكين بنوك المجموعة وغيرها من المؤسسات المالية الوسيطة الكبرى عند الضرورة من جمع رءوس الأموال من المصادر العامة والخاصة على حد سواء، وبمبالغ كافية لإعادة الثقة فيها والسماح لها بمواصلة الإقراض الاستهلاكي والاستثماري على السواء.

٤) العمل على أن تكون البرامج الوطنية في دول المجموعة لضمان الودائع المصرفية متينة ومتجانسة، بما يسمح لصغار المودعين

(١) د/ عبد المطلب عبد الحميد، المرجع السابق ص ٣٤٥، د/ إبراهيم عبد العزيز النجار، الأزمة المالية وإصلاح النظام المالي العالمي، الدار الجامعية، الإسكندرية سنة ٢٠٠٩، ص١٢٠.

بمواصلة ثقتهم في سلامة ودائعهم.

(٥)   اتخاذ القرارات الملائمة في الوقت المناسب لإنعاش أسواق الرهن العقاري الثانوية وغيرها من الأصول مع ضرورة إجراء عمليات تقييم دقيقة ونشرـ معلومات شفافة عـن هـذه الأصول وتطبيق معايير المحاسبة المناسبة بالنسبة لها.

قمة مجموعة دول العشرين واقتراحاتها:

تضم مجموعة العشرين إلى جانب الدول الصناعية السبع الكبرى والاتحاد الأوروبي مجموعة الدول الاقتصادية وهـي الصـين، وروسيا، والبرازيل، والأرجنتـين، والهنـد، واسـتراليا، والسـعودية، وجنوب إفريقيا، كوريا الجنوبية، وأندونيسيا، والمكسيك، وتركيـا)، وعقـدت القمة في واشـنطن لوضع خطة لمواجهة الأزمة المالية والاقتصادية العالمية وأهداف القمة تتمثل فيما يلي:

(١)   الوصول إلى تفهم كامل لأسباب وجذور الأزمة العالمية.

(٢)   تعزيز رؤوس أموال البنوك والاستمرار في السياسات المالية والنقدية التوسعية.

(٣)   مراجعة الإجراءات والتـدابير التـي اتخـذتها وستتخذها الـدول الأعضاء لمواجهـة الأزمـة الحالية.

(٤)   الاتفاق على المبادئ العامة لإصلاح الأسواق المالية في الدول الأعضاء

(٥)   اعتماد خطة العمل لتنفيـذ مبـادئ وأسـس الإصلاح وتكليـف الـوزراء المعنيين لتقـديم مقترحاتهم في مؤتمر القمة الاقتصادية لدول العشرين

التي ستعقد في أبريل عام ٢٠٠٩.

٦) المساعدة في الحد من تدهور الأوضاع الاقتصادية عبر التعهد بالحفاظ على التجارة الحرة من خلال إحياء محادثات مؤتمر الدوحة.

ماذا يجب على الدول النامية لمواجهة الأزمة؟

١) على الدول النامية أن تعمل على تنويع أسواق الصادرات وأن تقوم بتكثيف التجارة فيما بينها، وكذلك محاولة تأسيس أسواق إقليمية مشتركة وانتهاج سياسات وطنية وإقليمية تخفف من الارتباط والتبعية للأسواق المالية العالمية ولصندوق النقد الدولي.

٢) حث البنوك المركزية على اعتماد إجراءات نقدية أكثر مرونة بتسهيل شروط منح القروض من خلال تخفيض أسعار الفائدة وتقليص نسبة الاحتياطي الإلزامي المودع لديها بهدف رفع مستوى الفائدة وتقليص نسبة الاحتياطي الإلزامي المودع لديها بهدف رفع مستوى السيولة النقدية لدى البنوك التجارية مما يؤدي إلى زيادة المعروض النقدي وإتاحة السيولة الكافية ليس فقط للشركات كي تتمكن من تمويل احتياجاتها الاستثمارية والاستمرار في ممارسة أعمالها أو التوسع في مشاريعها بل أيضا لزيادة قدرة الناس على الشراء وذلك بهدف تحريك الطلب الإنتاجي والاستهلاكي وتنشيط الأسواق.

٣) تقديم مساعدات نقدية للشركات والقطاعات المتضررة من الأزمة التي لا تملك اللجوء إلى تمويل مشاريعها عن طريق الاقتراض من البنوك ومؤسسات التمويل في ظل شح المعروض النقدي ونقص السيولة وكذلك تقديم تسهيلات ضريبية للمنتجين لمساعدتهم على تجاوز الأزمة.

٤) توفير المناخ التشريعي والضريبي الملائم لجذب الاستثمارات وزيادة الإنتاج وتطويره باستمرار.

٥) الاهتمام بتمويل وتنمية المشروعات الصغيرة والمتوسطة لما لها من دور هام في زيادة فرص العمل والحد من البطالة وتقليل مساحة الفقر والخروج من الركود الاقتصادي.

٦) تحديث وإصلاح النظم المصرفية بشكل يؤهلها لأن تلعب دورها الحيوي في دفع عجلة الاقتصاد ومواجهة التحديات التي خلفتها الأزمة.

الاقتراحات التي نادى بها مركز الشرق الأوسط بجامعة عين شمس:

اتخذ الإصلاح المصرفي العديد من الإجراءات أدت إلى الحد من تأثير الأزمة منها:

● إصدار قانون البنك المركزي والجهاز المصرفي والنقد لسنة ٢٠٠٣ يتضمن وضع حد أدنى لرأسمال البنك.

● قرار البنك المركزي بشأن عدم جواز أي بنك الإقراض في مجال التمويل العقاري بما يزيد عن ٥% من محفظته الائتمانية.

● قرار البنك المركزي بعدم السماح لأي بنك مصري أن يضع في البنوك الأجنبية في الخارج ما يزيد عن ١٠% من قيمة ودائعه.

● الضمانات التي تعطيها الحكومة المصرية للمودعين في البنوك بدون نص في القانون بهدف حماية حقوق المودعين.

● حل مشكلة التعسر مثلما حدث مع بنك الإسكندرية في إعادة هيكلته وبيعه كما قام الجهاز المصرفي بعدد من الاندماجات البنكية.

- بلغ احتياطي النقد الأجنبي في آخر تقدير للبنك المركزي المصري حوالي ٣٤٫٥ مليار دولار يقوم البنك بادخارها في صورة سندات حكومية أمريكية وأوروبية أغلبها في الولايات المتحدة ولكنها مضمونة حكوميا، ومن حسن الحظ أن جميع هذه السندات حكومية وغير بنكية، ولهذا فلن تتأثر مصر بهذه الأزمة المالية العالمية لاعتماد ومصر ـ على ثلاث عوامل في استثمار الاحتياطيات بها وهي أعلى عائد، وأقل مخاطرة (الأمان) وسهولة التحويل إلى نقدية وقد تم مراعاتها جميعا، ولهذا فأموال الاحتياطيات مضمونة.

- أما أرصدة البنوك المصرية في الخارج فتقدر بحوالي ١٢٢٫٧ مليار جنية أي ٢٦ مليار دولار فهناك خطورة على هذه الأموال ولكن حجم الخطورة ليس كبيرا لأن جزءا كبيرا منها خاص بفروع بنوك أجنبية وجزءا آخر خاص برؤوس أموال بنوك تكونت بالدولار، والجزء الباقي ودائع المواطنين والتي لا تزيد عن ١٥ مليار دولار.

- متابعة محافظة البنك المركزي يوميا البنوك لمعرفة مدى تأثر ودائع هذه البنوك بالخارج والتي لم تتأثر حتى تاريخه، أما بالنسبة لشركات التأمين المصرية لم تتأثر شركة واحدة بالأزمة المالية العالمية حتى الآن نتيجة لعدد من الإجراءات التي اتخذت مؤخرًا منها.

- قانون جديد للعمل بشركات التأمين في السنوات الأخيرة.

- هيئة جديدة ومجلس إدارة جديد للرقابة على شركات التأمين.

- اندماج واستحواذ على الشركات الصغيرة.

- فرض رقابة صارمة من هيئة التأمين على شركات التأمين.

- توسع محسوب في التمويل العقاري.
- عدم الالتجاء إلى ما لجأت إليه شركات التأمين الأمريكية بالتأمين ضد مخاطر السندات.

وبالنسبة للبورصة المصرية فقد كانت تسير دون تأثير بالأزمة حتى يوم ٦ أكتوبر إلى أن جاء الثلاثاء الأسود ٧ أكتوبر على البورصة المصرية حينما هبطت مؤشراتها نتيجة عدة أسباب وهي أن المضاربين الأجانب أعطوا أوامر للسماسرة في مصر ببيع الأهم نتيجة لحدوث نقص سيولة في الخارج وهذا البيع للأسهم معناه زيادة المعروض مما يؤدي إلى انخفاض الأسعار فانهارت البورصة المصرية يوم ٧ أكتوبر بنسبة ١٦,٥%.

* ترويج بعض الصحف والفضائيات للشائعات بهدف التخريب أو عن جهل مما أدى إلى توالي الخسائر فانخفضت حوالي ١١,٥% أخرى لتصل الانخفاضات إلى حوالي ٢٧%.

* انخفاض شهادات الإبداع الدولية وهي ١١ شهادة لشركات كبيرة أرادت أن تكون دولية فسجلت في بورصة لندن وجنيف ستوفين الشروط فأدى الانهيار في البورصات العالمية إلى تأثير تلك الشركات مما أدى إلى انخفاض أسعار هذه الشهادات ٤٠%، ولسوء الحظ أن هذه الشهادات تمثل ٦٠% من قيمة الأسهم التداولية المسجلة في البورصة المصرية مما أدى إلى انخفاض البورصة بنسبة ٢٤%.

ولم تؤثر الأزمة على الاقتصاد المصري الحقيقي(العيني) إطلاقا في الإنتاج الزراعي والصناعي وكان من المتوقع حدوث ما يلي:

١) انخفاض الصادرات المصرية نتيجة ركود أكبر سوقين تصدر لهم

مصر وهما أمريكا وأوروبا والتي تستحوذ على ٦٥% من صادرات مصر.

٢) السياحة: في ظل هذه الأزمة العالمية تتوقع حدوث إلغاء للحجوزات.

٣) قناة السويس: هناك توقع بانخفاض حجم التجارة الدولية وبالتالي تأثر رسوم المرور في قناة السويس.

٤) انخفاض معدل المنح والمساعدات المنتظرة من الدول الأجنبية لمرورها بتلك الأزمة.

٥) توقع انخفاض حجم الاستثمار الأجنبي المباشر بمصر.

كل ذلك يؤدي إلى صعوبة الحفاظ على نفس معدل النمو والذي بلغ خلال العامين الماضيين نسبة ٧%.

وقد خلصت المائدة المستديرة إلى البدائل التالية لحل الأزمة:

١) تشجيع الاستثمار المحلي من خلال حوافز(أرض بالمجان، إعفاء ضريبي لفترة معينة) حتى لا تحدث بطالة إلى أن يعود الاستثمار الأجنبي.

٢) البحث عن أسواق جديدة (أفريقيا، أسيا، أمريكا اللاتينية).

٣) الاتجاه إلى تشجيع السياحة لجذب سياحة من دول لم تتأثر بالأزمة مثل (روسيا،الهند، الصين، جنوب إفريقيا، البرازيل).

٤) توعية المتعاملين في البورصة لحجم وحقيقة الأزمة.

٥) مزيد من الرقابة على البنوك وشركات التمويل العقاري.

٦) فرض ضريبة على الأموال الساخنة (من يشتري ويبيع ويخرج من البورصة خلال ٣ أشهر يدفع ٣% ضريبة) وتطبق هذه الضريبة في

الولايات المتحدة كما تطبقها بعض الدول بشكل تدريجي.

٧) دخول البنوك وصناديق الاستثمار مشتريه في البورصة وهذا الإجراء اتبع في مر بالفعل.

٨) شراء بعض الشركات لأسهمها في البورصة مستغلة انخفاض سعرها وتسمى " أسهم خزينة " حتى ترتفع أسعار أسهمها بالبورصة مرة أخرى ثم يقومون ببيعها[١].

جهود الحكومات في مواجهة الأزمة:

* **الولايات المتحدة الأمريكية:** أوصى كل من محافظ البنك الفيدرالي ووزيرة الخزانة الأمريكي، وكذلك تدخلت الحكومة الأمريكية في سوق المال وذلك بمنع البيع على المكشوف لنحو ٧٧٩ سهم مدرجة في سوق الأسهم الأمريكية وتتراوح التقديرات المبدئية للتكلفة المالية للخزانة الأمريكية في المشروع الذي قدمته إدارة بوش في سبتمبر ٢٠٠٨ بين ٧٠٠ مليار إلى تريليون دولار أمريكي.

* **الجانب الأوروبي:** سارعت الدول الأوروبية إلى تبني عدد من الإجراءات لكبح جماح الأزمة وتلافي تداعياتها على اقتصاداتها.

إعلان الحكومة الألمانية عن ضمان جميع حسابات التوفير في البنوك الألمانية بعد إعلان مماثل لحكومتي أيرلندا واليونان، كما أقرت خطة إنقاذ تضمنت تخفيض ٨٠ مليار يورو كسيولة مالية، ٤٠٠ مليار يورو كضمانات للقروض، وستبقى ضمانات القروض سارية المفعول

---

(١) مركز بحوث الشرق الأوسط والدراسات المستقبلية بجامعة عين شمس، المائدة المستديرة ٥ أكتوبر ٢٠٠٨.

حتى نهاية ديسمبر عام ٢٠٠٩.

* **الدانمارك:** حذت الدانمارك حذو ألمانيا بضمان جميع حسابات التوفير.

* **بريطانيـا:** وفي إجـراء مماثـل أعلنـت الحكومـة البريطانيـة أنهـا ستضـخ ٣٧ مليـار جنيـة استرليني لدعم ثلاثة من أكبر البنوك البريطانية.

* **أسبانيا:** أعلنت الحكومة الأسبانية عن تخفيض نحو مائة مليار يورو كضمان للقروض بيـن البنوك.

* **فرنسا:** أعلن الرئيس نيكولا ساركوزي أن حكومته ستضخ مبلغ ٣٦٠ مليـار يـورو للبنـوك لمساعدتها على تجنب الانهيار.

* **قمة باريس:** مع الخـوف مـن أن يـؤدي التبايـن بيـن الـدول الأوروبيـة فيمـا تتخـذه مـن إجراءات لتطويق تداعيات الأزمة إلى خلق تعقيدات مضاعفة على اقتصاد ذاتها، وسعة الدول الأوروبية من أجل الاتفاق على تنسيق خطوات المواجهة وكان في المقدمـة اتفـاق زعماء الدول علـى ضـرورة تقـديم الـدعم للنظام المصرفي المتضـرر مـن الأزمـة وتخفيض الفائدة.

* **وزراء المالية الأوروبيون:**

عقد وزراء المالية الأوروبيون اجتماعا إلى وضع خطـة تهـدف إلى الحفـاظ علـى الودائـع في البنوك الأوروبية، والتزمت الدول بضمان هذه الودائع.

* **وزراء المالية الأورمتوسطين:**

كانت أهم المقترحات هذا الاجتماع وضع آلية متخصصة في دعم

المشروعات الصغيرة والمتوسطة من خلال تحليل حاجاتها وإيجاد حلول للصعوبات التي تواجهها في الحصول على تمويل واستيراد التكنولوجيا.

* **الطرح الجديد للرئيس الفرنسي:**

اقتراح إنشاء صناديق سيادية في كل دولة من الدول الأعضاء في الاتحاد الأوروبي للحيلولة دون بيع الشركات المتعثرة إلى أطراف أجنبية، وأكد ساركوزي على فكرة إعادة تنظيم الرأسمالية العالمية من جديد، كما طالبت ألمانيا بوضع ضوابط قانونية يجب على البنوك الالتزام بها للاستفادة من خطة الإنقاذ المالية البالغ حجمها ٥٠٠ مليون يورو ومنها تحديد الحد الأقصى لقيمة التسهيلات المالية التي سيتم منحها لكل بنك متعثر حيث لا يتجاوز ١٠ مليار يورو.

* **ألمانيا:**

قررت ضخ ٨٠ مليون يورو وفي البنوك ٢٠ مليار يورو كضمانات اقتراض للبنوك أما ضمانات الادخار فهي بلا حدود.

* **اليابان:**

ذكرت الحكومة اليابانية أنها مستعدة لضخ حتى ١٠ ألف مليار في مصارف البلاد التي تواجه صعوبات وذلك لمنع توقف منح القروض إلى الشركات.

المطلب السادس

الاندماج والاستحواذ كمدخل لمعالجة الأزمات المالية

مفهوم الاندماج:

اندماج الشركات اصطلاح قانوني يدل على قيام شركة بضم شركة أو عدة شركات أخرى إليها، وبتعبير أدق مزج شركتين أو أكثر وتكوين شركة جديدة [1].

وإذا وقع الاندماج بطريق الضـم، والاستحواذ فـإن هـذا يعنـي انقضـاء الشركة المندمجـة وانتقـال ذمتهـا الماليـة إلى الشركة الدامجـة أو الجديدة، وتنتقـل المشروعات الخاصـة بالشركة المندمجة إلى الشركة الجديدة الدامجة أو الجديدة، وتنتقل المشروعات الخاصة بالشركة المندمجة إلى الشركة الجديدة أو الدامجة، كما يستمر الشركاء في الشركة المندمجـة في الاحتفاظ بصفتهم كشركاء في الشركة الدامجة ويوزع عدد من الأسهم الجديدة بدلا من الأسهم القديمة.

ويتخذ الاستحواذ عدة أشكال منها:

*   شراء الأسهم Acquisition of stock

وهو قيام شركة بشراء أسهم شركة أخرى إما نقد أو بمبادلة الأسهم أو بأية أوراق مالية.

---

(١) راجع د/ عايدة سيد خطاب، الاندماج والاستحواذ كمدخل لمعالجة الأزمة، دور القيـادات الإداريـة لتحقيـق النجاح، مؤتمر كلية التجارة عين شمس ١٢ / ١٣ ديسمبر الجزء الأول ص٤٣١.

* **الاستحواذ على الأصول:**

ويشمل استحواذ شركة على شركة أخرى بشراء معظم أو جزء من الأصول وليس بالضرورة انتهاء وجود الشركة المستهدفة.

* **الابتلاع الكامل:**

وهو الابتلاع الكامل لشركة بواسطة شركة أخرى، والاندماج بطريقة المزج يشمل تكوين شركة جديدة ويتطلب اتخاذ الإجراءات اللازمة لحل كل الشركات الداخلة في الاندماج وانقضائها وتأسيس شركة جديدة يتكون رأسمالها من الحصص العينية التي تتمثل في الذمم المالية للشركات الداخلة في الاندماج.

وقد يكون الاندماج أو الاستحواذ بين شركات وطنية داخل حدود الدولة، كما في حالة اندماج الشركات القابضة أو بين البنوك الوطنية أو بين شركات القطاع الخاص وقد يتعدى الاندماج أو الاستحواذ حدود الدولة وهو الشكل الغالب للاندماجات والاستحواذات بين الشركات متعددة الجنسيات وأصبحت الاندماجات والاستحواذات الدولية عبر الحدود الدولية تشمل كافة القطاعات كالصناعات التعدينية والبترول وتكنولوجيا المعلومات والاتصالات والبنوك والتأمين والسياحة والرعاية الطبية..........الخ.

كما أن معظم الاندماجات والاستحواذات عبر الحدود بالدول النامية تتم عن طريق شراء الشركات عابرة القوميات للشركات والمشروعات بهذه الدول ويعتبر ذلك أحد أشكال تدفق الاستثمار الأجنبي بها، وزاد الإندماج في الدول النامية بينما انخفض في الدول المتقدمة.

وكان الاندماج والاستحواذ أحد الحلول الهامة في الأزمة المالية العالمية

لتجنب عديد من الشركات العملاقة التعرض للانهيار أو الإفلاس، فعلى سبيل المثال شركة جنرال موتورز كانت ستقع في الإفلاس سنة ٢٠٠٩، وطبقا لخطة الإنقاذ امتلكت حكومة الولايات الفيدرالية ٦٠% من رأسمالها وامتلك اتحاد العاملين في مجال السيارات ١٧% وامتلكت حكومة كندا ومقاطعة انتريال ١٢%.

وكذلك بنك جي بي مورجان تشيز يعلن شراء بنك الأعمال الأمريكي بسعر متدني ويعلن بنك أوف أمريكا شراء بنك ميريل ليفسن وأيضا البنك البريطاني لويدتي اس بي يشتري منافسة اتش بي أواس المهدد بالإفلاس، وتمن هذه الاندماجات في سنة ٢٠٠٨ [١].

دور القيادة الإدارية في ظل الاندماج:

١) أن يلعب القائد دور كل من القائد التحويلي والقائد المهتم بالجانب الإنساني والقائد المهتم بجانب توضيح المهام.

٢) إدارة الفترة الانتقالية (إدارة المخاوف من أعضاء البيئة المحيطة والمشكلات المتعلقة بالجانب الإنساني في ظل الاندماج والاستحواذ.

٣) وضع استراتيجيات تحقيق التكامل في الثقافة التنظيمية للشركات المندمجة أو المستحوذ عليها.

٤) وضع نظام الاتصال في ظل الاندماج.

٥) وضع نظام الأجور والحوافز في ظل الاندماج أو الاستحواذ.

٦) وضع استراتيجيات إعادة هيكلة العمالة وإدارة العمالة الفائضة في ظل الإندماج.

---

(١) د/ عايد سيد خطاب المرجع السابق ص ٤٣٥.

المطلب السابع

المشروعات الصغيرة الطريق إلى التنمية

يعتقد البعض أن الإنتاج في العالم يقوم على الشركات الكبرى وحدها وهو اعتقاد خاطئ برغم تعارض هذا القول مع أن الاقتصاد العالمي تقوده الشركات العملاقة، والتي يطلق عليها(الشركات الديناصورية) لارتباط حجم الأعمال بها، وبلغة الأرقام أنه من بين سبعة وسبعين ألف شركة عابرة للجنسيات، فإن عدد الشركات الكبرى المسيطرة من بينها لا يتجاوز مائة شركة، وأن هناك سبعمائة شركة تقدم غالبية النفقات الموجهة للبحث العلمي والتطور التكنولوجي في العالم[1].

وفي الواقع أن الشركات العملاقة تزداد قوة من خلال الاندماج فيما بينها، أو استحواذ خلال الأعوام الأخيرة لصالح الشركات المتوسطة والصغيرة، وهناك آلاف من الشركات الصغيرة والمتوسطة تستثمر وتبيع وتشغل العمالة في بلادها الأصلية وفي الخارج، بل إن اليابان تعتمد على الشركات الصغيرة في المبادأة والمبادرة إلى تقديم الابتكارات الجديدة من المنتجات وطرق الإنتاج وأطلق عليها البعض start - ups، ومن ثم تتسلمها الشركات الكبيرة لتدخلها حيز الإنتاج الفعلي ثم التسويق.

كما أن أمريكا دخلت ميدان تطوير الصناعات الالكترونية في مرحلة ما بعد الحرب العالمية الثانية من بوابة المنطقة الصناعية بولاية كاليفورنيا المسماة (وادي السيليكون في إشارة إلى الجواد الرابح للإلكترونيات):

---

(١) راجعد/ محمد عبد الشفيع عيسى، المتغيرات الدولية والأزمة المالية العالمية وتأثيراتها على تمكين المرأة في سوق العمل ص٢٤.

تصنيع الدوائر الالكترونية المندمجة على الشرائح الرقيقة من مادة السيليكون، وقد فعلت فرنسا وبريطانيا وكندا والدول الاسكندنافيه واليابان، ومن بعدها دول الشرق الأقصى- وخاصة كوريا الجنوبية وتايوان ثم الصين، والتي حذت جميعها حذو اليابان أثناء مرحلة التنمية السريعة في الخمسينات وأوائل الستينيات، وقد أسست بلدان الشرق الأقصى تلك قاعدتها الصناعية الأولى على تصنيع المنتجات كثيفة الاستخدام لعنصر العمل من خلال الوحدات الإنتاجية الصغرى - الصغيرة، وعلى النطاق العائلي والمنزلي أيضا سواء في مجال إنتاج مكونات الترانزستور والدوائر المندمجة أو المتكاملة وتجميع أجهزة المذياع الصغيرة ومعدات التسلية وكذلك تفصيل وحياكة الملابس الجاهزة، وحينما نهضت الصين كدولة مصنعة حديثا في العقدين الأخيرين، فإنها وظفت العدد السكاني الكثيف وخاصة في مدن الشواطئ الشرقية والمناطق الصناعية الوسطى من أجل تكون (ورشة العالم) بحق تزود فقراء الكون وأصحاب الدخول المنخفضة، وبأجهزة الراديو والتسجيل الصوتي والتليفزيون وأخيرا بالسيارة، وكأنها حلت محل اليابان في إنتاج وتصدير السلع الإلكترونية الاستهلاكية والمنسوجات وإن بجودة أقل وبأسعار أدنى وكذلك بالاعتماد على وفرة العمالة والأجر الرخيص، أما الهند فقد تعلمت الدرس فأقامت منطقة صناعة كبيرة الحجم في ميدان الحاسب الآلي والبرمجيات في مدينة بنجالور تستفيد من فارق التوقيت مع أمريكا وأوروبا وتزود مراكز الشركات العالمية الرئيسية عن طريق الإنترنت بالمهام المسندة إليها في البرمجة ونظم التشغيل.

أما بالنسبة للدول العربية فتوجد دول كثيفة السكان وهي أكثر احتياجا إلى التوظيف التنموي للكم الكافي على النموذج الصيني وأبرز الحالات هي

مصر تليها دول كالسودان و ٢٥% من القوة العاملة، ودول خفيفة السكان نسبيا ولكن لا تتوفر لديها الموارد الكفيلة ببناء جهاز إنتاجي قوي وواسع وقادر على استيعاب قوة العمل المتعطلة وهذه حالة موريتانيا واليمن، ودول أخرى تتوفر لديها الموارد المالية ولكنها تعتمد على العمالة الوافدة في المهن المهارية أو الابتكارية، وتتركز العمالة الوطنية في الجهاز الحكومي حيث تسود حالة من البطالة المقنعة في ظل انخفاض قدرة هذا الجهاز على استيعاب المزيد عبر الزمن فينشأ نوع من بطالة الخريجين في قوة العمل الوطنية، وهذه حالة دول الخليج وليبيا ودع عنك البلاد العربية ذات الظروف الخاصة حيث ترتفع البطالة إلى مستوى قياسي مثلما في فلسطين (بمعدل للبطالة يزيد عن ٥٠% وخاصة في قطاع غزة) بالإضافة إلى العراق والصومال.

ولكن الدول العربية جميعها تقريبا تفتقد إلى سياسة متكاملة لتشجيع المشروعات والصناعات الصغيرة والمتوسطة القادرة على استيعاب قوة العمل الوطنية ويسعى أغلبها إلى مجرد تخفيف التوتر المحتمل والناجم عن طاقة الغضب الشابة فتتعثر الخطى وتتقطع السبل ما بين سياسات تفتقد التجانس والنفس الطويل وتنقصها الموارد فيعتورها العجز وربما الفشل مثل تجربة الصندوق الاجتماعي للتنمية في كل من مصر واليمن بمعونة من البنك الدولي وما بين سياسات ذات توجهات مرفهة ماليا ولكن غير فعالة عمليات كما في بعض الدول الخليجية بتدني (في قطاع السياحة وصناعة الملابس الجاهزة ومصر تصنيع وتصدير أنواع فاخرة من القمصان والمفروشات المنزلية إلى أوروبا والولايا المتحدة وفي سويا والأردن من المنسوجات والملابس الجاهزة.

وفي كـل مـن السـعودية دولـة الإمـارات العربيـة المتحـدة محـاولات لتطـوير المشروعـات والصناعات الصغيرة والحاضنات التكنولوجية ولكن انتعـاش أسـواق المـال والأسـهم في الـدول الخليجية أضر بهذه المحاولات في نهاية الأمر مـن حيـث أنـه شجع تحويـل المـدخرات الصغيرة للمستثمرين الأفراد باتجاه المتاجرة والمضاربة عـلى الأسـهم وقد كانـت أزمـة سـوق الأسـهم في الخليج في أواسط وأواخر العقد الأول من القرن الجديد، تشكل ما يمكن اعتباره (جـرس الإنـذار) للتوقف عن الأنشطة المضاربية من أجل الإنهاء على المدخرات الفردية والعائليـة في ظل الـرواج الذي يصاحب ارتفاع الأسعار النفط والغاز.

وبالتالي يجب الاستفادة من السلبيات التي صاحبت المشروعات الصغيرة والاستفادة مـن التجارب المحلية والعالمية ويجب تشجيع المشروعات بالغـة الصغر عـلى غـرار تجربـة الإقراض المصغر للفقراء في بنجلاديش.

والصناعات الصغيرة هي مدخل رئيس لتشغيل الشباب والتمكين الاقتصادي للمرأة خاصة أن الصناعات الصغيرة هي أحد الحلول لمشكلة البطالة ودفع مسـيرة التنميـة مـن حيـث رفع الإنتاج وزيادة معدلات النمو ويجب الإشارة إلى نموذجين:

النموذج الأول: مدينة الملك عبد الله الصناعية بالسعودية والتي تهدف لى توفير مجمعات متكاملة للمشروعات والصناعات الصغيرة والمتوسطة وإقامة حضانات على أحدث تـراز ومـزودة بأدوات الدعم التي تكفل لها النمـو المنتظـر والأمـل في إنشـاء قسـم للمشروعات بالغـة الصغر والصناعات

الحرفية القائمة على أشجار النخيل وعلى الجلود والوبر من الضأن والمـاعز وصـناعة الغـذاء والملبس والمفروشات التقليدية

النموذج الثاني: مدينة الحرير في الكويت

وهو مشروع كبي يهدف إلى الربط بين آسيا وأفريقيـا وأوروبا ويعمـل عـلى تنميـة شـمال الخليج وبالتالي تم إحياء طريق الحرير القديم الذي يربط بين شرق آسيا وأوروبا وقد هُيئ لهـذا المشروع اهتمام عدد من الدول الأسيوية في منطقة أوراسيا بما في ذلك روسيا ودول آسيا الوسطى الإسلامية، ولا بأس أن تشارك العراق والكويت في المسـتقبل في إحيـاء هـذا الطريـق، ويلاحـظ أن هذا المشروع الكويتي يركز على يناء مجمعات للمشروعات والصناعات الصغيرة ويجب أن نخرج بدروس مستفادة في هذا المجال وهي:

- توفر الإدارة الجادة في تطوير التكنولوجيا والابتكارات الحديثة واستيعاب العمالة.

- الربط بين الصناعات الصغيرة والكبيرة.

- وجود المشروعات الصغيرة يتطلب صناعة آلات الورشMachine – tools والتي برعـت فيه بعض الدول مثل ألمانيا، فلابد من خوض التجربة تأكيد لتكامل السلسلة الصناعية.

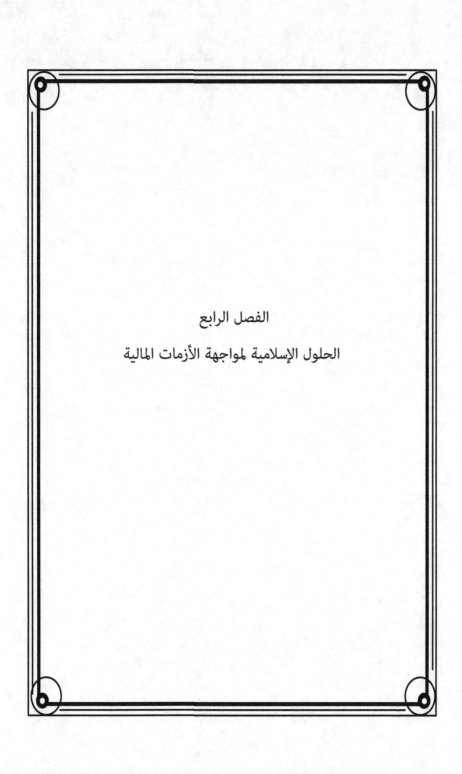

الفصل الرابع

الحلول الإسلامية لمواجهة الأزمات المالية

الفصل الرابع

الحلول الإسلامية لمواجهة الأزمات المالية

يقول الله تبارك وتعالى:

﴿ يَمْحَقُ ٱللَّهُ ٱلرِّبَوٰاْ وَيُرْبِى ٱلصَّدَقَٰتِ ۗ وَٱللَّهُ لَا يُحِبُّ كُلَّ كَفَّارٍ أَثِيمٍ ﴾

صدق الله العظيم (البقرة: ٢٧٦)

ويقول رسولنا الكريم صلى الله عليه وسلم:

«لعن رسول الله صلى الله عليه وسلم: آكل الربا، وموكله، وكاتبه، وشاهديه»

صدق رسول الله صلى الله عليه وسلم

(رواه مسلم)

تجلت ذروة الإعصار المالي في العالم عندما انفجرت أزمة الرهن العقاري في أمريكا، إلا أن ذلك لا يعني أن سبب المشكلة ينحصر في أزمة الرهن العقاري بل إن جذور المسألة تعود إلى عقود طويلة وترتبط بتشريعات النظام الاقتصادي الرأسمالي.

بحيث يمكن تشبيه كشف أزمة الرهن العقاري لانهيار النظام الاقتصادي بانفجار ورم سرطاني كان يسري في العالم دون أن يدرك العالم خطورته فاستمر بالانفتاح إلى أن انفجر وسال منه القيح فأزكم أنوف البشر وأدركوا الخطر.

وقد كان الربا هو أبرز أسباب الرهن العقاري الذي أدى على عجز الناس عن تسديد القروض التي اشتروا بها منازلهم وازدادت عروض

البيوت المعروضة لبيع بلغت ثلاثة ملايين وبرزت مشكلة توفر السيولة للبنوك لعدم استرداد الديون المترتبة على العقارات فانفجرت الأزمة.

إلا أن حصر التفكير في مشكلة الربا لوحدها لا يحل الأزمة ولابد من تشخيص كافة أبعادها وفهم العناصر الفعالة والحيوية[١].

حيث فتحت الأزمة المالية العالمية التي يعيشها العالم اليوم أنظار الناس على فشل النظام الرأسمالي على نظام بنكي يعتمد على نظام الفائدة الذي تصنفه الديانات السماوية تحت مسمى الربا المحرم[٢].

وهذا ما سوف نتناوله في هذا الفصل في ستة مباحث، هي:

المبحث الأول: الأسس التي يقوم عليها المجتمع الإسلامي.

المبحث الثاني: الاقتصاد الإسلامي والتملك وكيفية إنفاق المال.

المبحث الثالث: كيفية تحضين رأس المال.

المبحث الرابع: تحريم الشريعة للأسباب التي أدت إلى وقوع الأزمة.

المبحث الخامس: الحلول الإسلامية ودور المصارف الإسلامية.

المبحث السادس: صيغ التمويل الإسلامية.

---

(١) أ/ زكريا بله باس – الأزمة المالية العالمية وكيفية علاجها من منظور النظام الاقتصادي الغربي والإسلامي - مؤتمر الجنان – ص٣.

(٢) د/ صالح عسكر – المعاملات المالية التعاونية والمشاركية الإسلامية وأثرها في الوقاية من الأزمات الاقتصادية وعلاجها......مؤتمر إضافي....ً ص٢.

المبحث الأول

الأسس التي يقوم عليها المجتمع الإسلامي

على أثر انتشار عدوى الأزمة إلى دول العالم طرح البعض نموذج الاقتصاد الإسلامي كحل لهذه الأزمة وأفاد هذا الاتجاه أن الطرح الإسلامي هو الحل للخروج من الأزمة المالية العالمية التي أرهقت العالم دون أن يجد لها حلا، وخاصة أن خطط الأفكار التي قامت بها العديد من الدول هي في الحقيقة مجرد مسكنات مؤقتة، وذلك لأن النظام الإسلامي لكونه نظاما كاملا ومتكاملا، ولا يوجد فيه فرق بين الفكر والتطبيق كما أنه يجمع بين مفهومي الرأسمالية والاشتراكية فهو ينظر إلى مصلحة الفرد والجماعة معا ولا ينظر وقوع الأزمات حتى تتداخل الحكومات بل إنه لا يتعرض للأزمات، وفوق ذلك أيضا أنه يحترم الملكية الفردية ولا يكتبها كما هو في النظام الاشتراكي ويؤهله لتنمو في حض القيم الإيمانية فلا غش ولا تدليس ولا احتكار ولا ربا ولا مؤامرة ولا غبن ولا استغلال كما هو عليه نظام اقتصاد السوق، وفي الوقت نفسه لا يهمل دور الدولة كشريك للتنمية مع القطاع الخاصة من خلال اطلاعها بمشروعات العامة[1].

وكما يذهب أنصار هذا الاتجاه إلى أنه لا يوجد شئ اسمه الحرية المطلقة، فالكون ليس آلة خلقها الله ثم تركها تدور دون تدخل كما تذهب الرأسمالية وبالتالي فتدخل الدولة يكون ضروريا، ولكن يجب أن نفرق بين التدخل المحمود من جانب الدولة الذي يهدف إلى تطبيق الاقتصادي

(١) د/ رضا عبد السلام، نهاية التاريخ أم نهاية العولمة، نحو إطار إسلامي عالمي للنشاط الاقتصادي، دار ومكتبة الإسراء طبعة ٢٠٠٥ ص ٤٩ وما بعدها.

الإسلامي لتحقيق المنفعة العامة وبين التدخل المذموم والـذي يحكمـه المنفعـة الشخصـية، كما يذهب أنصار هذا الاتجاه إلى أن المرابحة أو المشاركة هي الحل البديل لسعر الفائـدة الـذي يرونه ربا، كما أن آليات البنوك الإسلامية وبعـدها عـن التعـاملات الوهميـة مـن خـلال التعامـل بالمشاركة التأجيرية وعقود الاستصناع[1].

وأن هذا الاتجاه له من يؤيده في الدول المتقدمة والنامية، ويجب تفعيل هذا الطرح بعـدما فشلت الأيـديولوجيات التقليديـة وتعرضـها للفشـل ويجـب التحـوط أثنـاء التطبيـق وأن يطبـق تدريجيا ويراعي المآخذ التي تعرض الاتجاه الثاني حتى يمكن التطبيق والبعد عن إطار الأزمات.

وحيث أن المال عصب الجاه وعليه يقوم اقتصاد العالم وهو أهـم العنـاصر في تقـدم الأمـم وحضارتها، ولا يقل شأنا عن العلم.

ولمـا منيـت معظـم دول العـالم بأزمـة اقتصـادية مفاجئـة كانـت سـببا في التحـول السـريع للمستوى الاقتصادي لتلك الدول، وكان لـه تـأثير بـالغ عـلى البنيـة الاقتصـادية، وشـملت الأزمـة معظم الموارد المالية الكبرى، وانتشرت الأزمة في جميع القطاعات على مستوى الـدول، واختلفـت الآثار -= على الدول بنسبة متباينة من دولة إلى أخرى.

ونظام الاقتصاد الإسلامي يحقق مزايا عديدة:

أولا: أن النظام الاقتصادي يعطي مساحة كبيرة للحرية الاقتصادية في القطاعات ولكنـه يمنـع الاحتكار ولا يتجاهل العدالة الاجتماعية.

---

(١) www.alyazeera.net/ nt/exeres.

ثانيا: يعتمد نظام التمويل الإسلامي على أسس سلعية واستثمارية في توزيع الموارد المالية.

ثالثا: أن التجارة في المخاطرة أو ما يسميه الفقهاء عقود الغرر وهي محرمة صراحة.

رابعا: أن بيع الديون لا يجوز إلا بقيمتها الاسمية.

- وأن التشريع الإسلامي يطبق في صورة مبادئ كلية عامة وتقبل التفريعات والتطبيقات في الجزئيات المتجددة، كما أنها أصول شاملة لكل أصول الحياة الإنسانية وشاملة لجوانبها المتعددة وتتناول الفرد والمجتمع والدولة كما أنه في الجانب الاجتماعي جاءت في أساسها متطورة بالقياس إلى الأوضاع الاجتماعية القائمة والنظريات الاجتماعية السائدة.

- حيث يقوم المجتمع في الفكر الإسلامي فكرة التكافل الاجتماعي والتعاون على المصلحة العامة والتكافل والعدالة الاجتماعية.

- ففي البداية يقرر التكافل بين الفرد وأسرته القريبة "وبالوالدين إحسانا"، "وعلى المولود له رزقهن وكسوتهن بالمعروف"، "وأولو القربى أولى بالمعروف"[1].

وفي نظام الإرث لإعادة توزيع الثروة "يوصيكم الله في أولادكم، للذكر مثل حظ الأنثيين".

وفي ضبط التبرع جعل هذه الثلث لغير الوارث (لا وصية لوارث)،

---

(١) د/ حسن عبد الله الأميه، حكم التعامل المصرفي المعاصر بالفوائد، تحليل فقهي واقتصادي، المعهد الإسلامي للبحوث والتدريب، البنك الإسلامي للتنمية.

وفي التكامل بين الفرد والمجتمع يجعل ذلك على أساس الصالح العام "وتعاونوا على البر التقوى ولا تعاونوا على الإثم والعدوان".

- كما أنه يحض على مديد العون للفئات الفقيرة والضعيفة داخل المجتمع " ولا يحض على طعام المسكين" وكذلك القياس "كلا بل لا تكرمون اليتيم ولا تحاضون على طعام المسكين"

- والحفاظ على السلم الاجتماعي "ولا تقتلوا النفس التي حرم الله إلا بالحق".

المبحث الثاني

ضوابط الاقتصاد الإسلامي والتملك

وكيفية إنفاق المال

يقوم النظام المالي والاقتصادي والإسلامي، وكذلك مؤسساته المالية على مجموعة من القواعد التي تحقق له الأمن والأمان والاستقرار وتقليل المخاطر وذلك بالمقارنة مع النظم الوضعية التي تقوم على نظام الفائدة والمشتقات المالية، ومن أهم هذه القواعد ما يلي:

أولا: يقوم النظام المالي والاقتصادي الإسلامي على منظومة من القيم والمثل والأخلاق مثل الأمانة والمصداقية والشفافية والبينة والتيسير والتعاون التكامل والتضامن.

فلا اقتصاد إسلامي بدون أخلاق، وتعتبر هذه المنظومة من الضمانات التي تحقق الأمن والأمان والاستقرار لكافة المتعاملين، وفي نفس الوقت تحرم الشريعة الإسلامية المعاملات المالية والاقتصادية التي تقوم على الكذب والمقامرة والتدليس والغرور والجهالة والاحتكار والاستغلال والجشع والظلم وأكل أموال الناس بالباطل.

ويعتبر الالتزام بالقيم الإيمانية والأخلاقية عبادة وطاعة لله يثاب لعيها المسلم وتضبط سلوكه سواء كان منتجًا أو مستهلكًا أو بائعًا أو مشتريًا وذلك في حالة الرواج والكساد وفي حالة الاستقرار أو في حالة الأزمة.

ثانيا: يقوم النظام المالي والاقتصادي الإسلامي على قاعدة المشاركة في الربح والخسارة وعلى التداول الفعلي للأموال والموجودات، ويحكم ذلك

ضوابط الحلال الطيب والأولويات الإسلامية وتحقيق المنافع المشروعة والغنم بالغرم، والتفاعل الحقيقي بين أصحاب الأموال وأصحاب الأعمال والخبرة والعمل وفق ضابط العدل والحق وبذلك الجهد هذا يقلل من حدة أي أزمة حيث لا يوجد فريق رابح أبدا وفريق خاسر دائما أبدا، بل المشاركة في الربح والخسارة.

ثالثا: حرمت الشريعة الإسلامية نظام المشتقات المالية والتي تقوم على معاملات وهمية يسودها الغرر والجهالة، ولقد كيف فقهاء الاقتصاد الإسلامي مثل هذه المعاملات على أنها من المقامرات المنهي عنها شرعا.

ولقد أكد الخبراء وأصحاب البصيرة من علماء الاقتصاد الوضعي أن من أسباب الأزمة المالية العالمية المعاصرة هو نظام المشتقات المالية لأنها لا تسبب تنمية اقتصادية حقيقية، بل هي وسيلة من وسائل خلق النقود التي تسبب التضخم وارتفاع الأسعار كما يقود إلى أرذل الأخلاق، وكما أنها تسبب الانهيار السريع في المؤسسات الحالية التي تتعامل بمثل هذا النظام، وما حدث في أسواق دول شرق آسيا ليس منا ببعيد.

رابعا: لقد حرمت الشريعة الإسلامية كافة صور وصيغ وأشكال بيع الدين بالدين مثل: خصم الأوراق التجارية وخصم الشيكات المؤجلة السداد كما حرمت نظام بدولة الديون مع رفع سعر الفائدة، ولقد نهى رسول الله صلى الله عليه وسلم عن بيع الكالئ بالكالئ (بيع الدين بالدين).

ولقد أكد خبراء وعلماء الاقتصاد الوضعي أن من أسباب الأزمة المالية المعاصرة هو قيام بعض شركات الوساطة المالية بالتجارة في الديون مما أدى إلى اشتغال الأزمة وهو ما حدث فعلا.

خامسا: يقوم النظام المالي والاقتصادي الإسلامي على مبدأ التيسير على المقترض الذي لا يستطيع سداد الدين لأسباب قهرية، يقول الله تبارك وتعالى: ﴿ وَإِن كَانَ ذُو عُسْرَةٍ فَنَظِرَةٌ إِلَىٰ مَيْسَرَةٍ ۚ وَأَن تَصَدَّقُوا خَيْرٌ لَّكُمْ ۖ إِن كُنتُمْ تَعْلَمُونَ ﴾ صدق الله العظيم (البقرة: ٢٨٠).

في حين أكد علماء وخبراء النظام المالي والاقتصادي أن من أسباب الأزمة توقف المدين عن السداد، وقيام الدائن برفع سعر الفائدة، أو تدوير القرض بفائدة أعلى أو تنفيذ الرهن على المدين وتشريده وطرده ولا يرقب فيه إلا ولا ذمة وهذا يقود إلى أزمة اجتماعية وإنسانية تسبب العديد من المشكلات النفسية والاجتماعية والسياسية والاقتصادية وغير ذلك[1].

كما وسع النظام الإسلامي طرق التملك ووضع ضوابط وشروط لهذا التملك منها:

١- الصيد: الصيد بكل أنواعه: صيد السمك وصيد الاسفنج البحري وصيد المرجان اللؤلؤ وما إليه من موارد البحر وثرواته.

وكذلك صيد البر بكل أنواعه وصيد السماء، وكل ما من شأنه أن يكون مصدرا من مصارد المال والثروة في الكون بشرط عدم إلحاق ضرر بأحد.

٢-إحياء الموات: أي استصلاح الأراضي التي لا مالك لها بأي وسيلة من وسائل الإحياء، علىأن يكون موقوتًا بمدة زمنية تكون كافية للوصول إلى مرحلة الإنتاج.

٣- التصنيع: وذلك مما يفي بالحاجات العامة وتحقيق المنافع وهو ما

(١) أ/ زكريا بلة باسي - المرجع السابق، ص ١٦ - ١٧..

يوفر كذلك مناحي العمل.

٤-العمل بأجرة: وهو بذلك منضبط بجملة من الضوابط تنظم علاقة العمل بين العامل وصاحب العمل، فلا يحقق الضرر بأحد الطرفين سواء الأجير أو دافع الأجرة، وهو يشمل صور العمل المعروفة أو تلك المتجددة وسواء تمثل ذلك العمل في بذل جهد عقلي أو جهد عضلي.

٥- التجارة: وتشمل كل النشاطات في شكل مؤسسات أو شركات أو سجلات أو غيرها من أنواع التجارة المتجددة.

- فريضة الزكاة: وهذا ركن مهم يجب بين العبادة والواجب المالي الاجتماعي وهي حق للجماعة لدى الفرد الذي يملك نصابا أو مقدارا معينا من المال......

وهذه الأموال تذهب إلى المحتاجين داخل المجتمع بغرض الإسهام في توفير الكفاف لهذه الفئات الفقيرة بين الأغنياء والفقراء والحد من الفجوة الاجتماعية مما تعجز عنه ميزانية الدولة، وحتى لا يصير المال حكر على الأغنياء، وقد حددت مصادر تحصيلها وأوجه صرفها.

والجهات التي تستفيد منها حصرا فهي:

١) الفقراء: الذين يملكون أقل من النصاب أو لا يملكون شيئا أو يملكون القليل مما ليس فيه كفايتهم.

٢) المساكين: وهي رتبة قريبة من الأولى لا تملك ما يكفي أو لا تملك ابتداء.

٣) العاملون عليها: وهم الأشخاص الذين يقومون بجمعها والقائمون عليها يعطون نظير عملهم.

٤) المؤلفة قلوبهم: وهم حديثوا العهد بالإسلام وتقوية لهم على إيمانهم.

٥) في الرقاب: وهم الأرقاء المكاتبون من أجل التعجيل في حصولهم على حريتهم نظير قدر من المال.

٦) الغارمون: وهم من استغرق الدين ثرواتهم ويعطون لسداد هذه الديون.

٧) في سبيل اللـه: وهو مصرف عام تحدده الظروف وحاجات المجتمع ومصالحه العامة.

٨) ابن السبيل: وهو المنقطع عن ماله ولا يجد ما ينفق.

ثم أوجب التشريع الإسلامي العدل من الحكام والطاعة من المحكومين والشورى بين الحاكم والمحكوم[1].

العدل من الحكام:

يقول اللـه "وإذا حكمتم بين الناس أن تحكموا بالعدل" فهو العدل الذي لا يتأثر بالحب أو بالبغض ولا يغير قواعده المودة أو الشنآن، وهو عدل لا يتأثر بالقرابة ولا يفرق فيه بالحسب أو النسب.

الطاعة من المحكومين:

"وأطيعوا لله وأطيعوا الرسول وأولي الأمر منكم"، فالتزام الحاكم بالعدل يوجب له الطاعة من المحكومين.

(١) د/ نعمت عبد اللطيف مشهور، الزكاة الأسس الشرعية والدور الإنمائي والتوزيعي، المعهد العالي للفكر الإسلامي سلسلة الرسائل الجامعية.١٩٨١.

المشورة بين الحكام والمحكومين:

" وشاورهم في الأمر" فالشورى أصل من أصول سياسة الحكم ليس لها نظام خاص أو محدد بل تطبيقها يبقى بحسب الظروف والمقتضيات حتى لا ينفرد الحاكم بسياسة الحكم وينشر الاستبداد بالرأي في مسائل الحكم.

وبالتالي فإن مقاصد الشريعة في حفظ المال وذلك من خلال:

أولا: حفظه من جهة أسباب تحصيله وهو واجب التكسب من خلال: يقول النبي صلى الله عليه وسلم "طلب الحلال جهاد".

وقوله صلى الله عليه وسلم "طلب الحلال كمقارعة الأبطال ومن مات دائبا في طلب الحلال مات مغفورا".

وقيل " لم يتزين الناس بشئ أفضل من الصدق وطلب الحلال".

وأن الإجماع أن اكتساب المرء من الوحدة المباحة مباح.......واتفقوا أن كسب القوت من الوجوه المباحة له ولعياله فرض إذا قدر على ذلك.

والشريعة أمرت بالسعي على كسب المال بعد طاعة الله "فإذا قضيت الصلاة فانتشروا في الأرض وابتغوا من فضل الله واذكروا الله كثيرا لعلكم تفلحون"

وقال تعالى ﴿ وَأَحَلَّ ٱللَّهُ ٱلْبَيْعَ وَحَرَّمَ ٱلرِّبَوٰاْ ﴾.

ونبهنا الله سبحانه بالنهي عن التمني والتلهي بالباطل إلى الكسب والعمل فقال سبحانه وتعالى: ﴿ وَلَا تَتَمَنَّوْاْ مَا فَضَّلَ ٱللَّهُ بِهِۦ بَعْضَكُمْ عَلَىٰ بَعْضٍ ۚ لِّلرِّجَالِ نَصِيبٌ مِّمَّا ٱكْتَسَبُواْ ۖ وَلِلنِّسَآءِ نَصِيبٌ مِّمَّا ٱكْتَسَبْنَ ۚ وَسْـَٔلُواْ ٱللَّهَ مِن فَضْلِهِۦٓ ۗ إِنَّ ٱللَّهَ كَانَ بِكُلِّ شَىْءٍ عَلِيمًا ﴾.

المبحث الثالث

كيفية تحصين رأس المال

القصد الثاني من جهة تحصيل أسباب صونه ونفي الفساد عنه:

١-العدل في الأموال:

والعدل في الأموال جزء من العدل الكلي "إن الله يأمركم بالعدل والإحسان وإيتاء ذي القربى وينهى عن الفحشاء والمنكر والبغي يعظكم لعلكم تذكرون".

والعدل يقوم عليه أداء الحقوق والواجبات، و الله يأمرنا أن نؤدي الأمانات والحقوق إلى أهلها، ومن ذلك حقوق الله وحقوق الناس وحقوق المخلوقات الحية. وبالتالي يجب أن تكون المعاملات كلها مبنية على هذا الأساس وبعيدة عن الظلم.

٢- إبعاد الضرر عن الأموال:

ولقد حرمت الشريعة العدوان على المال بغير حق، واعتبرت ذلك جريمة يعاقب عليها في الدنيا والآخرة "والسارق والسارقة فاقطعوا أيديهما جزاء بما كسبا نكالا من الله، و الله عزيز حكيم".

ومن وسائل الشريعة في حفظ المال من الضرر تشريع ضمان المغصوب.

٣- منع إضافة الأموال وأكلها بالباطل

معظم قواعد التشريع المالي متعلقة بحفظ أموال الأفراد وائلة إلى حفظ

مال الأمة لأن منفعة المال الخاص عائدة إلى المنفعة العامة لثروة الأمة فالأموال المتداولة بأيدي الأفراد تعود منافعها على أصحابها وعلى الأمة كلها حيث قال الله "ولا تؤتوا السفهاء أموالكم التي جعل الله لكم قياما.

وكما قال الله تعالى:

﴿ يَـٰٓأَيُّهَا ٱلَّذِينَ ءَامَنُواْ لَا تَأۡكُلُوٓاْ أَمۡوَٰلَكُم بَيۡنَكُم بِٱلۡبَٰطِلِ إِلَّآ أَن تَكُونَ تِجَٰرَةً عَن تَرَاضٖ مِّنكُمۡۚ وَلَا تَقۡتُلُوٓاْ أَنفُسَكُمۡۚ إِنَّ ٱللَّهَ كَانَ بِكُمۡ رَحِيمٗا ﴾

ولقد خطب النبي صلى الله عليه وسلم يوم النحر:

" أيها الناس، أي يوم هذا، قالوا يوم حرام، قال فأي بلد هذا؟ قالوا شهر حرام قال فإن أموالكم ودماءكم وأعراضكم عليكم حرام كحرمة يومكم هذا في بلدكم هذا في شهركم هذا"[(1)].

ويقرر النبي هذا المعنى "لا يحل مال امرئ مسلم إلا بطيبه في نفسه"، وقال صلى الله عليه وسلم "من قتل دون ماله فهو شهيد ".

٤- الإيضاح في الأموال من خلال (الكتابة. الرهن. الشهادة):

وللمحافظة على المال من الضياع أمر الله بالكتابة حتى لا تضيع الحقوق "يأيها الذين آمنوا إذا تداينتم بدين إلى أجل مسمى فاكتبوه ".

والتوثيق بالكتابة أو بالشهود لسد أبواب النزاع والخصومات ولرفع

(١) د/ عبد الحكميد البعلي، المشتقات المالية في الممارسات العملية وفي الرؤية الشرعية، سلسلة الدراسات المصرفية والمالية الإسلامية ص٢٦.

الحرج والمشقة، وبالتالي فانعدام الكتابة أو انعدام التوثيق فيه تعطيل لمصالح الناس وضياع لكثير من حقوقهم.

٥- منع الاحتكار وكنز الأموال:

لأن الاحتكار يقوم على الأنانية والقسوة على خلق الله، فالمحتكرون يريد توسيع ثروته على حساب الآخرين بالتضييق عليهم ويبني قصوره على جماجم البشر، وأن ويمص دمائهم في سبيل الوصول إلى أعلى الأرباح.

والاحتكار معناه حبس السلع عن التداول في السوق حتى تغلو ثمنها أو أن يحتكر صنفا واحدا أو سلعة واحدة ويتحكم في السوق كما يشاء ونهى النبي عن ذلك:

" من احتكر فهو خاطئ "

وبالتالي فالشريعة تضبط إدارة المال بأسلوب يحفظه موزعا بين الأمة بقدر المستطاع، وأن تعين على نمائه، وأن المال يضار بالاكتناز ولذلك فرواج المال هو دورانه بين أيدي كثيرة من الناس بوجه حق، من مقاصد الشريعة في حفظ المال انتقاله من يد واحدة إلى أيدي كثيرة، كما في حالة الفئ (ما يحصل عليه المسلمون من الغنائم بعد المعركة).

يقول تعالى: "ما أفاء الله على رسوله من أهل القرى فلله وللرسول ولذي القربي واليتامى والمساكين وابن السبيل كي لا يكون دولة بين الأغنياء منكم وما آتاكم الرسول فخذوه وما نهاكم عنه فانتهوا واتقوا الله إن الله شديد العقاب "

ومن وسائل رواج المال وانتقاله له أيضا الزكاة هي التزام مالي يؤديه

المسلم طواعية متى تتوافر شروطه في أوجه الإنفاق المصروفة.

وبالتالي فإن الزكاة تقوم بدور فعال في الارتفاع بمستوى النشاط الاقتصادي حيث تعمل على توجيه ما توفره من تمويل إلى مختلف مجالات التنمية وبالتالي فإنها تحارب الاكتناز وتعمل على دفع رؤوس الأموال إلى مجالات الاستثمار اللازمة للارتفاع بمستوى النشاط الاقتصادي بالإضافة إلى اتساع السوق من خلال الحث على الإنفاق بإعادة التوزيع في صالح الطبقات ذات الميل الاستهلاكي نسبيا.

وكذلك من وسائل تداول المال الإنفاق ولقد بين ذلك الله في قوله سبحانه وتعالى ﴿ وَمَا تُنفِقُواْ مِنْ خَيْرٍ فَلِأَنفُسِكُمْ ۚ وَمَا تُنفِقُونَ إِلَّا ٱبْتِغَآءَ وَجْهِ ٱللَّهِ ۚ وَمَا تُنفِقُواْ مِنْ خَيْرٍ يُوَفَّ إِلَيْكُمْ وَأَنتُمْ لَا تُظْلَمُونَ ﴾.

وقوله تعالى: ﴿ قُلْ إِنَّ رَبِّى يَبْسُطُ ٱلرِّزْقَ لِمَن يَشَآءُ مِنْ عِبَادِهِۦ وَيَقْدِرُ لَهُۥ ۚ وَمَآ أَنفَقْتُم مِّن شَىْءٍ فَهُوَ يُخْلِفُهُۥ ۖ وَهُوَ خَيْرُ ٱلرَّٰزِقِينَ ﴾.

وأكد الرسول هذا المعنى في حديثه:

" قال الله عز وجل أنفق أنفق عليك"

وقوله صلى الله عليه وسلم : " ما نقصت صدقه من مال وما زاد الله عبدا بعفوا لا عزا وما تواضع عبد لله إلا رفعه الله".

ومن وسائل رواج المال استنفاد بعضه بالنفقة الواجبة على الزوجات والقرابة ولم يترك ذلك لإدارة القيم على العائلة، بل أمره الشارع بالإنفاق بالمعروف.

حيث قال اللـه تعالى " الذين يؤمنون بالغيب ويقيمون الصلاة ومما رزقناهم ينفقون".

وقوله تعالى: " ولا تجعل يـدك مغلولـة إلى عنقـك ولا تبسطها كـل البسـط فتقعـد ملومـا محسورا ".

ومن وسائل تداول المال الميراث والوصية ومن خلالها تنتقل ملكية الأمـوال مـن جيـل لآخـر فيكون له أثر فعال في تنمية المال والحفاظ عليه من خلال استثمار الأبناء والأحفـاد بشـكل أكـثر إيجابية في مجالات تنمية جديدة ومتنوعة[1].

---

(١) لمزيد من التفاصيل د/ نوره سيد أحمد سيد أحمد مصطفى، الحلول الإسلامية لمعالجة الأزمات المالية العالمية الراهنة ص ١٣، وما بعدها.

المبحث الرابع

تحريم الشريعة للأسباب التي أدت إلى

وقوع الأزمات المالية

بالنظر إلى أسباب الأزمة نجد أن السبب الأول في حدوث الأزمة هي الفائدة، والشريعة الإسلامية حرمت كافة عقود التمويل بالاستثمار القائمة على التمويل بالقروض بفائدة.

وحكم الربا حرام بالكتاب والسنة والإجماع.

أما الكتاب:

١) فقوله تعالى " الذين يأكلون الربا لا يقومون إلى كما يقوم الذي يتخبطه الشيطان من المس".......... وأحل الله البيع وحرم الربا".

٢) قوله تعالى " يمحق الله الربا ويربي الصدقات ".

٣) قوله تعالى " يأيها الذين آمنوا اتقوا الله وذروا ما بقي من الربا إن كنتم مؤمنين ".

فدلت الآيات على حرمة الربا

وأما السنة فأحاديث رسول الله كثيرة:

عن ابن مسعود قال: "لعن رسول الله صلى الله عليه وسلم آكل الربا وموكله وشاهده وكاتبه".

وأما الإجماع: فقد أجمع المسلمون على تحريم الربا وعلى أنه من الكبائر.

عقوبة الربا:

١) التخبط: حيث يقول الله " لا يقومون إلا كما يقوم الذي يتخبطه الشيطان من المس " ومعناه انتفاخ بطنه بحيث لا تحمله قدماه.

٢) المحق: قال الله تعالى " يمحق الله الربا " وهو الهلاك وذهاب البركة والاستمتاع.

٣) الحرب: قال الله تعلى "فأذنوا بحرب من الله ورسوله".

٤) النار: حيث قال الله تعالى " ومن عاد فأولئك أصحاب النار هم فيها خالدون ".

والسبب الثاني من أسباب الأزمة العالمية هو بيع الدين، ولقد حرمت الشريعة الإسلامية كافة صور وأشكال بيع الدين بالدين ومثالها:

- خصم الأوراق التجارية.

- خصم الشيكات المؤجلة السداد.

- نظام جدولة الديون مع رفع سعر الفائدة.

وبيع الكالئ ممنوع وله بعض الاستثناءات عند الحنفية هي الوكالة بالقبض والحوالة والوصية.

* ومن بين أسباب الأزمة المشتقات المالية الذي يقوم على معاملات وهمية يسودها الغرر والجهالة وبيع العينة والبيع على الهامش حيث نهى رسول الله صلى الله عليه وسلم عن بيع ما لا نملك حيث قال " لا تبع ما لا تملك " ومثل هذه المعاملات من المقامرات المنهي عنها شرعا وهي وسيلة من وسائل خلق النقود التي تسبب التضخم وارتفاع الأسعار بالإضافة

أنها تسبب الانهيار السريع في المؤسسات المالية التي تتفاعل بمثل هذا النظام.

وبالتالي يكون هناك فرق بين الاقتصاد الحقيقي والمشتقات المالية، فعلى سبيل المثال القيمة الخيالية للمشتقات المالية التي كانت السبب في انتشار أزمة الرهن العقاري في أمريكا.

أما السبب الحقيقي فكان يتمثل في الرهن العقاري التي نشأت في أمريكا وذلك لأن البنوك أهملت الحقوق من شهادة الجدارة الائتمانية للمقترضين وأغرتهم بفائدة بسيطة في البداية ثم تزايدت، وتوسعت القروض مما أدى إلى تشبع السوق وانخفضت أسعار العقارات وعجز المقترضون على السداد فقامت البنوك ببيع القروض إلى شركات التوريق وأصدرت بها سندات وطرحتها للاكتتاب العام، وبالتالي ترتب على الرهن العقاري كمن هائل من الديون......أدى في النهاية إلى توقف المقترضين عن السداد فانهار الهرم وحدثت المشكلة ولم تتوقف العملية على ذلك فقام المشترون ببيع العقار المرهون أو مقابل قرض جديد بفائدة أعلى وبالتالي تحمل العقار الواحد بحقوق رهن متعددة.

وبالتالي يمتد حدوث الأزمة فإن ثمن العقار لا يكفي لهذه الديون الكثيرة، وترتب على ذلك مخالفات كثيرة فلو رهن الشخص الشئ المرهون بدين آخر غير الأول بدون إذن المرتهن فلا يصح، ولو بإذن يصح الرهن التالي ويبطل الرهن الأول لأن الرهن حق على عين، ولا يجتمع حقان على ثمين واحدة، وكذا إذا باع الراهن الشئ المرهون يصير الثمن وهنا لا يجوز التصرف فيه فإذا أذن المرتهن للراهن بالبيع والتصرف في الثمن سقط حقه

في الرهن وبالتالي يكون القرض خاليا من الرهن وبالتالي فلابد من ضوابط معينة للرهن العقاري حتى يتوافق مع أحكام الشريعة الإسلامية.

وكان من بين أسباب الأزمة الفساد الأخلاقي لأن الربح الرأسمالي يجمل في مفهومه ثلاث صفات ربح شخصي، وربح عاجل، وربح وافر في إطار تنافس غير سليم لأنه تتداخل فيه عوامل احتكار المعلومة أو السلعة وممارسات التلفيق أو التغرير في كثير من الوجوه.

وبالتالي كان من أسباب الأزمة السلوك غير السوي في المجال المالي مثل الطمع والجشع والفزع والهلع إلى جانب الممارسات غير الأخلاقية التي استشرت في المؤسسات والأسواق المالية مثل الفساد والمعلومات المضللة والكذب والاحتيال، وكان الدفاع للمتعاملين في البورصة هو المضاربة للحصول على فروق الأسعار وليس الاستثمار في الشركات وأن البنوك تسعى إلى تحصيل أكبر قدر من الفوائد بتدوير القروض مرة بعد أخرى ويدفعهم إلى الطمع والجشع لتحقيق مزيد من الأرباح على حساب الآخرين.

وساعد على ذلك فساد أعضاء مجالس إدارات البنوك والشركات الكبيرة والاستيلاء على الأموال بمعلومات مضللة عن تحقيق أرباح حالية فيخطو على جزء منها بصفة مكافآت واستخدام المعلومات المتاحة عن أحوال الشركات والاستفادة من هذه المعلومات في تداول ما يملكونه من الأموال.

أما الشريعة الإسلامية تنظر إلى المال نظرة فطرية سامية للمال والكسب، فالمال مال الله بما يعنيه ذلك من ملكية محدودة وضوابط يلتزم بها المالك الحقيقي أمام الله سبحانه وتعالى فلا احتكار ولا ربا ولا لمس ولا

محسوبية ولا غرر ولا ميسر.

يضاف إلى ذلك أن الفائدة تصنف تحت باب النسيئة أوروبا الجاهلية الذي جاء تحريمه قطعيًا في القرآن الكريم وبالتالي يحرم التعامل بالفائدة أخذ وعطاء في جميع المعاملات، وتعد هذه الخاصية المعلم الرئيس للاقتصاد الإسلامي، ولا مجال لمناقشة أسباب التحريم ولكن تكفي الإشارة إلى أمرين[1]:

أولا: أن التكييف الشرعي للأموال التي يقدمها العميل للبنك (الوديعة) هو عقد قرض يقوم العميل بموجبه بإقراض البنك بحيث أن أصل المبلغ (القرض) مضمونا كما أن الفائدة عليه مضمونة ومحددة مسبقا وفق جدول زمني وهو ما تقوم به البنوك التقليدية (وهو ما يسمى بربا الديون) وهذا ما يشبه أيضا ما يقوم به البنك عندما يقرض عملائه وفي كلا الحالتين فإن ذلك غير جائز شرعًا.

ثانيا: فإن معظم المجامع الفقهية قالت باعتبار فوائد البنوك من الربا المحرم مثل: مجمع الفقه الدولي الإسلامي الذي عقد في قطر ومجمع الفقه الإسلامي بجدة ومجمع البحوث الإسلامية بالأزهر ومجمع البحوث الإسلامية بالقاهرة.

وبناء عليه فإن موقف الإسلام من الفائدة والربا هو التحريم، ولقد ورد في التحذير من الربا نصوص كثيرة من نصوص الكتاب والسنة.

ويستند هذا الرأي إلى ما قاله السيد قطب (رحمه الله عليه) في تفسير آيات الربا: حيث قال أنه لم يبلغ من تبطيل أمر أراد الإسلام إبطاله من

---

(١) د/ سعيد الحلاق – المرجع السابق – ص ٧٥ وما بعدها.

أمور الجاهلية ما بلغ من تقطيع الربا، ولا بلغ من التهديد في اللفظ والمعنى ما بلغ التهديد في أمرا كربا، فلقد كانت للربا في الجاهلية مفاسده وشروره.

ولكن الجوانب الشائعة القبيحة من وجهة الكالح ما كانت كلها بادية في مجتمع الجاهلية كما بدت اليوم وتكشفت في عالمنا الحاضر.

فهذه الحملة المفزعة البادية في هذه الآيات على ذلك النظام المقيت، ما تتكشف اليوم حكمتها على ضوء الواقع الناجع في حياة البشرية أشد مما كانت متكشفة في الجاهلية الأولى.

فاليوم البشرية الضالة التي تأكل الربا وتوكله تنصب عليها البلايا الماحقة الساحقة من جراء هذا النظام الربوي، في أخلاقها ودينها وصحتها واقتصادها، وتتلقى - حقًا - حربًا من الله تصب عليها النقمة والعذاب.

وحينما كان السياق يعرض في السياق دستور الصدقة كان يعرض قاعدة من قواعد النظام الاجتماعي والاقتصادي الذي يريد الله للمجتمع المسلم أن يقوم عليه.

في مقابل ذلك النظام الآخر الذي يقوم على الأساس الربوي الشرير القاسي اللئيم، إنهما نظامان متقابلان لا يلتقيان في تصور، ولا يتفقان في أساس: النظام الإسلامي والنظام الربوي.

المبحث الخامس

الحلول الإسلامية ودور المصارف الإسلامية

إن المصارف الإسلامية تهدف إلى دفع عجلة الاقتصاد نحو الإنتاج باستخدام عواملـه الأصـلية الأرض والعمل والبعد عن التوظيفات الإقراضية أو ما يشابهها حيث أن المال في الخزائن المصرفية الإسلامية يتكاثر بالإنتاج ويعيبه إذا اعتمد على أدوات تمويل غير إنتاجية.

والآمال تتعلق على المصارف الإسلامية حيث أنها كلما قويت المجتمعـات في إنتاجهـا كانـت أدر على إثبات ذاتها، وتقوية مركزها المالي والارتقاء بمستوى معيشة الجميع[1].

وتوجد شهادة على أهمية المصارف الإسلامية حيث ذكر الفاتيكـان، في أحـد أهـم التحـولات البارزة التي تشهدها صناعة المال الإسلامية وأنه يتوجب على البنوك الغربية أن تنظر إلى قواعـد المالية الإسلامية بتمعن من أجل أن تستعيد الثقة وسط عملائها في خضم هذه الأزمة العالمية[2].

وذكرت صحيفة الفاتيكان الرسمية والمعرفية باسم "أوسير فاتور رومانو" في أحد أعدادها قد تقوم التعليمات الأخلاقية والتي ترتكز عليها المالية الإسلامية بتقريب البنوك إلى عملائها بشـكل أكثر من ذي قبل فضلا عن هذه المبادئ قد تجعل هذه البنوك تتحلى بالروح الحقيقية المفترض

---

(١) د/ خليل العناني، الاقتصاد الأمريكي بين الفساد والعولمة.

Tp//v.b.arabsgate.com.

(٢) أ/ خالد الطراولي، الأزمة المالية ومعامل البديل الإسلامي.

www.algazeera.net

وجودها بين كل مؤسسة تقدم خدمات مالية[1].

لذلك سوف تقوم بتناول بعض الأمور المتعلقة بهذه المصارف الإسلامية، وهي على النحو التالي:

أولا: النشأة:

نشأة المؤسسات المالية في الدولة العربية الإسلامية في الوقت الذي كانت فيه قوية وفنية بفضل تمسكها بكتاب الله عز وجل وسنة الرسول الكريم محمد (ص)، وهذه المؤسسات تتولى رعاية شئون المسلمين وتعني باحتياجاتهم أفرادًا وجماعات، ويأتي بيت المال في مقدمتها.

لكن أدى تكالب الأعداء على الدول الإسلامية إلى إضعافها مما دفع المحتاجين إلى أهل اليسار لسد احتياجاتهم.

أما في العصر الحديث بعد تغير ظروف الحياة في كافة المجالات، ظهرت النقود الورقية ومن ثم المؤسسات المالية التي تتعامل بالفائدة التي انفرد بها اليهود ومن ثم النصارى في أوروبا خاصة.

وبسبب خطورة هذه المؤسسات التي أدخلت إلى المجتمعات الإسلامية عنوة بذل أبناء الأمة الإسلامية جهودهم من أجل إيجاد البديل عن تلك المؤسسات الربوية[2].

لذلك كانت الصحوة الإسلامية التي عاشتها وتعيشها الشعوب الإسلامية

---

(١) د/ علاء الدين زعتري، العولمة وتأثيرها على العمل المصرفي الإسلامي ص٢٦.

(٢) د/ عبد الرازق رحيم الهيثي - المصارف الإسلامية بني النظرية والتطبيق - دار أسامة للنشر - طبعة (١) - عمان - الأردن سنة ١٩٩٨ ص ١٧٤.

كانت سببًا رئيسيًا في البحث عن بديل إسلامي للمصارف الربوية التي انتشرت في البلاد الإسلامية إذ وجدت من يشجع على قيامها والتعامل معها بالاستفادة من الخدمات التي تخلو من الشبهات. [1]

ولقد كانت أفكار معظم العلماء والمفكرين المسلمين يقتصر ـ على تحريم عمليات تلك المصارف وتوجيه الانتقادات لها دون وضع البديل المناسب ولكن بعد ذلك ازداد اهتمام هؤلاء بها، ذلك أن أعمال هذه المصارف لا تخلو من المنفعة وتحقيق الكثير من مصالح العباد، فركز جهودهم بعد ذلك في التعرف على مواطن الحرام فيها والبحث عن البديل المناسب دون مخالفة أحكام الشريعة.

وطرحت فكرة بديل مصرف إسلامي في المؤتمر السنوي الثاني سنة ١٩٦٥ والثالث سنة ١٩٦٦ لمجمع البحوث الإسلامية الذي كان من توصياته مواصلة دراسة البديل المصرفي الإسلامي وطريقة تنفيذه بالاستعانة بالاقتصاديين.

ودعا المؤتمر السنوي السادس إلى إنشاء مصرف إسلامي يتفق مع أحكام الشريعة الإسلامية، وكانت أول محاولة للتنفيذ في باكستان في نهاية الخمسينيات، أما التجربة الثانية فكانت في ريف مصرف عام ١٩٦٣ في ميت غمر.

وشهدت السبعينيات انطلاقة في هذا المضمار بإنشاء مصرف، فأصر الاجتماعي في مصر ـ ١٩٧١، ثم بعده البنك الإسلامي للتنمية عام ١٩٧٤،

---

(١) د/ حسين محمد سمحان – العمليات المصرفية الإسلامية (مفهوم ومحاسبة) – مطابع الشمس – الأردن – ص٣.

فبنك دبي الإسلامي عام ١٩٧٥. وهكذا توالت المصارف الإسلامية حتى أصبح هناك ما يزيد على ٩٠ مصرفا في نهاية عام ١٩٩٢ [١].

ثانيا: تعريف المصرف الإسلامي:

المصرف الإسلامي هو مؤسسة مالية لتجميع الأموال وتوظيفها في نطاق الشريعة الإسلامية بما يخدم بناء متمتع متكامل، وتحقيق عدالة لا توزيع ووضع المال في المسار الإسلامي [٢].

وهو منظمة إسلامية تنشط في مجال الأعمال بهدف بناء الفرد المسلم والمجتمع المسلم، وإتاحة الفرص المواتية له للنهوض على أسس إسلامية تلتزم بقاعدة الحلال والحرام.

ثالثا: خصائص المصارف الإسلامية [٣]

١) استبعاد التعامل بالفائدة

٢) توجيه كل جهة نحو الاستثمار الحلال.

٣) ربط التنمية الاقتصادية بالتنمية الاجتماعية.

٤) إحياء نظام الزكاة.

٥) نبذ الاحتكار الذي تفرضه بعض شركات الاستثمار.

(١) أ/ مريم جحنيط، الأزمة المالية ومعالم البديل الإسلامي....مؤتمر الجنان....المرجع السابق ص٤.
(٢) د/ ميناء مجيد، البنوك الإسلامية – سنة ١٩٩٧ – مؤسسة شباب الجامعة (الإسكندرية – ص ٥٤).
(٣) أ/ مريم جحنيط، المرجع السابق، ص ٥: ٦.

رابعا: أشكال استخدامات الأموال في المصارف الإسلامية:

تقوم المصارف الإسلامية بأنشطة متنوعة تساعد كلها على تنمية المجتمع، ومن أبرزها الاستثمار الحلال للأموال المودعة لديها.

والاستثمار يعني (استخدام الأموال الفائضة بغرض الحصول على ربح بعد فترة من الزمن، أما الاستثمار بلا شك يعد من الأعمال المشروعة التي يقرها ديننا الحنيف بل يرغب فيها إلا أن ذلك مقيد بأن تكون أسس مشروعة[1].

خامسا: أسس الاستثمار في المصارف الإسلامية:

إن أهم الركائز والأسس التي يقوم عليها النظام الاقتصادي في الإسلام هو مبدأ الاستخلاف والذي يني أن المال مال اللـه وأن البشر لا يملكون إلى حق الانتفاع به.

والاستثمار بشكله المعروف يأتي في مقدمة العملية الاستخلافية وهذا يعني أنه يجب أن تكون له أسس ومقومات يعتمد عليها.

ومن أهم الأسس التي يقوم عليها استثمار رأس المال في الإسلام هي[2]:

- تجنب الربا في جميع المعاملات.
- تحريم الاحتكار.
- قيام الاستثمار على عنصر من عناصر الإنتاج.

(١) أ/ مريم جحنيط، المرجع السابق، ص٧.
(٢) د/ عبد الرازق رحيم الهيثي، المرجع السابق، ص٢٢٦: ٢٣٢..

- قيام الاستثمار على أساس تعبدي.

- إمهال المدين المعسر.

- شرعية المشروعات الاستثمارية.

فالاستثمار في الإسلام يجب أن يقتصر على العمل الصالح فقط أما العمل فهو بعيد كل البعد عن الاستثمار الإسلامي، ذلك لأن السلع التي ينتجها هذا النوع وإن كانت لها قيمة في النظم الاقتصادية الأخرى فإنها تعد خارجة عن العمل المنتج في الاقتصاد الإسلامي.

المبحث السادس

صيغ التمويل الإسلامية

المطلب الأول

بيع المرابحة الآمر بالشراء

تعريف البيع: لغة هو مقابلة شئ بشئ، أو هو مطلق المبادلة، وهو من أسماء الأضداد والتي تطلق على الشئ وعلى ضده مثل الشراء[1]، كما في قول الله تعلى ﴿وَشَرَوْهُ بِثَمَنٍ بَخْسٍ﴾ أي باعوه.[2]

والبيع اصطلاحا هو مبادلة المال المتقدم بالمال المتقدم تمليكا وتملكا، أو هو مقابلة مال بمال على وجه مخصوص.

أما الربح: في اللغة: أي ربح في تجارته، وكذلك الرباح بالفتح وتجارة رابحة أي يربح فيها، وأربحته على سلعته أي أعطيته ربحا[3].

وأما الربح اصطلاحا: نقل ما ملكه بالعقد الأول بالثمن الأول مع زيادة الربح.

وبيع المرابحة هو بيع السلعة بثمنها المعلوم بين المتعاقدين بربح معلوم بينها ويسمى بيع السلم الحال.

(١) المصباح مادة بيع.

(٢) سورة يوسف آية ٢٠.

(٣) الصحاح للجوهري مادة ربح.

مدى مشروعية بيع المرابحة:

هذه الصورة من البيوع جائزة بلا خلاف بين أهل العلم[1]، وإن كان بيع المرابحة جائز إلا أن بيع المساومة أولى منه عند بعض الفقهاء، فيقول ابن رشد البيع على المكايسة والمماكسة أحب إلى أهل العلم وأحسن عندهم، وذلك لأن الإمام أحمد يعلق على بيع المرابحة بأنه تعتريه أمانة واسترسال من المشتري ويحتاج إلى تبيين الحالة على وجهه ولا يؤمن من هوى النفس في نوع تأويل أونمك، فيكون على خطر وغرر وتجنب ذلك أسلم وأولى.

أما حول الوفاء بالوعد والالتزام به ثار خلاف حول مدى التزام الآمر بالشراء وهل هو ملزم أم لا.

أما من حيث ضرورة وفاء الواعد بالشراء بالتزامه، فقد قال الله تعالى:"يأيها الذين آمنوا لم تقولون ما لا تفعلون كبر مقتا عند الله أن تقولوا ما لا تفعلون".

وأن النبي صلى الله عليه وسلم "أية المنافق ثلاث إذا حدث كذب وإذا وعد أخلف وإذا أؤتمن خان".

والواضح أن الوعد سواء كان بصلة وبر أم بغير ذلك، واجب الوفاء به إذا لم تفرق النصوص بني وعد ووعدي، والواقع أن بعض المصارف الإسلامية تأخذ بالرأي الذي يقوم بالتزام الطرفين بالوعد الذي قطعه كل منها للآخر، فالأمر بالشراء ملزم بشراء السلعة طالما هي مطابقة

(١) د/ نورة سيد أحمد سيد أحمد مصطفى، الحلول الإسلامية لمعالجة الأزمات المالية العالمية.

للمواصفات المحددة والمصرف ملزم ببيع السلعة للآمر بالشراء.

أما الشروط الواجب توافرها في بيع المرابحة هي:

١) أن يكون ثمن السلعة وقيمة ربح البائع معلوما للطرفين (البائع والمشتري).

٢) تقع على البائع مسئولية الضرر الذي يلحق بالسلعة قبل تسليمها للمشتري.

٣) يجوز للمشتري رد السلعة إذا تبين أن بها عيبا خفيا.

٤) تملك البائعة للسلعة وحيازتها قبل البيع على الآمر بالشراء.

٥) تحديد ووصف السلعة.

٦) أن يتطابق الإيجاب والقبول بمجلس العقد.

٧) أن يكون الشئ المراد شراؤه مما يجوز للمسلم أن يتملكه فلا تجوز المواعدة لشراء الخمر أو الخنزير مثلا.

٨) ألا يكون الثمن في العقد الأول مقابلا بجنسه من أموال الربا، فإن كان كذلك اشترى المكيل أو الموزون بجنسه مثلا بمثل لم يجز أن يبيعه مرابحة.

مجالات تطبيقها في المصارف الإسلامية:

تتضح أهمية صيغة المرابحة للآمر بالشراء وذلك من خلال:

١) أنه يغطي جانب من جوانب الحاجة التي لا يمكن تحقيقها عن طريق الصيغ المعروفة كالمضارية والمشاركة وذلك باعتبارها بين الصيغتين هما أبرز صيغ التمويل والاستثمار.

٢) والأمر الثاني الذي تحققه صيغة بيع المرابحة للآمر بالشراء فإنـه يتمتـع بالمرونـة والملائمـة لطبيعة العمل المصرفي.

واستخدام المرابحة يكون في:

١) تمويل شراء السلع والبضائع والمواد المختلفة من السوق المحلي.

٢) تمويل عمليات الاستيراد والتصدير.

٣) تمويل الأصول الثابتة (الآلات والمعدات).

٤) تمويل رأس المال العامل (شراء المواد الأولية المستخدمة في الإنتاج).

٥) تمويل شراء مواد البناء والتجهيزات.

٦) تمويل شراء العقارات (الأراضي والمباني).

٧) تصفية مشاركات البنك مع عملائه.

المطلب الثاني

صيغة التمويل بالمشاركة

قيام البنك بتقديم التمويل عن طريق أن يدخل شريكا مع العميل في ملكية العمليـة محـل التمويل وفي الربح المتوقع منها في ضوء قواعد وأسس توزيع متفـق عليهـا، عـلى أن يتحمـل كـل شريك نصيبه في الخسارة على قدر مساهمته:

أشكال المشاركة: وهي نوعين وفقا لطبيعة الأصول الممولة:

الأول: المشاركة في نفقات المتغيرة وهي نفقات التشغيل.

الثاني: المشاركة المستمرة التي تدخل في تكوين رأس المال الثابت.

وأشكال المشاركة وفقا للاستمرار نوعين أيضا:

الأول: المشاركة المستمرة في شكل أسهم.

الثاني: المشاركة المتناقضة حيث يسترد البنك جزء من أمواله بجانب الربح.

أما أشكال المشاركة وفقا للأغراض فهي:

الأول: المشاركات التجارية.

الثاني: المشاركة الزراعية أو الصناعية.

وأما أشكال المشاركة وفقا للمدة:

الأول: القصير الآجل.

الثاني: الطويل الأجل.

مدى مشروعيتها:

وأشكال المشاركة المستمرة والمتناقضة جائز ومشروع في الإسلام، لأنهلا يتصادم مع شئ من أصول الشريعة ونصوصها وإنما يكون الاتفاق فيهما إعمالا لمبدأ التراضي وحرية التعاقد أو حرية الإرادة، والشرط في العقد يكون صحيحا إذا لم يكن منافيا لمقتضيات العقد وكذلك إذا لم يرد نص خاص يمنعه أو يصطدم مع قاعدة عادة قطعية في هذا الشأن[1].

صور المشاركة المتناقضة:

لها ثلاث صور رئيسية وهي:

الصورة الأولى:

هذه الصورة ينفصل عقد البيع عن عقد الشركة، ويتفق البنك مع المتعامل على تحديد حصة كل منهما في رأس المال المشاركة وشروطها، وهذه الصورة جائزة شرعا، وذلك إذا تم بيع حصص البنك إلى المتعامل بعد إتمام المشاركة بعقد مستقل.

بحيث يكون للبنك حرية بيع حصصه للمتعامل شريكه أو لغيره، ويكون من حق المتعامل في بيع حصته للبنك أو للغير.

الصورة الثانية:

وهذه الصورة يتفق فيها البنك مع المتعامل على المشاركة في التمويل الكلي أو الجزئي لمشروع يدر دخل متوقع حيث يتفق البنك مع الشريك

(١) د/ هبة الزحيلي، المشاركة المتناقضة وصورها في ضوء ضوابط العقود المستجدة، والوحدة الثالثة عشرـ مجلة مجمع الفقه الإسلامي، المجلد الثاني ص٤٨٢ وما بعدها.

الآخر لتحصيل البنك حصة بنسبة من صافي الدخل المحقق مع احتفاظه بالجزء المتبقي من الإيراد أو أي نسبة يتفق عليها، ومن الربح يخصص لتسديد أصل البنك، وبالتالي فهذه الصورة يتم فيها سداد بعض قيمة الحصة من الربح.

الصورة الثالثة:

في هذه الصورة يتم الاتفاق بين البنك والشريك في صورة أسهم تمثل مجموع قيمة الشئ موضوع المشاركة (عقار أو غيره) ويحصل كلا من الشريكين (البنك والشريك المتعامل) على نصيبه من الإيراد المتحقق من العقار.

والأسهم التي يمتلكها البنك يستطيع الشريك شراء أسهم البنك (عدد محدد كل سنة) وتكون الأسهم في حيازة البنك متناقضة، حيث يتم تمليك شريك البنك الأسهم بكاملها.

الضوابط الشرعية لصيغة التمويل بالمشاركة:

١)   أن يكون رأس المال من النقود وأجاز بعض الفقهاء أن يكون عينا على أن تقوم بالنقد.

٢)   ورأس المال يجب أن يكون معلوم وموجود يمكن التصرف فيه.

٣)   ليس من الضروري تساوي حصة كل شريك، فيمكن أن تتفاوت الحصص وفقا لقدرة كل شريك.

٤)   يتم توزيع الأرباح بنسب معلومة عند التعاقد وإن لم تحدد هذه النسب، يكون الربح حسب نسبة رأس مال المشاركة.

٥)   وتوزع الخسارة حسب نسبة رأسمال كل شريك.

٦)   يجوز انفراد أحد الشركاء بالعمل.

نطاق استخدام المشاركة:

صيغة المشاركة تستعمل في منح التمويل لسلع عرضية (بضاعة – سلع – معدات) لعملاء البنك من الشركات والمؤسسات في مختلف الأنشطة الاقتصادية لآجال متعددة ولأغراض مختلفة تشمل شراء الأصول الثابتة.

وقد يقوم البنك بمنح بعض التسهيلات إما على شكل عقد أو عقود مشاركة يستخدم كل منهما لمرة واحدة أو على شكل خط مشاركة يعاد استخدامه لمرات متكررة.

المطلب الثالث

صيغ التمويل بالمضاربة

تعريف المضاربة: لغة: هي مفاعلة من ضرب في الأرض إذا سار فيهـا، كـما في قوله تعـالى " وآخرون يضربون في الأرض "، واصطلاحا: عقد شركة في الربح بمال من جانب وعمـل مـن جانـب، والمضاربة هي أن يدفع المالك إلى العامل ما لا ليتجر فيه، ويكون الربح مشتركا بينهما بحسب ما شرطا وأما الخسارة فهي على رب المال وحده ولا يتحمل العامل المضارب من الخسران شيئا، وإنما هو يخسر عمله وجهده.

واتفق الفقهاء على مشروعية المضاربة وجوازها وذلـك عـلى وجـه الرخصـة أو الاستحسـان، وبحث مجمع الفقه الإسلامي صيغة المضارعة أصدر عـدة ضـوابط حتـى تتوافـق مـع الشريعـة وأهمها:

١) أن يكون رأس المال من النقود.

٢) ألا يكون رأس المال دينا في ذمة المضارب.

٣) أن تكون حصة كل منهما من الربح معلومة.

٤) أن تكون حصة كل منهما من الربح شائعة كالنصف أو الثلث.

أنواعها:

أ) المضاربة المطلقة: هي أن يدفع رب المال للعامل في المضاربة رأس المـال مـن غـير تعيـين العمل أو المكان أو الزمان أو صفة العمل أومن يعامله.

ب) المضاربة المقيدة: التي يعين فيها رب المال للعامل شيئا من ذلك

مجالات تطبيقها:

الواقع العملي أن نوعي المضاربة ملائم لمعاملات المصارف الإسلامية، إلا أن المضاربة المطلقة هي الأصل في التعامل بين المصرف وأصحاب ودائع الاستثمار

القطاع التجاري: يكون تمويل الصفقة من قبل المصرف وتقتصر ـ مهمة العميل عـلى بيـع البضائع.

القطاع العقاري: عن طريق تمويل بناء العقارات ثم يقوم العميل بالبناء وبيع الوحدات بعد ذلك.

القطاع الزراعي: عن طريق تمويل مشروعات تسمين الإنتاج الحيواني، والمصرف يقـدم المـال والعميل بالخبرة.

المطلب الرابع

صيغة التمويل بالاستصناع

الاستصناع لغة: مصدر استصنع الشئ: أي دعا إلى صنعه، ويقال اصطنع فلان بابا، إذا سأل رجلا أن يصنع له بابا.

الاستصناع اصطلاحا: عقد على مبيع في الذمة شرط فيه العمل.

ويثور التساؤل هل الاستصناع بيع أم إجارة؟

عند الحنفية يرون أن الاستصناع بيع، وعندما عددوا البيوع ذكروا منها الاستصناع، على أنه بيع عين شرط فيه العمل، ويمكن القول أنه بيع لكن للمشتري خيار الرؤية.

والفارق بينه وبين البيع المطلق هو اشتراط العمل في الاستصناع والعروق أن البيع لا يشترط فيها العمل....وقال بعضهم أن الاستصناع إجادة محضة.

وهو مشروع عند أكثر الحنفية على سبيل الاستحسان، ووجه الاستحسان أن نبي الله صلى الله عليه وسلم أراد أن يكتب إلى رهط أو أناس من الأعاجم فقيل له إنهم لا يقبلون كتابا إلا عليه خاتم، فاتخذ النبي صلى الله عليه وسلم خاتما من فضة نقشه (محمد رسول الله) ببصيص الخاتم في إصبع النبي صلى الله عليه وسلم أو في كفه.

والإجماع منذ رسول الله وتعامل الناس بهذا العقد والحاجة الماسة إليه أما عن حكمة مشروعيته فهو مشرع لسد حاجات الناس ومتطلباتهم نظرا لتطور الصناعات تطورا كبيرا، فالصانع يحصل له الارتفاق ببيع ما يبتكر من صناعة وفق الشروط وضع عليها المستصنع في المواصفات والمقايسات.

الضوابط التي تجعل الاستصناع إسلاميا:

١) إن عقد الاستصناع ملزم للطرفين المصرف والعميل إذا توافرت فيه الأركان والشروط من حيث المواصفات أو مواعيد التسليم.

٢) يشترط فيه بيان جنس السلعة المطلوبة من قبل العميل وموعد التسليم.

٣) يجوز فيه تأجيل الثمن كله أو تقسيطه إلى أقساط معلومة لآجال محددة.

٤) من الممكن أن يتضمن عقد الاستصناع شرطا جزائيا في حالة تأخير المصرف عن الموعد المحدد طبقا لما اتفق عليه الطرفان.

وأصبح التمويل عن طريق عقد الاستصناع تحيل مكانة هامة في المصارف الإسلامية حيث قامت المصارف بتمويل إنشاء المباني السكنية والاستثمارية بنظام الاستصناع وساهمت في حل مشاكل كثيرة، وتوفير بعض السلع التي هي أهم متطلبات واحتياجات العميل، ويعد أبرز المجالات هو المجال العقاري مثل عقود تمويل إنشاء المدارس ومحطات الكهرباء وإنشاء الفنادق.

ويمكن الاستفادة من بيع الاستصناع في القطاعات الآتية:

- قطاع الأفراد: إنشاء الفيلات وسداد الثمن على أقساط.

- القطاع الحرفي: مثل تصنيع الآلات والمعدات.

- القطاع المهني: مثل تصنيع الأجهزة المتخصصة.

- القطاع الصناعي: مثل تصنيع الآلات والمعدات الصناعية.

- قطاع الخدمات العقارية: طريق بناء الفنادق والأسواق.

المطلب الخامس

صيغة التمويل بالسلم

السلم لغة: الإعطاء والتسليف، وأسلم في البر أي أسلف، وأصله أسلم الثمن فيه.

السلم اصطلاحا: هو شراء آجل بعاجل.

وعرفه الشافعي عقد على موصوف في الذمة ببدل يعطي عاجلا.

وعرفه الإمام مالك بيع معلوم في الذمة محصور بالصفة بعين حاضرة أو ما هو في حكمها إلى أجل معلوم.

مشروعية السلم:

ثبتت مشروعية عقد السلم بالكتاب والسنة والإجماع، فالكتاب يقـول اللــه تعـالى: " يأيهـا الذين آمنوا إذا تداينتم بدين إلى أجل مسمى فاكتبوه".

أنها أباحت الدين والسلم كنوع من الديون، والدين هو عبـارة عـن كـل معاملـة كـان أحـد العوضين فيها نقدا، والآخر في الذمة نسيئة فإن السلم عند العرب ما كان حاضرا والدين مـا كـان غائبا.

وأما السنة أن رسول اللــه صلى اللــه عليـه وسلم أنه قدم المدينـة والناس يسـلفون في التمر السنتين والثلاث فقال صلى اللــه عليـه وسلم مـن أسلف في تمـر فليسـلف في كيـل معلوم ووزن معلوم إلى أجل معلوم، ودل الحديث على إباحة السلم وعلى الشروط المعتبرة.

أن أحد صحابة النبي فسألتهما عن السلف فقالا كن نصيب المقائم مع

رسول اللـه صلى اللـه عليه وسلم ، فكان يأتينا أنباط مـن أنبـاط الشـام فنسـلفهم في الحنطة والشعير والزبيب إلى أجل مسمى قال قلت كان لهم زرع أو لم يكن لهم زرع قالا ما كنا نسألهم عن ذلك.

وأجمع أهل العلم على أن السلم جائز.

حكمة مشروعيته:

عقد السلم تدعو إليه الحاجـة، وفي إباحتـه رفع للحرج ولأن المـثمن في البيـع أحـد عـوض العقد، وجاز أن يثبت في الذمة كالثمن، وذلك لأن أصحاب الزروع والـثمار والتجارات يحتاجون النفقة، فجوز لهم السلم.

أركان السلم:

١) الصيغة: وتتمثل في الإيجاب والقبول.

٢) العاقدان: السلم، المسلم إليه.

٣) المحل: شيئان وهما رأس المال والمسلم فيه.

أما شروط السلم فهي:

١) أن يكون الثمن والمثمن مما يجوز فيه النساء (أي التأجيل).

٢) وأن تكون السلعة مقدرة إما بالكيل أو الوزن أو العدد أو محدودة بالصفة.

٣) أن تكون موجودة عند حلول الأجل.

٤) أن يكون الثمن حالا غير مؤجل أجل بعيد وأجاز المالكيـة تـأخير يـومين أو ثلاثـة أمـا أبـو حنيفة فقد أجاز التقابض في المجلس كالصرف، واختلفوا في:

١)   الأجل في السلم.

٢)   وجود جنس المسلم فيه في حال العقد.

٣)   مكان قبض المسلم فيه.

٤)   كون الثمن جزافا.

التطبيقات المعاصرة لعقد السلم:

١)   يجوز لعقد السلم تمويل عمليات زراعته مختلفة، وذلك أن يتعامل الصرف الإسلامي مـع المزارعين أن توجد سلعة من محاصيلهم أو محاصيل غـيرهم، ويقـدم لهـم بهـذا التمويـل نفقا ويدفع عنهم المشقة.

٢)   ويجوز استخدامه في تمويل النشاط الزراعي والصناعي وخاصـة المراحل السـابقة علـى الإنتاج وذلك بشرائها سلما وإعادة تسويقها بأسعار مجزية.

٣)   كذلك يمكن استخدام في تمويل الحرفيين وصغار المنتجين بأدوارهم بمستلزمات الإنتـاج في صورة معدات وآلات أو مواد أولية.

المطلب السادس

صيغة التمويل بالإجارة

تعريف الإجارة: لغة: اسم للأجرة وهي كداء الأجير.

الإجارة اصطلاحا: عقد معاوضة على تمليك منفعة العوض.

حكمها التكليفي: عقد الإجارة الأصل فيه أنه مشروع على سبيل الجواز.

ودليله:

الكتاب: قوله تعالى:فإن أرضعن لكم فآتوهن أجورهن".

السنة: قول النبي صلى الـله عليه وسلم " ثلاثة أنا خصمهم يوم القيامـة وعـد مـنهم رجلا استأجر أجيرا فاستوفى منه ولم يعطه أجره"، وقول الرسول:" أعطوا الأجير أجرة قبل أن يجف عرقه".

وأما الإجماع:

فإن الأمة أجمعت على العمل بها منذ عصر الصحابة إلى الآن، وأما المعقول فلأن الإجارة وسيلة للتيسير على الناس في الحصول على المنافع التي يريدونها فالفقير محتاج إلى مال الغني والغني محتاج إلى عمل الفقير.

وأركان الإجارة:[1]

- عاقدان: مؤجر ومستؤجر.
- صيغة: إيجاب وقبول.
- أجرة:
- منفعة:

شروط الإجارة: يشترط في عقد الإيجار

١) الانعقاد.

٢) شروط النفاذ.

٣) شروط الصحة.

٤) شروط اللزوم.

مجالات تطبيق صيغة الإجارة في المصاريف الإسلامية:

١) قطاع الأفراد: بواسطة تأجير الفيلات والشقق التي تملكها بعد ذلك.

٢) القطاع الحرفي: بواسطة تأجير الآلات والمعدات ثم تملكها بعد ذلك.

٣) القطاع الصناعي:عن طريق تصنيع تم تأجير الآلات والمعدات ثم تملكها بعد ذلك.

٤) قطاع الخدمات العقارية: بواسطة تأجير الفنادق والأسواق ثم تملكها بعد ذلك.

(١) د/ عبد الستار أبو غده، البنك الإسلامي للتنمية، المعهد الإسلامي للبحوث والتدريب الطبعة الأولى سنة ١٤١٩هـ د/ محمد رفيع البناء المقاصدي للبحث العلمي في الاقتصاد الإسلامي، المؤتمر الدولي السابع للاقتصاد الإسلامي جامعة الملك عبد العزيز ٨ - ٩ سبتمبر ٢٠٠٧.

المطلب السابع

صيغة التمويل بالتورق

التورق لغة: مصدر تورق - يقال تورق الحيوان أي أكل الورق، والورق بكسر الراء الدراهم المضروبة من الفضة، وقيل الفضة مضروبة أو غير مضرورة.

والتورق اصطلاحا: أن يشتري سلعة نسيئة ثم ينبعها نقدا لغير البائع بأقل مما اشتراها به ليحصل بذلك على النقد.

حكم التورق:

إباحة جمهور العلماء سواء من سماه تورقا لعموم قوله تعالى "وأحل الله البيع".

ولقوله صلى الله عليه وسلم لعامل على خيبر "لا تفعل بي الجمع بالدراهم ثم ابتع بالدراهم جبينا".

أما التورق كما تجربة المصارف الإسلامية في الوقت الحاضر، فذهب بعضهم إلى القول بالجواز، وذهب بعضهم إلى القول بعدم مشروعية التورق المصرفي المنظم[1]

مجالات تطبيق صيغة الإجارة في المصارف الإسلامية:

شهد السوق توسعا كبيرًا في تقديم صيغة التورق المصرفي سواء للأفراد أو للشركات، ويرجع إلى سهولة التطبيق سواء بالنسبة للبنوك أو

(١) د/ عبد الستار أبو غدة، البيع المؤجل البنك الإسلامي للتنمية المعهد الإسلامي للبحوث والتدريب، الطبعة الأولى ١٤١٩ ص ١٧.

المتعاملين وانخفاض معدل المخاطر، بالإضافة إلى أن الصياغة التمويلية يحتاج إلى موارد بشرية على مستوى الخبرة والكفاءة وهو ليس متوافر بصورة كبيرة، وهذا يعد تحديا للصناعة المصرفية، ويتطلب جهود وموارد بشرية لتطوير المنتجات التمويلية التي تتفق مع الشريعة الإسلامية بالإضافة إلى قيام هذه الهيئات بالعمل على استنباط العقود والأحكام الشرعية التي يمكن استخدامها في الصناعة المصرفية الإسلامية.

المطلب الثامن

صيغة التمويل بالبيع الآجل

الأجل هو المدة المستقبلة التي يضاف إليها أمر من الأمور سواء كانت هذه الإضافة أجلا للوفاء بالالتزام، أو أجلا لإنهاء التزام سواء كانت هذه المدة مقررة بالشرع أو بإرادة الملتزم فردا أو أكثر.

البيع المؤجل في الاصطلاح عند الفقهاء: هو البيع الذي يكون دفع الثمن فيه مؤجلا أي أضيف دفع الثمن فيه إلى أجل أي مدة مستقبلية فهو وصف للبيع صورة لكنه للثمن معنى وهو ضد البيع الحال أو البيع نقدا.

والثمن المؤجل دين والدين هو مال حكمي يحدث في الذمية ببيع أو استهلاك أو غيرهما.

والبيع المؤجل اصطلاحا: هو البيع الذي يكون دفع الثمن فيه مؤجلا أي أضي دفع الثمن فيه إلى أجل أي مدة مستقبلية فهو وصف للبيع صورة لكنه للثمن معنى وهو ضد البيع الحال أو نقدا.

مشروعية تأجيل الديون:

الكتاب: قوله تعالى: " يأيها الذين آمنوا إذا تداينتم بدين إلى أجل مسمى فاكتبوه " ويستفاد من الآية من بين الديون ما يكون مؤجلا.

السنة: فقد روت السيد عائشة رضي الله عنها أن رسول الله صلى الله عليه وسلم اشتري من يهودي طعاما إلى أجل ورهنه درعا له من حديد"

وهذا يدل على مشروعية الأثمان.

الإجماع: فقد أجمعت الأمة على جواز تأجيل الديون [1] وفرق الفقهاء بين الأعيان والديون من حيث جواز التأجيل في الثانية ومن الأولى، أن الأعيان معينة ومشاهدة والمعين حاصل وموجود الحاصل والموجود، أما الديون هي مال حكمي يثبت في الذمة فهي غير حاصلة ولا موجودة، ومن ثم شرع جواز تأجيلها رفقا بالمدين الديون من حيث جواز تأجيله بين الفقهاء أن الديون تكون حالة وأنه يجوز تأجيلها إذا مثلها الدائن واستثنى العلماء عدة ديون:

١)   رأس مال السلم.

٢)   بدل الصرف.

٣)   الثمن بعد الإقالة.

٤)   ثمن المشغوع فيه على خلاف.

واختلفوا في جواز اشتراط تأجيل القروض فيرى البعض [2] يجوز للمقرض المطالبة ببدل في الحال وأنه لو اشترط في التأجيل لم يتأجل وإن كان حالا، لأنه سبب يوجب رد المثل في المثليات فأوجبه حالا كالإتلاف ولو أقرضه بتفاريق ثم طالبه بها جملة لأن الجميع حال فأشبه مالو باعة بيوعا حاله ثم طالبه بثمنها جملة ولان الحق يثبت حالا والتأجيل تبرع منه ووعد فلا يلزم الوفاء به كما لو أعاره شيئا.

(١) د/ نوره سيد أحمد سيد أحمد مصطفى المرجع السابق ص ٣٤.
(٢) جمهور الفقهاء الحنفية والشافعية والحنابلة.

ضوابط البيع الآجل:

١) افتراق مجلس السوم عن مجلس العقد في هذا النوع من البيوع (بيع التقسيط) زدني أجلا أزدك مالا.

٢) معلومية الأجل ومعلومية النجوم فالجهالة الفاحشة مفسدة للعقد.

٣) في حالة إخلال المشتري بأداء الثمن المؤجل، أي أخل الوفاء بقسط أو بأقساط حل أجلها[١].

مجالات تطبيق صيغة الإجارة في المصارف الإسلامية:

تسلك المصارف الإسلامية طريقة البيع الآجل أو البيع التقسيط بثمن أكبر في حالتين:

الأولى: معاملاتها مع التجار الذين لا يرغبون في استخدام أسلوب التمويل بالمشاركة وهي البديل لعملية الشراء بتسهيلات في الدفع التي تمارسها البنوك.

الثانية: في المعاملات التي يكون فيها المبلغ المؤجل كبير والأجل طويلا، والواقع استخدام هذه الصيغة في بنك فيصل الإسلامي السوداني لتمليك وسائل الإنتاج الصغيرة للحرفيين مثل سيارات الأجرة ويمارسه بنك ناصر الاجتماعي المصري.

وأنسب المشروعات التي يمكن تمويلها باستخدام هذا الأسلوب هو بيع الوحدات السكنية فالبيع الآجل هو البديل لسلفيات المباني بالفائدة التي

(١) د/ محمد عبد اللطيف صالح، بحث بيع التقسيط الدورة السادسة المجلد الأول ١٩٣ - ٢٠٢.

تمارسها البنوك العقارية.

صيغة الاستثمار المباشر:

المصرف الإسلامي تستثمر أموال المودعين بنفسه أو عن طريق المتعاملين معه بتمويله عمليات استثمارية.

هنا في هذه الحالة يقوم البنك مضاربا والمودعين هم أرباب الأموال وذلك طبقا لعقد المضاربة بينهم ويسمى الاستثمار هنا مباشرا لأن المصرف الإسلامي هو الي يقوم بتأسيسه أو إدارية.

وأجاز المؤتمر السادس لمجمع البحوث الإسلامية بالقاهرة سنة ١٩٧١ الاستثمار المباشر حيث جاء في البند الثالث الخاص بتوظيف الودائع واستخدام الموارد.

"يجوز للبنك إجراء استثمارات مباشرة (يشرف عليها بنفسه) أو استثمارات غير مباشرة كما يجوز له إنشاء مؤسسات استثماره يقوم بتمويلها لتتولى نيابة عنه ولحسابه وتحت إشرافه وإدارة مشروعاته الاستثمارية.

وقيام المصارف الإسلامية بإنشاء مشروعات الاستثمار أو الترويج لها أو المشاركة فيها ليس من باب الآمال أو الاختيار ولكن من باب المسئولية الأصلية للمصرف الإسلامي وبدون هذه المسئولية يصبح المصرف مجرد مؤسسة حلال وليس بالضرورة مؤسسة اقتصادية تدعم النظام الاقتصادي[١].

---

(١) د/ محمد عبد الحليم عمر ندوة الأزمة المالية العالمية من منظور إسلامي وتأثيرها على الاقتصادات العربية يوم السبت ١١ أكتوبر ٢٠٠٨.

الخاتمة

والباحثان يسجدان لله شكرا على الانتهاء من هذا الموضوع وما يمثله من أهمية على المستوى المحلي والعربي والإسلامي والعالمي.

فكان ذلك سبب اختيار الموضوع أضف إلى ذلك ندرة المؤلفات العلمية في هذا المجال، ناهيك عن آثار هذه الأزمة الخطيرة والتي عصفت بالأخضر باليابس لمعظم دول العالم كما أنه يعطي منظومة متكاملة عن الأزمة لكي يكون عونا لطلاب العالم والعاملين في حقل السياسة والاقتصاد، بالإضافة إلى عرض موقف أساتذة الاقتصاد الإسلامي من هذه الأزمة، وعرض رأي الرؤساء وزعماء الدول والمسئولين والمحللين وعرض المؤتمرات والندوات وتوصياتها في حل الأزمة كما عرضنا لموقف الدول المتقدمة والنامية بصدد الأزمة حتى يتم تعظيم الاستفادة من هذه التجارب.

ولقد عالجنا هذا الموضوع بعرض نشأة الأزمة المالية العالمية وتطورها في فصل تمهيدي نقمنا بإعطاء لمحة تاريخية عن الأزمات المالية أو بمعنى أدق عرض الأزمات المالية في القرن العشرين، وبينا بعد ذلك كيف نشأة هذه الأزمة وأين نشأت ثم كيف تطورت هذه الأزمة، وأفردنا بحثا مستقلا عن الأزمة الاقتصادية العالمية مضمونة سؤال هل هي أزمة اقتصادية أم أزمة في القيم والمفاهيم الرأسمالية والتي تنظر على رأس المال كيف يتم تنميته فلا تنظر إلى الوسيلة أو إلى الغاية فيجوز اكتسابه من قمار واستغلال واحتكار ونصب وغش وتدليس وفوائد عالية ومركبة في بعض الأحيان، أما الفكر الإسلامي يضع حدود لرأس المال سواء من حيث اكتسابه أو من حيث إنفاقه فيجب أن يكون مصدره حلال، وأوجه الاتفاق تكون مشروعة

ثم أوضحنا مفهوم الأزمة العالمية وأنواعها، وعرضنا نظرية الأرصاد والتقلبات الجوية أو ما يطلق عليها البعض نظرية بقع الشمس والنظرية السيكلوجية للأزمة، نظرية نقص الاستهلاك، نظرية التحليل الرياضي، النظرية الماركسية، نظرية نقص الاستهلاك، نظرية التغيرات الهيكلية، نظرية المغالاة أو الإفراط في الاستثمار، النظرية النقدية، نظرية الأرصدة النقدية، النظرية النقدية الكنزية، النظرية النقدية الكمية الحديثة أو النقوديون، النظرية السياسية للأزمة أو نظرية المؤامرة، ونظرية العجل المضاعف.

ثم قمنا بتوضيح المناهج التي يمكن الاعتماد عليها في تحليل الأزمة، ومن بين هذه المناهج المنهج التاريخي، المنهج الوصفي، المنهج البيئي، منهج النظم، منهج دراسة الحالة وأفردنا للفساد الاقتصادي مبحثا مستقلا فقمنا بتعريفه وعرضنا أسبابه وأنواعه وعلاج هذا الفساد وختمنا هذا المباحث بتوصيات منظمة الشفافية الدولية لمعالجة الفساد، وتعرضنا بعد ذلك للتوريق والتطبيقات المعاصرة له، وأما عن فعالية الدور الرقابي للدولة والذي تسبب بغيابه أزمة الرهن العقاري بأمريكا والتي اندلعت منها الأزمة المالية العالمية، فيجب تفعيل دور هذه الهيئات الرقابية وحتى لا تتكرر المأساة مرة أخرى.

ولقد كان للأزمة المالية العالمية صدى مدوي على جميع القطاعات في مختلف الدول، فأثرت في القطاع السياحي وعلى القطاع الصناعي وعلى القطاع التجاري وحجم التجارة الدولية وعلى القطاع المالي وعلى قطاع البورصة وقطاع الاستثمار فتأثرت هذه القطاعات سواء بتسريح العمالة أو خفض أجورهم أو نقلهم في وظائف أقل أو في وظائف أبعد لإجبارهم على

الاستقالة أو عدم صرف الأجر الإضافي.........وخلافه.

وعانت البورصة والبنوك والقاطع المالي عموما بسبب سحب الاستثمارات الأجنبية والتي أثرت على هذه القطاعات تأثيرا بالغا وأثرت الأزمة المالية على الفنادق والسياحة سوءا من حيث إقبال الأجانب أو نسبة الأشغال، ولقد تأثرت شركات الطيران من أثر الأزمة وسجلت خسائر بأرقام قياسية إذا ما قورنت بالأعوام السابقة وتأثرت السياحة الداخلية والخارجية في مصر- كما أثرت الأزمة على القطاع الاستخراجي والصناعات التحويلية والغذائية والغزل والنسيج والأخشاب، وما حدث من تدن حاد لأسعار البترول الخام والنفط، وألحقت الأزمة أكبر الخسائر بقطاع العقارات الذي شهد موجة من التراجع والتي أربكت الشركات وأثرت على خططها التوسعية بالنسبة للصناعات المعدنية فقد قررت الشركة القابضة للصناعات المعدنية التوقف مؤقتا عن خطوات إنشاء أول شركة لها في مجال حديد التسليح بسبب تأثرها بالأزمة العالمية.

أما البورصة المصرية فقد عانت من خروج رأس مال أجنبي حوالي ٨٠٠ مليون دولار وأثر ذلك على البورصة تأثيراً سلبيًا وشهدت البورصة هذا العام تراجعا حادا، وقد قررت مصر- تأجيل تدشين بورصة المشتقات المالية إلى عام ٢٠١١ بدلا من عام ٢٠٠٩ الموعد الذي كان محدداً له قبل ذلك، وتم تخفيض الفائدة من البنك المركزي بنسبة ١% في فبراير ٢٠٠٩، وقد يؤثر هنا تأثيراً إيجابيًا على أداء أسواق الأسهم، وفي فبراير ٢٠٠٩ تم تغير اسم المؤشر من Case ٣٠ ليصبح احتساب البورصة بالدولار، وهو أول مؤشر يتم حسابه بالدولار للسوق المصري المحلي، والأسواق المالية

الدولية تؤدي وظائف عديدة منها تنشيط الحركة الدولية لرءوس الأموال كما أنها تعمل على توفير مستويات أعلى من السيولة، وتعمل على تقليل مستويات الخطر، ولها دور هام في تنشيط الاستثمار ونموه.

وننوه إلى أنه توجد مضاربات دولية غير مشروعة يجب التصدي له من خلال فرص القيود على تدفقات رؤوس الأموال الموجهة للمعاملات الاستثمارية قصيرة الأجل، وفرض ضريبة على المعاملات المالية، وتأثرت البنوك المصرية والبنوك العربية بالأزمة العالمية وسجلت خسائر كبيرة.

وفي خضم هذا لتخبط يطيب لنا أن نسجل اعتراف فرنسي- رسمي بأهمية النظام المصرفي الإسلامي أكد تقرير صدر عن مجلس الشيوخ الفرنسي "أن النظام المصرفي الإسلامي مريح للجميع مسلمين وغير مسلمين، ويمكن تطبيقه في جميع البلاد فضلا عن كونه يلبي رغبات كونية، وكانت لجنة المالية ومراقبة الميزانية والحسابات الاقتصادية للدولة بمجلس الشيوخ الفرنسي قد نظمت طاولتين مستديرتين والحسابات الاقتصادية للدولة بمجلس الشيوخ الفرنسي قد نظمت طاولتين مستديرتين في مايو ٢٠٠٨ حول النظام المصرفي الإسلامي لتقييم الفرص والوسائل التي تسمح لفرنسا بولوج هذا النظام الذي يعيش على ازدهار واضحا وجمعت أعمال الطاولتين في تقرير واحد، فلقد أعلنت الطاولة المستديرة الأولى صورة عن أنشطة الصناعة المالية الفرنسية في سوق ما زال متركزا في الشرق الأوسط جنوب شرق آسيا والأهمية المتزايدة بالنسبة لفرنسا أن تعتني بهذا المجال المالي المعتمد على الشريعة الإسلامية، كما ركزت الطاولة الثانية على العوائق التشريعية والضريبية المحتمل أن تحول دون تطوير هذا

النظام في فرنسا، ومن ذلك مثلا فتح مصارف إسلامية في فرنسا أو إقامة نظم تشريعية وضريبية على التراب الفرنسي تراعي قواعد الشريعة الإسلامية في المجال المالي أو إصدار الصكوك، وذلك لأن إطلاق أي صفة إسلامي يعني احترام خمس مبادئ:

١) تحريم الربا.

٢) تحريم بيع الغرر.

٣) الميسر.

٤) تحريم التعامل في الأمور المحرمة شرعا (الخمر والزنا).

٥) تقاسم الربح والخسارة وتحريم التوريق إلا بشروط.

ولقد كان تأثير الأزمة على الدول الصناعية الكبرى وعلى الدول النامية كما تأثرت بالأزمة منطقة الإسكوا لاسيما منها بلدان مجلس التعاون الخليجي الأكثر انفتاحا على الاقتصاد العالمي، وتأثرت هذه البلدان بانخفاض الطلب على النفط، وأدى خروج رأس المال المضارب من بعض أسواق المنطقة إلى أزمة سيولة نقدية وساهم في ارتفاع كلفة الاقتراض، وسجلت بلدان مجلس التعاون الخليجي بشكل مؤثر انخفاض الطلب العالمي على النفط وعانت هذه الدول من اهتزازات ملحوظة في القطاعين المصرفي والمالي، كما هبطت القيمة السوقية لبورصات المنطقة، وسوف تعاني البلدان المصدرة للأيدي العاملة مثل الأردن وسوريا والسودان ومصر واليمن من انخفاض ملحوظ في تحويلات العاملين في الخارج.

كما أثرت الأزمة على صناعة السيارات الأمريكية، وتأثر الإنتاج والتسويق والتصدير، ولقد عانت ٣ شركات لتصنيع السيارات الأمريكية

(جنرال موتورز - فورد - كرايسلر) خسائر كبيرة تجاوزت ٦ مليارات دولار، وذلك بسبب الركود الذي صاحب الأزمة والذي أحدث انخفاض حاد في المبيعات، وبصدد ذلك أثر الرئيس الفرنسي مساعدات إضافية لصناعة السيارات الأوروبية تبلغ قيمتها ٧٫٨ مليار يورو لكل من دبيجو - ستروين - رينو) بشرط إبقاء مصانعها في فرنسا، ودعا وزير خارجية ألمانيا إلى تقديم مساعدات أوروبية لشركة أوبل الألمانية، والتي رجحت التقارير إفلاسها وإلى حاجة الشركة إلى مبلغ ٤٫٢ مليار دولار كضمانات قروض.

وعانت دولة الصين من الأزمة حيث توقف العديد من الصناعات الصينية التي كانت تصدرها الصين إلى دول العالم المختلفة، كما أدت إلى إفلاس عدد من المصارف والمؤسسات الصينية والعديد من الشركات الصناعية، كما عانت دول آسيا وهي كوريا واليابان من ذات الآثار التي سببتها الأزمة وبدأت في تسريح العمالة وتقليص الإنتاج وإعلان بعض المصانع التي أفلست وإغلاق عدد كبير من الشركات المالية والشركات الصناعية الأخرى، ولقد أعلن بعض المسئولين في اليابان أن الاقتصاد الياباني يمر بأسوأ حالاته فقد سجل معدل انكماش في الربع الأخير من العام الماضي ٢٠٠٨ أعلى تسجيل.

ولذلك كان لابد أن يتحرك رجال الاقتصاد والسياسة إلى التحرك، وإيجاد حل إزاء الأزمة وما هي السياسات المالية والنقدية التي يجب اتباعها في مواجهة هذه الأزمة العاتية، وكانت السياسات مختلفة فمنهم من رأي تخفيض الحكومة لعملتها وديونها، وحظرت على البنوك التجارية الأجنبية تطهير الخصوم، ومنهم من قلص من النفقات في الميزانية وأخرى أعطت

ضمانات للمودعين في المصارف والبنوك، ولجأت بعض الدول إلى أن تضمن الودائع في البنوك الخاصة لمنع هرب رأس المال أو تحويل الودائع إلى البنوك الحكومية، ولجأت الدول النامية إلى تعميم بعض الحوافز الضريبية الجيدة لتوليد الطلب المحلي، وعلى أن أهم عناصر السياسة المالية للحد من آثار الأزمة هي الإنفاق العام والدعم الضريبي، وقامت الحكومة المصرية باتخاذ ما يقرب من تسعة عشر إجراء أهمها ضخ حوالي ١٥ مليار جنية، وتفكر الآن في ضخ مبلغ مشابه للمبلغ السابق.

وبصدد آثار الأزمة المالية العالمية يثور التساؤل هل الإحساس بالأمن له دور في مواجهة الأزمة العالمية والناظر إلى أحداث التاريخ على مداره البعيد والقريب، ليلاحظ أن الحضارة لا يمكن أن ترى النور والازدهار إلا في ظل الأمن والاستقرار الذي ينتج عنه إحساس الفرد والمجتمع به فيدفعهم إلى التقدم، لأن أنواع الأمن مرتبط بعضها ببعض فلا أمن اجتماعي من غير أمن اقتصادي وسياسي والعكس بالعكس، وبالتالي إذا أردنا أن نحيا بالأمن (هذه النعمة العظيمة) فلابد أن نعود إلى ضوابطه من الرجوع إلى كتاب الله لأنه مرتبط بالإيمان والإيمان محله القلب، ولفظ القلب يشمل جميع الجوارح "ألا وإن في الجسد مضغة....بقية الحديث النبوي).

وفي ١٠ نوفمبر ٢٠٠٩ تم إنشاء الأكاديمية الدولية لمكافحة الفساد، فهي تطفي الطابع المهني على العمل في مجال محاربة الفساد وتبادل التجارب والخبرات وتحسين أداء وفعالية الأفراد الذين يهتمون بمنع الفساد، وتبادل التجارب والخبرات وتحسين أداء وفعالية الأفراد الذين يهتمون بمنع الفساد ومقاضاة مرتكبيه وإجراء البحوث مع التنسيق مع الهيئات الدولية الأخرى

ومؤسسات البحث التي تعني بمكافحة الفساد.

وعلى أثـر الأزمـة اجتمعـت اللجنـة الاقتصـادية والاجتماعيـة لغربي آسيا في بـيروت ٢٠٠٩، وسعت الدول الأعضاء في منطقة الاسكوا إلى اتخـاذ تـدابير وإجراءات لمواجهة الأزمـة العالميـة، ونشأت بعض الحركات الجماهيرية ومنظمات غير حكومية تناهض العولمة، ولعل أهمها حركة اتاك وتختلف عن المنظمات التقليدية، ولا تلتزم بأية مبادئ نظرية أيديولوجية أو دينية، وتضم أعضاء من كافة الاتجاهات ونادت بالديمقراطية وحماية البيئة والعدالة الاجتماعية وهـي تقتـرح عولمة محتواها التضامن والعدالة الاجتماعية وحقوق الإنسان والديمقراطية وتسعى إلى أن تسود القيم في جميع الدول وعلى كل المستويات.

ولقد عقد بمركز الشرق الأوسط ندوة (ومقره جامعة عين شمس) ودعت إلى تشـكيك خليـة أزمة عربية لاحتواء تداعيات الأزمة على الأموال والاستثمارات والأسواق والتجارة العربية ودعـوة صندوق النقد الدولي والبنك الدولي للاتفاق على خلية دولية مماثلة تنسق معها الخلية العربيـة، كما دعت إلى الالتزام باتفاقية بازل والتحفظ في إصدار الأصول الماليـة للموجـودات والـدعوة إلى إعادة النظر بصناديق التحوط والعمل على تطوير التمويل المؤسس من المصارف كـما دعت إلى صياغة تصور عربي مشترك.

وعقدت جامعة الجنان بلبنان مؤتمر الأزمة المالية العالمية وكيفية علاجها من منظور النظام الاقتصادي الغربي والإسلامي، وثم عرضه توصياته في حل الأزمـة العالميـة، وثـم عـرض اجـتماع مجموعة الدول

الصناعية السبع الكبرى، وما قرروه من إجراءات وتحديات لمواجهة الأزمة، وكذلك مجموعة العشرين دولة واقتراحاتها، كما وضحنا جهود الحكومـات في مواجهـة الأزمـة والجانـب الأوروبي ووزراء المالية الأوروبيون وكذلك وزراء المالية الأورمتوسطين.

وأفردنا مبحثا مستقلا لاندماج الشركات مع بعضها البعض أو استحواذ شركة علـى أخـرى كمدخل لمعالجة الأزمـة، كـما بينـا أن طريـق الـدول الناميـة نحـو طريـق التنميـة يكـون عـبر المشروعات الصغيرة وكيفية مساندة الحكومات النامية لها.

وعرضنا في الفصل الأخير للحلول الإسلامية لمواجهة الأزمة العالمية الحالية فبينا مزايا نظـام الاقتصاد الإسلامي والأسس التي يقوم عليها المجتمـع في الفكـر الإسـلامي وطـرق اكتسـاب المـال (الصيد – إحياء الموات (استصلاح الأرض) – التصنيع – العمل بأجرة – التجارة – الزكاة – الميراث – الهبة) والجهات التي تستفيد منها (الفقراء – المساكين – العاملين عليها – المؤلفـة قلـوبهم – الطاعة من المحكومين – الشورى بين الحكام والمحكومين....)، وأوجبت الشريـعة الإسلامية عدة مبادئ العدل – الطاعة من المحكومين – الشورى بين الحكام والمحكومين...)، كما أقرت الشريعة عدة مقاصد للمال (العدل في الأموال – أبعاد الضرر عـن الأمـوال – منع إضاعة الأمـوال وأكلهـا بالباطل – الإيضاح في الأموال من خلال الكتابة والشهود والرهن – منع الاحتكار وكنز الأموال.

ولدق حرمت الشريعة الربا وهـو السـبب الأول في حـدوث الأزمـة، وكـما حرمـت الشريعة المشتقات المالية التي تقوم على معاملات وهمية والتي

يسودها الغرر والجهالة وبيع العينة والبيع على الهامش، وكان هذا أيضا من أسباب الأزمة العالمية، كما حرمت الشريعة بيع الدين بالدين، وهو ما عبرت عنه الشريعة بيع الكالئ بالكالئ، وكان أيضًا من أسباب الأزمة، وكان من بين أسباب الأزمة الفساد الأخلاقي والذي يتمثل في الطمع والجشع والهلع، واستخدام وسائل احتيالية، وهذا حرمته الشريعة الإسلامية.

وتوجد صيغ إسلامية للتمويل منها بيع المرابحة للآمر بالشراء، صيغة التمويل بالمشاركة، صيغ التمويل بالمضاربة وصيغة التمويل بالاستصناع، وصيغة التمويل بالسلم، وصيغة التمويل بالإجارة، وصيغة التمويل بالتورق، وقد وضعت الشريعة الإسلامية لكل صيغة من الصيغ السابقة عدة ضوابط يجب التأكد منها حتى تتوافق هذه الصيغ مع الشريعة الإسلامية، كما توجد صيغة التمويل بالبيع الآجل، وأخيرًا صيغة الاستثمار المباشر مع الالتزام بالشروط التي حدوثها في كل صورة من الصور السابقة.

وفي النهاية نورد بعض النتائج والتوصيات.

النتائج

تتلخص نتائج البحث فيما يلي:

- إن الأزمة المالية العالمية بدأت مع انتعاش سوق العقارات في أمريكا في الفترة من ٢٠٠١-حتى ٢٠٠٥ والحكم الأمريكي فإن يمتلك كل مواطن بيتا.
- قامت البنوك الأمريكيـة بإعطـاء أو مـنح قـروض متغـيرة وليسـت ثابتـة بـدون ضمانات حقيقية بدون مراعاة لحد الائتمان المسموح به للفرد بضمان العقار فقط.
- أدى هذا النشاط السريع في تسويق العقارات إلى ارتفاع الأسـعار العقـار ليصـل إلى أرقـام فلكية مما عدا بأصحاب العقارات إلى إعادة رهن العقار مرة ثانية.
- قامت البنوك ببيع الديون إلى شركات التوريق التي رصدت بموجبه سندات قابلة للتـداول في أسواق البورصة العالمية وهو فاليرف بعمليات التوريق ودخلت المشتقات المالية.
- توقف أصحاب العقارات عن الدفع بعد أن أرهقتهم الزيادة الربوية مما اضطرت البنـوك لبيع العقارات محل النزاع والتي رفـض أهلهـا الخـروج منهـا وهبطـت أسـعار العقـارات فأصبحت لا تغطي قيمتها الفعلية.
- بدأ العملاء بعمليات سحب جماعي لأموالهم عجزت من المؤسسات الماليـة عـن مواجهـة كميات السحب فأعلنت إفلاسها.
- انتقلت هذه العدوى إلى بقية الدول الأوروبية ثم انتقلت بعد ذلك إلى

معظم بلدان العالم.

- قام البنك المركزي الأردني من باب الاحتياط بنقل ودائعه من البنوك الأمريكية إلى البنك المركزي الفيدرالي لكي يخفف من آثار الأزمة.
- قامت الحكومات المختلفة والتكتلات الاقتصادية والدول العربية والأفريقية والأسيوية باتخاذ وإجراءات ورسم خطط محددة على سبيل الحصر لمواجهة الأزمة.
- اختلفت الرؤى والآراء بشأن الاقتراحات المناسبة لمواجهة الأزمة واختلفت السياسات النقدية كما وضع علماء الاقتصاد الإسلامي حلولا لمواجهة الأزمة.

التوصيات

ونحن من جانبا نضيف بعض الاقتراحات للخروج من الأزمة أو للحد من آثارها وهي على النحو التالي:

أولا: ضرورة إعادة النظر في عملية سحب الموارد من الاقتصاد الحقيقي، ويجب إعادة النظر في سحب الوارد من الاقتصاد الحقيقي إلى التعاملات المالية والمضاربات المالية السريعة، وإعادة تنظمي الأسواق المالية بحيث تتوافق مع الاقتصاد الحقيقي الذي يعتبر المكون لقطاعات النشاط الاقتصادي الصناعة والزراعة والخدمات، وذلك لأن رد فعل الحكومات للأزمة بتأميم البنوك الكبرى والتدخل واسع النطاق في أسواق المال أكبر اعتراف بفضل سياسات الليبرالية الجديدة.

ثانيا: هل ستتمكن الحكومات من إنقاذ النظام من خلال هذه السياسات:

إن المتغيرات والعوامل متعددة ومعقدة ولا يمكن التنبؤ بمصير الاقتصاد العالمي ولا يمكن التكهن بدقة حول احتمالات تفاعلها وتطورها، إن التدخل الحكومي غير المسبوق في سوق المال والبنوك وعلى رأسها الحكومة الأمريكية والاتحاد الأوروبي قد مكنهم من تفادي الانحدار في كساد عالمي وفي شكل كامل لسوق المال العالمي لكن هذه السياسات التداخلية لم ولن تنقذ الرأسمالية من الدخول في ركود عميق خلال العامين القادمين، كانت تقديرات صندوق النقد الدولي تشير في سبتمبر ٢٠٠٨، إلى أن اقتصاد الدول الرأسمالية لن تتجاوز ٥% خلال عام ٢٠٠٩، فحد انكماش حاد[١].

(١) د/ صلاح زين الدين، بحث بعنوان مواقف الدول المتقدم والدول النامية تجاه =

فقد تراجع نمو الاقتصاد الصيني من ١٢% إلى أقل من ٩%، وبالتالي يكون أثر الركود العالمي أخطر على اقتصاد الدول الأضعف مثل باكستان وتركيا والمجر والبرازيل والأرجنتين وأندونسيا، وهناك عدة عوامل تجعل من الركود الحالي مقدمة أزمات أكثر حدة في النظام الرأسمالي العالمي، أول هذه العوامل أن البنوك التي تضخ المليارات اليوم هي حصيلة من الضرائب والتي يتحملها العمال والموظفون، والعامل الثاني أن البنوك لا تستطيع إنقاذ الشركات العملاقة في المستقبل، والعامل الثالث أن التداخل والاندماج في الاقتصاد الرأسمالي العالمي يصعبان بشدة من مهمة البنوك المركزية.

ثالثا: ضرورة تحقيق عولمة أكثر إنسانية وإعادة تشكيل مؤسسات بريتون دوردز:

توجد حركات جماهيرية ومنظمات غير حكومية في الدول المتقدمة تناهض العولمة بتطبيقاتها الرأسمالية المتشددة ولعل أهما حركة أتاك Attac التي بدأت في فرنسا، تختلف عن الأحزاب والنقابات والمنظمات غير الحكومية، ولذلك فهذه الحركة تضم أعضاء من كافة الاتجاهات السياسية والوثنية والفكرية، ومع ذلك فهناك شبه إجماع على رفض مفاهيم الليبرالية الجديدة، للعولمة خاصة ما يتعلق بالديمقراطية وحماية البيئة والعدالة الاجتماعية، ولا تقدم حركة أتاك نفسها كمنظمة معادية أو مضادة للعولمة، وإنما تنطلق من نقد العولمة، وتقترح بديلا للعولمة الرأسمالية

= الأزمات المالية العالمية مؤتمر كلية الحقوق جامعة المنصورة ٢/١ أبريل ٢٠٠٩ ص٢٤ وما بعدها.

عولمة يكون محتواها التضامن والعدالة الاجتماعية وحقوق الإنسان والديمقراطية وتسعى أن تسود هذه القيم في الهياكل السياسية والاجتماعية للنظام الدولي، وفي الدول الصناعية والدول النامية على حد سواء، وأقرضت هذه الحركة عدة أمور لإصلاح أسواق المال العالمية[1].

رابعا: كشفت الأزمة عن أن بنوك الاستثمار في أمريكا لا تخضع لرقابة البنك المركزي ومن هنا توسعت بعض هذه البنوك في الإقراض دون ضوابط أدى ذلك إلى حالة من الانفلات الائتماني الضار ليس فقط بتلك البنوك ووصولها إلى حالة إفلاس بل تشبث في انهيار في النظام المالي والمصرفي، وهذا يتطلب رقابة صارمة من البنوك المركزية.

خامسا: كشفت الأزمة أن النظام المالي والمصرفي في الولايات المتحدة والدول المتقدمة قد ابتدع وسيلة جديدة لزيادة حجم الإقراض عن طريق أسلوب المشتقات المالية وهو يؤدي إلى تعميق الاختلال بين القطاع المالي والاقتصاد الحقيقي وخلق أرباح وهمية وهو يستلزم تشديد الرقابة على أسواق المال والمضاربات وتطبيق المساء له والمعايير المحاسبية في عملية إصدار المشتقات المالية وعمليات التأمين المرتبطة بها.

سادسا: لوحظ أن العولمة غير المنضبطة والتراخي في الرقابة على القطاعات المالية في أمريكا، ومنها انتشرت العدوى إلى بقية دول العالم، ولذلك فالحاجة ماسة إلى تطوير الجهات والأنظمة الرقابية على القطاعات الدول المالية وتعزيز صندوق النقد الدولي من الرقابة على القطاعات في

(١) لمزيد من التفاصيل انظر: د/ صلاح زين الدين، سبق الإشارة إليه ص٢٩.

الدول المتقدمة وذلك لمنع الأزمات مستقبلا[(١)].

سابعا: أسقطت الأزمة دعاوي الاندماج في الاقتصاد العالمي والدوران في تلك العولمة كسبيل وحيد أمام البلدان النامية، كما أسقطت أسطورة أن الاقتصاد الأمريكي لديه معدة قادرة على خصم الأزمات أما كان نوعها.

ثامنا: أحيت الأزمة مرة أخرى ما يطلق عليه الطريق الثالث والذي ينبع من ظروف كل دولة وخصوصيتها والمرحلة التي تمر بها، فبعد التخلي عن الرأسمالية الطائشة والاشتراكية المنهارة يجب إجراء محاولات جادة للتوفيق بين الكفاءة الاقتصادية وترشيد آليات السوق وبين اعتبارات العدالة الاجتماعية[(٢)].

تاسعا: يجب الاعتماد على مبادئ الاقتصاد الإسلامي والتي منها تعديل أسلوب التمويل العقاري ليكون بإحدى الصيغ الإسلامية ومنها أسلوب المشاركة أو التمويل التأجيري وكذلك منع المضاربات قصيرة الأجل من البيع على المكشوف والشراء بالهامش وعدم التعامل بالمشتقات وإنشاء السوق المالية الإسلامية المشتركة وحماية عمليات غسيل الأموال.

عاشرا: التركيز على القطاع الصناعي ودعم المنتج المحلي والتقليل

(١) د/ مصطفى حسني مصطفى، بحث بعنوان الأزمة المالية العالمية أسبابها وآثارها الاقتصادية وكيفية مواجهتها مؤتمر كلية الحقوق - جامعة المنصورة ١ / ٢ ابريل ٢٠٠٩، ص٣٤.

(٢) ظهرت فكرة الطرلية الثالث لأول مرة عام ١٩٣٦ على يد الكاتب السويدي ArQuis child حيث تجمع بين مفهومي الرأسمالية الغربية والاشتراكية الماركسية ولا تتبنى السقف الأعلى أو الحد الأقصى لكل نظرية.

مـن الاسـتيراد لمعالجـة عجـز الميـزان التجـاري والبعـد عـن المشرـوعات التـي تعتمـد عـلى الاستهلاك المحلي والمحافظة على الوظائف الحالية والحيلولـة دون زيـارة البطالـة وتأكيـد الـدور الرقابي للبنوك المركزية على جميع البنوك الأخرى.

حادي عشر: يقوم النظام الرأسمالي على مبدأ التيسير على المقترض الذي لا يستطيع سـداد دينه لأسباب قهرية (وإن كان ذو عسرة فنظرة إلى ميسرة وأكد علماء الاقتصاد أنه من بين أسباب الأزمة توقف المدين عن سداد ديونه وقيام الدائن برفع سعر الفائـدة أو تـدوير القـرض بفائـدة أعلى أو تنفيذ الرهن على المدين وتشريده وطرده.

ثاني عشر: إلزام الحكومات للبنوك "بالتوقف عن بيع الديون" وذلـك محـرم وفقـا لأحكـام الشريعة الإسلامية، وقد نهى المصطفى (ص) عن أن يتم "بيع الكالئ بالكالئ، أي يتم بيـع الـدين بالدين، ويمتد هذا الإلزام إلى ما يسمى " بجدولة الديون " حيـث يجـب منعهـا، لأنـه وفقـا لهـا تزيد مدة القرض مع زيادة الفائدة، وهذا محرم شرعًا وفقا للقاعدة أن النقود لا تلد نقـودًا، لـذا يجب منع ذلك.

ثالث عشر: منع البيع على الهامش، وتحريم ذلك وفقًا لنصوص تشرـيعية، حيـث أن هـذا البيع قد انتشر بدرجة كبيرة، وهو ما كان من أسباب الأزمة التي نحن بصددها، وقد كانـت مـن أولى الخطوات التي اتخذتها الحكومة الأمريكية هو منع هذا النوع من البيع.

وهو محرم شرعا حيث قال المصطفى (ص) في شأنه " لا تبع ما لا تملك " ومن ثم فقـد نهـى عن بيع ما لا نملكه.

رابع عشر: منع خلق النقود، وذلك من خلال إلزام سلطات الدولة باتخاذ إجراءات تمنـع ذلـك، حيث تقوم البنوك بالإقراض بضعف ما لديها من ودائـع، وكـذلك منـع الممارسـات الاحتكاريـة سـواء بالنسبة للبنوك أو الشركات أو رجال الأعمال حيث قـال المصطفى صلى اللـه عليـه وسـلم " المحتكر ملعون والجالب مرزوق".

خامس عشر: استخدام "صيغ التمويل الإسلامية" من مرابحات ومشاركات واستصناع بديلًا عن القروض بفائدة وهي محرمـة بـإجماع العلـماء، ومـن مميـزات التمويـل الإسـلامي أن محـل العقود سلع وبضائع وليس نقودًا، مما يؤدي إلى إيجاد نوع من التوازن بين السلع والنقود.

سادس عشر: استمرار دقـة الرقابـة مـن قبـل البنـوك المركزيـة عـلى المؤسسـات المصرفية والمالية، الاستمرار في ضخ السيولة النقدية في الأسـواق الماليـة، وذلـك لإحـداث نـوع مـن الـرواج الاقتصادي ولمساعدة سوق الإنتاج على عدم الركود وتدهور الاقتصاد.

وفي النهاية أوجه نداء إلى كل المسلمين في كل أنحاء العالم بأن:

"إن شريعتنا الإسلامية بها الخير والهدى والرحمة، بينما النظم الوضعية لم تجلـب لنـا سـوى المعيشة الضنك".

لذا " ارجعوا إلى كتاب اللـه وسنة رسوله".

فقال قال المصطفى صلى اللـه عليه وسلم " تركت فيكم ما إن تمسكتم به لم تضلوا بعدي أبدًا كتاب اللـه وسنتي"

صدق رسول اللـه صلى اللـه عليه **وسلم**

والحمد لله الذي بنعمته تتم الصالحات

المراجع العامة والمتخصصة

١) أ.د/ السيد أحمد عبد الخالق، الاقتصاد السياسي لحماية حقوق الملكية الفكرية ٢٠٠٤.

٢) إبراهيم حلمي، التنظيمات النقابية العمالية وقضية تنمية العضوية القاهرة، المؤسسة الثقافية العمالية ٢٠٠٤م.

٣) إبراهيم عبد العزيز النجار. الأزمة المالية وإصلاح النظام المالي العالمي. الدار الجامعية الإسكندرية سنة ٢٠٠٩.

٤) إبراهيم عبد العزيز النجار، الأزمة المالية وإصلاح النظام المالي العربي، الدار الجامعية، الإسكندرية ٢٠٠٩.

٥) أحمد سيد مصطفى تحديات العولمة والتخطيط الاستراتيجي، غير منشور الطبعة الثالثة سنة ٢٠٠١.

٦) أشرف دوابة، نحو سوق إسلامية، القاهرة، دار السلام٢٠٠٦.

٧) الجوزي جميلة – أسباب الأزمة المالية جذورها – في إطار مؤتمر: الأزمة المالية العالمية وكيفية علاجها من منظور النظام الاقتصادي الغربي والإسلامي – جامعة الجنان – طرابلس (لبنان) – ١٣، ١٤ مارس ٢٠٠٩.

٨) السيد أحمد عبد الخالق – دور الدولة في الأزمة المالية العالمية بين الأيديولوجيات ومتطلبات الواقع العملي.

٩) السيد البدوي عبد الحافظ – إدارة الأسواق المالية (نظرة معاصرة)- دار الفكر العربي – القاهرة- ١٩٩٩.

(١٠)   السيد عطية عبد الواحد الأسواق المالية الدولية دار النهضة العربية طبعة ١٩٩٧

(١١)   السيد عليوه – إدارة الأزمات والكوارث (مخاطر العولمة والإرهاب الدولي) – مركز القرار للاستشارات الطبعة الثالثة – القاهرة سنة ٢٠٠٤.

(١٢)   المستشار – الدكتور/ محمد حلمي عبد التواب البورصة المصرية والبورصات العالمية آلية عملها – الرقابة عليها- الربط – بين البورصات مؤسسة الطوبجي للنشر القاهرة ٢٠٠٤.

(١٣)   إيهاب الدسوقي اقتصاديات كفاءة البورصة، دار النهضة طبعة ٢٠٠٠.

(١٤)   بنك الكويت الصناعي، الأسواق المالية الناشئة ودورها في التنمية الاقتصادية في ظل العولمة سلسلة رسائل البنك الصناعي، العدد٥٧، سبتمبر ١٩٩٩.

(١٥)   تقرير لجنة الشئون المالية والاقتصادية بمجلس الشورى المصري هذا المشروع غير منشور، القاهرة سنة ٢٠٠٩.

(١٦)   توما كوترو، وميشيل إسون، مصير العالم الثالث تحليل ونتائج وتوقعات ترجمة خليل كلفت. دار العالم الثالث. القاهرة ١٩٩٥.

(١٧)   جمال البنا، قراءة في مشروعية والمنظمات والعمالية والفقه الجديد، منشورات القاهرة، منظمة العمل الدولية، ٢٠٠٧م.

(١٨)   حسن عبد اللطيف حمدان، التأمينات العينية دراسة تحليلية شاملة

لأحكام الرهن والتأمين والامتياز منشورات الحلبي الحقوقين بيروت – لبنان ٢٠٠٢.

(١٩) حسين محمد سمحان – العمليات المصرفية الإسلامية (مفهوم ومحاسبة) – مطابع الشمس – الأردن.

(٢٠) حلمي عزيز، الصناعة والبيئة، القاهرة، الجامعة العمالية ٢٠٠٣م.

(٢١) خالد الطراولي، الأزمة المالية ومعامل البديل الإسلامي.

(٢٢) خليل العناني، الاقتصاد الأمريكي بين الفساد والعولمة.

(٢٣) د/ إبراهيم عبد العزيز النجار، الأزمة المالية وإصلاح النظام المالي العالمي، الدار الجامعية، الإسكندرية سنة ٢٠٠٩.

(٢٤) د/ حازم الببلاوي، النظام الاقتصادي الدولي المعاصر، عالم المعرفة في الكويت طبعة ٢٠٠٠.

(٢٥) د/ نوره سيد أحمد سيد أحمد مصطفى، الحلول الإسلامية لمعالجة الأزمات المالية العالمية الراهنة.

(٢٦) د/ همام محمود زهران "التأمينات الشخصية والعينية" دار المطبوعات الجامعية، الاسكندرية ١٩٩٨.

(٢٧) د/عبد اللطيف الهميم، الأزمة المالية والبديل الثلاث (سقوط الرأسمالية) بدون دار نشر.

(٢٨) دانيال أرنولد – ترجمة عبد الأمير شمس الدين- تحليل الأزمات الاقتصادية للأمس واليوم – المؤسسة الجامعية للنشر والتوزيع- بيروت – ١٩٩٢.

٢٩) دانييل أرنولد تحليل الأزمات الاقتصادية للأمس واليوم ترجمة عبد الأمير شمس الدين، المؤسسة الجامعية مصر ١٩٩٢،

٣٠) رابح رتيب صناديق الاستثمار في ظل سياسة الخصخصة، غير منشور طبعة ١٩٩٤.

٣١) رانيا عمارة- تحرير التجارة الدولية وفقا للاتفاقية ألجات في مجال الخدمات (GATS)- رسالة الدكتوراه سنة ٢٠٠٧- دار الفكر الجامعي.

٣٢) رجب أبو حليم، التوريق بيع الدين وتطبيقاته المعاصرة.

٣٣) رضا عبد السلام، نهاية التاريخ أم نهاية العولمة، نحو إطار إسلامي عالمي للنشاط الاقتصادي، دار ومكتبة الإسراء طبعة ٢٠٠٥.

٣٤) رمزي زكي، الليبرالية المتوحشة مكتبة الأسرة، القاهرة ٢٠٠٧.

٣٥) سامي عفيفي حاتم دراسات في الاقتصاد الدولي الدار المصرية اللبنانية، الطبعة الخامسة سنة ٢٠٠٠.

٣٦) سعد الدين هلالي: الأزمة المالية وحلول إسلامية، القاهرة، دار الجمهورية للصحابة، كتاب الجمهورية نوفمبر سنة ٢٠٠٨.

٣٧) صالح البربري الممارسات غير المشروعة في البورصة الأوراق المالية مركز المساندة القانونية الطبعة الأولي ٢٠٠١.

٣٨) صبري عبد العزيز إبراهيم، حكم التوريق شرعا

٣٩) صلاح الدين حسن السيس، الأسواق المالية الأسباب - التداعيات - سبل المواجهة في ظل منظمة التجارة العالمية - القاهرة، دار الفكر العربي.

٤٠)	صلاح الدين حسن السيسي قضايا اقتصادية معاصرة، دولة الإمارات العربية المتحدة – المشارقة – دار الآداب ١٩٩٨.

٤١)	عادل الزبادي، إدارة الموارد البشرية القاهرة، جامعة عين شمس ٢٠٠٢م.

٤٢)	عبد الحكميد البعلي، المشتقات المالية في الممارسات العملية وفي الرؤية الشرعية، سلسلة الدراسات المصرفية والمالية الإسلامية.

٤٣)	عبد الرازق رحيم الهيثي – المصارف الإسلامية بني النظرية والتطبيق – دار أسامة للنشر – طبعة (١) – عمان – الأردن سنة ١٩٩٨.

٤٤)	عبد الستار أبو غدة، البيع المؤجل البنك الإسلامي للتنمية المعهد الإسلامي للبحوث والتدريب، الطبعة الأولى ١٤١٩.

٤٥)	عبد الستار أبو نمذه، البنك الإسلامي للتنمية، المعهد الإسلامي للبحوث والتدريب الطبعة الأولى سنة ١٤١٩هـ

٤٦)	عبد الفتاح الجبالي، الأزمة المالية العالمية وانعكاساتها على الاقتصاد المصري، مركز الدراسات الإستراتاجية بمؤسسة الأهرام العدد ١٩٣ السنة ١٨ نوفمبر ٢٠٠٨.

٤٧)	عبد الله بن حسان الجابري – الفساد الاقتصادي – جامعة أم القرى- المملكة العربية السعودية- سنة ٢٠٠٨.

٤٨)	عبد المطلب عبد الحميد :الديون المصرفية المتعثرة والأزمة المالية المصرفية العالمية (أزمة الرهن العقاري الأمريكية) الدار الجامعية، الإسكندرية ٢٠٠٩.

٤٩) عبد المنعم البدراوي، حق الملكية.

٥٠) عرفات تقي الحسيني – التمويل الدولي – دار مجلاوي للنشر سنة ١٩٩٩

٥١) علاء الدين زعتري، العولمة وتأثيرها على العمل المصرفي الإسلامي.

٥٢) عليان بن عبد الله الرشيد، تنمية الموارد البشرية ودورها في تفعيل الإدارة الالكترونية، رسالة ماجستير غير منشورة الرياض جامعة نايف للعلوم الأمنية ٢٠٠٧.

٥٣) عمرو محي الدين، أزمة النمور الأسيوية، دار الشروق، القاهرة ٢٠٠٠.

٥٤) فؤاد مرسي. الرأسمالية تجدد نفسها. عالم المعرفة. الكويت سنة ١٩٩٠.

٥٥) فريد النجار، إعادة هندسة العمليات وهيكلة الشركات والقاهرة، دار طيبة للنشر-٢٠٠٥م.

٥٦) فريد راب النجار، تنمية المهارات السلوكية للتغيير الاستراتيجي، القاهرة، الدار الجامعية للنشر طبعة ٢٠٠٩

٥٧) فريد راغب النجار. إدارة التغيير الاستراتيجي العربي لمواجهة الأزمة المالية العالمية. الدار الجامعية. الإسكندرية سنة ٢٠٠٩ – ٢٠١٠.

٥٨) محسن أحمد الخضيري- إدارة الأزمات – مكتبة الدبولي –

الإسكندرية- بدون سنة طبع.

(٥٩)	محمد إبراهيم خـيري الوكيـل – دور القضـاء الإداري والدسـتوري في إرساء مؤسسـات المجتمع المدني – رسالة دكتوراه ٢٠٠٦ – دار النهضة العربية.

(٦٠)	محمد أحمد يونس، تقرير عن الأزمة المالية وأثرها علي خطط المتدرب، مقدم إلي الطرق المؤدية إلي التعليم العالي.

(٦١)	محمد الحسين – الأزمة المالية المعاصرة.

(٦٢)	محمد عبد الحميد خلاف، الإدارة العلمية للمنظمات العمالية في المرحلة القادمة، مجلة إدارة الأعمال، العدد ٩٧، القاهرة، جامعة إدارة الأعمال العربية ٢٠٠٢م.

(٦٣)	محمد منير، دارسة لبعض المشكلات والقضايا العمالية التي تنشأ في ظل تطبيق برنامج الخصخصة، رسالة ماجستير غير منشورة، كلية التجارة جامعة الإسكندرية. طبعة ٢٠٠٠.

(٦٤)	مريم جحنيط، الأزمة المالية ومعالم البديل الإسلامي....مؤتمر الجنان.

(٦٥)	معجم اللغة العربية، المعجم الوجيز، القاهرة، الهيئة العامة لشئون المطابع الأميرية ٢٠٠/ ٢٠٠١.

(٦٦)	منير إبراهيم هندي، الأوراق المالية وأسواق رأس المال، منشأة المعارف بالإسكندرية، مصر ١٩٩٧.

(٦٧)	ميناء مجيد، البنوك الإسلامية – سنة ١٩٩٧ – مؤسسة شباب

الجامعة - الإسكندرية.

٦٨) نعايم سعد زغلول تكنولوجيا المعلومات في إدارة الأزمات. رسالة ماجستير مقدمة لكلية الاقتصاد والعلوم السياسية جامعة القاهرة سنة ١٩٩٩،

٦٩) نعمت عبد اللطيف مشهور، الزكاة الأسس الشرعية والدور الإنمائي والتوزيعي، المعهد العالي للفكر الإسلامي سلسلة الرسائل الجامعية.١٩٨١.

٧٠) هالة حلمي السعيد، دراسة تحليلية لسوق الأوراق المالية في الفترة من ١٩٩٣- ١٩٩٧ مركز البحوث ودراسات الشرق الأوسط ٢٣٧ جامعة عين شمس ١٩٩٨.

٧١) هبة الزحيلي، المشاركة المتناقضة وصورها في ضوء ضوابط العقود المستجدة، والوحدة الثالثة عشر، مجلة مجمع الفقه الإسلامي، المجلد الثاني.

٧٢) وهبي غيريال، الأزمة النقدية، مشاكل التنمية بعد حرب أكتوبر- القاهرة الهيئة المصرية العامة للكتاب ١٩٩٧.

الأبحاث

١) إبراهيم عبد الله عبد الرءوف محمد، انعكاسات الأزمة المالية العالمية على الاقتصاد المصري - نظرة عامة.

٢) إبراهيم عبد الله عبد الرءوف محمد. مقدم إلى مؤتمر كلية الحقوق - جامعة الإسكندرية ورقة عمل، انعكاسات الأزمة المالية العالمية على الاقتصاد المصري، نظرة عامة.

٣) إبراهيم عبد الله عبد الرءوف محمد، بحث في انعكاسات الأزمة المالية العالمية على الاقتصاد المصري، نظرة عامة مؤتمر كلية الحقوق جامعة المنصورة

٤) إبراهيم عبد عبد الروؤف بحث بعنوان انعكاسات الأزمة المالية العالمية علي الاقتصاد المصري كلية الحقوق، جامعة المنصورة ١/ ٢إبريل ٢٠٠٩.

٥) ابراهيم علوش - نحو فهم منهجي للأزمة المالية العالمية-

٦) أبو جبيش- أثر الأزمة المالية العالمية علي الجهاز المصرفي المصري.

٧) أحمد جمال الدين عبد الفتاح موسى، المنهج التطبيقي للخصخصة بين التروي والتقويم، غير منشور، ١٩٩٥م.

٨) إدارة البحوث والدراسات الاقتصادية - الأزمة المالية العالمية وتداعياتها على الاقتصاد السعودي - مجلس الغرف السعودية - ١٠ أكتوبر ٢٠٠٨.

(٩) الأزمة المالية العالمية مجلس الفرق السعودية. إدارة البحوث والدراسات الاقتصادية ١٤٢٩ أكتوبر ٢٠٠٨.

(١٠) ألبير مضر- أزمة التسلية العقاري في الولايات المتحدة- اتحاد المصارف العربية – تشرين أول أكتوبر ٢٠٠٨.

(١١) بلوافي أحمد – أزمة عقار....أم أزمة نظام؟ حوار الأربعاء مركز أبحاث الاقتصاد الإسلامي (جدة) – أكتوبر ٢٠٠٨.

(١٢) توصيات – مؤتمر حول: الأزمة المالية العالمية وكيفية علاجها من منظور النظام الاقتصادي الغربي والإسلامي – جامعة الجنان (طرابلس – لبنان).

(١٣) جمعة محمود بحث بعنوان الأزمة المالية الاقتصادية العالمية وآثارها الحالية والمتوقعة على جهاز المصرفي الأردني، مؤتمر الأزمة المالية العالمية وكيفية علاجها من منظور النظام الاقتصادي جامعة الجنان – لبنان ٢٠٠٩.

(١٤) جمعة محمود بحث بعنوان الأزمة المالية الاقتصادية العالمية وآثارها الحالية والمتوقعة على جهاز المصرفي الأردني، مؤتمر الأزمة المالية العالمية وكيفية علاجها من منظور النظام الاقتصادي جامعة الجنان – لبنان ٢٠٠٩.

(١٥) جمعة محمود عباد في "الأزمة الاقتصادية العالمية وآثارها الحالية والمتوقعة علي الجهاز المصرفي الإردني، جامعة آل البيت، الأردن٢٠٠٩" محمد عباس أحمد عبد الباري بحث بعنوان "الأزمات والصدمات الاقتصادية" مدخل، نظري مقدم إلي مؤتمر الأزمة

العالمية كلية التجارة عين شمس جامعة القاهرة ١٢/ ١٣ ديسمبر الجزء الأول.

(١٦)   حازم الببلاوي، الأزمة المالية العالمية الحالية، محاولة للفهم.

(١٧)   حازم الببلاوي: النظام الاقتصادي الـدولي المعـاصر في نهايـة الحـرب العالميـة الثانيـة إلـي نهاية الحرب العالمية الباردة مايو ٢٠٠٠.

(١٨)   حازم السيد عطوة مجاهد – تداعيات الأزمة المالية الحالية عالميـا وأثرهـا علـي الـوطن العربي ومصر.

(١٩)   حسن عبد الله الأميه، حكم التعامل المصرفي المعاصر بالفوائد، تحليل فقهي واقتصادي، المعهد الإسلامي للبحوث والتدريب، البنك الإسلامي للتنمية.

(٢٠)   حسن فتحي عثمان، التوريق المصرفي للديون الممارسة والإطار القانوني مقدم إلي مؤتمر الأسواق المالية والبورصات المنعقد بكلية الشريعة والقـانون بجامعـة الأمـارات العربيـة المتحدة ٦/ ٨ مارس ٢٠٠٧.

(٢١)   حسين حسين شحاته كيف النجاة من أثـر الأزمـة الماليـة الرأسـمالية علـي أسـواق المـال العربي: سلسلة بحوث في الفكر الاقتصادي الإسلامي، جامعة الأزهر.

(٢٢)   دار الخدمات النقابية والعمالية "تأثير الأزمة المالية العالمين علي العمال في مصر التقرير السابع سبتمبر٢٠٠٩.

(٢٣)   راجع تقرير اللجنة الاقتصادية والاجتماعية لغربي آسيا، بيروت سنة ٢٠٠٩.

(٢٤) راجـع د/ عايـدة سـيد خطـاب، الانـدماج والاستحواذ كمـدخل لمعالجـة الأزمـة، دور القيادات الإدارية لتحقيق النجاح، مـؤتمر كلية التجارة عـين شـمس ١٢ / ١٣ ديسـمبر الجزء الأول.

(٢٥) رمضان صديق بحـث بعنـوان دور السياسـة الماليـة في الأزمـة الاقتصادية العالميـة مـع الإشارة لمصر مؤتمر كلية الحقوق جامعة المنصورة ١/ ٢ ابريل ٢٠٠٩.

(٢٦) رمضان محمد أحمد الـروبي- بحث بعنـوان الأزمة الماليـة العالميـة (خصائصها وسبل الخروج منها مع رؤية الاقتصاد الإسلامي - مؤتمر حقوق المنصورة.

(٢٧) رمضان محمد أحمد الروبي، الأزمة المالية العالمية حقائقها وسبل الخروج منها مـؤتمر بكلية حقوق، جامعة المنصورة.

(٢٨) زكريا بله باس - الأزمة الماليـة العالميـة وكيفيـة علاجهـا مـن منظـور النظـام الاقتصادي الغربي والإسلامي -= مؤتمر الجنان.

(٢٩) سعيد أزهري - تأثير الأزمة المالية العالميـة على اقتصاديات الـدول العربيـة - اتحـاد المصارف العربية- تشرين أول (أكتوبر)- ٢٠٠٨.

(٣٠) سعيد الحلاق - الأزمة الماليـة العالميـة ومعالجتها من منظور إسلامي... المنظمـة العربيـة الإسلامية للتنمية الإدارية.

(٣١) سفيان عيسي حرير- الإجراءات الوقائيـة والعلاجيـة للأزمـات الماليـة؛ رؤيـة إسلاميـة - بحوث وأوراق عمل مؤتمر "تداعيات الأزمة المالية العالمية وأثرها على اقتصاديات الدول العربية - شرم الشيخ -

جمهورية مصر العربية- إبريل ٢٠٠٩ - المنظمة العربية للتنمية الإدارية.

٣٢) سلطان أبو علي، الأزمة التمويلية وانعكاساتها على مصر، المركز المصري للدراسات الاقتصادية ورقة عملة، ديسمبر ٢٠٠٨.

٣٣) صالح عسكر - المعاملات المالية التعاونية والمشاركية الإسلامية وأثرها في الوقاية من الأزمات الاقتصادية وعلاجها.

٣٤) صبري عبد العزيز إبراهيم بحث بعنوان التوريق وأثره علي وقوع الأزمة المالية العالمية في ضوء الفكر الإسلامي مؤتمر ٢/١ إبريل كلية الحقوق - جامعة المنصورة.

٣٥) صفوت عبد السلام عوض الله بحث بعنوان الأزمة المالية العالمية وتداعياتها على اقتصاديات دول مجلس التعاون الخليجي، مؤتمر كلية الحقوق ج المنصورة ٢/١ أبريل ٢٠٠٩.

٣٦) صلاح زين الدين، بحث بعنوان مواقف الدول المتقدم والدول النامية تجاه الأزمات المالية العالمية مؤتمر كلية الحقوق جامعة المنصورة ٢/١ أبريل ٢٠٠٩.

٣٧) صلاح زين الدين، بحث في مواقف الدول المتقدمة والدول النامية تجاه الأزمة المالية العالمية.

٣٨) صلاح زين الدين، بحث في مواقف الدول المتقدمة والدول النامية تجاه الأزمة المالية العالمية.

٣٩) صلاح زين الدين، مواقف الدول المتقدمة والدول النامية تجاه الأزمة

المالية العالمية، دراسة مقارنة بين ألمانيا ومصر.

(٤٠) طارق خيرت إدارة الأزمات الدولية، في الخروج من المأزق، مجموعة محاضرات دبلوم الدراسات العليا في إدارة الأزمات كلية التجارة عين شمس.

(٤١) طارق خيرت، أهمية الأمن ومراحل إدارة الأزمات الاقتصادية، على ضوء مؤتمرات الدوحة، وحدة الأزمات كلية التجارة عين شمس.

(٤٢) عبد الرحيم حمدي - الأزمة المالية العالمية وأثرها على الفكر الاقتصاد الإسلامي

(٤٣) عبد الله شحاته - الأزمة المالية العالمية: المفهوم والأسباب.

(٤٤) عبد الله محمد عبد الرحمن، بحث بعنوان " الأزمة المالية العالمية وآثارها على شركات الطيران العربي، مؤتمر كلية الحقوق ج المنصورة أبريل ٢٠٠٩.

(٤٥) عبد الله محمد عبد الرحمن بحث بعنوان الأزمة المالية العالمية وأثارها علي شركات الطيران العربية، مؤتمر كلية الحقوق جامعة المنصورة ١/ ٢ إبريل ٢٠٠٩.

(٤٦) عبد المنعم مصطفى حليمة، بحث في أزمة اقتصادية أم أزمة في القيم والمفاهيم الرأسمالية ص٤، وما بعدها ٢٠٠٨/١٠/١٩.

(٤٧) عبد النبي إسماعيل الطوخي - التنبؤ المبكر بالأزمات باستخدم المؤشرات المالية القائدة

(٤٨) عزة محمد حجازي القطاعات الفائدة لتنمية الاقتصاد والمصري في

ظل الركود الاقتصادي مؤتمر كلية التجارة عين شمس الجزء الأول.

(٤٩) علاء حسب الله، الأزمة المالية وتأثيرها على الاقتصاد المصري محمد أبو الفضل/ الإجراءات المصرية لمواجهة الأزمة المالية العالمية مجلة تقرير القاهرة، العدد العشرون، مركز الدراسات السياسية والاستراتيجية ٢٦ أكتوبر ٢٠٠٨

(٥٠) علي لطفي المؤتمر السنوي الرابع عشر، كلية التجارة عين شمس، وحدة الأزمات بقاعة دار الضيافة ١٣/١٢ ديسمبر سنة ٢٠٠٩م في الجلسة الافتتاحية عن الأزمة المالية العالمية التداعيات، الأسباب والنتائج.

(٥١) فؤاد مرسي - الرأسمالية تجدد نفسها - سلسلة كتب عالم المعرفة - العدد رقم ١٤٧ سنة ١٩٩٠.

(٥٢) فريد النجار. ورقة فنية حول حوكمة العولمة مؤتمر الأزمة العالمية بكلية التجارة جامعة عين شمس ١٢ / ١٣ ديسمبر بقاعة دار الضيافة الجزء الثاني.

(٥٣) فريد النجار، التحول للاقتصاد الحقيقي والشفافية ورقة فينه مقدمة إلي مؤتمر كلية التجارة - جامعة عين شمس ١٢/ ١٣ ديسمبر الجزء الأول.

(٥٤) فريد كورتل - الأزمة المالية العالمية وأثرها على الاقتصاديات العربية - في إطار مؤتمر الأزمة المالية العالمية.

(٥٥) فريد كورتل - الأزمة المالية العالمية وأثرها على الاقتصاديات العربية- مؤتمر جيان.

٥٦) فريد كورتل - الأزمة المالية وأثرها على الاقتصاديات العربية.

٥٧) قدي عبد المجيد - الأزمة الاقتصادية الأمريكية وتداعياتها العالمية.

٥٨) مثني عبد الإله ناصر - تقييم السياسات الاقتصادية المتبعة في الدول العربية النفطية قبل الأزمة المالية وخلالها.....الأزمة المالية العالمية (التداعيات والآثار.......)

٥٩) محمد أحمد عبد النعيم، د/ هبة السيد جلال، بحث بعنوان الدور الرقابي للدولة في ظل الأزمة المالية العالمية، مؤتمر كلية الحقوق ١، ٢ أبريل سنة٢٠٠٩.

٦٠) محمد أحمد عبد النعيم، هبة السيد جلال بحث مشترك بعنوان الدور الرقابي للدول في ظل الأزمة المالية العالمية مؤتمر كلية الحقوق، جامعة المنصورة ٢/١ إبريل ٢٠٠٩

٦١) محمد الغزالي التوريق المعاصر من المنظور إسلامي من أبحاث ندوة التورق والتوريق.

٦٢) محمد رفيع البناء المقاصدي للبحث العلمي في الاقتصاد الإسلامي، المؤتمر الدولي السابع للاقتصاد الإسلامي جامعة الملك عبد العزيز ٨ - ٩ سبتمبر ٢٠٠٧.

٦٣) محمد عباس أحمد عبد الباري بحث بعنوان "الأزمات والصدمات الاقتصادية" مدخل، نظرى مقدم إلي مؤتمر الأزمة العالمية كلية التجارة عين شمس جامعة القاهرة ١٢/ ١٣ ديسمبر الجزء الأول.

٦٤) محمد عبد الحليم عمر بحث بعنوان: التورق بين التشريعية

والتطبيقات مركز صالح بجامعة الأزهر نوفمبر سنة ٢٠٠٧، د توريق الـدين وتطبيقـات المعاصرة قراءات في قرارت المجامع الفقهية ص ٤، د/ سعيد عبد الخالق توريق الحقوق المالية أبعاده ومحدداته.

(٦٥) محمد عبد الحليم عمر ندوة الأزمة المالية العالمية مـن منظـور إسـلامي وتأثيرهـا علـى الاقتصادات العربية يوم السبت ١١ أكتوبر ٢٠٠٨.

(٦٦) محمد عبد الشفيع عيسى، المتغيرات الدولية والأزمة المالية العالمية وتأثيراتها على تمكين المرأة في سوق العمل.

(٦٧) محمد عبد الشفيع عيسى، المتغيرات الدولية والأزمة المالية العالمية وتأثيراتها على تمكين المرأة في سوق العمل.

(٦٨) محمد عبد اللطيف صالح، بحث بيع التقسيط الدورة السادسة المجلد الأول.

(٦٩) محمد محمود العجلوني، تفسـير الأزمـة الماليـة العالميـة الحاليـة وأسبابها مـؤتمر كليـة التجارة، جامعة عين شمس الجزء الأول.

(٧٠) محمد يوسف آثار الأزمة المالية العالمية علي الصناعة العربية عن المنظمة.

(٧١) محي الدين علي العشماوي، بحث بعنوان الجوانب القانونية للأزمة الاقتصادية العالمية

(٧٢) مركز بحوث الشرق الأوسط والدراسات المستقبلية بجامعة عين

شمس، المائدة المستديرة ٥ أكتوبر ٢٠٠٨.

٧٣) مصطفى حسني مصطفى، بحث بعنوان الأزمة المالية العالمية أسبابها وآثارها الاقتصادية وكيفية مواجهتها مؤتمر كلية الحقوق - جامعة المنصورة ١ / ٢ ابريل ٢٠٠٩.

٧٤) نبيل حشاد الجات ومنظمة التجارة العالمية أهم التحديات في مواجهة الاقتصاد العربي مكتبة الأسرة الهيئة المصرية للكتاب القاهرة ٢٠٠١، في ظل منظمة التجارة العالمية والصناعة العربية تواجه منافسة الجات مشار في نبيل حشاد.

٧٥) نبيل حشاد. الأزمة المالية العالمية وتأثيرها في الاقتصاد العربي

٧٦) ندوة مركز دراسات الشرق الأوسط حول الأزمة المالية الدولية وانعكاساتها على أسواق المال والاقتصاد العربي ١١، ١٢ / ١١ / ٢٠٠٨.

٧٧) نصر أبو الفتوح فريد - الرهون العقارية والأزمة المالية العالمية - مؤتمر كلية الحقوق جامعة المنصورة - ٢/١ أبريل ٢٠٠٩.

٧٨) نورة سيد أحمد سيد أحمد مصطفى، الحلول الإسلامية لمعالجة الأزمات المالية العالمية.

٧٩) وائل إبراهيم الراشد - رؤية تحليلية لانعكاسات الأزمة المالية على اقتصاديات دول مجلس التعاون(واقع دولة الكويت) - في إطار مؤتمر الأزمة المالية العالمية.

٨٠) وائل إبراهيم الراشد - رؤية تحليلية لانعكاسات المالية العالمية على

اقتصاديات دول مجلس التعاون (واقع دولة الكويت) - مؤتمر جيان.

المقالات والصحف

١) أحمد حلمي – الأزمة المالية أتاحت لنا الفرصة لترتيب البيت – جريدة الجمهورية – ٣٠/ ١/ ٢٠١٠.

٢) الأزمـة المالية العالمية (وقـائع أيـام هـزت العـالم) مجلة البنـوك بـالإردن- تشريـن أول (أكتوبر)٢٠٠٨.

٣) الأهرام الاقتصادي. مجلة البورصة المصرية العدد ٤٥٨ ٢٧ /١١/١٩٩٧.

٤) بدر الخري – جريدة الشرق الأوسط – العدد ١١١٩٦- ٢٤ يوليو ٢٠٠٩

٥) جريدة الأهرام تغلبت علي أثار الأزمة المالية العالمية- العدد ٤٤٨٦- السنة ١٣٣٣ بتاريخ أكتوبر ٢٠٠٩م.,

٦) ريم ثروت – المصري اليوم- ٦/ ١٢/ ٢٠٠٨

٧) زينب مكي – زعماء العالم في مواجهة الأزمة الاقتصادية في دافوس جريدة اليوم السابع – الجمعة ٨ يناير ٢٠١٠م.

٨) عادل عبد الرحمن، المفاوضية الجماعية في معالجة المشكلات العمالية، المجلة العلمية لكلية التجارة (العدد ٤٤) ٢٠٠٨ جامعية أسيوط.

٩) عدلي قندح – الأزمة المالية العالمية: الجذور، وأبرز الأسباب والعوامل المحفزة – مجلة البنوك في الأردن سبتمبر ٢٠٠٨.

١٠) عرفات الحسني - الاقتصاد السياسي لأزمة أسواق المال الدولية - مجلة المال والصناعة (بنك الكويت الصناعي) - العدد ٢٥ - سنة ٢٠٠٧.

١١) على لطفي - الأزمة المالية العالمية (الأسباب، والتداعيات، المواجهة) - المؤتمر السنوي الرابع عشر - كلية التجارة - جامعة عين شمس ١٢- ١٣ ديسمبر ٢٠٠٩.

١٢) محمد أفزاز - صحيفة العرب القطرية - ٢٠٠٩/١١/١٢

١٣) محمد أفزاز - صحيفة العرب القطرية - ٢٠٠٩/١١/١٢

١٤) مصطفي النجار، جريدة الأهرام، عدد الخميس، ١٩/ ٢/ ٢٠٠٩.

١٥) منتديات كنوز الحروف: حول الأزمة الاقتصادية الراهنة أسبابها وآثارها وخطط الإنقاذ.

منتديات كنوز الحروف: حول الأزمة الاقتصادية الراهنة أسبابها وآثارها وخطط الإنقاذ.

المراجع الأجنبية:

١) C.J.Dekoning " Indonesian Economy not Reined," The Jakarta post, August ١٠ , ١٩٩٨.

٢) crise / credits/ hypothecaires/ americains- f. htm.

٣) Douglas W.Armer Financial stability Economic, Growth and the Roled law. New york , N Y. Cambridge unibersity press ٢٠٠٧

٤) Florian coustet, la crise financiere mondiale issue des subprimes et ses consequences economiques et politiques.

٥) Geoffrey Hirt and Stanley Black, Fundamentals of Fnvestments, Boston, MCGraw,Hill and Irwing, ٩ th Edition, ٢٠٠٨, p.٢٦٤

٦) Hussien Abd alamottaleb, Impact of the global Financial Crision the Egyption economy, available

٧) **IMF, World Economic cutlook, Washington DC, October, ٢٠٠٨, p ١١:١٤**

٨) IMF, Would Economic suvvey , ١٩٩٨, p.٧٨.

٩) Justinyifu lin, the impact of the financial crisis on developing countries, Korea   development institute, Seoul, October ,٣١،٢٠٠٨.

١٠) Le groupe wikipedia, Crise Financiere, on line, dans: wikipedia, the free encyclopedia , disponible sur:

١١) lievin TERRIER, les crisies jinancieres asiatiques

١٢) Middle east – arab Economics to grow depite set backs oxford analytica November ٢٠٠٨.

١٣) Noel sacaca, "Preventing future crises: Prioities for Regulatory Reform after the Meltdown" Journal of finance and Devlopment.Dec, ٢٠٠٨, p.١١.

١٤) Noel sacaca, "Preventing future crises: Prioities for Regulatory Reform after the Meltdown" Journal of finance and Devlopment.Dec, ٢٠٠٨, p.١١.

١٥) Oliver Blanchard, Cracks in the system, Repairing the damaged global Economy, Finance & Development,

December ٢٠٠٨, p٨

١٦) World Development indicators the world Bank

١٧) World Development indicators. The worl Bnak ١٩٩٩

مواقع النت:

١) www. algazeera.net

٢) www.mfa.gov.eg / MFA –Portal / ar – EG

٣) www.moheet.com/Show-files aspx

٤) www. Pidegypt. org/Arabic/azma..

٥) www.iid.alriad.com

٦) thread. php ? t = ٢٣٣٥ www.isegs.com/forum/show

٧) www.aljazeera.net/ eBusiness / aspx/Print.htm.

٨) Islamonline.net,October,٢٠٠٨

٩) www.abubaseer.bizland.com

١٠) http: //www.Kantakji.com:

١١) www.Aljazeera.net.NR/exeres.

١٢) www.demirihcab.١٨.com

١٣) www.iraqcentre.net/vb/١٨٠٤.html

١٤) http: Har- Wikipedia- org /Wiki

١٥) www.lebarmy.gov.ib./article.asp.com

١٦) www.e.ahli.met/fron-p/Banks-v.asp

١٧) www.almasalla.travel/default.asp.

١٨) www.almasalla.travel/default.asp

١٩) www.sis.gov.eg/Ar/story.aspx?

٢٠)   www.ikhwanonline.com/article.asp?Artid=١٤٨١١٨٨secID=٢٥٠

٢١)   www.sis.gov.eg/ Ar/story.aspx?

٢٢)   www.idbe.egypt.com/doc/financialcrisis.

٢٣)   .www.eu.org.

٢٤)   www. Idbe egypte.com /doc/

٢٥)   financial crisis and Egypt. doc.

٢٦)   www.Moheet.com

٢٧)   www. arabic ٢٠٠٨ page ٢

٢٨)   www. acpss. Ahram. org. eg. ٢٠٠٨/١٠/٢٦/cairo.

٢٩)   www.E/SCWA/٢٠٠٩/C

٣٠)   www. E/ESCWA/٢٠٠٩/C

٣١)   www.iid-alraid.com,٢٠٠٨

٣٢)   www.alyazeera.net/ nt/exeres.

٣٣)   Tp//v.b.arabsgate.com.

٣٤)   Kenanaonline.com/users/hazem/posts/١٠٠٨٦٠

٣٥)   www.aboulo.com/

٣٦)   www.modon.org/ index.phppact=print&client = wordr ٨.f = ١٣٨ =
      ٤٥٨٧٧

٣٧)   www.oboulo-com.

٣٨)   www.isegs.com / forum/login. php

٣٩)   http//econpapers.repec.org.

٤٠)   http:// fr. Wikipedia. org/wiki/Crise – financiare

٤١) www.aljazeerata.lk.net/form/archive/lindex.phplt-١٤٤ zo.html

٤٢) www.aljazeerata.lk.net/form/archive/lindex.phplt-١٤٤ zo.html

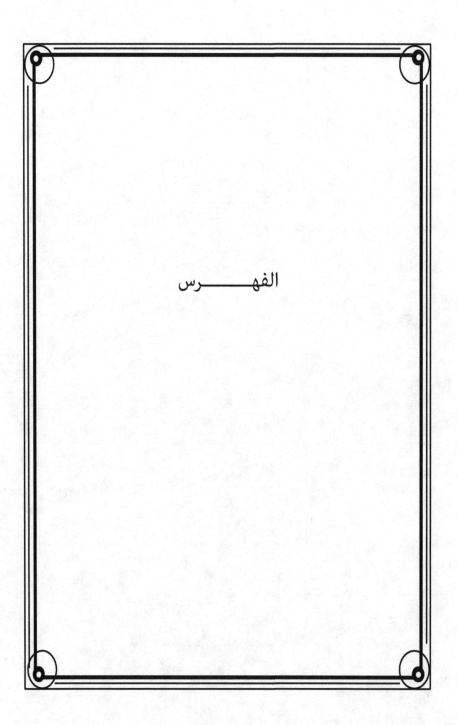

الفهــــــرس

الفهرس

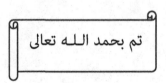

تم بحمد الله تعالى

Printed in the United States
By Bookmasters